Tilly Miller

Inklusion – Teilhabe – Lebensqualität

Dimensionen Sozialer Arbeit und der Pflege Band 13

Herausgegeben von der Katholischen Stiftungsfachhochschule München
Abteilungen Benediktbeuern und München

Inklusion – Teilhabe – Lebensqualität

Tragfähige Beziehungen gestalten
Systemische Modellierung einer Kernbestimmung
Sozialer Arbeit

Von Tilly Miller

 Lucius & Lucius · Stuttgart · 2012

Anschrift der Autorin:

Prof. Dr. Tilly Miller
Katholische Stiftungsfachhochschule München
Preysingstr. 83
81667 München
tilly.miller@ksfh.de

Bibliographische Information der Deutschen Nationalbibliothek

Die Deutsche Nationalbibliothek verzeichnet diese Publikation in der Deutschen Nationalbibliografie; detaillierte bibliografische Daten sind im Internet über http://dnb.ddb.de abrufbar

ISBN 978-3-8282-0569-7

© Lucius & Lucius Verlagsgesellschaft mbH Stuttgart 2012
   Gerokstraße 51 · D-70184 Stuttgart
   www.luciusverlag.com

Das Werk einschließlich aller seiner Teile ist urheberrechtlich geschützt. Jede Verwertung außerhalb der engen Grenzen des Urheberrechtsgesetzes ist ohne Zustimmung des Verlags unzulässig und strafbar. Das gilt insbesondere für Vervielfältigungen, Übersetzungen, Mikroverfilmungen und die Einspeicherung und Verarbeitung in elektronischen Systemen.

Umschlaggestaltung: I. Devaux, Stuttgart
Druck und Bindung: Rosch-Buch Scheßlitz
Printed in Germany

Inhaltsverzeichnis

Einleitung		1
Dank		3
Teil I:	**Hinführung zur Thematik**	5
	1 Bedeutung einer Kernbestimmung Sozialer Arbeit	5
	2 Einordnung der Kernbestimmung in ein Rahmenmodell	7
	3 Beziehung als basale Kategorie einer Kernbestimmung Sozialer Arbeit	14
	4 Bezug zu den Wurzeln Sozialer Arbeit	18
Teil II:	**Die Kernbestimmung Sozialer Arbeit**	29
	5 Ethische Leitlinien	30
	5.1 Werte – Ethik – Prinzipien	30
	5.2 Soziale Arbeit als praktische Ethik und Sozialethik	31
	5.3 Personalität	33
	5.4 Gerechtigkeit	37
	5.5 Solidarität	40
	5.6 Subsidiarität	41
	5.7 Nachhaltigkeit	43
	6 Gegenstandsbestimmung Sozialer Arbeit	49
	6.1 Integrale Gegenstandsbestimmung Sozialer Arbeit	50
	6.2 Inklusion/Exklusion	51
	6.3 Zusammenhang von Inklusion, Teilhabe und Lebensqualität	59
	6.4 Dimensionen von Beziehungen	64
	6.4.1 Beziehungen: Ein Mehr-Ebenen-Modell	66
	6.4.2 Beziehung auf der intrapersonellen Ebene	67
	6.4.3 Beziehung auf der interpersonellen Ebene	69
	6.4.4 Beziehung auf der kulturellen Ebene	71
	6.4.5 Beziehung auf der formal organisierten Systemebene	78
	6.4.6 Beziehung auf der Netzwerkebene	80
	6.4.7 Beziehung auf der Gesellschafts- und Funktionssystemebene	84
	6.4.8 Beziehung auf der ökologischen Ebene	85
	6.4.9 Beziehung auf der virtuellen Ebene	86

6.4.10	Beziehung auf der professionellen Hilfeebene	89
6.5	Tragfähige Beziehungen	93
6.6	Inklusion – Teilhabe – Lebensqualität: bezogen auf das Subjekt und auf soziale Systeme	95
7	**Theoretische Denkfiguren**	98
7.1	Komplementäre Denkfigur	99
7.1.1	Subjekt/Gesellschaft	100
7.1.2	Theorie/Praxis	101
7.1.3	Hilfe/Kontrolle	103
7.2	Systemisch-vernetzte Denkfigur	105
7.2.1	Begriffsunterscheidung: Systemtheoretisch/Systemisch	108
7.2.2	Systemisches/systemtheoretisches Warm up	109
7.2.3	Systeme	112
7.2.4	Systemtypen	113
7.2.5	Umwelt	114
7.2.6	Komplexität – Kontingenz	115
7.2.7	Selbstreferentialität – Selbstorganisation – Autopoiesis	115
7.2.8	Strukturelle Kopplung – Beziehung – Interaktion	117
7.2.9	Kommunikation	118
7.2.10	Funktion – Struktur – Prozess	120
7.2.11	Sinn	121
7.2.12	Anpassung	122
7.2.13	Macht	122
7.2.14	Vernetzung	125
7.2.15	Soziale Netzwerke	128
7.2.16	Systemisch-vernetztes Gesellschaftsverständnis	138
7.3	Konstruktivistische Denkfigur	150
7.3.1	Wahrnehmen, Erkennen, Selbstreferentialität	151
7.3.2	Beobachtung und Beobachter	152
7.3.3	Radikaler Konstruktivismus und sozialer/interaktionistischer Konstruktivismus	154
7.4	Prozessual-entwicklungsorientierte Denkfigur	159
7.4.1	Prozess	159
7.4.2	Entwicklung	161
7.4.3	Unterstützung menschlicher Entwicklungsprozesse	163
7.5	Disziplinäre, inter- und transdisziplinäre Denkfigur	167
7.5.1	Soziale Arbeit als Disziplin	167
7.5.2	Soziale Arbeit in ihrer inter- und transdisziplinären Ausrichtung	171

8	Handlungsweisen		176
	8.1	Kompetenzen und Handlungsprinzipien	178
	8.2	Ausgewählte Handlungsweisen	184
	8.2.1	Bewusstseinsbildung	184
	8.2.2	Beratung und Intervention	184
	8.2.3	Vermittlung – Vertretung – Betreuung	186
	8.2.4	Ressourcenerschließung	187
	8.2.5	Bildung und Kompetenzentwicklung	188
	8.2.6	Netzwerkarbeit	203
	8.2.7	Politisches Handeln	211
	8.2.8	Organisatorisches und organisationales Handeln	212
9	Transfer		217
	9.1	Beispiel 1: Familienhilfe	217
	9.2	Beispiel 2: Bildungsarbeit	232
	9.3	Beispiel 3: Vernetzung im sozialen Raum	235
10	Schluss		238

Literatur 241

Internetquellen 261

Einleitung

Was ist Soziale Arbeit und wofür ist sie zuständig? Diese Fragen haben die Soziale Arbeit auf ihrem Weg zur Professionalisierung und Verwissenschaftlichung stets begleitet und werden nach wie vor von Studierenden Sozialer Arbeit gestellt. Für die Lehrenden wiederum stellen sich andere Fragen, etwa: Wie lässt sich Soziale Arbeit kompakt vermitteln und wie lässt sich ihre Vielschichtigkeit in all ihren praktischen und theoretischen Verästelungen aufzeigen? Die Grundfrage für alle professionell mit der Sozialen Arbeit Beschäftigten lautet letztlich: Was ist der Kern der Sozialen Arbeit?

Dieses Buch ist der Versuch, eine Kernbestimmung Sozialer Arbeit vorzunehmen. Ziel ist es nicht, ein konsistentes Theoriegebäude mit theoretischer Glattheit zu modellieren, sondern ein Aussagesystem, das grundlegende Ausführungen macht zu

- ethischen Leitlinien,
- einer integralen Gegenstandsbestimmung,
- wissenschaftlichen Denkfiguren und
- zentralen Handlungsweisen.

Der hier vorgelegte Kern ist generalistisch angelegt und weit genug konzipiert, um anschlussfähig zu sein für verschiedene sozialarbeitstheoretische und bezugswissenschaftliche Konzepte.

Intention ist, durch eine Kernbestimmung ein feldübergreifendes Aussagesystem für die Soziale Arbeit zu entfalten und damit einhergehend die professionelle Identitätsentwicklung vor allem der Studierenden zu unterstützen. Eine Kernbestimmung hilft darüber hinaus, Soziale Arbeit als Bezugswissenschaft zu konturieren. Des weiteren wird es im Zuge der Ausdifferenzierung von Bachelor- und Masterstudiengängen der Sozialen Arbeit immer wichtiger, die zunehmenden Spezialisierungstendenzen durch eine Kernbestimmung Sozialer Arbeit zu flankieren. Das Buch ist ein Beitrag, die Disziplin Soziale Arbeit zu stärken und impulsgebend weiterzuentwickeln. Das Vorgelegte ist ein Angebot, Soziale Arbeit zu denken, zu modellieren, zu reflektieren und zu lehren. Es hat nicht den Anspruch, im Detail zufriedenstellende Antworten zu geben, und ebenso birgt der vorgelegte Entwurf sicherlich noch Ungereimtheiten und blinde Flecken, die einer Weiterentwicklung bedürfen. Somit: Das Buch ist ein Zwischenergebnis und ist entwicklungsoffen.

Auf die vorgelegte Kernbestimmung nehmen die zentralen gesellschaftlichen Fragen und Herausforderungen des 21. Jahrhunderts Einfluss. Stichworte dazu lauten: Inklusion, Teilhabe, Lebensqualität, Nachhaltigkeit, Vernetzung, Globalisierung, Zivilgesellschaft, Governance und Bildung.

Im Zentrum der vorgelegten Kernbestimmung stehen *Beziehungen*. Die Kernkompetenz Sozialer Arbeit, so die These, ist, Beziehungen im Kontext der Person-Umwelt-Bedingungen auf den unterschiedlichen Ebenen zu gestalten, um Inklusion, Teilhabe und Lebensqualität zu erwirken. Die Beziehungen sind vielschichtig gedacht. Gemeint ist nicht nur die Hilfebeziehung zwischen Professionellen und Adressaten, sondern im Zentrum stehen ebenso intrapersonelle und interpersonelle Beziehungen, kulturelle Beziehungen, Beziehungen auf der Organisationssystemebene, Netzwerkbeziehungen und Beziehungen zur Gesellschaft. Mit Hilfe des Beziehungsbegriffs und der Begriffe *Inklusion*, *Teilhabe* und *Lebensqualität* wird eine integrale Gegenstandsbestimmung vorgenommen. Die theoretischen Denkfiguren (komplementäre, systemisch-vernetzte, konstruktivistische, prozessual-entwicklungsorientierte, disziplinäre, inter- und transdisziplinäre Denkfigur) zielen darauf, begründete Zugänge für die theoriegeleitete Reflexion und das professionelle Handeln aufzuzeigen. Zentrale Handlungsweisen Sozialer Arbeit werden benannt, darunter Bildung und Netzwerkarbeit. Um die theoretischen Aussagen zu veranschaulichen und um die Anwendung des Gesagten zu verdeutlichen, stehen am Endes des Buches Beispiele für einen Praxistransfer.

Sprachlich ist das Buch so abgefasst, wie ich es thematisch für angemessen hielt. Es wird Textstellen geben, die eingängiger sind, andere, die theoretisch anspruchsvoller sind. Die im Studium Fortgeschrittenen werden den Text im Großen und Ganzen autonom im Rahmen ihres Studiums bearbeiten können, die Bachelor-Studierenden brauchen an einzelnen Stellen möglicherweise Brückenbauer und somit die Unterstützung der Lehrenden. An geeigneten Stellen finden sich im Text Zusammenfassungen und Reflexionen, die zum schnellen Auffinden grau unterlegt sind.

Die vorgelegte Schrift ist eine Weiterentwicklung von „Systemtheorie und Soziale Arbeit" (Miller 2001) und integriert zentrale Themenbereiche, die ich in den letzten Jahren bearbeitet habe: Netzwerktheorie und Netzwerkarbeit, Entwicklungsprozesse sowie Bildung im Kontext Sozialer Arbeit. Die Kernbestimmung ist sozusagen eingefärbt von meinen bisherigen Forschungs- und Entwicklungsarbeiten. Lag mein früherer Schwerpunkt darauf, die soziologische Systemtheorie von Niklas Luhmann als Reflexionstheorie für die Soziale Arbeit zu nutzen und ihre grundsätzliche Brauchbarkeit darzulegen (vgl. Miller 2001), geht es nun um die Formulierung einer Kernbestimmung Sozialer Arbeit. Der Systemtheorie kommt in dem hier vorgelegten Konzept eine wichtige Bedeutung zu, jedoch ist sie nicht Leittheorie. Ziel ist es vielmehr, das systemtheoretische Denken mit netzwerktheoretischen und anderen sozialwissenschaftlichen Konzepten zu koppeln, woraus sich für die Soziale Arbeit erweiternde Perspektiven ergeben.

Die Kapitel des Buches sind systematisch aufgebaut. Zunächst wird die Kernbestimmung modellhaft gerahmt. Dann werden Bezüge zu den Wurzeln Sozialer Arbeit hergestellt. Anschließend folgt die Kernbestimmung Sozialer Arbeit mit den Kapiteln *Ethische Leitlinien, Gegenstandsbestimmung, theoretische Denkfiguren* und *Handlungsweisen Sozialer Arbeit*. Die einzelnen Kapitel verweisen aufeinander, so dass bestimmte inhaltliche Aspekte unter verschiedenen Gesichtspunkten auftauchen und vertieft werden. Das mag teils redundant wirken, hilft aber möglicherweise, den Inhalt zu schärfen, theoretische Komplexität aufzubauen und die einzelnen Kapitel runder zu machen. Die Kernbestimmung ist ein vernetztes Aussagesystem. Die Verweisungen und das wiederholte Aufgreifen von theoretischen Aussagen sind didaktisch gewollt. Auf die Kernbestimmung folgen Anwendungsbeispiele aus den Bereichen Familienhilfe, Bildung und Vernetzung. Sie sollen den hier dargelegten Zugang exemplarisch veranschaulichen.

Dank

Die zeitliche Hauptarbeit des Buches erfolgte im Rahmen von zwei halben Forschungssemestern. So danke ich an erster Stelle der Katholischen Stiftungsfachhochschule, die mir diesen Forschungsfreiraum einräumte. Dem Habitus einer Hochschullehrerin und wissenschaftlich Tätigen folgend war es mir wichtig, die Studierenden am Prozess der Kernbestimmung zu beteiligen und zusammen mit ihnen Teile zu reflektieren und werkstattmäßig zu prüfen. So danke ich all den Bachelor- und Master-Studierenden, die sich im Vorfeld der Veröffentlichung mit Teilen der Kernbestimmung in unterschiedlichen Seminarkontexten beschäftigt haben. Die aufgeschlossenen, positiven, kritisch-konstruktiven und impulsgebenden Reaktionen haben mich nicht nur gefreut, sondern mich stets ermutigt, das Projekt weiterzuführen. Dank gebührt insbesondere den Bachelor-Studierenden im Modul „Wissenschaft der Sozialen Arbeit" (1.3 A, WS 2011/12 und SoSe 2012), die den Ansatz mit Hilfe von Fällen erprobten. Gerne erinnere ich mich an eine heitere Seminarsequenz in dem von mir geleiteten Vertiefungsbereich Erwachsenenbildung im WS 2011/12, als es um die Suche nach einem passenden Titel für das Buch ging. Alle waren sich einig, es dürfe auf keinen Fall den langweiligen Titel „Soziale Arbeit als Beziehungsarbeit" tragen. Ebenso danke ich der darauf folgenden Studiengruppe im Vertiefungsbereich Erwachsenenbildung (SoSe 2012), die sich konstruktiv-kritisch mit dem Transferbeispiel aus dem Bildungsbereich auseinandersetze. Herzlich danke ich meiner Kollegin Prof. Dr. Michaela Gross-Letzelter für ihr Interesse und ihre aktive Unterstützung. Sie zog den hier vorgelegten Ansatz in ihrem Master-Seminar zur empirischen Sozialforschung heran und arbeitete mit den Master-Studierenden fallinterpretativ. Wichtige Aspekte konnten dadurch geschärft werden. Somit auch herzlichen Dank an die Masterstudierenden im Seminar (Modul 1.2, SoSe 2012).

Ebenso herzlich danke ich meiner früheren Kollegin Brigitte Irmler, Sozialarbeiterin und Familientherapeutin, sowie Irmgard Köpf, Kinder- und Jugendlichenpsychotherapeutin und Sozialpädagogin, für die konstruktive fachliche Rückmeldung zu einzelnen Kapiteln. Von Herzen danke ich Prof. Dr. Werner Goebel für seine wertvollen Anregungen, seine Korrekturhilfen und sein Verständnis für die Phasen verdichteten Schaffens.

Nicht missen möchte ich die kollegialen Tür- und Angelgespräche zu meinem Buchprojekt, aus denen sich immer wieder wertvolle Impulse ergaben. Danke für das gezeigte Interesse und das Wohlwollen!

Ein herzlicher Dank geht auch an Petra Kunze, die das Manuskript lektorierte.

Tilly Miller

Teil I: Hinführung zur Thematik

1 Bedeutung einer Kernbestimmung Sozialer Arbeit

Kerngehäuse – Kernkraftwerk – Kernenergie – Atomkern – Kernfusion – Kernspintomografie – Zellkern: Die Begriffskette, die hier als Metapher dienen soll, ließe sich an dieser Stelle noch weiter ergänzen. Was macht den Kern zum Kern oder um ein Zitat aus Goethes Faust heranzuziehen: „Was ist des Pudels Kern?" Über den Zellkern beispielsweise wissen wir, dass er den größten Anteil des Erbguts enthält. Das klingt nach einer brauchbaren Metapher für die Soziale Arbeit, wenn es um ihre Kernbestimmung geht.

Der Begriff des Theoriekerns taucht in den Wissenschaften immer wieder auf. Im Kontext Sozialer Arbeit verwendet den Begriff beispielsweise Rita Sahle (2004, 296) und zwar in Anlehnung an Theoretiker wie Thomas Kuhn und Gerhard Schurz. Auch Ria Puhl u. a. (1996) fragen nach dem Kern Sozialer Arbeit. Als Alternative lässt sich auch der Begriff des Fundamentes Sozialer Arbeit heranziehen (vgl. Krieger 2011, 144), um zu beschreiben, was Soziale Arbeit genuin ausmacht. Im Folgenden verwende ich den Begriff des Kerns als Leitbegriff. Bei der Formulierung eines Theoriekerns geht es um grundlegende Aussagen zu verschiedenen Komponenten, ohne dass damit der Anspruch nach einer ausformulierten Theorie verbunden ist.

Der hier dargelegte Theoriekern enthält folgende Komponenten:

- *Leitwerte*
- *Gegenstand*
- *Theoretische Denkfiguren*
- *Handlungsweisen*

Die einzelnen Komponenten stehen nicht isoliert, sondern in einem vernetzten Zusammenhang. Symbolisch lässt sich an dieser Stelle tatsächlich das Bild eines Zellkerns heranziehen. Dieser besteht aus mehreren Zellen, die durch ihre Vernetzung nicht nur eine funktionale Einheit, sondern auch eine Art „Gewebe" bilden. Transferiert auf die Soziale Arbeit bedeutet eine „Gewebebildung", dass sich um den Kern herum eine Fülle von Theorien und Konzepten gruppieren, die Antworten auf spezifische praktische, theoretische und forschungsorientierte Fragen liefern. Übertragen auf das Modell, das im nächsten Kapitel aufgezeigt wird, taucht das „Gewebe" in Form von Bezugsrahmen auf. Gemeint sind Theorien, Konzepte, Modelle und Praxismethoden Sozialer Arbeit, bezugswissenschaftliche Konzepte wie auch wissenschaftstheoretische Ansätze und Methodologien.

Der hier vorgestellte Kern ist generalistisch angelegt mit grundlegenden Aussagen zu den Komponenten Sozialer Arbeit, die anschlussfähig sind zu spezifischen Theorien Sozialer Arbeit, Modellen und Praxismethoden wie auch zu bezugswissenschaftlichem Wissen. Der Kern ist eine theoretische Modellierung, von der aus professionelles Wahrnehmen, Analysieren, Verstehen, Bewerten, Kommunizieren und Handeln konturiert werden und von der aus die Relationierungsarbeit zu anderen Theorien und Konzepten zielgerichtet erfolgen kann. Der Kern lässt sich als eine Art theoretische Basisausstattung für die professionell Handelnden in Theorie und Praxis Sozialer Arbeit betrachten. Gemeint ist aber nicht eine „Light-Version" Sozialer Arbeit, sondern eine Kernbestimmung mit theoretischer Fundierungsabsicht, die voraussetzt, dass sich die Leser und Leserinnen auf theoretisches Denken einlassen.

Der hier dargelegte Kern Sozialer Arbeit verweist auf Allgemeines und Grundsätzliches und gleichzeitig stellt er ein komplexes theoretisches Gefüge dar. So modelliert gelingt es meines Erachtens eher, die theoretischen Konturen Sozialer Arbeit freizulegen. Ebenso, so meine Annahme, lassen sich Abgrenzungen zu anderen Disziplinen und Professionen einfacher bewerkstelligen. Der Kern ermöglicht, Verbindungen zu verschiedenen sozialwissenschaftlichen Schulen und Konzepten herzustellen und zu knüpfen. Eine solche Zugangsweise hob seinerzeit Louis Lowy (1983, 99) in seinem Buch „Sozialarbeit/Sozialpädagogik als Wissenschaft im angloamerikanischen und deutschsprachigen Bereich" heraus und sensibilisierte für die Bedeutung von integrativ angelegten „Conceptual Frameworks" für die Soziale Arbeit. Lowys Credo lautet, dass es mehr um die Suche nach konzeptionellen Rahmungen gehe, als um die eine oder andere Theorie.

In dem hier vorgelegten Kern enthalten sind Wertewissen, Gegenstandswissen, Erklärungs- und Reflexionswissen, Kommunikations- und Handlungswissen. Der Kern zielt darauf, Antworten zu geben auf folgende Fragen:

- Wodurch kennzeichnet sich das ethische Fundament?
- Was ist der Gegenstand Sozialer Arbeit?
- Welche basalen theoretischen Denkfiguren werden herangezogen?
- Was sind die basalen Handlungsweisen?

Die Antworten sind instruktiv und als Angebot zu werten. Ihnen gehen theoretische Entscheidungen und Positionierungen der Autorin voraus. Somit stellt das Dargelegte keine lehrbuchartige Synopse dessen dar, was sich bislang in der Sozialen Arbeit als durchsetzungsfähig erwiesen hat, läuft aber auch nicht konträr dazu, sondern bietet ein spezifisches Arrangement.

Im nächsten Kapitel geht es darum, die Kernbestimmung modellhaft zu rahmen und sie einzuordnen in die komplexen Bezüge Sozialer Arbeit.

2 Einordnung der Kernbestimmung in ein Rahmenmodell

Wer nach Indien reist, stößt zwangsläufig auf die indische Götterwelt. Wer sich näher mit den Göttern beschäftigt, stößt auf deren Fahrzeuge, mit denen sie sich durch den Himmel bewegen. Ganesha beispielsweise, der freundlich anmutende Gott mit dem Elefantenkopf, als Glücksbringer und Entferner von Hindernissen verehrt und einer der Lieblingsgötter der Inder, reitet auf einer Ratte. Die Fahrzeug-Metapher vermag auszudrücken, dass sich nicht einmal die Götter so einfach in der Welt oder gar im Himmel bewegen können – und erst recht nicht wir Menschen. Wir brauchen Fahrzeuge, und auch die Wissenschaft braucht solche, um sich auf ihren Wegen der Wissensgenerierung und Erkenntnisgewinnung zwischen Disziplinen, Theorien und Wissenschaftsschulen sowie zwischen wissenschaftlichen Methoden und Daten hin und her bewegen zu können. Wenn es also darum geht, einen Kern Sozialer Arbeit zu formulieren, braucht es zunächst einmal ein Fahrzeug, um zwischen Kern, Membran, Gehäuse und dessen Umfeld (Gewebe) navigieren zu können. Ein solches Fahrzeug ist im Folgenden ein Modell, mit dessen Hilfe sich der Kern Sozialer Arbeit verorten lässt.

Das Modell habe ich bereits an anderer Stelle dargelegt (Miller 2012b). An dieser Stelle geht es lediglich darum, es als Orientierungshilfe zu nutzen und den Kern Sozialer Arbeit in seine komplexen Bezüge zu stellen. Bei Modellen handelt es sich in der Regel um Konstrukte, die auf Typisches verweisen und die darauf zielen, vielschichtige Zusammenhänge übersichtlich zu erfassen. Dazu werden grundlegende Elemente sinnhaft in Beziehung gesetzt.

Im Folgenden stelle ich das Modell kurz vor:

Abbildung 1: Rahmenmodell Sozialer Arbeit

Person		Soziales
Wissenschaftstheorien		
Bezugswissenschaften		
Lehrbücher / Handbücher / Lexika	Soziale Arbeit — **Kern** • Ethische Leitlinien • Gegenstand — Praxis und Profession / Wissenschaft — **Dimensionen** — Gesellschaftliche Funktion / Studium • Handlungsweisen • Theoretische Denkfiguren — **Sozialer Arbeit**	Theorien / Konzepte / Modelle
Praxismethoden / Verfahren / Techniken		Empirische Forschung
Bezugswissenschaften		
Wissenschaftstheorien		
Kultur	© Tilly Miller	Ökologie

Bezugswissenschaften (seitlich)

Dimensionen Sozialer Arbeit

Im Inneren des Modells sind die Dimensionen Sozialer Arbeit aufgeführt und zwar:

- Soziale Arbeit als Praxis und Profession,
- Soziale Arbeit als Wissenschaft,
- Soziale Arbeit als gesellschaftliche Funktion und
- Soziale Arbeit als Studium.

Die Dimensionen stellen die Plattform dar, auf der die Kernbestimmung überhaupt möglich wird und Sinn macht.

Als *Praxis*, *Profession* und *Wissenschaft* umfasst Soziale Arbeit ein geschichtliches Gewordensein. Dazu gehören ihre historischen Wurzeln, ihre Werteorientierungen sowie unterschiedliche theoretische, professionstheoretische und praxismethodische Konzepte und Paradigmen. „Herzstück" der Sozialen Arbeit ist nach Thomas Schumacher (2007, 11) die Praxis. Aus der *Praxis* heraus hat sich Soziale Arbeit als Profession nebst ihrer gesellschaftlichen Funktion entwickelt, wie auch Soziale Arbeit als Disziplin und Wissenschaft und die diversen Ausbildungswege. Als *Wissenschaft* und *Disziplin* hat Soziale Arbeit ihre Theorie- und Reflexionsbasis entwickelt und verfügt über verschiedene Gegenstandbestimmungen.

Soziale Arbeit als *Studium* fokussiert insbesondere auf Fragen der Konzipierung von Studiengängen, Studienplänen und Kompetenzanforderungen an Studierende, Lehrende und Forschende.

In ihrer *gesellschaftlichen Funktion* lässt sich Soziale Arbeit aus einer Doppelperspektive heraus beschreiben. Einerseits geht es um Aufgaben, die die Gesellschaft im Rahmen von Gesetzen, Regelungen, Verwaltungsentscheidungen, Leistungsvereinbarungen und im Kontext politischer Auftragszuteilungen der Sozialen Arbeit überträgt. Andererseits geht es um Selbstbeschreibungen aus dem Blickwinkel der Sozialen Arbeit wie sie ihre gesellschaftliche Funktion beschreibt und begründet. Diskurse um den Begriff des Doppelmandats (Hilfe und Kontrolle) und des Tripelmandats (Staub-Bernasconi 2007) nehmen darauf Bezug, ebenso Diskurse, dass Soziale Arbeit Mitproduzentin sozialer Wohlfahrt ist (vgl. Miller 2001, 101 ff.).

Die einzelnen Dimensionen sind vernetzt und in ihren Wechselwirkungen und inneren Zusammenhängen zu betrachten. Eine Profession setzt Wissenschaft voraus. Ebenso setzt die gesellschaftliche Funktionsbestimmung Sozialer Arbeit eine theoretische Selbstreflexion voraus. Ein Studium ohne wissenschaftstheoretische Grundlage hindert die Disziplinwerdung. Soziale Arbeit war an den Fachhochschulen zunächst lediglich Methodenfach und zuständig für die Vermittlung von Praxismethoden, insbesondere Beratung, Gruppen- und Gemeinwesenarbeit. Der Schritt zur Disziplinwerdung der Sozialen Arbeit setzte somit nicht nur einen wissenschaftlichen Anspruch voraus, sondern ebenso große Anstrengungen der Akteure, eine geeignete theoretische Basis für die Soziale Arbeit zu entwickeln und vorhandene Konzepte zu sichten (vgl. u. a. Engelke 1992; 2000; 2004; Engelke u. a. 2009). Wenn Sozialarbeiter und Sozialarbeiterinnen in der Praxis in Augenhöhe mit Vertreterinnen und Vertretern anderer Professionen kommunizieren und ihre Profession selbstbewusst vertreten wollen, wenn sie den Anspruch haben, professionell zu handeln, dann setzt dies alles Kompetenz im Umgang mit Sozialer Arbeit als Wissenschaft und Disziplin voraus.

Der Kern Sozialer Arbeit

Um die genannten Dimensionen herum wird der „Kern Sozialer Arbeit" konzipiert. Dessen Ausformulierung erfolgt in den weiteren Kapiteln. Hier nur soviel:

- der Kern orientiert sich grundsätzlich am Beziehungsgefüge Person-Umwelt, wobei Umwelt nicht nur sozio-kulturelle Umwelt ist, sondern auch ökologische Umwelt;
- der Kern orientiert sich an den historischen Wurzeln der Sozialen Arbeit und verbindet diese mit zeitgemäßen Reflexionen;

- der Kern ist entlang des Begriffs Soziale Arbeit formuliert und verbindet sozialpädagogische und sozialarbeiterische Zugangsweisen;
- der Kern ist grundsätzlich systemisch konfiguriert und bindet verschiedene Wissenschaftsschulen und Theoriekonzepte ein.

Vor diesem Hintergrund macht der Kern Aussagen über
- ethische Leitwerte der Sozialen Arbeit,
- den Gegenstand Sozialer Arbeit,
- theoretische Denkfiguren und
- grundlegende Handlungsweisen.

Bezugsrahmen: Soziale Arbeit
An den Kern Sozialer Arbeit schließt der Bezugsrahmen Soziale Arbeit an, als Teil des „Kerngewebes". Er umfasst die Vielfalt der theoretischen, empirischen und praxismethodischen Konzepte Sozialer Arbeit und ebenso Lehrbücher, Handbücher, Fachlexika, Einführungen und Grundlagentexte. Der Vorteil einer solchen Modellierung ist, dass die theoretische Konsistenz der einzelnen Ansätze, ihre gegebenenfalls mehr sozialpädagogische oder sozialarbeiterische Ausrichtung gewahrt bleibt. Auch muss innerhalb dieses Bezugsrahmens keine Grundsatzentscheidung getroffen werden, welcher Ansatz warum brauchbarer oder weniger brauchbar ist. Diese Frage stellt sich erst mit den konkreten Problemstellungen, die bearbeitet werden.

Bezugsrahmen: Bezugswissenschaften Sozialer Arbeit
Bezugswissenschaftliches Wissen ist unverzichtbar für die spezifische theoretische und praktische Problem- und Fallbearbeitung. Die Bezugswissenschaften sind notwendige Voraussetzung für das professionelle Handeln und sie stellen dazu grundlegendes Problem- und Erklärungswissen bereit, beispielsweise aus der Psychologie, der Pädagogik, der Soziologie, dem Recht, der Politikwissenschaft, den Wirtschaftswissenschaften, den Neurowissenschaften, Gesundheits- und Pflegewissenschaften u. a.[1] Die Bezugswissenschaften liefern Detailwissen und Zugänge, um die konkreten Fragen und Aufgabenstellungen im Kontext von Zielgruppen, Feldern und Problemen entsprechend zu bearbeiten. Die Auswahl des bezugswissenschaftlichen Wissens erfolgt wiederum aus der Perspektive der Sozialen Arbeit.

---

[1] Zum Verhältnis der Sozialen Arbeit und ihren Bezugswissenschaften siehe auch Schumacher 2011.

Bezugsrahmen: Wissenschaftstheorie

Der letzte Bezugsrahmen fokussiert die Wissenschaftstheorie. Verschiedene wissenschaftstheoretische Schulen, insbesondere die Hermeneutik, die Kritische Theorie, der Kritische Rationalismus, die Systemtheorien und der Konstruktivismus, liefern für die Disziplinen und damit einhergehend auch für die Soziale Arbeit als Disziplin geeignete Methodologien, mit deren Hilfe die Disziplinen ihre Theorien entwickeln und forschen. So orientiert sich beispielsweise das Fallverstehen in der Sozialen Arbeit an der methodischen Zugangsweise der Hermeneutik, bei der es um das Sinnverstehen von Texten und Handlungen geht. Auf weitere Ausführungen muss hier verzichtet werden. Nur soviel: Wenn sich die Soziale Arbeit systemisch definiert, dann orientiert sie sich am systemtheoretischen Wissenschaftsverständnis und dieses wird im Rahmen von Wissenschaftstheorie anhand unterschiedlicher Zugänge ausformuliert und diskutiert. Wenn sich Soziale Arbeit fallverstehend ausrichtet, orientiert sie sich wie gesagt mehr an der Hermeneutik. Für ihre Theorie- und Konzeptentwicklung nehmen die Disziplinen somit Anleihen bei den Wissenschaftstheorien und holen sich von dort das methodologische Werkzeug. Die hier vorgelegte Kernbestimmung nimmt Anleihen an der Systemtheorie von Niklas Luhmann, die in den Bezugskreis Wissenschaftstheorie einzuordnen ist.

Bezugsfelder

Gerahmt wird das Modell von vier Bezugsfeldern: *Person, Soziales, Kultur und Ökologie*. In den Bezugsfeldern und im Rahmen ihrer strukturellen Kopplung generiert sich der Hilfebedarf. Ebenso bilden sich vor deren Hintergrund Strukturen und Prozesse professionellen Handelns und des organisationellen Aufbaus von Hilfesystemen wie auch das Selbstverständnis Sozialer Arbeit. Aus den Bezugsfeldern resultieren sozialethische Fragestellungen, aktuelle soziale Fragen und Herausforderungen.

Stichworte zu den einzelnen Bezugsfeldern sind:

Person: In diesem Feld wird der Mensch in seiner körperlichen, leiblichen, psychischen und geistigen Dimension betrachtet, insbesondere aus anthropologischer, philosophischer, theologischer, psychologischer, sozial- und entwicklungspsychologischer, pädagogischer, soziologischer, genderspezifischer, kultureller, biologischer, medizinischer, rechtlicher und wirtschaftlicher Sicht.

Soziales: Dieses Feld reicht von den sozialen Nahbeziehungen bis hin zur Gesellschaft in ihrer nationalen, regionalen (EU) und globalen Dimension. Es geht um soziale Strukturen und Prozesse insbesondere im Kontext von Recht, Politik, Wirtschaft, Massenmedien, Bildung, Gesundheit und sozialer Hilfe. Damit einhergehend geht es um Chancen in Bezug auf Inklusion, Teilhabe und Lebensqualität, um soziale Risiken sowie soziale Ungleichheit.

Kultur: Dieses Feld umfasst Sitten, Gebräuche, Umgangsformen, Symbolsysteme, Technologie, Artefakte der Hochkultur (Künste) wie Massenkultur; kulturelle Grundsätze, Werte, Leitbilder, Rollenbilder und -zuschreibungen, kulturelle Symboliken; kulturelle Wurzeln von Gruppen und Völkern, Selbst- und Fremdbeschreibungen von Kulturen, kulturelle Dominanzansprüche und Ausgrenzungen; kulturelles Kapital (Bourdieu); Subkulturen und Milieus; Fragen zur Toleranz, Diversity, Bildung und kulturellen Kompetenz.

Ökologie: Der Begriff Ökologie wird hier als Teilgebiet der Biologie verstanden. Wenn der Begriff an dieser Stelle herangezogen wird, dann nicht in all seiner Komplexität, sondern im Fokus stehen die Wechselbeziehungen des Menschen zur belebten und unbelebten Natur und zum Ökosystem. Stichworte dazu sind Mikroorganismen, Pflanzen, Tiere, Boden, Wasser, Luft und Klima. Speziell geht es um Fragen des ökologischen Handelns und damit einhergehend der ökologischen, ökonomischen, sozialen und kulturellen Nachhaltigkeit. Kritisch reflektiert werden darauf bezogen Konsumstile, Konzepte der Wachstumsideologie, ökologische Zerstörung und Armut. Über Programme wie die Agenda 2010 und die Agenda 21 beispielsweise wurden lokale und globale Strukturen und Prozesse hinsichtlich Bildung und Nachhaltigkeit initiiert. Es geht um Fragen von Klima- und Umweltschutz, Hungerbekämpfung, Wohlstandsverteilung und ökologische Verbesserung des Wohnumfeldes. Ökologische Probleme, so wird zunehmend deutlich, transformieren zu sozialen Problemen, für die Soziale Arbeit zuständig ist.

Soziale Arbeit steht mit den genannten Bezugsfeldern in Wechselbeziehung. Person-Soziales-Kultur-Ökologie sind aufeinander bezogen und bedingen einander. Sozialpolitik (Feld „Soziales") beispielsweise hat nicht nur Schnittstellen zur Bildungspolitik (Feld „Kultur"), sondern auch zur Umweltpolitik (Feld „Ökologie"), denn eine zunehmende Belastung der Umwelt erzeugt soziale Probleme.

Intention und Verwendungsmöglichkeiten des Modells

Das hier vorgelegte Modell entstand aus einer Orientierung gebenden Absicht. Alle wesentlichen Bezugsgrößen Sozialer Arbeit sollten aufgezeigt und einander zugeordnet werden. Das Schaubild fokussiert den Blickwinkel der Sozialen Arbeit als Disziplin und setzt deren Kernbestimmung ins Zentrum. Um die Kernbestimmung Sozialer Arbeit geht es in vorliegendem Buch. Der Kern steht nicht isoliert, sondern in Verbindung mit den Dimensionen Sozialer Arbeit, mit den verschiedenen Konzepten und Zugängen Sozialer Arbeit, mit den Bezugswissenschaften und mit den Wissenschaftstheorien. Das Modell ist schnittstellenorientiert und in Verbindungslinien zu denken. Anhand des Modells lassen sich, je nach Fragestellung, Verknüpfungen modellieren, beispielsweise die Verknüpfung einzelner sozialarbeitstheoretischer Konzepte mit dem Kern und mit bezugswissenschaftlichem Wissen. Das Modell gründet in einer Synergie- und Ressourcenperspektive und symbolisiert eine Architektur, in der jedes Element von den anderen Elementen gehalten wird. Die Kernbestimmung lässt sich erst aus dem Gesamtzusammenhang heraus verstehen. Jedes Element des Kerns steht mit den anderen Elementen in direktem oder indirektem Zusammenhang und jedes Element verweist auf Wesentliches, was die Soziale Arbeit betrifft.

Insgesamt erlaubt das Modell unterschiedliche Verwendungsmöglichkeiten:

1. Es gibt Orientierung in Bezug auf die Komplexität Sozialer Arbeit. Die einzelnen Elemente und deren Bezüge lassen sich im Rahmen von Modulen der Sozialen Arbeit in den Bacheolor- und Masterstudiengängen grundlegend bearbeiten und vertiefen.
2. Das Modell dient als studienbegleitende Orientierungshilfe nicht nur im Rahmen von Inhalten der Sozialen Arbeit sondern auch im Rahmen bezugswissenschaftlich orientierter Veranstaltungen. Es leistet Zuordnungshilfen für unterschiedliche Wissenskonzepte.
3. Das Modell dient der konkreten Fall- und Problembearbeitung. Wissen aus der Sozialen Arbeit und ihren Bezugswissenschaften lässt sich mit Hilfe des Modells relationieren und auf die Praxis beziehen.
4. Schließlich dient das Modell dazu, Wissenschaft und Wissenschaftssystematik zu verdeutlichen, beispielsweise das Zusammenspiel von Disziplinen und Wissenschaftstheorien.

Aus dem hier vorgelegten vielschichtigen Beziehungsgeflecht Sozialer Arbeit wird die spezifische Bearbeitung konkreter Frage- und Problemstellungen vom Kern aus vorgenommen. So gilt es zu überlegen, welches Wissen im Rahmen Sozialer Arbeit und in den jeweiligen Bezugsrahmen gebraucht wird und welche Relationierungen vorgenommen werden. Ein solcher Zugang ist Ausdruck eines professionellen Selbstverständnisses und Gewähr dafür, dass Soziale Arbeit aus einer Kernidentität heraus handelt und dass sie nicht „entkernt wird", beispielsweise durch rein bezugswissenschaftliche Bearbeitungen von Frage- und Problemstellungen.

Von daher möge sich das Modell als brauchbares „Fahrzeug" erweisen, um durch die weiteren Kapitel und Aussagen dieses Buches zu navigieren.

Im nächsten Schritt wird der Begriff der Beziehung als basale Kategorie der Kernbestimmung erläutert.

3 Beziehung als basale Kategorie einer Kernbestimmung Sozialer Arbeit

„Beziehung ist (fast) alles" – so lautet ein Radiofeature des Hessischen Rundfunks[2] über das Leben von Kaspar Hauser. Kaspar wuchs als Waise in erbärmlichen Verhältnissen auf, vermutlich bei Wasser und Brot und mit wenig Zuwendung. Er überlebte es irgendwie, lernte etwas sprechen und lesen. Als 16jähriger wurde er, psychisch eingeschränkt und „halbwild" wie es seinerzeit hieß, freigesetzt. Alsdann erweiterten sich seine Beziehungen. Er wurde im Gefängnis untergebracht und stand unter Aufsicht eines Wärters. Er stand in Beziehung zur Öffentlichkeit, die ihn nach Lust und Laune wie ein Zootier bestaunte. Zu Unterrichts- und Studienzwecken kam er zu einem Lehrer. Wegen eines nie aufgeklärten Attentats an seiner Person stand er mit der Polizei in Beziehung. Auch heißt es, dass er Beziehung zu den besten Gesellschaftskreisen hatte und ebenso wurde er seelsorgerisch betreut. Die Beziehung, die Kaspar zu sich selbst hatte, bleibt offen, genauso wie seine Todesursache. Spekuliert wird über Mord und Selbstverletzung. Kaspar Hauser, würde er heute leben, wäre ein Fall für die Soziale Arbeit. Ein Beziehungsfall.

Im Folgenden geht es darum, sich dem Beziehungsbegriff aus unterschiedlichen Perspektiven zu nähern, um seine Mehrperspektivität zu zeigen und seine Verwendungsmöglichkeit für die Soziale Arbeit zu skizzieren.

Beziehung sozialphilosophisch und sozialwissenschaftlich konnotiert
Gleich, ob wir menschliches Leben anthropologisch-philosophisch, sozialpsychologisch, soziologisch oder biologisch betrachten: Leben und menschliches Zusammenleben vollziehen sich auf der Basis von Beziehungen. Nach Martin Buber (1979) ist das Grundprinzip des Menschen die Beziehung. Sie lässt sich nach Buber als Fundamentalkategorie verstehen. Der Mensch ist ein sozial und biologisch angewiesenes Wesen. Er ist angewiesen auf Mitmenschen, auf soziale Strukturen und Ressourcen sowie auf eine intakte ökologische Umwelt. All dies ist Voraussetzung nicht nur für das Leben und Überleben, sondern auch Voraussetzung für ein menschenwürdiges Leben. Der Mensch ist eingewoben und verflochten in ein dichtes Netz unterschiedlicher Beziehungen, die ihn beeinflussen, durch die er sich entwickeln kann oder die seine Entwicklungen blockieren, und die Lebensqualität ermöglichen wie auch behindern. Das Selbst, so Lyotard (1999, 55, 59), entwickelt sich im Gefüge von Relationen und sitzt auf den „Knoten" von Kommunikationskreisläufen, die sozial gerahmt sind und die Vorgaben beinhalten. Lebensziele und -pläne, Bewältigungsformen des Alltags, Sinn- und Werteverständnisse, Identitäts- und Persönlichkeitsentwicklungen, die Entwicklung sozialer Strukturen – all das vollzieht sich im Kontext von Beziehungen zwischen

---

[2] hr 2, 2.5.2012.

Mensch – Soziales – Kultur – Natur. Basal aus psychologischer Perspektive ist die personenzentrierte Beziehung, die psychisches Wachstum und Lernen ermöglicht wie auch Ursache von pathogenen Prozessen und Wirkungen ist. Die Beziehung zu sich selbst, die Beziehung des Einzelnen zum Anderen und die therapeutische Beziehung stehen im Fokus (Rogers 1985; 1986; 2009).

Grundsätzlich lässt sich beobachten, dass Menschen, wenn sie über tragfähige Beziehungen verfügen, schwierige Lebenssituationen und belastende Ereignisse in der Regel besser bewältigen können als wenn Beziehungen fehlen oder brüchig sind.

Beziehung systemisch konnotiert

Systemisches Denken ist ein Denken in Beziehungen. Systeme sind Entitäten, d. h. Einheiten, deren Elemente in direktem oder indirektem Bezug zueinander stehen. In einem Gruppensystem gibt es Mitglieder mit direktem Kontakt und andere, die nicht direkt miteinander kommunizieren, jedoch indirekt miteinander verbunden sind, beispielsweise über Dritte oder weil man übereinander spricht. Aus der Systemperspektive stehen nicht nur Menschen in Beziehung, sondern auch Elemente, beispielsweise Kommunikation, Handlungen, Regeln, Programme, Führungsauffassungen, Gruppenklima u. a. Deren spezifische Verknüpfung, sprich Relationierung, kennzeichnet nicht nur das System, sondern vor deren Hintergrund operiert das System, strukturiert sich und rekonstruiert sich. Systeme sind Beziehungssysteme, gleich ob Persönlichkeitssystem oder soziales System, die sich durch Relationierung und Kommunikation herausbilden. Systeme bestehen aus Beziehungen (Relationen), die über Kommunikation aktiviert werden. Das kleinste Kommunikationssystem ist die Kommunikation mit sich selbst (Ruesch in Ruesch/Bateson 1995, 40f.). Beziehungen werden auf unterschiedlichen Ebenen gedacht: Beziehung zu sich selbst, Zweier-, Familien- und Gruppenbeziehungen, Netzwerkbeziehungen, Organisationsbeziehungen, Beziehungen innerhalb der Gesellschaft sowie virtuelle Beziehungen.

Auch wenn das Gesagte möglicherweise an dieser Stelle für die Eine oder den Anderen noch befremdlich klingen mag, soll an dieser Stelle deutlich werden, dass sich Systeme ohne den Beziehungsbegriff weder beschreiben noch erklären lassen.

Beziehung wissenschaftlich konnotiert

Wissenschaftliches Arbeiten bedeutet die Auseinandersetzung mit wissenschaftlichem Wissen, in der Regel aus unterschiedlichen Disziplinen. Fragen und Problemstellungen werden mit Hilfe von Wissen bearbeitet. Wissen wird relationiert, also zueinander in Bezug gesetzt und verknüpft. Daraus sollte aber kein Kraut- und Rübensalat entstehen. Vielmehr gilt es Wissen reflektiert zu verknüpfen. Die Relationierung sollte in Bezug auf die Fragestellung nicht nur Sinn machen und begründbar sein, sondern methodologisch auch verknüpfbar sein. Nicht alle wissenschaftlichen Ansätze sind grundsätzlich kompatibel. Die Verknüpfung von Wissen setzt theoretische Schnittstellenkompetenz voraus, durch die Wissen und Konzepte methodologisch eingeordnet und aufeinander bezogen werden können. Mit Hilfe theoretischer Schnittstellenkompetenz lässt sich erfassen wie auch begründen, welche Konzepte sich grundsätzlich widersprechen und welche sich ergänzen, wo Diskurslinien verlaufen und wie diese zu verorten sind.

Somit braucht es theoretische Relationierungskompetenz, das heißt die Kompetenz, Wissen in Beziehung zu setzen.

Beziehung aus dem Blickwinkel der Sozialen Arbeit konnotiert

Die Praxis Sozialer Arbeit fokussiert Menschen und ihre Beziehungen zur Umwelt. Soziale Arbeit ist Beziehungsarbeit und erfolgt im Spagat personenzentrierter und sozialstruktureller Bezüge. Dazu gehören auch die organisierten Hilfestrukturen. Helfen setzt darüber hinaus eine vertrauensvolle Beziehung zwischen Adressaten und Professionellen voraus, in der Nähe und Distanz situationsadäquat austariert sind. Professionelles Helfen setzt ebenso voraus, die relevanten Beziehungen der Adressaten auf den unterschiedlichen Ebenen zu reflektieren und zu bearbeiten, um Verbesserungen zu erwirken. Konkret geht es um die

- Beziehung auf der intrapersonellen Ebene, das heißt die Beziehung zu sich selbst
- Beziehung auf der interpersonellen Ebene (Dyade, Familie, Gruppe)
- Beziehung auf der kulturellen Ebene (Geschlechter, Generationen, Subkulturen, Milieus, Ethnien)
- Beziehung auf der formal organisierten Systemebene (Organisationen)
- Beziehung auf der Netzwerkebene
- Beziehung auf der gesellschaftlichen Ebene
- Beziehung auf der ökologischen Ebene
- Beziehung auf der virtuellen Ebene
- Beziehung auf der professionellen Hilfeebene

Damit Beziehungsarbeit professionell gelingt, braucht es Wissen über Beziehungen, ihre verschiedenen Formen und Ebenen und deren Anforderungen in Bezug auf Inklusion, Kommunikation und Handeln. Darüber hinaus braucht es eine theoretische Relationierungskompetenz. Fragen und Probleme aus der Praxis sind mit Hilfe theoretischen Wissens zu verstehen, zu erklären und zu bearbeiten. In der Regel geschieht dies durch die Relationierung disziplinären, interdisziplinären und transdisziplinären Wissens.[3]

---

[3] Transdisziplinär bedeutet über Wissenschaft hinausreichend und ebenso die Einbindung beispielsweise von Alltags- und Erfahrungswissen von Adressaten im Forschungs- und Analyseprozess (vgl. Miller 2011).

Der Blick auf Beziehungen – häufig wird der Begriff der Austauschbeziehungen verwendet (vgl. u. a. Staub-Bernasconi 1994a) – ist in der Sozialen Arbeit grundsätzlich nicht neu. Beziehungen werden in unterschiedlichen Konzepten zugrunde gelegt, beispielsweise im „Life Model". Die Autoren sprechen vom „Anpassungsgleichgewicht zwischen Menschen und ihrer Umwelt", um

> „(a) Lebensbelastungen und den damit verbundenen Streß auszuschalten oder zu mildern, indem die Menschen dazu angeleitet werden, menschliche wie Umwelt-Ressourcen für eine effektive Bewältigung zu aktivieren und heranzuziehen und (b) auf die Gegebenheiten der sozialen und materiellen Umwelt Einfluß zu nehmen, damit sie besser auf die Bedürfnisse der Menschen abgestimmt sind." (Germain/Gitterman 1988, 37)

Die prozessual-systemische Denkfigur von Silvia Staub-Bernasconi (1994a) beruht auf der Basis von Austauschbeziehungen, Gerechtigkeit und Bedürfnissen. Im Mittelpunkt der Austauschbeziehungen stehen bei Staub-Bernasconi soziale Probleme, die sie als Gegenstand Sozialer Arbeit formuliert.

Kaspar Geiser (2009) hat die systemische Denkfigur von Silvia Staub-Bernasconi aufgegriffen und mit Blick auf Diagnostik und Ressourcenanalyse weiter entwickelt. Dabei stützt er sich auf den systemischen Beziehungsbegriff, der einen zentralen Stellenwert in seinem Konzept einnimmt, und arbeitet diesen heraus. Professionelle in der Sozialen Arbeit, so Geiser, sind spezialisiert für die Bearbeitung von sozialen Beziehungen, private, berufliche und öffentliche (Geiser 2009, 151).

Thiersch/Grunwald sprechen im Kontext des lebensweltorientierten Zugangs von Raum, Zeit und sozialen Beziehungen, die in der konkreten Erfahrung präsent werden (Grunwald/Thiersch 2001, 1139).

Bereits 1964 hat Ruth Bang ein Buch über die „Helfende Beziehung" veröffentlicht. Lieben und Geliebtwerden, das Bedürfnis nach Zärtlichkeit, Zugehörigkeit, Anerkennung und Erfolg sind, so Bang, emotionelle Grundbedürfnisse, die befriedigende mitmenschliche Beziehung voraussetzen.

> „Nichts braucht der Mensch so nötig für sein inneres Gleichgewicht als die Bejahung durch andere Menschen" (Bang 1964, 28).

Bang fokussiert in ihrem Zugang die interpersonelle Beziehungsebene.

Auch Teresa Bock betont die Beziehungsorientierung Sozialer Arbeit, indem Professionelle „Hilfe bei der Entwicklung von Beziehungen und der Förderung von Prozessen" leisten (zit. nach Lowy 1983, 54).

Beziehungen sind immer im Blickpunkt Sozialer Arbeit gestanden. Der Fokus auf die Wechselwirkungen zwischen Person-Umwelt ist ein Beziehungsfokus. Die Etablierung des systemischen Paradigmas in der Sozialen Arbeit und die damit einhergehenden Möglichkeiten, Beziehungen in ihrer Komplexität zu erfassen, liegt auf diesem Bedeutungskontinuum. Der Beziehungsansatz in der Sozialen Arbeit ist somit nicht neu. Was meines Erachtens fehlt, ist die konsequente Ausformulierung und Dimensionierung des Beziehungsbegriffs auf den verschiedenen Ebenen und seine explizite Integration in eine integrale Gegenstandsbestimmung. Erst über einen solchen Zugang wird deutlich, welche professionellen Aufgaben, Kompetenzen und Herausforderungen mit dem Beziehungsbegriff einhergehen.

Im nächsten Kapitel werden die historischen Wurzeln der Sozialen Arbeit beleuchtet. Gefragt wird nach dem Hilfeanspruch und auf welchen Beziehungen gearbeitet wird. Ebenso wird die Beziehung Sozialarbeit/Sozialpädagogik in Bezug auf ihre Schnittstellen und Unterschiede reflektiert.

4 Bezug zu den Wurzeln Sozialer Arbeit

Den Kern Sozialer Arbeit ohne Bezug auf ihre historischen Wurzeln zu bestimmen, wäre ein merkwürdiges Unterfangen und beziehungslos. Wendt (2008, V) spricht von der „historischen Vergewisserung", um zu identifizieren, was Soziale Arbeit ausmacht. So gilt es an dieser Stelle, ein „Fenster" des in Kapitel 2 skizzierten Rahmenmodells zu öffnen, und zwar das Fenster „Praxis und Profession". Dahinter verbergen sich die Professionsgeschichte und die Wurzeln der Sozialen Arbeit.

Im Rahmen dieses Kapitels soll lediglich auf Aspekte fokussiert werden, die für die Kernbestimmung Sozialer Arbeit besonders relevant sind. Die großen geschichtlichen Linien und die verschiedenen historischen Perspektiven, angefangen von der Armenfürsorge über die Wohlfahrtspflege hin zur Sozialen Arbeit inklusive ihrer international verzweigten Theorie- und Institutionengeschichte ist an anderer Stelle in kompetenter Weise nachzulesen (u. a. Wendt 2008; Lambers 2010a; Sachße 1998; 2003).

Fragen, um die es hier geht, lauten:

- Welcher Hilfeanspruch bestand in den Anfängen der Profession und welche Beziehungsebenen waren darauf bezogen relevant?
- Wie verhält es sich mit der Beziehung zwischen Sozialarbeit und Sozialpädagogik?

Nachdem es sich in dieser Schrift um eine Kernbestimmung Sozialer Arbeit handelt, die Sozialpädagogik und Sozialarbeit integriert, gilt es ihre jeweiligen Spezifika und die unterschiedlichen professionsgeschichtlichen Ausrichtungen zu erhellen.

Professionsgeschichtliche Wurzeln der Sozialen Arbeit

Den Faden greife ich dort auf, wo Soziale Arbeit ein modernes Selbstverständnis entwickelt hat, das mit seiner identitätsstiftenden Kraft bis in unsere Gegenwart hineinreicht. Zeitpunkt ist das ausgehende 19. Jahrhundert. Hintergrund sind die großen sozialen und ökonomischen Umwälzungen der damaligen Zeit durch die Industriealisierung und deren prekäre und vielfach unmenschliche Folgeerscheinungen. Stichworte dazu sind Verarmung und Verelendung, Kinderarbeit und Frauenarbeit unter schwersten körperlichen Bedingungen, Ausbeutung und Not. Der Anspruch auf Professionalisierung und Verwissenschaftlichung Sozialer Arbeit lässt sich erst im Kontext des damaligen gesellschaftlichen Wandels und den damit einhergehenden individuellen und sozialen Risiken verstehen wie auch durch die leidvollen Prozesse einer sich formierenden Industrie- und Arbeitsgesellschaft. Soziale Arbeit hat sich an der Schnittstelle zwischen Individuum und Gesellschaft entwickelt. Die Hilfe für Notleidende, die Verbesserung der sozialen Wohlfahrt als Strukturaufgabe und eigene Professionalisierungsansprüche stehen in einem engen Zusammenhang.

Die Hilfe in sozialer Not ist Kernanliegen und Motor der Sozialen Arbeit gewesen, hat jedoch kein Alleinstellungsmerkmal gehabt. Seit den Anfängen ihrer Professionalisierung wurden in der Sozialen Arbeit immer auch Anstrengungen im Bereich Bildung und Erziehung, in Bezug auf Hilfe bei Krankheit und Behinderung, Hilfe bei der Arbeitsvermittlung etc. unternommen (Wendt 2008, 3). Die Aufgaben und Zuständigkeiten haben sich dann im Zuge der geschichtlichen Entwicklung ausgeweitet hin zur psychosozialen Hilfe und Prävention. Hans Thiersch argumentiert in der gegenwärtigen Diskussion, dass eine zeitgemäße Soziale Arbeit nicht mehr nur Unterstützung bei Armut und Not sei, sondern sich in der Normalität von Alltagsanforderungen bewegt (Thiersch/Grunwald 2001, 1141). Er geht davon aus, dass im Kontext von Individualisierungsrisiken alle Menschen potenziell Adressaten sozialer Arbeit werden können.

Um den historischen Wurzeln Sozialer Arbeit nachzugehen, greife ich stellvertretend auf die Aussagen von Alice Salomon (1872–1948) zurück, als eine der bedeutendsten Pionierinnen Sozialer Arbeit – nicht nur in Deutschland, sondern international –, und Gründerin der sozialen Frauenschule.[4]

Pionierzeit

Die Pionierzeit Sozialer Arbeit beschreibt Alice Salomon (1983) in ihren Lebenserinnerungen. Extrahieren lassen sich daraus sieben Kernbereiche, die im Zentrum der Beschäftigung im Pionierstadium standen und die immer noch eine frappierende Aktualität zeigen. Alice Salomon (1983, 100) eröffnete 1908 die Schule für soziale Arbeit.

---

[4] Vgl. Feustel 2011; Kuhlmann 2007; Landwehr 1981; Sagebiel 2010; Zeller 1990.

Im Rahmen ihres Wirkens verband sie mit der Sozialen Arbeit folgende Ansprüche:

1. Gesellschaftliche Ebene und soziale Wohlfahrt
Soziale Arbeit reagiert auf den gesellschaftlichen Wandel, der insbesondere durch den technischen Fortschritt herbeigeführt worden ist. Folge sind soziale Verwerfungen, Ausbeutung und Not. Soziale Arbeit hat sich, so Salomon, mit dem Schutz und der Verteidigung von Menschlichkeit sowie mit Fragen nach Systemveränderung zu beschäftigen.

2. Geschlechterebene
Soziale Arbeit nimmt Partei für Frauen und setzt sich ein für ihre Emanzipation und für die Aufhebung von Unterordnungsverhältnissen. Diese zeigen sich beispielsweise durch ungleiche Löhne. Soziale Arbeit geht einher mit politischer Arbeit, beispielsweise Kampagnen für Mutterschutz und Arbeitsschutz und gegen Prostitution. Es geht um den Einsatz für Bürgerrechte der Frauen und das Recht auf Bildung, insbesondere auch um den Zugang zu den Universitäten. Des Weiteren geht es um die Internationalisierung der Frauenbewegung („International Council of Women" und Internationaler Frauenbund, eine Art Völkerbund der Frauen).

3. Kinder- und Jugendhilfe
Beim Kinder- und Jugendschutz geht es um den Erhalt vorhandener Kräfte, um die Vorbeugung und Verhütung von Schädigungen. Hierzu dienen u. a. Krippen, Spielplätze, Jugendpflege, Jugendwohlfahrt, Jugendschutz. Kinder- und Jugendhilfe orientieren sich an der Wiederherstellung geschädigter Kräfte, am Heilen oder Ausgleichen, z. B. durch Fürsorge für die gefährdete Jugend.

4. Hilfeverständnis
Ziel der Hilfe ist materielle Unterstützung, Hilfe zur Selbsthilfe und Gesundheitsfürsorge und damit einhergehend auch die Herbeiführung der wirtschaftlichen Selbständigkeit der Hilfsbedürftigen. Wo dies nicht möglich ist, geht es um die Versorgung und Bewahrung von Hilflosen, z. B. durch Altersheime und Pflegeanstalten.

5. Alltagsebene
Soziale Arbeit unterstützt in der Alltagsbewältigung, beispielsweise durch Kochunterricht für Frauen, durch die Einrichtung von Spielstuben für Kinder. So sollen Fähigkeiten entwickelt werden, die ein gesundes Zusammenleben ermöglichen.

6. Bildungsebene
Soziale Arbeit hat eine Erziehungs- und Bildungsaufgabe, um die gesundheitlichen und geistig-sittlichen Zustände zu fördern. Die Entfaltung der Persönlichkeit und damit einhergehend die Steigerung der (wie es damals hieß) Volkskraft gelten als

Teil der Wohlfahrtspflege. Hierzu gehört der Ausbau des Volksbildungswesens, der Berufsberatung, Lehrstellenvermittlung und Bibliotheken. Zum Volksbildungswesen gehören, so Salomon, zum einen Vorträge, Filme, Ausstellungen, Büchereien, Feste, Theater und Musik, zum anderen gilt es, den Bildungsfähigen und Bildungswilligen „ein lebendiges Verhältnis zur nationalen Kultur (zu) vermitteln". Es gilt individuelle Zugänge zur Kunst und Kultur zu ermöglichen, beispielsweise durch das Laienspiel (Salomon 1983, 120 ff.).

7. Professionelle Hilfe
Die Helfenden brauchen Kenntnisse über rechtliche und ökonomische Strukturen und über die menschliche Seite der Armut. Eine Wissenschaft der sozialen Arbeit muss entwickelt werden (Salomon 1983, 55, 102).

Im „Leitfaden der Wohlfahrtspflege" schreibt Alice Salomon (1928, 4):

> „Die Wohlfahrtspflege hat es mit der wechselseitigen Anpassung von Menschen und Lebensumständen zu tun. Sie hat entweder Individuen zu fördern oder zu beeinflussen, damit sie sich in ihrer Umwelt bewahren, oder sie hat die Lebensumstände, die Umwelt der Menschen so zu gestalten, dass sie dadurch geeigneter für die Verfolgung ihrer Lebenszwecke werden."

Weiter heißt es bei Salomon (1928, 5):

> „Der Mensch soll gesichert werden in seiner äußeren Existenz: in seiner Lebenshaltung, im Erwerbsleben, in körperlicher und geistiger Gesundheit, in der Selbstbehauptung gegenüber der Umwelt, als Glied der Kulturgemeinschaft des Volkes. Er soll, wenn er geschwächt oder gefährdet ist, dazu befähigt werden, seine Selbständigkeit und die Fähigkeit zur Selbsthilfe zu erlangen. Die Persönlichkeit soll aber auch gesichert werden in ihrem inneren Wesen, in ihrer Menschenwürde, in der Ausprägung reinen Menschentums, als sittliches Wesen, so dass sie in die Kulturgemeinschaft des Volkes nicht nur durch äußere Anpassung eingegliedert, sondern durch innere Kräfte mit ihr verbunden ist. Das bedeutet nicht nur Kampf gegen die Armut, sondern wirtschaftliche Förderung (…), allgemeine Steigerung von Gesundheit und Lebenskraft. Es bedeutet Einrichtungen, die allen Gliedern des Volkes nach ihren Fähigkeiten Teilnahme an den Bildungs- und Wissensschätzen der Menschheit ermöglichen. Es fordert ein soziales Erziehungswesen, das allen Kindern Entwicklung ihrer Kräfte verheißt"

Die Ansprüche klingen, von sprachlichen Antiquiertheiten abgesehen, auffallend modern. Soziale Arbeit zielt darauf, die Lebensbedingungen der Menschen innerhalb ihres sozialen Kontextes zu verbessern und Teilhabe zu schaffen sowie die Persönlichkeit zu stärken. Im Zentrum stehen Menschenwürde, Gerechtigkeit und damit einhergehend die Gleichberechtigung der Geschlechter, Gesundheit sowie Hilfe zur Selbsthilfe und Bildung. Salomon fordert eine Wissenschaft der Sozialen Arbeit und beruft 1917 in Berlin die erste Konferenz sozialer Ausbildungsstätten ein, bei der die theoretische Ausbildung als eine allgemein sozialwissenschaftliche formuliert wird (Landwehr 1981, 42 f.).

Salomon denkt in Wechselbeziehungen, das heißt Mensch und soziale Umwelt stehen in einem interdependenten Verhältnis. Auf beiden Beziehungsebenen ist zu arbeiten, auf der Subjekt-Ebene wie auf der sozialen Ebene im Nahbereich, auf der Mesoebene (z. B. Heim) wie auch auf der gesellschaftlichen Makroebene. Es wird in personalen, kulturellen, ökonomischen, sozialen und technologischen Bezügen gedacht. Die Beziehung der Geschlechter wird als ein zentrales Anliegen formuliert.

Die drei Säulen Hilfe – Bildung – Gesundheitsfürsorge haben einen nachhaltigen Einfluss auf die Entwicklung des Professions- und Theorieverständnisses gehabt. Es ist Monika Fröschl zuzustimmen, wenn sie feststellt, dass die Gesundheitshilfe seit jeher ein zentrales Feld der Sozialen Arbeit darstellt (vgl. Fröschl 2011, 110). Ebenso wird deutlich, dass der Bildungsanspruch zu den Wurzeln der Sozialen Arbeit gehört. Bildung wird nicht nur als Menschenbildung verstanden, sondern auch als Bildung der Gesellschaft. Bildung verläuft demzufolge zweigleisig und hat eine individuelle und soziale Ausrichtung. Soziale Arbeit übernimmt nach Salomon eine Kulturleistung. Bildung zielt damit einhergehend auf Frauenbildung, um gesellschaftlich eng gesteckte Grenzen weiblicher Lebensführung zu überschreiten. Sie zielt auf die Bildung des Klientels, um Chancengerechtigkeit und Teilhabe zu erwirken. Bildung gilt als ein Schlüssel für Chancengerechtigkeit und für ein würdiges Leben. Die Beseitigung sozialer Missstände ist somit nicht nur eine Frage der Behebung materieller Not, sondern ebenso eine Frage von Erziehung und Bildung (Landwehr 1981, 16). Emanzipation, so die Auffassung, kann nur durch Letzteres erwirkt werden.

Vor dem Hintergrund dieses Anforderungsprofils konnte die Theorie- und Professionsentwicklung der Sozialen Arbeit nach ihren verheerenden Einbrüchen und ihren unheilvollen Verstrickungen im Nationalsozialismus nahtlos an die ursprünglichen Wurzeln anschließen.[5]

Eine Rückbindung an die Wurzeln der Sozialen Arbeit lässt sich auch bei den jüngeren Konzepten der Sozialen Arbeit ablesen. Die Person-Umwelt-Perspektive beispielsweise im Life-Model (Germain/Gitterman 1999), Soziale Arbeit als Menschenrechtsprofession (Staub-Bernasconi), Soziale Arbeit als Hilfe zur Lebensbewältigung (Böhnisch) oder Hilfe für einen gelingenden Alltag (Thiersch), Empowerment (Herriger), Sozialraumorientierung (Früchtel u. a. 2010) lassen sich auf diese Wurzeln nahtlos zurückführen.

Wenn neuerdings vom „Bildungsparadigma" in der Sozialen Arbeit gesprochen wird (vgl. Sting 2010, 2), dann handelt es sich nicht um einen Paradigmenwechsel in der Aufgabenstellung. Von einem Wechsel vom Hilfeparadigma zum Bildungsparadigma, wie teils argumentiert wird, kann, zumindest was das Selbstverständnis Sozialer Arbeit betrifft, keine Rede sein. Bildung war seit den

---

[5] Vgl. Otto/Sünker 1989; Sachße 1992; Schumacher 2007, 83 ff.

Anfängen der Professionalisierung Sozialer Arbeit Teil des formulierten Hilfe- und Wohlfahrtsverständnisses. Dies rekurrierte nicht nur aus der bildungsbürgerlichen Herkunft der Pionierinnen, sondern auch aus dem Verständnis heraus, dass ein Hilfeansatz perspektivisch ins Leere läuft, ist er nicht mit Bildung und Kultivierung von Mensch und Gesellschaft verknüpft. Das gilt es an dieser Stelle deutlich hervorzuheben. Einseitige Fachdiskurse, die eine Arbeitsteilung dahingehend kommunizieren, dass die Wurzeln der Sozialen Arbeit in der Bewältigung von Not lägen und die der Sozialpädagogik in der Erziehung und Bildung außerhalb von Familie und Schule, geraten in eine Schieflage.

Neben Alice Salomon und anderen Pionierinnen (u. a. Gertrud Bäumer, Helene Lange, Ellen Ammann[6]) demonstrierte Jane Addams (1860–1935) als Mitbegründerin von Hull House in eindrucksvoller Weise die Bedeutung von Bildung. Ihr ging es nicht lediglich um eine demokratische Sensibilisierung der Adressaten, sondern um die Verbindung von Leben, Arbeit und Forschung. In Hull House standen Adressaten wie Helferinnen und Helfer im Bildungsbemühen. Die Arbeit von Jane Addams war stark inspiriert von pädagogischen Weggefährten wie George Herbert Mead und John Dewey[7] und deren reformpädagogischem Denken. Addams war der Überzeugung, dass insbesondere die ästhetische Bildung sowohl individuelle Entwicklungen von Kindern, Jugendlichen und Erwachsenen wie auch sozialen Wandel bedingen kann. Hull House war Entwicklungs-, Bildungs-, und Emanzipationsraum sowie Raum der sozialen Unterstützung (vgl. Pinhard 2009; Stumpf 2007, 112 ff.).

Sozialarbeit und Sozialpädagogik

Wie verhält es sich nun mit der Sozialpädagogik als der zweiten Entwicklungslinie und in Bezug auf deren Selbstverständnis? Auch hier können nur skizzenhaft wichtige Aspekte geschärft werden. Der Mythos vermeintlicher Arbeitsteilung zwischen Sozialarbeit und Sozialpädagogik und damit einhergehend zwischen Hilfe in Not einerseits und Erziehung und Bildung andererseits markiert in auffallender Weise die Diskurse in der deutschen Sozialen Arbeit. Verortet wird eine „weibliche", sozialarbeiterische Professionalisierungslinie einerseits und eine „männliche", sozialpädagogische andererseits. Erstere, so die Feststellung, ging aus den Frauenschulen hervor und mündete in die Fachhochschulen, und letztere habe sich als Sozialpädagogik an den Universitäten etabliert.

---

[6] Zum Wirken von Ellen Ammann, Gründerin der Münchner sozialen und caritativen Frauenschule (Vorläufereinrichtung der Katholischen Stiftungsfachhochschule München), siehe u. a. den Band von Sandherr/Schmid/Sollfrank 2009, insb. die Beiträge von Gerlinde Wosgien und Walburga Hoff.

[7] Dewey wurde als „Pädagoge der Demokratie" bezeichnet, der sich im Kontext des US-amerikanischen Kapitalismus kritisch mit Fragen der Verelendung und sozialen Gerechtigkeit auseinandersetzte (vgl. Stumpf 2007, 105 ff.).

Historisch sind sozialpädagogische Hilfeansätze und Einrichtungen mit deren Gründervätern verbunden. Zu nennen sind insbesondere Johann Heinrich Pestalozzi (1746–1827), Friedrich Fröbel (1782–1852), Johann Hinrich Wichern (1808-1881), Adolf Kolping (1813–1865) und Don Bosco (1815–1888). Sozialpädagogik zielte in ihren Anfängen vor allem auf eine flankierende Erziehung und Bildung außerhalb von Familie und Schule und auf Fürsorgeerziehung.[8] Krippen, Kindergärten, Horte, Heime, Waisenhäuser, Gesellenhäuser waren die traditionellen Wirkungsorte der Sozialpädagogik und es waren Orte unter männlicher Obhut.

Alice Salomon und etliche Pionierinnen der Sozialen Arbeit verbanden die Professionalisierungsfrage explizit mit dem Konzept der „sozialen Mütterlichkeit"[9], das eng mit der Frauenbewegung verknüpft war. Die Frauen kämpften für eine Gegenöffentlichkeit in der öffentlichen Domäne des Mannes und wollten sich bewusst abheben von typisch männlichen rationalen Denkweisen, die mitunter als Quellen sozialer Modernisierungsproblematiken galten. Alice Salomons Konzept der „geistigen Mütterlichkeit" war nicht nur getragen von einem hohen moralischen Engagement, sondern die fürsorgende, pflegende und erzieherische Arbeit entspräche, so die seinerzeitige Argumentation, mehr den Anlagen der Frau. Frauen seien prädestiniert für den sozialen Beruf, weil das Klientel hauptsächlich aus Frauen und Kindern bestünde (Salomon 1927, 175 f.). Hingegen seien männliche Fürsorger mehr geeignet für die Erziehung männlicher Jugendlicher und seien auch geeigneter im Rahmen der Trinker- und Obdachlosenfürsorge (Landwehr 1981, 26). Interessant ist in diesem Zusammenhang der Verweis auf Kompetenzen hinsichtlich verschiedener Zielgruppen, was nichts mit einer Arbeitsteilung an sich in Bezug auf Hilfe und Bildung zu tun hat.

Mit ihrem ideellen Konzept kämpften die Pionierinnen der Sozialen Arbeit unter anderem für die Zulassung der Frauen zur öffentlichen Armenpflege. Diese war zu Beginn des 20. Jahrhunderts noch eine männliche Domäne und der Anspruch der Pionierinnen erzeugte Widerstand bei den männlichen Armenpflegern (vgl. Sachße 2003). Hier wird bereits deutlich: Die Wurzeln der Verberuflichung der Sozialen Arbeit gingen einher mit unterschiedlichen Geschlechterkonstruktionen und Konkurrenzen. Die sozialstrukturelle Einbettung des Konzepts der geistigen Mütterlichkeit, das heute eher befremdlich wirkt, ist auch vor diesem Hintergrund zu interpretieren. Neben der ideellen Ebene kann eine pragmatische vermutet werden, dass nämlich ein weiblich konnotiertes Berufskonzept innerhalb patriarchaler Strukturen überhaupt erst politisch durchgesetzt werden konnte.

---

[8] Zur Sozialpädagogik in den Anfängen siehe auch Bäumer 1929.
[9] Das Mütterlichkeitsideal war nicht durchgehend konsensfähig. Jane Addams beispielsweise positionierte sich dagegen (vgl. Stumpf 2007, 114).

Neben einer sozialarbeiterischen und sozialpädagogischen Arbeitsteilung hinsichtlich Klientel und Felder haben sich in Deutschland zwei Denk- und Traditionslinien herausentwickelt. Wendt kennzeichnet diese Entwicklung als deutschen Sonderweg im Zuge der sozialen Folgen durch den Ersten Weltkrieg, der deutschen Sozialpolitik und der Reformpädagogik zwischen 1890 und 1920. Dieser mündete, so Wendt, „in den 1920er Jahren in den pädagogischen Anspruch auf einen Teilbereich der Sozialen Arbeit." (Wendt 2008/2, 11).

„*Sozialpädagogik* war ein Projekt von Schulmännern; es war wissenschaftlich fundiert und wurde erst auf dieser Grundlage praktisch. Sozialpädagogik beherrschte ihre Anwendung von akademischer Warte." (Wendt 2008/2, 12).

Die aus der Tradition der Jugendfürsorge, Jugendhilfe und Jugendbildung kommende Sozialpädagogik wurde stärker mit dem Subjektbezug in Verbindung gebracht. Der Fokus lag und liegt auf der Entwicklungsfähigkeit des Subjekts. Über Erziehung und Bildung sollen Wachstumsprozesse angestoßen und Chancen der Teilhabe verbessert werden. Die Sozialarbeit hingegen wird vor diesem Argumentationshintergrund vorrangig in Verbindung gebracht mit Not und Armenfürsorge. Um Not, Unterprivilegierung und Ausgrenzung zu verhindern, so heißt es, arbeitet sie vor allem auch an den strukturellen sozialen Bedingungen. (vgl. Schilling 1997). Betont werden die Forderung der Sozialarbeit nach sozialer Gerechtigkeit und Teilhabe und die darauf bezogenen Arbeitsweisen mit Blick auf Gruppen, Familien, Organisationen und Sozialräume (vgl. Landwehr 1981, 33).

In dieser polarisierten Betrachtung läuft Sozialarbeit Gefahr, vereinseitigt zu werden. Auch der Sozialpädagogik wird man nicht gerecht, reduziert man sie auf den Subjektbezug, auf Jugendpflege und Jugendhilfe. Sie umfasst mittlerweile ein umfangreiches Spektrum zwischen Erziehung im Kindesalter und Seniorenbildung und ist in verschiedenen Feldern tätig. Sozialpädagogik versteht sich nicht lediglich als Individualpädagogik. Natorp (in Pippert 1974) betont die Wechselbeziehung zwischen Individuum und Gesellschaft. Sozialpädagogische Ziele sind nicht abzukoppeln von gesellschaftlichen Bedingungen. Sozialpädagogik ist eine Antwort auf soziale Herausforderungen und Umbrüche. Die Beziehung zum Subjekt ist tragend, was das Selbstverständnis und das professionelle Handeln betrifft. Gleichsam vollzieht sich das sozialpädagogische Tun innerhalb rechtlicher Rahmenbedingungen (z. B. Kinder- und Jugendhilfegesetz) und es steht inmitten sozialer Bezüge auf Institutions- und Organisationsebene wie auf gesellschaftlicher Ebene. Aus einer kritischen Wahrnehmung gesellschaftlicher Strukturen und Prozesse mit ihren für das Klientel problemverstärkenden Wirkungen resultierten vor allem auch gesellschaftskritische Konzepte der Sozialpädagogik (vgl. Mollenhauer 1968) wie auch modernisierungskritische Zugangsweisen (Böhnisch 2005, Thiersch 2003).

Rauschenbach/Züchner (2005, 43) bezeichnen Soziale Arbeit und Sozialpädagogik als einen „gemeinsamen Korpus", da beide ihre Wurzeln in der Armenpflege und dem damit verbundenen sozialen und rechtlichen gesellschaftlichen Hintergrund hatten. Ausgehend von diesem gemeinsamen Korpus haben sich die unterschiedlichen Identitäten und Theoriebildungen herauskristallisiert bis hin zu einem arbeitsteiligen Verständnis. In ihrem jeweiligen Selbstverständnis gibt es aber viele Schnittstellen.

Die Disparitäten zwischen Sozialarbeit und Sozialpädagogik spiegeln sich in der Theorieentwicklung. Die Sozialpädagogik wurde Ende der 60er Jahre des letzten Jahrhunderts in die erziehungswissenschaftlichen Fakultäten integriert und wurde universitäre Disziplin. Aus dieser Einbettung heraus erwuchsen neue Geltungsansprüche, was die Theorieentwicklung der Sozialen Arbeit anbelangte, für die, so der Selbstanspruch, die Sozialpädagogik zuständig wäre. Die Sozialarbeit, einst Fach- und höhere Fachschule, wurde etwa zehn Jahre später, das heißt Anfang der 70er Jahre, in die neu gegründeten Fachhochschulen integriert. Spätestens seit den 80er Jahren erfolgten dann aus den Fachhochschulen heraus parallele Aktivitäten in Bezug auf Theorieentwicklung. Vor diesem Hintergrund hat sich eine Landschaft theoretischer Konzepte entfaltet, die entweder mehr in der Sozialpädagogik oder mehr in der Sozialarbeit verortet sind. Die theoretischen Ambitionen der Sozialarbeit wurden in den Anfängen von heftigen Diskursen und wechselseitigen Infragestellungen begleitet. Der hier aufgezeigte Tenor der gegenseitigen Abgrenzung hat sich bis heute kaum verändert, wenngleich die Heftigkeit der Diskurse abgeklungen ist.[10]

Das Verhältnis von Sozialarbeit und Sozialpädagogik lässt sich aus einem verbindenden oder trennenden Blickwinkel reflektieren. Was die Wurzeln betrifft, so zielten beide Zugänge auf Helfen und Bilden und standen in Verbindung. Schnittstellen gab es viele, angefangen von der Säuglingspflege, über Kindergartenarbeit bis hin zur Jugend- und Erwachsenenarbeit. In dem Band „Zwanzig Jahre Soziale Hilfsarbeit" führt Alice Salomon (1913) die Arbeitsgebiete auf, in denen die sozialen Helferinnen in Berlin tätig waren, darunter:

> Armenpflegevereine, Jugendfürsorge, Vormundschaft, Jugendgerichtshilfe, Kinderrettungsverein, Freiwilliger Erziehungsbeirat, Arbeiterinnenfürsorge, Volksküche und Schulspeisung, Gefangenenfürsorge, Blindenpflege, Krippen, Kindergärten, Heime, Horte, Rechtsauskunft, Kliniken.

Für Alice Salomon war eine Trennung von Hilfe in Not hier und Erziehung/Bildung dort undenkbar. Ähnliches dürfte für die Sozialpädagogik gelten.

Gleichsam folgten berufspolitische Entscheidungen. Die Sozialpädagogik suchte bereits in den Anfängen des 20. Jahrhunderts eine universitäre Anbindung. Mit dem Professionalisierungsanspruch der Pionierinnen Sozialer Arbeit ging der Anspruch nach einer Alternative zur Universität einher. 1925 gründete

---

10 Einen Überblick über neuere Diskursstränge bei der Rezeption der Geschichte von Sozialarbeit und Sozialpädagogik und ihren Konzepten geben Franz-Michael Konrad und Hermann Sollfrank (2000).

Alice Salomon die „Deutsche Akademie für soziale und pädagogische Frauenarbeit" zur Ausbildung weiblicher Leitungskräfte[11]. Die Akademie bot ein Aufbaustudium an und es entwickelte sich dort eine rege Forschungstätigkeit, die in 13 Bänden zusammengefasst und nachzulesen ist (Salomon 1983, 215).

Insbesondere ist es Ernst Engelke u. a. (2009) und Werner Thole/Michael Galuske/Hans Gängler (1998) zu verdanken, dass das breite theoretische Spektrum Sozialer Arbeit und Sozialpädagogik recherchiert und zusammengetragen und die künstlichen Bruchlinien zwischen beiden Zugängen bearbeitet worden sind. Zurecht kritisieren Konrad und Sollfrank (2000, 99) die einseitige Rezeption sozialpädagogischer Theorieklassiker durch die universitäre Pädagogik am Beispiel des Bandes von Niemeyer/Schröer/Böhnisch: Grundlinien Historischer Sozialpädagogik (1997), in dem meist mit Rückbindung an Herman Nohl die Theoriestränge der Sozialarbeit regelrecht ausgeblendet werden.

Von den Wurzeln her gedacht ist die Frage der Spaltung von Sozialarbeit und Sozialpädagogik eine künstliche. Die Wurzeln der Sozialarbeit verweisen auf die Verbindung zwischen Subjektorientierung und gesellschaftlicher Orientierung, von Bildung und Erziehung sowie Hilfen in Notlagen. Wenn heute von *psychosozialer Unterstützung* gesprochen wird, dann ist es die moderne Beschreibung von zusammengehörigen Zugängen, die bereits früh angedacht waren.

Die sozialpädagogische universitäre Ausrichtung und das sozialarbeiterische Fachhochschulstudium haben spezifische Profile und Identitäten entwickelt. Es etablierten sich akademische Status-, Profil- und Kompetenzagenturen, die nach wie vor die theoretischen Diskurse zwischen beiden Professionen und Disziplinen einfärben. Seit der Einführung des Kompromissbegriffes *Soziale Arbeit* in den 90er Jahren des letzten Jahrhunderts, der intendiert Sozialarbeit und Sozialpädagogik zu integrieren, sind die Diskurse moderater geworden, aber die Trennungslinien bleiben nach wie vor erkennbar. In den theoretischen Konzepten wird eine mehr systemische Zugangsweise mit der Sozialarbeit verbunden und eine lebensweltorientierte mit der Sozialpädagogik. Dass daraus gegenwärtig immer noch ideologische Grundsatzentscheidungen erwachsen, ist bedauerlich. Im Jahre 2001 haben die Hochschulrektorenkonferenz (HRK) und die Kultusministerkonferenz (KMK) die Soziale Arbeit als Fachwissenschaft anerkannt.

---

[11] Über die Akademie war es möglich, kompetente, praxiserfahrene Frauen weiter zu qualifizieren, die zur damaligen Zeit keine Chancen hatten, an Universitäten aufgenommen zu werden und an denen durch die traditionelle Fakultätsbildung die neuen sozialen Berufe aus der Sicht von Alice Salomon keine adäquate Verortung möglich gewesen wäre (Salomon 1983, 214f.). Alice Salomon lernte in ihrem eigenen Promotionsverfahren, bei dem sie aufgrund männlicher Verweigerungshaltung zwei Anläufe nehmen musste, das Spießrutenlaufen für Frauen in den Universitäten kennen. Annette Vogt (o.J.) arbeitet diesen Aspekt heraus. Siehe www.alice-salomon-berufskolleg.de/index.php?option=com_content&view=category&layout= blog&id=24&Itemid=43 (Zugriff 7.8.2012)

Halten wir fest:

Sozialarbeit und Sozialpädagogik verstehen sich seit ihrer Pionierzeit an der Schnittstelle zwischen Person und Gesellschaft. Es wird in Wechselbeziehungen gedacht, das heißt die Person und ihre soziale Umwelt werden in einem interdependenten Verhältnis gesehen. Unterstützung erfolgt auf verschiedenen Beziehungsebenen: auf der Subjekt-Ebene, auf der sozialen Ebene im Nahbereich (Familie, Gruppen), auf der Mesoebene (z. B. Heim, Schule, Unternehmen, Sozialraum), sowie auf der Makroebene (Gesellschaft).

Die Pionierinnen der Sozialen Arbeit dachten in personalen, kulturellen, ökonomischen, sozialen und technologischen Bezügen. Emanzipation und die gleichwertige Beziehung der Geschlechter war ihnen ein zentrales Anliegen, ebenso die Professionalisierungsfrage. Hilfe zur Selbsthilfe, die Verbindung von Hilfe und Bildung und der Rückgriff auf humane Werte stehen von Anfang an im Zentrum.

Die Trennung von Sozialer Arbeit und Sozialpädagogik in Deutschland ist eher eine künstliche. Sie zieht sich entlang der verschiedenen Ausbildungswege und Professionsverständnisse. Der Begriff der Sozialen Arbeit hat sich als Kompromissbegriff herausgeschält und symbolisiert die Integration der beiden Zugänge. Der Subjektbezug und die vielschichtigen sozialen Beziehungsebenen sind in den Wurzeln der Sozialen Arbeit angelegt. Die in diesem Buch vorgenommene Kernbestimmung legt explizit den Begriff der Sozialen Arbeit zugrunde, der Sozialarbeit und Sozialpädagogik integriert.

Auf der Basis dieser Hinführungen geht es nun im zweiten Kapitel um die konkrete Ausformulierung des Kerns Sozialer Arbeit.

Teil II: Die Kernbestimmung Sozialer Arbeit

Die Kernbestimmung Sozialer Arbeit kennzeichnet sich durch eine Architektur mit vier Elementen: Ethische Leitlinien, Gegenstand, theoretische Denkfiguren und Handlungsweisen. Alle Elemente verweisen aufeinander und sind vernetzt.

Abbildung 2: Der Kern Sozialer Arbeit

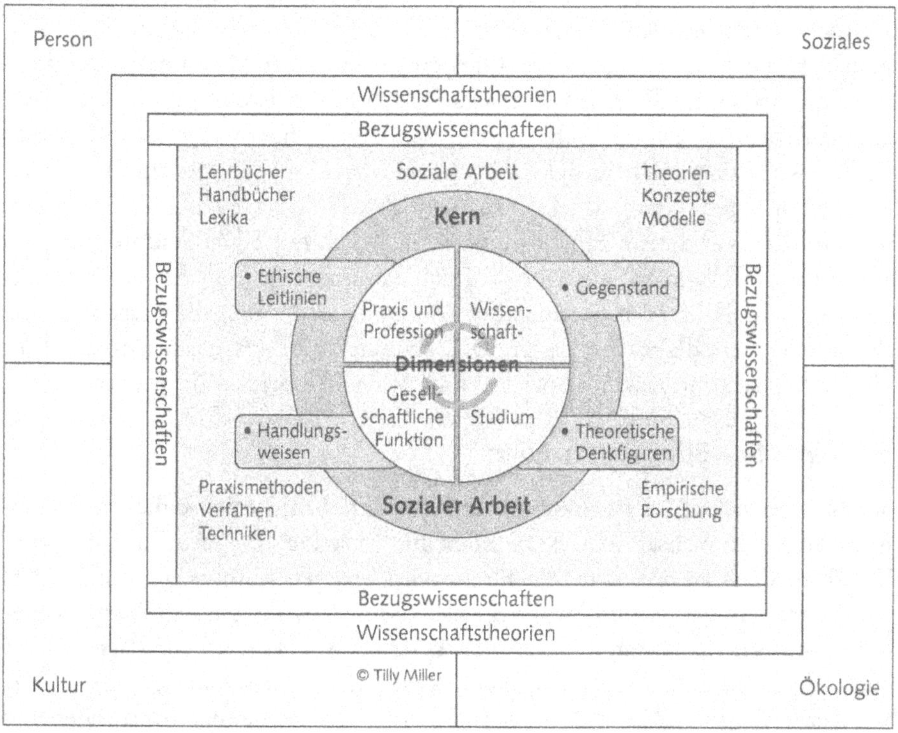

Im ersten Schritt werden die ethischen Leitlinien dargelegt. Die Wertorientierungen, die im vorigen Kapitel in Zusammenhang mit den Wurzeln der Sozialen Arbeit skizziert wurden, werden dazu weiter entfaltet und theoretisch untermauert. Konkret geht es um die Prinzipien *Personalität – Gerechtigkeit – Solidarität – Subsidiarität – Nachhaltigkeit*.

5 Ethische Leitlinien

Im Mittelpunkt dieses Kapitels stehen Werte und Prinzipien der Sozialen Arbeit, die mit dem Begriff der ethischen Leitlinien überschrieben werden. Die Ausführungen entsprechen in überarbeiteter Form dem Zugang, den ich an anderer Stelle unter dem Begriff „Wertewissen" dargelegt habe (Miller 2001, 150 ff.). Dem liegen zentrale Prinzipien zugrunde: *Personalität, Gerechtigkeit, Solidarität, Subsidiarität* und *Nachhaltigkeit*. Ziel ist es nicht, philosophisch-ethische Diskurse aufzugreifen und zu vergleichen. Auch wird keine ausgearbeitete Sozialarbeitsethik formuliert. Vielmehr werden ethische Leitlinien benannt, die für Professionelle und das professionelle Handeln wie auch für die Hilfesysteme und deren Systemhandeln Orientierung gebend sind. Thomas Schumacher (2007, 92) stellt klar: „in dem Maß, wie Soziale Arbeit sich ethisch nicht nur zu orientieren, sondern auch zu legitimieren weiß, erwirbt sie Glaubwürdigkeit, bis hin zu der Option, selbst zum Kriterium eines gelingenden menschlichen Zusammenlebens in der Gesellschaft erhoben zu werden." Erst vor diesem Hintergrund, so lässt sich mit Silvia Staub-Bernasconi argumentieren, kann Soziale Arbeit für sich autonom ein Tripelmandat formulieren und sich als Menschenrechtsprofession generieren (Staub-Bernasconi 2003). Erst auf der Grundlage eines tragenden Werteverständnisses, das professionell zur Umsetzung kommt, gewinnt Soziale Arbeit Vertrauen bei den Adressaten.

5.1 Werte – Ethik – Prinzipien

Werte lassen sich als Konstrukte menschlicher Erfahrung, menschlichen Zusammenlebens und menschlicher Seinserfahrung verstehen und zwar in ihrer handlungsleitenden und sinnstiftenden Funktion. Werte geben Antworten auf das, was werthaftes Tun umfasst und was dem Leben Sinn verleiht. Zu den Werten gehören Lebensprinzipien und Tugenden als Basis für das Handeln von Personen wie auch von sozialen Systemen. Tugenden wiederum verweisen auf die Gestaltung von Beziehungen und zwar die Beziehung zu sich selbst wie auch zur sozialen und natürlichen Umwelt. Beispiele dafür sind Tugenden wie Achtsamkeit, Toleranz, Solidarität, Loyalität. Werte sind nicht nur kultur- und subkulturabhängig, sondern konkretisieren sich im Spagat des Möglichen, noch nicht Möglichen oder kaum Möglichen. Sie sind Veränderungen und sozialem Wandel unterworfen und müssen gegebenenfalls aufgrund neuer zivilisatorischer Errungenschaften ergänzt werden. Bei allem Wertewandel gilt es nach dem Unveräußerlichen zu fragen, das in demokratischen Verfassungen mit dem Begriff der Grundwerte überschrieben wird. Grundwerte sind von der Annahme getragen, dass es unveräußerliche Werte gibt, die Voraussetzung für ein menschenwürdiges Leben und Zusammenleben sind.

Ethik umfasst die systematische wissenschaftliche Beschäftigung mit Werten, deren Begründungszusammenhänge und Anwendungen. Insbesondere geht es um Fragen des guten und richtigen Handelns. Die Ethik als Wissenschaft hat verschiedene Ethikkonzepte vorgelegt, beispielsweise Tugendethiken, Gesetzesethiken, Nutzenethiken und Wertethiken. Ethik als praktische Wissenschaft zielt auf Fragen der konkreten Lebenspraxis, woraus sich wiederum bereichspezifische Ethiken entwickeln wie politische Ethik, Wirtschaftsethik, Ethik der Medizin und schließlich auch die Ethik der Sozialen Arbeit. Diese bereichspezifischen Ethiken korrespondieren mit der Logik ausdifferenzierter Gesellschaften und deren Funktionssysteme (Wirtschaft, Politik, Gesundheit, Erziehung/Bildung, Kunst, Religion, Soziale Arbeit etc.). Sie orientieren sich an Universalethiken, wenngleich sie spezifische Fragen aufgreifen und Schwerpunkte setzen sowie entsprechende Leitwerte formulieren. So sind Leitwerte für die Wirtschaft Eigentum, freier Wettbewerb, Leistung und Gewinne erwirtschaften. Ein Leitwert der Sozialen Arbeit drückt sich im Begriff Hilfe aus.

Prinzipien lassen sich als Grundsätze beschreiben, mit deren Hilfe die Beziehung des Menschen zu sich und seiner Umwelt strukturiert und gelebt wird. Nach Aristoteles ist ein Prinzip etwas Unteilbares und Ursprüngliches, das, modern gesprochen, personen-, feld- bzw. systemübergreifend ist. Prinzipien stellen Egoismen und Teilrationalitäten von Systemen in Frage, beziehungsweise leiten diese auf allgemeine Grundsätze hin. Prinzipien sind allgemein formuliert und bedürfen der interpretativen Konkretisierung (Vogt 2000).

Zusammen genommen geht es im Folgenden um die Formulierung von Werten und Prinzipien im Rahmen einer Ethik der Sozialen Arbeit. Es handelt sich, wie schon erwähnt, um Leitlinien und nicht um eine ausformulierte Ethik.

5.2 Soziale Arbeit als praktische Ethik und Sozialethik

Soziale Arbeit, die sich im Spannungsfeld Person-Umwelt bewegt, braucht Wertorientierungen und Prinzipien, die Aussagen über Personsein und die Gestaltung von Beziehungen und damit einher gehend Hilfeprozesse macht.

Der Mensch als soziales Wesen kennzeichnet sich durch seine Entwicklungsbedürftigkeit und seine Entwicklungsfähigkeit. Möglichkeiten und Gefahren des Scheiterns durch eigene Unzulänglichkeiten sowie Unzulänglichkeiten der sozialen Umwelt oder aufgrund erlebter Katastrophen, das Fehlen von Sorge, Liebe und Schutz, von Anerkennung und Ressourcen verweisen auf Entwicklungsgrenzen (vgl. Rahner 1966). Der Mensch ist auf das soziale Zusammenleben angewiesen, um sich entwickeln, seine grundlegenden Bedürfnisse verwirklichen, seine Potenziale entfalten und Lebenskompetenzen aufbauen zu können. Umgekehrt sind soziale Gemeinschaften auf Personen angewiesen, die werteorientiert, kompetent und verantwortlich das soziale Leben gestalten. Somit geht es um die Frage, wie die Beziehungen zwischen Personen und ihrer Umwelt zu gestalten sind, damit sich Förderliches auf beiden Seiten entfalten kann, das insgesamt der Würde des Menschen entspricht. Werteorientierungen der Sozialen Arbeit brauchen vor diesem Denkhintergrund eine sozialethische Ausrichtung (vgl. Gruber 2000; Hilpert 1997; Schumacher 2007; Zink 1994). Diese schließt Fragen der Teilhabe, von Rechten und Pflichten, von Gerechtigkeit wie auch von Lebensqualität ein. So wird im Folgenden Bezug genommen auf die Prinzipien der Personalität, Gerechtigkeit, Solidarität, Subsidiarität und Nachhaltigkeit als tragende Prinzipien für die Soziale Arbeit wie überhaupt für soziale Berufe (vgl. Miller 2001, 155 ff.)

Das hier zugrunde gelegte ethische Verständnis zeigt eine humanistische und demokratische Ausrichtung. Es orientiert sich am aufgeklärten Menschenbild und versteht das Subjekt als grundsätzlich soziales und auf Freiheit hin angelegtes Wesen in seiner geistigen, psychischen, emotionalen, spirituellen, physischen und leiblichen Dimension. Die Erklärung der Menschenrechte durch die Generalversammlung der Vereinten Nationen, die nicht nur liberale, soziale und wirtschaftliche Rechte vorsieht, sondern der Individual- und Sozialethiken zugrunde liegen (vgl. Schlüter 1995), wie auch die europäische Menschenrechtskonvention zum Schutze von Menschenrechten und Grundfreiheiten sind für die folgenden Ausführungen Orientierung gebend. Impulsgebend ist auch der philosophische Ansatz und die Frage nach dem „guten Leben" von Martha C. Nussbaum (2002; 2010) und Reflexionen über Gerechtigkeit von Amartya Sen (2007a). Als oberstes Prinzip gilt der Schutz der Menschenwürde und die davon abgeleiteten Menschenrechte. Sie sind Auftrag für die unterzeichnenden Staaten, ihre nationalen Verfassungen daraufhin abzustimmen und Menschenrechte und Grundfreiheiten zu verankern. In demokratischen Grundordnungen kommt dies durch die Garantie von Grund- und Sozialrechten zum Ausdruck.

Darauf aufbauend wurden in Bezug auf die Gestaltung der sozialen Beziehungen zwischen Personen und Systemen und mit Blick auf die Produktion sozialer Wohlfahrt in der westlichen Welt die Prinzipien der Personalität, Solidarität, Subsidiarität und als neues Prinzip das Prinzip der Nachhaltigkeit ausformuliert. Der Zugang ist sozialethisch und christlich motiviert und stellt die Verknüpfung eines aufgeklärten Menschenbildes und einer christlich motivierten Sozialethik dar. Letztere ist Leitmotiv unseres Wohlfahrtsstaates. Der besondere Charakter dieser Sozialethik ist, dass sie so grundlegend und gleichzeitig abstrakt formuliert ist, so dass sie nicht Gefahr läuft, in christlich-dogmatische Leitvorstellungen „richtiger" Lebensführung oder „richtigen" Glaubens zu münden. Vielmehr gibt sie Antworten auf die Frage, wie Menschen, Gemeinschaften und Gesellschaften in Verbindung mit Freiheit und Verantwortung ihre Beziehungen gestalten sollen (vgl. Nell-Breuning 1962; Kerber 1998). Nicht einer Individualethik wird hier der Vorrang eingeräumt, in der die Freiheit als höchstes Gut gilt, wie sie insbesondere der individualistische Liberalismus intendiert, sondern es geht um die Relationierung von Freiheit, Gerechtigkeit und Verantwortung zum Zwecke eines humanen Zusammenlebens, eines „guten Lebens", wie Nussbaum es formuliert, von Lebensqualität, die an anderer Stelle noch genauer ausformuliert wird, und schließlich zum Zwecke tragfähiger Beziehungen.

5.3 Personalität

Das Prinzip der Personalität bezieht sich auf die Würde der Person, die unantastbar ist und somit einen unveräußerlichen Wert darstellt. In enger Verbindung dazu stehen die Befriedigung grundlegender Bedürfnisse, Freiheit und Selbstbestimmung, Verantwortung, Toleranz, Solidarität, Gleichheit, Gerechtigkeit. Jeder Mensch ist in seiner Einmaligkeit zu achten und darf nicht als Mittel zu einem Zweck missbraucht werden (vgl. Gruber 2000). Jede Person hat grundsätzlich das Recht, eigene Fähigkeiten zu entwickeln und ein sinnerfülltes und zufriedenstellendes Leben zu führen, wofür sie dann auch, soweit ihr das möglich ist, die Verantwortung zu tragen hat.

Personwerdung erfolgt über soziales Eingebundensein und über Beziehungen, die sich auf den unterschiedlichen Ebenen strukturieren, angefangen von der Beziehung zu sich selbst, der Beziehungen im privaten Nahbereich und im sozialen Raum, darunter Beziehungen im Kontext von Schule und Arbeit, bis hin zu Beziehungen zur Gesellschaft in der Rolle des Bürgers, der Bürgerin und des Weltbürgertums. Personwerdung geschieht nicht allein durch die Bringschuld der sozialen Umwelt, die Ressourcen als Voraussetzung für die Bedürfnisbefriedigung der Person zur Verfügung stellt. Mit Ressourcen sind personale, soziale, ökonomische, gesundheitsbezogene, kulturelle und ökologische Ressourcen gemeint, an denen Menschen teilhaben. Personwerdung setzt in ihrer Doppelperspektive auch den Gebenaspekt voraus. Die Person als soziales Wesen bringt sich und ihre Kompetenzen und Ressourcen im optimalen Fall in das soziale Gefüge ein und gestaltet die soziale Welt verantwortlich mit.

Das Prinzip der Personalität besitzt einen Eigenwert, den es zu achten und zu schützen gilt. Die Person darf sozial und durch Systeme nicht dergestalt vereinnahmt werden, dass sie ihrem Willen und ihrer Entscheidungsfreiheit beraubt wird. Soziale Strukturen und Systeme sind demzufolge danach zu befragen, inwieweit sie die Würde der Person respektieren und welche Menschenrechte, Teilhaberechte und Mitgestaltungsrechte sie den Menschen einräumen (vgl. Baumgartner/Korff 1998).

Wolfgang Maaser arbeitet den Zusammenhang von Personenwürde und Lebensqualität heraus. Die Würde ist ein unveräußerlicher Wert, der in jeder Lebenslage zum Tragen kommt, gleich wie schlimm die Lebenssituation ist und was ein Mensch getan hat. Fehlt aber die Lebensqualität als empirische Größe, fehlt auch die Erfahrbarkeit der Würde. Selbstachtung und soziale Anerkennung bleiben unerfüllt. Somit: „Ein konsequentes Ernstnehmen des prinzipiellen Charakters der Würde muss die Erfahrbarkeitsbedingungen miteinbeziehen und damit die Lebensqualität." (Maaser 2010, 34 f.).

Die Frage, was *Lebensqualität* im konkreten Fall und in den konkreten sozialen Verhältnissen bedeutet, ist eine Frage der individuellen und gesellschaftlichen Deutung. Als Maßstab dafür lassen sich die *Bedürfniskategorien* heranziehen, die in philosophischen und humanwissenschaftlichen Konzepten entwickelt worden sind. Bedürfnisse sind nicht Wünsche, denn diese sind relativ beliebig. Bedürfnisse hingegen lassen sich als grundlegende Voraussetzungen für ein gutes Leben benennen und damit einhergehend für Lebensqualität. Diese entspricht somit keinem Wunscherfüllungsprogramm, sondern bezieht sich darauf, was Menschen brauchen, um würdig leben zu können. Je nach Situation setzt Lebensqualität gegenseitige Anpassungen voraus, beispielsweise wenn Eltern mehr Rücksicht und Verantwortung gegenüber ihren Kindern leben, um die Lebensqualität ihrer Kinder zu stärken.

Der Begriff der Lebensqualität, wie er hier verwendet wird, ist an Bedürfniskategorien gebunden. Es geht im Folgenden nicht darum, verschiedene theoretische Bedürfnis-Konzepte darzulegen und zu vergleichen, sondern die Bedürfniskategorien eher in synoptischer Form zusammenzustellen:[1] Wichtige Voraussetzung für Lebensqualität im Sinne eines würdevollen Lebens ist die Möglichkeit, grundlegende Bedürfnisse befriedigen zu können:

- Biologische Bedürfnisse (Bedürfnis nach einem vollen zeitlichen Menschenleben, körperliche Unversehrtheit, ausreichende quantitative und qualitative Ernährung, angemessene Unterkunft, Bewegung und Mobilität, Sexualität, intakte ökologische Lebensgrundlagen und das Bedürfnis, in Einklang zu leben mit der Natur.
- Bedürfnis nach Schutz, Sicherheit und Sorge (Sicherheit des Lebens, Schutz vor Bedrohung und Gewalt, Existenzsicherung, ausreichende materielle und immaterielle Ressourcen (z. B. Wissen), Versorgung bei Krankheit, Beeinträchtigung und Gebrechen, erträgliche Formen irreversibler, belastender Lebenssituationen z. B. durch Krankheit, psychische und körperliche Beeinträchtigung und Alter.
- Soziale Bedürfnisse wie Zugehörigkeit, Bindungen und tragfähige Beziehungen, Wertschätzung und Anerkennung; das Bedürfnis, Gefühle, Ta-

---

[1] In den Humanwissenschaften wurden unterschiedliche Bedürfniskonzepte entwickelt (vgl. u. a. Maslow 2002; Alderfer 1972; Herzberg/Mausner 1993). Unterschieden werden in einzelnen Konzepten primäre Bedürfnisse nach Nahrung, Schlaf, Sauerstoff, Obdach, Wärme, Aktivität und Entspannung, Neugier, Sexualität, von sekundären Bedürfnissen nach Geborgenheit, Sicherheit, sozialer Zugehörigkeit und Austausch, Anerkennung, Solidarität, Selbstbestimmung, Lernen, Erkenntnis, Wissen, Verstehen, Orientierung, Struktur, Ordnung, Ästhetik und Sinn (vgl. Holzkamp 1985). Nussbaum (2002, 2010) formuliert Bedürfnisse im Rahmen der Benennung von Grundfähigkeiten des Menschen.

lente, Meinungen und Interessen ausdrücken und leben zu können, sowie Freude und Spiel mit anderen zu teilen.
- Personale Bedürfnisse, beispielsweise nach Autonomie und Selbstbestimmung, Selbstreflexion, die Möglichkeit, seine Fähigkeiten, Kompetenzen und Potenziale ausbilden und entfalten zu können, Teilhabe an der Verantwortung (bezogen auf Geschlecht, Alter, Rollen, z. B. Elternrolle, Bürgerrolle), geschlechtergerechte Lebens- und Arbeitsbedingungen, geistige, kulturelle und ästhetische Bedürfnisse, Bedürfnis nach Lernen, Wissen und Bildung, Bedürfnis nach Sinn, nach Spiritualität, nach sozialer Mitgestaltung, nach Selbstachtung, Selbstwert, Selbstvertrauen und Selbstwirksamkeit, sozialer Anerkennung, Bedürfnis nach Zeit und Zeitfreiheit, d. h. der Lebensgestaltung nach eigenen zeitlichen Prioritäten und Bedürfnissen.

Alle Bedürfniskategorien sind grundsätzlich wichtig für ein würdiges menschliches Leben und gewinnen ihre individuellen Prioritäten im Kontext der spezifischen Lebenssituation, der Lebensphase und des Lebensalters wie auch vor dem Hintergrund kulturspezifischer Voraussetzungen und gesellschaftlicher Bedingungen. Damit Menschen ihre Bedürfnisse befriedigen können, braucht es sozialstrukturelle Bedingungen für Verwirklichungschancen. Es braucht gleichzeitig individuelle Kompetenzen, sprich Lebensbewältigungskompetenzen, um Möglichkeiten und Chancen wahrnehmen zu können, was wiederum Unterstützung und Motivation von außen voraussetzt. In der Spanne zwischen Individuum und Umwelt konkretisieren sich Bedürfnisse und damit einhergehend Lebensqualität.

Der Begriff der Lebensqualität wurde in der Konferenz der Social Worker bereits 1979 in Chigago formuliert:

„Ziel des Social Work ist es, eine gegenseitig befriedigende Interaktion zwischen Individuum und Gesellschaft zu fördern oder wiederherzustellen, um Lebensqualität für jeden zu verbessern." (Lowy 1983, 56).

Übertragen auf die Soziale Arbeit bedeutet das Prinzip der Personalität und die Förderung von Lebensqualität insbesondere:

- die Person achten, wertschätzen wie auch kritisch-konstruktiv begleiten; Selbstachtung, Selbstwert, Selbstvertrauen und Selbstwirksamkeit unterstützen;
- die Autonomie und die Einmaligkeit einer Person achten;
- Bedürfnisse und Sinnentwürfe wahrnehmen und unterstützen;
- Fähigkeiten und Potenziale wahrnehmen und unterstützen, ebenso Grenzen wahrnehmen und respektieren;
- individuelle Entwicklungstempi respektieren;
- das biografische Gewordensein, (sub-)kulturelle Orientierungen respektieren;

- Personen in ihrer Erlebniswelt respektieren (z. B. bei Schizophrenie);
- Verantwortung beim Einzelnen so weit als möglich belassen;
- individuelle und strukturelle Voraussetzungen für Lebensqualität und darauf bezogene Austauschprozesse schaffen;
- Handlungen verstehen, Scheitern respektieren und Unterstützung anbieten;
- in der Verbindung von Hilfe und Kontrolle die Betroffenen informieren, für Transparenz sorgen und sie, so weit es möglich ist, an Fragen, die sie betreffen, beteiligen und sie in ihren Anliegen und Bedürfnissen, Ängsten und Sorgen wahrnehmen;
- dort, wo teils irreversible, belastende Lebenssituationen vorliegen, z. B. durch psychische und körperliche Beeinträchtigung und Krankheit oder durch Alter, spezifische Hilfen und Zugangsweisen anbieten, die Not lindern und für erträgliche Formen des Lebens und Zusammenlebens der Betroffenen sorgen.

Die Fähigkeit, eine Person in ihrem So-Sein, in ihren Bedürfnissen und in ihrer Autonomie zu achten setzt nicht nur Toleranz, sondern auch Verstehenskompetenz gegenüber dem Andersdenkenden und dem Fremden voraus. Der Umgang mit Differenz in Bezug auf Herkunft und Biografie, Geschlecht, (sub-)kultureller Zugehörigkeit, Alter, Erfahrung, Kompetenzen und Ressourcen, soziale Positionierung und Habitus ist eine wichtige Voraussetzung, um das Prinzip der Personenwürde zum Tragen zu bringen. Gleichzeitig ist dies kein Plädoyer für unkritische Bejahung und Hinnahme von allem, was seitens der Betroffenen gelebt und dargeboten wird, sondern es ist der ehrliche Versuch, Differenz zu verstehen, zu verorten und zu respektieren und dort Grenzen zu setzen, wo sie angesagt sind. Die Grenze ist dort, wo Wollen und Tun schädigend und beeinträchtigend sind. Toleranz kommt dort an ihre Grenzen, wo sie für Egoistisches und Unwürdiges missbraucht wird.

Das Prinzip der Personenwürde ist ein ungeteiltes Prinzip. Es zielt nicht lediglich auf die Betroffenen, sondern ebenso auf die Helfenden. Personenwürde und die Autonomie über das eigene Handeln zu bewahren sind Grundvoraussetzungen für das professionelle Handeln. Dies setzt eine tragfähige Balance zwischen Nähe und Distanz gegenüber Adressaten und ihren gegebenenfalls überzogenen Ansprüchen an die Helfenden voraus, wie auch gegenüber den Anforderungen des Arbeitssystems und der Gesellschaft an die Professionellen. Sie brauchen zumutbare Arbeitsbedingungen und eine adäquate Entlohnung, und sie brauchen gegebenenfalls Schutz, wenn sie mit unberechenbaren Adressaten arbeiten. Sie brauchen Entwicklungsmöglichkeiten, Mitgestaltungsmöglichkeiten sowie ein tragfähiges berufliches und soziales Eingebundensein.

5.4 Gerechtigkeit

Aus dem Prinzip der Personenwürde folgt das Gerechtigkeitsprinzip. Personenwürde und Lebensqualität setzen Gerechtigkeit voraus, um verwirklicht werden zu können. Gemeint sind *Gesetzesgerechtigkeit, strukturelle Gerechtigkeit* und *Austauschgerechtigkeit*.

Gesetzesgerechtigkeit bezieht sich auf die Gleichheit und Gleichbehandlung vor dem Gesetz.

Strukturelle Gerechtigkeit bezieht sich auf Inklusionschancen im Sinne der strukturellen Zugangsmöglichkeiten zu Funktionssystemen (Wirtschaft, Recht, Bildung/Erziehung, Gesundheit u. a.) wie auf die Verteilungsgerechtigkeit von gesellschaftlichen Ressourcen, Chancen und Risiken. Inklusion bedeutet im Zusammenhang von Gerechtigkeit die Zugangsmöglichkeiten zu gesellschaftlichen Systemen zu schaffen, unabhängig von Geschlecht, Herkunft oder Lebenssituation. Erst wenn der Zugang zu Systemen gegeben ist, beispielsweise Bildungssystem, Arbeitssystem und Staat, wird Teilhabe an den Ressourcen einer Gesellschaft möglich und ebenso Partizipation im Sinne von Mitgestaltung, Mitbestimmung und Mitverantwortung. Wer keinen Zugang zum Wirtschaftssystem hat, findet keine legale Arbeit. Ein bloßer Zugang reicht aber nicht. Wenn die Arbeitsbedingungen beispielsweise würdelos sind, gestalten sich die Inklusionsbedingungen wie die damit einhergehende Lebensqualität prekär.

Strukturelle Gerechtigkeit zielt darauf, Unterschiede abzumildern und gravierende Ungleichheiten in Bezug auf Inklusion, Teilhabe und Lebensqualität zu verhindern. An dieser Stelle lässt sich der Zusammenhang von Inklusion, Teilhabe und Lebensqualität, wie er in diesem Ansatz verwendet wird, kurz skizzieren:

Inklusion in Systeme ist eine Voraussetzung für Teilhabe an den Ressourcen der Systeme und Voraussetzung für Partizipation im Sinne von Mitgestaltung und Mitverantwortung. Der Begriff der Lebensqualität setzt Inklusion und Teilhabe voraus und orientiert sich an Bedürfniskategorien und deren Konkretisierung im Alltag.

Strukturelle Gerechtigkeit zielt vor allem auf jene Menschen und Gruppen, die sozial benachteiligt sind und die beispielsweise durch Krankheit, Behinderung, Alter, Armut, Arbeitslosigkeit, Geschlecht, Status, Religion oder Ethnie erschwerte Ausgangsbedingungen mit Blick auf Inklusion, Teilhabe und Lebensqualität aufweisen. Politisch wird hier der Begriff der „Sozialen Frage" herangezogen. Diese bezieht sich auf nationale Gesellschaften wie auch auf globale strukturelle Ungleichgewichte hinsichtlich Armut und Reichtum. Strukturelle Gerechtigkeit ist eine nationale Aufgabe, eine regionale Aufgabe (beispielsweise innerhalb der EU) und eine Globalisierungsaufgabe. Hierzu gibt es keine Patentrezepte. Die Soziale Frage stellt sich historisch und im Kontext der sozialen, politischen und wirtschaftlichen Ausgangslagen immer wieder neu und konkretisiert sich im Spannungsfeld zwischen ideellen Leitvorgaben und realen Ausgangsbedingungen.

Austauschgerechtigkeit bezieht sich auf die Qualität der Beziehungen im Kontext von Geben und Nehmen, Rechten und Pflichten zwischen Menschen, zwischen Menschen und Systemen und zwischen Systemen. Sowohl in hierarchischen wie auch heterarchischen Beziehungsstrukturen geht es um den fairen Austausch von Ressourcen, insbesondere zwischen den Geschlechtern, zwischen den Generationen, Eltern und Kindern, Geschwistern, Verwandten, Jungen und Älteren, Freunden, Nachbarn, Helfenden und Hilfebedürftigen, Arbeitgebern und Arbeitnehmern, Unternehmen und Staat, Staat und Zivilgesellschaft, Bürger und Staat, zwischen Staaten usf. Die Austauschinhalte können symmetrisch oder komplementär sein, sie können zeitgleich oder zeitversetzt ausgetauscht werden.

Austauschgerechtigkeit ist auf Passung hin ausgerichtet. Einseitiges Geben oder einseitiges Nehmen laufen Gefahr, die Austauschbalance zu stören. Ein fairer Austausch braucht deshalb geeignete Strukturen und Regeln und wertbezogene Haltungen der Akteure. Passung hat eine objektive und eine subjektive Seite. Objektiv geht es um einen korrekten Austausch, der nach geltenden legitimen Regeln, Normen und Werten stimmig ist. Daneben gibt es das Gefühl der subjektiven Stimmigkeit im Rahmen eines komplementären und symmetrischen Austausches. Eine Spende die mit einem freundlichen Dank in Empfang genommen wird, kann für beide Akteure subjektiv stimmig sein.

Im Rahmen der Gerechtigkeitsfragen nimmt in der Sozialen Arbeit die Geschlechtergerechtigkeit einen besonderen Stellenwert ein. Die Pionierinnen der Sozialen Arbeit legten, wie in Kapitel 4 aufgezeigt wurde, zu Beginn der Professionalisierungsbestrebungen ein spezifisches Augenmerk auf die Frauenfrage und das Selbstbestimmungsrecht der Frauen. Die erste und zweite Frauenbewegung setzten sich international für Frauen und Mädchen ein und kämpften gegen Gewalt, Diskriminierung und Ausbeutung von Frauen und Mädchen und gegen patriarchale Herrschaftsverhältnisse.

Aktuelle Diskurse erfolgen unter dem Begriff *Gender Mainstreaming*, der auf beide Geschlechter zielt. Gender Mainstreaming wurde im Rahmen der EU 1999 im Amsterdamer Vertrag ratifiziert und koppelt sich an Konzepte der UNO-Frauenkonferenzen. Grundgedanke ist die Chancengleichheit der Geschlechter, die nicht nur proklamiert, sondern auf allen Ebenen realisiert werden soll, und zwar im privaten und öffentlichen Bereich sowie im Profitbereich. Nicht Sondermaßnahmen sind geplant, sondern die kontinuierliche Verwirklichung der Geschlechterdemokratie auf allen Beziehungsebenen und in allen Funktionsbereichen. Ausgangspunkt ist, dass es keine geschlechtsneutralen Handlungen, Kommunikationsrituale und Strukturen gibt.

Gender Mainstreaming richtet den Blick auf die Wechselwirkungen zwischen den Geschlechtern, auf Fragen der Teilhabe nicht nur an Schlüsselpositionen, sondern die Zugrundelegung geschlechtspezifischer Lebenssituationen, Erfahrungen und Kompetenzen wie auch der Gestaltung geschlechtsadäquater Arbeits- und Lebenswelten. Sensibilisiert werden geschlechtsspezifische Zugangsweisen der

Machtaneignung, der Machtablehnung und des Teilens von Macht. Insgesamt ist nicht mehr wie bei früheren Konzepten der Defizitblickwinkel vorherrschend, indem beispielsweise Frauen für die öffentliche Welt der Männer „tauglich" gemacht werden sollen, sondern es geht darum, eine gemeinsame öffentliche Welt zu schaffen, in der weibliche und männliche Muster und Bewältigungsstrategien zum Tragen kommen, in der die Geschlechter experimentieren können und in der sie sich konstruieren können.[2]

Kritisch wird eingewandt, dass beim Gender-Mainstreaming-Ansatz die Gefahr besteht, dass spezifische Frauenförderprogramme unter eine gemeinsame Geschlechterperspektive subsumiert werden, was neue Benachteiligungen zur Folge haben kann. Auch wird eingewandt, dass es sich bei dem Ansatz eher um einen Top-down-Ansatz handelt. Insgesamt ist mit dem Gender- Mainstreaming-Ansatz der Leitgedanke der Verwirklichung einer Geschlechterdemokratie verbunden, der zwar alle Beziehungsebenen einschließt, der aber von zwei Geschlechterrollen ausgeht. Nicht berücksichtigt sind Menschen, die sich mit eindeutigen Zuordnungen zum männlichen oder weiblichen Geschlecht nicht identifizieren können, was unter dem Transgender-Begriff beschrieben wird. Aus einer bedürfnisorientierten Perspektive läuft ein dualer Genderbegriff Gefahr, Menschen letztlich auf ein biologisches Geschlecht hin zu kolonialisieren, was sehr belastend und krankmachend für Betroffene sein kann, die ein darüber hinausgehendes Gender-Selbstkonzept haben. Von daher ist der Genderbegriff, der auf das soziale Geschlecht abzielt, weiter zu fassen, damit Menschen ein Leben führen können, das ihrem Selbstkonzept entspricht. Die Andeutungen müssen hier genügen, um darauf hinzuweisen, dass sich aus dem Gesagten vor allem auch mit Blick auf Diskriminierungsprobleme politische, rechtliche, genderspezifische und gleichstellungsspezifische Fragen ergeben.

Übertragen auf die Soziale Arbeit bedeutet das Prinzip der Gerechtigkeit insbesondere:

- Soziale Benachteiligung und Teilhabeprobleme öffentlich zu machen und zwar durchaus in kritischer Distanz zu gesellschaftlichen Strukturen und Prozessen;
- im Hilfeprozess unter den Beteiligten auf faire und gerechte Strukturen und Austauschbedingungen zu achten;
- besonderes Augenmerk auf benachteiligte Zielgruppen zu legen und auf die Ausländer-, Asyl- und Flüchtlingspolitik, Armutspolitik, Kinder- und Jugendhilfe, Frauen- und Familienpolitik, auf Fragen der sozialen Sicherung und Hilfe für alte Menschen;

---

[2] Zum Gender Mainstreaming siehe auch Gieseke 2001 und Derichs-Kunstmann u. a. 1999.

- für Austauschgerechtigkeit auf verschiedenen Ebenen einzustehen (Hilfe-Ebene, kollegiale Ebene, Anstellungsebene, gesellschaftliche Ebene). Insbesondere auf der Hilfe-Ebene geht es um das gegenseitige Respektieren von Möglichkeiten und Grenzen im Geben und Nehmen, um gegenseitige Rücksichtnahme, Verlässlichkeit, faire Regeln und Strukturen. Auf kollegialer Ebene geht es um Information, Transparenz, Diskretion, gegenseitige Unterstützung und Toleranz. Auf der Anstellungsebene geht es um gegenseitige Loyalität und Leistungen zur sinnvollen Optimierung von Kompetenzen, Angeboten und Abläufen. Auf der gesellschaftlichen Ebene geht es um die Anerkennung der Professionellen, was sich unter anderem in einer adäquaten Entlohnung ausdrückt;
- soziale Benachteiligungen, beispielsweise von Frauen oder älteren Mitarbeitern und Mitarbeiterinnen im eigenen Dienstleistungssystem zu bearbeiten; den Blick darauf zu richten, inwieweit sich im Hilfeprozess und Hilfesystem geschlechtsspezifische Dominanzen entwickeln, die sich kontraproduktiv auf Entwicklungs- und Arbeitsprozesse auswirken. Es gilt Muster im Rahmen geschlechtsspezifischer Interaktion und Kommunikation aufzudecken, die ein faires Miteinander behindern.

5.5 Solidarität

Der Personenwürde zugeordnet ist ebenso das Prinzip der Solidarität. Dieses Prinzip thematisiert soziale Beziehungsformen unter dem Anspruch von Gerechtigkeit. Solidarität entspringt dem Bewusstsein, dass Menschen auf Beziehungen angewiesen sind. Der Begriff der Solidarität reicht von der Gruppensolidarität (Familie, Sippe, Freundschaft, Clique) bis hin zum Universalprinzip, das heißt Solidarität fremden Menschen und Völkern gegenüber. Seine politische Konnotation erfuhr der Begriff im Kontext der Französischen Revolution (Freiheit, Gleichheit, Brüderlichkeit), in der Arbeiterfrage seit der Industrialisierung und als sozialethische christliche Forderung. Das an die Menschenrechte gekoppelte Solidaritätsverständnis zielt auf Teilhabe, Gerechtigkeit, Gleichberechtigung, Chancengleichheit, Mitbestimmung und Mitgestaltung. Solidarität ist das, was der Einzelne von der Gesellschaft braucht, um seine Personenwürde realisieren zu können und damit einhergehend Lebensqualität entfalten zu können. Anders formuliert: Solidarität ist das, was eine Gesellschaft und Gemeinschaft der Person schuldet, um sich entwickeln und entfalten zu können. Solidarität vor diesem Hintergrund ist eine Grundkomponente in der Beziehung Person und Gesellschaft sowie Person und soziale Gruppe.

Aus dem Prinzip der Solidarität erwächst eine soziale Verpflichtung zur Hilfe, ohne die Verantwortung einseitig festzuschreiben. Die Person hat der Gesellschaft gegenüber in der Bürgerrolle ebenso eine Verpflichtung und Verantwortung wie die Gesellschaft der einzelnen Person gegenüber. Solidarität als Universalprinzip ist die Voraussetzung für gesellschaftlich implementierte Sicherungssysteme und Unterstützungssysteme für sozial Benachteiligte. Solidarität ist die „politisch-gesellschaftliche Einlösung des Anspruchs der menschlichen Personenwürde" (Baumgartner/Korff 1998, 407) und wird vor diesem Hintergrund auch zur professionellen Hilfeleistung, indem Bedürftige professionell unterstützt werden.

Solidarität erfährt ihre strukturelle Verankerung durch den Sozialstaat und durch professionelle Hilfeleistung, aber sie erschöpft sich nicht darin. Solidarität ist im Sinne der Produktion sozialer Wohlfahrt und als systemübergreifendes Prinzip Aufgabe aller gesellschaftlichen Gruppen. Darauf hinzuweisen wird umso bedeutsamer, je mehr der Sozialstaat an seine finanziellen Grenzen kommt. Stiftungen, Social Sponsoring, Nachbarschaftsprojekte und Freiwilligenarbeit haben flankierende Funktion, um das Prinzip Solidarität zivilgesellschaftlich zu aktivieren. Solidarität realisiert sich vor diesem Hintergrund auf der lebensweltlichen Ebene, auf der Organisations- und Professionsebene und auf der Gesellschaftsebene.

Für die Soziale Arbeit bedeutet das Prinzip der Solidarität insbesondere:

- Professionelle Unterstützung sozial Benachteiligter, Schwacher, Notleidender und Ausgegrenzter,
- Einforderung von Solidarität auf der politischen, wirtschaftlichen und zivilgesellschaftlichen Ebene,
- Stärkung von Solidarität im Sinne der Beziehungsqualität im sozialen Nahbereich (Geschlechterbeziehungen, Familienbeziehungen, Gruppen) und im sozialen Raum.

Solidarität benötigen ebenso die Professionellen und zwar vor allem im Rahmen der gesellschaftlichen Anerkennung ihrer Funktion und ihrer professionellen Leistungen. Ausdruck davon sind Anerkennung in Bezug auf den Professionsstatus, Entlohnung und Ressourcenzuteilung.
Solidarität brauchen die Professionellen darüber hinaus im Kontext ihrer Arbeitsorganisation. Vor allem dort, wo Mitarbeiter und Mitarbeiterinnen in spezifischen Lebenssituationen sind (z. B. als Eltern, pflegende Familienangehörige etc.) und wo sie schwierige berufliche oder private Situationen zu bewältigen haben, brauchen sie solidarische Unterstützung von ihrem Arbeitgeber, um ihren Hilfeberuf meistern zu können. Die Frage der Solidarität stellt sich dann im Kontext von Personalführung, Organisationsentwicklung wie auch von Teamwork in der kollegialen Zusammenarbeit. Es gilt, die wechselseitigen Ansprüche und Erfordernisse wahrzunehmen und einen Ausgleich zu finden.

5.6 Subsidiarität

Der Personenwürde ebenfalls zugeordnet ist das *Subsidiaritätsprinzip*. Der Grundsatz lautet, dass das, was Menschen und Gruppen aus eigenem Antrieb und eigener Kraft tun können, nicht durch übergeordnete Instanzen zu regeln ist. Erst dort, wo Selbsthilfe nicht mehr gelingt, sind übergeordnete Instanzen gefragt und gefordert, tätig zu werden. Das Subsidiaritätsprinzip ist zum ersten Mal 1931 in der Enzyklika „Quadragesimo anno" von Pius XI. formuliert worden (Baumgarten/Korff 1998). Leitziel ist die Selbsttätigkeit bei gleichzeitiger Unterstützung bei Bedarf. Die Unterstützung soll aber nicht abhängig machen, sondern ist auf die Wiederherstellung der Selbsttätigkeit gerichtet. Ausdruck dafür ist der Begriff der „Hilfe zur Selbsthilfe". Hilfe subsidiär verstanden darf weder aufgedrängt noch vorenthalten werden.

Das Subsidiaritätsprinzip macht Aussagen über das Beziehungsverhältnis im Rahmen der vertikalen sozialen Strukturierung. Die untere Ebene wird als die bestimmende angesehen, die oberen Ebenen sind nachgeordnet und gleichzeitig nach unten gebunden. Die Reihung in der sozialen Strukturierung zeigt sich wie folgt: Person – Familie – Verein – Gemeinde – Land – Bund – Internationale Organisationen. In Deutschland wurde durch die Freie Wohlfahrtspflege eine mittlere Ebene eingezogen. Sie fungiert vor der staatlichen Wohlfahrtspflege und somit zwischen Adressaten und staatlicher Fürsorge.

In modernen sozialen Wohlfahrtsstaaten erfährt das Subsidiaritätsprinzip, das ursprünglich hierarchisch angelegt ist, eine weitere horizontale Ausprägung, indem sich Selbsthilfegruppen, Hilfenetzwerke und Bürgerinitiativen herausgebildet haben, die die Selbsttätigkeit der Bürger und Bürgerinnen vor Ort stärken. Die klassische Dreiteilung von Adressaten – Freie Wohlfahrtspflege und Staat ist damit aufgeweicht und durchbrochen. Auch kreist das Subsidiaritätsprinzip nicht mehr ausschließlich um den Begriff der Not, sondern es geht ebenso um Alltagsbewältigung und die generelle Daseinsvorsorge, beispielsweise mit Blick auf Kinderbetreuung, Elternhilfe oder Lebensberatung. Subsidiarität ist daher vertikal wie horizontal zu denken. Letzteres ist vor allem in Bezug auf die Weiterentwicklung des Wohlfahrtsstaates unter den Bedingungen moderner Herausforderungen, regionaler Strukturen (EU) und globaler Abhängigkeiten zu sehen. Die Leitvorstellungen des aktivierenden Sozialstaates gehen mit einem Bedeutungszuwachs der Zivilgesellschaft und deren Beitrag zur Wohlfahrtsproduktion einher. Alle gesellschaftlichen Kräfte werden in die soziale Verantwortung einbezogen. Damit erfährt das Subsidiaritätsprinzip eine veränderte Konfigurierung im Wohlfahrtsstaat.

Mit Blick auf Teilhabe und soziale Mitverantwortung ist der zivilgesellschaftliche Bedeutungszuwachs positiv zu werten, denn Solidarität und Subsidiarität bleiben abstrakte Größen, wenn deren Notwendigkeit in der Zivilgesellschaft nicht durch aktives Tun und durch Erfahrung begriffen wird. Subsidiarität zivilgesellschaftlich erweitert stärkt das plurale Zusammenleben, die zivile Selbstorganisation und birgt sozialintegratives Potenzial (Münch 2010). Die zivilgesellschaftliche Ausdehnung des Subsidiaritätsbegriffs stößt aber dort an ihre Grenzen und wird zum Problem, wo gewachsene Sozialstaatsstrukturen schleichend erodieren. Auch für die Soziale Arbeit wird sie dort ein Problem, wo professionelle Wohlfahrtseinrichtungen zunehmend Druck erfahren, ihre eigene Ressourcenbasis durch zivilgesellschaftliche Ressourcen zu sichern, so dass grundlegende Bedingungen für die professionellen Hilfeaufgaben Sozialer Arbeit in Frage gestellt werden.

Für die Soziale Arbeit bedeutet das Prinzip der Subsidiarität insbesondere,

- dass die Adressaten bei der Gestaltung des Unterstützungsprozesses beteiligt und motiviert werden, für ihre Belange so weit als möglich einzutreten und selbst aktiv zu werden (Empowerment);
- dass die Professionellen nicht vorschnell aktiv werden, dass ihre Hilfe nicht überversorgend ist oder dass sie nicht Aufgaben deswegen stellvertretend für Adressaten übernehmen, weil die Aufgaben dadurch möglicherweise schneller erledigt werden können. Die sensible Selbstbeschränkung seitens der Professionellen ist auch dort wichtig, wo Adressaten gegebenenfalls zu schnell bereit sind, ihre Autonomie abzugeben und fremde Hilfe in Anspruch zu nehmen;
- dass auf der Ebene des Dienstleistungssystems das Prinzip der Subsidiarität mit dem Prinzip der Selbstorganisation gekoppelt wird. So hat die obere Führungsebene nicht vorschnell in den Aufgaben- und Handlungsbereich der unteren Ebenen einzugreifen. Hauser (1998, 65) macht deutlich: Strukturen und Führungsprozesse sind so zu gestalten, „dass der jeweiligen Fachkraft das angemessene „subsiduum" gewährt wird und dass diese Fachkraft zugleich weitestgehend selbst aktiv werden kann.";
- dass im Kontext von Staat, Wirtschaft und Zivilgesellschaft die geeigneten Instanzen und Kräfte herangezogen und mobilisiert werden, die helfen und die nötigen Ressourcen beibringen können; dass Soziale Arbeit kritische Beobachterin des neuen Wohlfahrtmix ist und auf taugliche Arrangements zwischen Staat, Wirtschaft und Zivilgesellschaft achtet.

5.7 Nachhaltigkeit

Menschliches Leben, Identitätsentwicklung und Lebensgestaltung vollziehen sich innerhalb sozialer wie auch ökologischer Ausgangsbedingungen. Die Qualität psychosozialer Befindlichkeit und Bedürfnisbefriedigung ist ebenso abhängig von den ökologischen Kontextbedingungen des Menschen. Zu einem gelingenden Leben wie auch zum Überleben gehört nicht lediglich ein intaktes ökologisches System, sondern es geht um eine intakte Beziehung des Menschen und der Sozialsysteme zur natürlichen Umwelt. So gesehen ist der Schutz des Menschen zugleich an den Schutz der natürlichen Umwelt gebunden. Auch wenn es in Bezug auf die Beschreibung und Deutung der gegenwärtigen ökologischen Problematiken unterschiedliche Schwerpunkte und Einschätzungen gibt, herrscht im

Großen und Ganzen Einigkeit in den Problemszenarien und in der Erkenntnis, dass die Logiken der Marktwirtschaft, das darauf bezogene marktwirtschaftliche Handeln und Konsumhandeln dem dringlichen Lösungsbedarf im Sinne eines globalen Überlebens und zumutbaren Lebens nicht gerecht werden können.

Als globale Probleme werden insbesondere benannt:

- Klimawandel[3], insbesondere durch Treibhausgase,
- Zerstörung von Ökosystemen, z. B. durch Abholzung der Wälder,
- Verlust der Biodiversität,
- Wassermangel, Versteppung, Anstieg der Meeresspiegel, Ernteschäden,
- Bevölkerungswachstum (angenommener Mittelwert der UN sind neun Milliarden im Jahr 2050),
- Ressourcenmangel,
- Armut und Hunger in der Weltgesellschaft,
- Wirtschaftliche, kulturelle und ökologische Kolonialisierung der armen Länder mit westlichen Markt- und Konsumvorgaben, Wettbewerbsregeln und damit einhergehende Umweltbelastungen,
- Labilität der Finanz- und Warenmärkte.

Markus Vogt (2000) folgert in Auseinandersetzung mit den ökologischen Krisenszenarien und Herausforderungen zurecht, dass die christlichen Sozialprinzipien der Personalität, Solidarität und Subsidiarität durch das Prinzip der Nachhaltigkeit zu ergänzen sind, um individuelles Konsumhandeln und das Markthandeln der Wirtschaftssysteme in eine neue Verantwortlichkeit zu führen. Ziel ist es, soziale Wohlfahrt in ihrer individuellen, sozialen und ökologischen Dimension zu realisieren. Mittlerweile wird der Begriff der Nachhaltigkeit als viertes Sozialprinzip in offiziellen katholischen und evangelischen Dekreten verwendet und in die christliche Soziallehre eingebunden.

Der Begriff der Nachhaltigkeit lässt sich im deutschen Sprachraum auf das Jahr 1713 zurückverfolgen, als ihn Hans-Karl von Carlowitz im Rahmen der Forstwirtschaft verwandte: „Schlage nur so viel Holz ein, wie der Wald verkraften kann! So viel Holz, wie nachwachsen kann!" Zur aktuellen Begriffsklärung wird häufig der Brundtland-Bericht (Hauff 1987) mit dessen zentraler Forderung herangezogen, dass die Bedürfnisse der heutigen Generation zwar befriedigt werden sollen, jedoch nicht auf Kosten zukünftiger Generationen. Die Agenda 21 (Bundesministerium für Umwelt ... 1992) zielt vor diesem Hintergrund auf ein handlungsleitendes Programm für das 21. Jahrhundert.

Der Nachhaltigkeitsbegriff hat im Laufe seiner kurzen Geschichte Eingang in unterschiedliche Konzepte gefunden, wurde ausdifferenziert in *ökologische, ökono-*

---

[3] Zu möglichen Problemszenarien siehe auch den Weltklimarat, das Intergovernmental Panel on Climate Change (IPCC). www.ipcc.ch. (Zugriff 16.06.2011).

mische, soziale und jüngst auch *kulturelle Nachhaltigkeit*; er hat Wandlungsformen erfahren und ebenso Kritik dahingehend, dass er Gefahr läuft, zu einer nichts sagenden Formel zu werden und zu einem wenig aussagekräftigen und plakativen Aushängeschild insbesondere für Unternehmen. Trotz dieser Kritik hat sich der Begriff Nachhaltigkeit im Mainstream durchgesetzt und wird verarbeitet. Von daher und weil der Begriff bereits als fünftes Prinzip in die christliche Soziallehre aufgenommen wurde, greife ich auf diesen Begriff zurück.

Grob richtet sich der Begriff auf eine neue Kultur der Verantwortung und gegen Ressourcenmissbrauch und -verschwendung (Heintel 2007a, 30).

Mit dem Begriff der Nachhaltigkeit stehen folgende Ansprüche in Verbindung:

- tiefgreifender Wandel anstatt partielle Problemlösungen,
- Langfristigkeit, Langlebigkeit von Gütern, Schonung von natürlichen Ressourcen,
- Entschleunigung,
- Sicherung von Lebensqualität und Wohlergehen,
- Partizipation, d. h. Organisation kollektiver Entscheidungsprozesse,
- generationsübergreifende Ausrichtung,
- veränderte Kultur des Problemlösens und Entscheidens,
- Durchbrechen dominanter destruktiver Kulturmuster, z. B. des Konsumismus,
- Orientierung an verbindlichen Leitwerten und Regeln.

(Heintel 2007a, 30; Krainer/Trattnigg 2007b, 10 f.).

Der Begriff der Nachhaltigkeit hat sich seit den letzten Jahren zunehmend zu einem 4-Säulen-Modell entwickelt, hin zu Ansprüchen in Bezug auf ökologische, ökonomische, soziale und kulturelle Nachhaltigkeit. Zusammengefasst beinhaltet der Begriff den Schutz der natürlichen Umwelt, wirtschaftlichen Wohlstand, soziale Gerechtigkeit und kulturelle Weiterentwicklung in Bezug auf Nachhaltigkeit. Zum Ausdruck kommt ebenso, dass die einzelnen Leitziele nicht nur gleichrangige Bedeutung haben, sondern letztlich nur in ihrer gegenseitigen Durchdringung realisiert werden können. Von besonderer Tragweite hierzu wird die Veränderung des Konsums und des Ressourcenverbrauchs sein, was, so Markus Vogt (2000), einen Wertewandel und eine neue Wirtschaftsethik wie überhaupt das Denken in einer solidarischen globalen Perspektive voraussetzt. Das, was anzustreben ist, bündelt sich, so Vogt, in einer ökologisch-sozialen Marktwirtschaft im globalen Maßstab. Dies ist die Vision eines politischen Zukunftsprojektes, mit dem globale wirtschaftliche, finanztechnische, soziale, kulturelle und ökologische Regelungen einhergehen.

Insgesamt zielt Nachhaltigkeit in der hier verstandenen Weise auf den verantwortlichen Umgang mit Ressourcen, auf soziale Gerechtigkeit, wie auch auf eine Moralität im Umgang mit lebenden Geschöpfen. Ökologische und biozentrische

Ethiken verweisen auf den Eigenwert alles Lebendigen, den es zu respektieren und zu schützen gilt. Natur wird als Mitwelt betrachtet (vgl. Meyer-Abich 1990), was bei weitem mehr umfasst, als die bloße funktionale Überlegung des Schutzes der natürlichen Umwelt zum Zwecke der Erhaltung der menschlichen Lebensgrundlagen. Auch aus christlicher Perspektive sind die Natur und die Erde Schöpfung, für die der Mensch verantwortlich ist und der er Ehrfurcht entgegen zu bringen hat (Vogt 2000). Ähnliche Vorgaben gibt es in den anderen Weltreligionen.

So bleibt festzustellen: Im Spannungsfeld der Nutzbarmachung der Natur einerseits und des verantwortlichen und respektvollen Umgangs mit ihr andererseits vollzieht sich verantwortliches individuelles Handeln wie auch Systemhandeln. Inklusion, Teilhabe und Lebensqualität setzen eine nachhaltige Perspektive voraus. Der Begriff der Nachhaltigkeit konnotiert Teilhabe im Sinne der Verantwortungsteilhabe, um Bedingungen mitzugestalten, die auf einen schonenden Umgang mit Ressourcen, auf Gesundheit, auf ein würdiges Leben, auf Bildung und Nachhaltigkeit im lokalen wie globalen Kontext zielen.

Weiter gedacht bedeutet für die Soziale Arbeit das Prinzip der Nachhaltigkeit:

- die Berücksichtigung des Prinzips der Nachhaltigkeit im Unterstützungshandeln. Die Perspektive der Nachhaltigkeit ist im Kontext von Bedürfnisbefriedigung und Gesundheit bei der Problemanalyse und -bearbeitung einzubinden. Das beginnt bei sauberer Luft bis hin zur Ernährung und zu Fragen des Konsums. Die Notwendigkeit ökologischen Werte- und Handlungswissens macht vor Adressaten nicht Halt. Dieses findet seine Verortung in Bildungskontexten, beispielsweise im Rahmen von Umweltbildung, erlebnispädagogischen Maßnahmen, Kochkursen für gesunde Ernährung oder ökologisch motivierten Stadtteilprojekten, wo es dann um mehr als lediglich um Erlebnis, Wissen, Arbeit und Beschäftigung geht;
- die Berücksichtigung des Prinzips der Nachhaltigkeit im Rahmen von Führung, Organisation und Management. Dabei geht es um Ressourceneinsparungen, den Kauf nachhaltiger Produkte wie auch kritische Überlegungen bezüglich eigener organisationeller Praktiken, die gegen das Prinzip der Nachhaltigkeit gerichtet sind, beispielsweise wenn offiziell Leiharbeit als sozial unwürdig und wenig sozial nachhaltig angeklagt wird und gleichzeitig Leiharbeit aus der finanziellen Not heraus im sozialen Dienstleistungssystem zum Sparfaktor wird.

Als Funktionssystem der Gesellschaft ist Soziale Arbeit gefordert, ihr symbolisches Kapital, d. h. ihre humane Perspektive in die gesellschaftlichen Diskurse einzubringen. So fordert beispielsweise Silvia Staub-Bernasconi (1995, 78 ff.) in Rückbindung an Jane Addams eine mehrdimensionale Konzipierung des Umweltbegriffs und das Aufzeigen von Wechselwirkungen zwischen ökologischen, subjektiven, sozialen und kulturellen Einflussfaktoren.

Das Prinzip der Nachhaltigkeit und die Sorge für die Umwelt zwingen dazu, das lange als richtig erachtete Fortschritts- und Wachstumsdenken kritisch in Frage zu stellen. Soziale Arbeit, so Staub-Bernasconi, müsse sich mit all diesen Fragen auseinandersetzen und sich kommunikativ einmischen. Bildung und Wissen seien zukünftig besonders wichtige Ressourcen und schließlich: „Umweltbewusstsein muss sich zum Weltbewusstsein entwickeln." (Staub-Bernasconi 1995, 82). Soziale Arbeit steht in einem globalen Zusammenhang. So hat Soziale Arbeit ihr Selbstverständnis dahingehend zu klären, wie sie sich zu sozialen Globalisierungsrisiken und -folgen stellt. Die Übergänge zwischen lokaler/nationaler Sozialer Arbeit und internationaler Sozialer Arbeit werden in Zukunft noch vielschichtiger sein. Auf nationaler Ebene wird Soziale Arbeit zunehmend die Auswirkungen globaler ökonomischer, ökologischer und sozialer Probleme bearbeiten müssen. Gemeint sind unter anderem zunehmende Flüchtlingsströme aufgrund von Armut, Kriegen und ökologischen Krisen, wie auch die Bearbeitung von Problemen der Prekarisierung aufgrund miserabler Arbeitsverhältnisse im globalen Maßstab durch den steigenden internationalen Wettbewerb; Soziale Arbeit wird zunehmend mit dem Strukturwandel in der globalen Stadtentwicklung durch Folgen des internationalen (digitalen) Kapitalismus konfrontiert, durch den sich in Städten Dreiteilungen herausbilden: die „erste" Stadt der Reichen und Globalisierungsgewinner, die „zweite" Stadt als Wohnstadt der Mittelschicht und die „dritte" Stadt der Randgruppen und sozialen Absteiger, wo es letztlich sozialpolitisch möglicherweise nur noch darum geht, sie nicht zur sozialen Gefahr werden zu lassen (Häußermann/Siebel 1995; Reutlinger 2005).

Soziale Arbeit ist als Profession und Wissenschaft politisch und menschenrechtlich gefordert, eine nachhaltige und damit einhergehend globale Perspektive zu entfalten und sich einzumischen. Es ist davon auszugehen, dass sich die Berufsbilder und Felder zukünftig weiter ausdifferenzieren werden, um auf neue soziale Phänomene aufgrund versäumter Nachhaltigkeit zu reagieren. So wird es darauf ankommen, wie sich Soziale Arbeit als Profession und Wissenschaft den globalen Herausforderungen stellt und wie ihre darauf bezogenen Selbstdefinitionen auch in die Studieninhalte einfließen.

> Halten wir fest:
> Im Rahmen der aufgezeigten ethischen Leitlinien orientiert sich Soziale Arbeit an einem aufgeklärten, ganzheitlich orientierten Menschenbild, das das Subjekt als geistiges, kognitives, psychisches, emotionales, spirituelles, leibliches und physisches Wesen betrachtet, ausgestattet mit Menschen- und Grundrechten, die seine Bedürfnisse wahren. Soziale Arbeit orientiert sich an humanen Werten, demokratischen Leitideen und Gerechtigkeitsvorstellungen. Sie orientiert sich an den christlich motivierten und sozialstaatlich

strukturierten Prinzipien der Personalität, Solidarität, Subsidiarität und Nachhaltigkeit in ihrer nationalen und globalen Dimension. Soziale Wohlfahrt und Wohltätigkeit im Kontext einer humanen, gerechten und sozialökologisch ausgerichteten Perspektive kennzeichnet ihren ethischen Zugang und ihre Wertebasis.[4]

Hinsichtlich der globalen Risiken und der damit einhergehenden notwendigen gesellschaftlichen Wandlungsprozesse wurde mit Hilfe des Begriffs der Nachhaltigkeit aufgezeigt, dass sich Soziale Arbeit national und global auf neue Aufgaben und Herausforderungen einzustellen hat. Nachhaltigkeit lässt sich als normatives Konzept verstehen und als eine ethische Basis für einen neuen Gesellschaftsvertrag, der ökologische, ökonomische, soziale und kulturelle Entwicklungsziele verknüpft.

Vor diesem Hintergrund kennzeichnet sich Soziale Arbeit als Menschenrechtsprofession (Staub-Bernasconi 2003; Schrödter 2007). Die hier vorgelegten Leitlinien stellen eine Orientierungsfunktion für das professionelle Handeln dar, insbesondere

- für die Gestaltung von Beziehungen auf unterschiedlichen Ebenen inklusive der professionellen Beziehung,
- zur Stärkung von Teilhabe und Lebensqualität,
- zur kritischen Selbstreflexionen,
- zur kritische Einschätzungen und Bewertung gesellschaftlicher Unzulänglichkeiten.

Werte und Prinzipien fungieren leitend für das professionelle Selbstverständnis und Handeln, in dem Wissen, dass deren Realisierung in der Praxis nicht nur situativ interpretationsbedürftig ist, sondern dass Werte und Prinzipien miteinander kollidieren können. Beispielsweise kollidieren Freiheit und Gerechtigkeit oder Freiheit und Verantwortung. Die ethischen Leitlinien gleichen einem Kompass auf oft stürmischer See: im Sturm der Gefühle, Verletzungen und Notlagen, des Wollens, Sollens und Meinens, der Projektionen, Ungerechtigkeiten, Egoismen, Borniertheiten und Gewalttätigkeiten, des Überflusses und des Mangels, des Möglichen und nicht Möglichen. Es handelt sich um einen Kompass in einer Welt der Unfertigkeit und der menschlichen Überforderung wie auch einer Welt voller Potenziale. So geht es nicht um ein Alles-oder-Nichts in der Verwirklichung idealer Maßstäbe, sondern um reflektierte und handlungsorientierte Annäherungen an das Ideal, im Be-

---

[4] Zur weiteren Reflexion siehe auch die Erklärungen der International Federation of Social Workers (IFSW), der International Association of Schools of Social Work (IASSW) und des DBSH (www.dbsh.de/html/berufsbild.html. (Zugriff 6.8.2012).

> wusstsein von Grenzen und Möglichkeiten – auch der eigenen. Die Güte, in der die ethischen Leitlinien verwirklicht werden, ist Gradmesser der Gesundheit und Tragfähigkeit von Beziehungen auf den unterschiedlichen Ebenen.

Im nächsten Kapitel wird die Gegenstandsbestimmung Sozialer Arbeit dargelegt und es werden die Begriffe weiter entfaltet, die den Titel dieses Buches bestimmen.

6 Gegenstandsbestimmung Sozialer Arbeit

In diesem Kapitel wird die Gegenstandsbestimmung Sozialer Arbeit dargelegt. Im Zentrum stehen die Begriffe *Beziehung – Inklusion – Teilhabe – Lebensqualität*. Der Schwerpunkt der Ausführungen liegt auf der Dimensionierung des Beziehungsbegriffs. Die Ausführungen basieren auf einer systemischen Herangehensweise, die im Kapitel 7 explizit dargelegt wird. Allerdings sind an einzelnen Stellen dieses Kapitels Vorwegnahmen notwendig, um Aussagen nachvollziehbar zu machen.

Aufgabe von Sozialer Arbeit als Wissenschaft ist es, den besonderen Blickwinkel Sozialer Arbeit zu schärfen, insbesondere ihren Gegenstand. Dieser gibt Antworten darauf, wonach sich das Aufgabenprofil Sozialer Arbeit bestimmt. Fragen dazu lauten: Wofür ist Soziale Arbeit zuständig? Womit beschäftigt sie sich? Was ist ihr spezifischer Blickwinkel? Gegenstandsbestimmungen sind theoretische Konstrukte und Angebote, die den Bezugspunkt einer Disziplin, mit dem sie sich beschäftigt, formulieren und auf einen Nenner bringen wollen. Jede Disziplin verfügt in der Regel über mehrere Gegenstandsbestimmungen, die im Rahmen von Fachdiskursen auf ihre Möglichkeiten und Grenzen hin reflektiert werden.

Soziale Arbeit wird als Handlungswissenschaft beschrieben. Ihr wissenschaftliches Tun richtet sich auf die Praxis und von dort her erhält sie als Wissenschaft ihren Sinn. Der Handlungsbegriff erlaubt eine Doppelperspektive, nämlich den Blick auf das individuelle Handeln einerseits und den Blick auf Systemhandeln andererseits. Gehandelt in der Sozialen Arbeit wird im Kontext vielschichtiger Beziehungen, beispielsweise im Rahmen interpersoneller Beziehungen im Hilfeprozess oder Beziehungen zwischen Sozialen Diensten.

Meine These im Rahmen der hier vorgelegten Gegenstandsbestimmung lautet, dass in den bislang vorliegenden handlungsorientierten Konzepten Sozialer Arbeit die Potenziale des Beziehungsbegriffs noch nicht zureichend entfaltet worden sind. Dies gilt auch für systemische Konzepte, wenngleich systemisches Denken ein Denken in Beziehungen und Austauschprozessen ist. Zwar ist in einzelnen systemischen Konzepten[5] von Beziehungen und Austauschbeziehungen die Rede, jedoch braucht es – und das ist eine weitere These – aufgrund der aktuellen gesellschaftlichen Entwicklungen und Herausforderungen einen vielschichtigen Zugang zu Beziehungen, um den Menschen in seinen realen sozialen, virtuellen und ökologischen Bezügen zu erfassen und auch, um die sich herausbildenden netzwerkförmigen Beziehungen zu beschreiben.

Ziel ist es im Folgenden, eine Gegenstandsbestimmung vorzunehmen, die Soziale Arbeit als Beziehungshandeln konfiguriert, und die entlangführt an den Begriffen *Inklusion*, *Teilhabe* und *Lebensqualität*. Der Begriff der Beziehung ist mehrdimensional angelegt. Gemeint sind:

- Beziehung auf der intrapersonellen Ebene, also die Beziehung zu sich selbst
- Beziehung auf der interpersonellen Ebene
- Beziehung auf der kulturellen Ebene
- Beziehung auf der formal organisierten Systemebene
- Beziehung auf der Netzwerkebene
- Beziehung auf der Gesellschafts- und Funktionssystemebene
- Beziehung auf der ökologischen Ebene
- Beziehung auf der virtuellen Ebene
- Beziehung auf der professionellen Hilfeebene

Die Stärkung und Verbesserung der Beziehungen auf den unterschiedlichen Ebenen erfolgt im Rahmen der professionellen Hilfebeziehung. Ausgangspunkt ist, dass die meisten menschlichen und sozialen Probleme Beziehungsprobleme sind und demzufolge auf der Beziehungsebene zu bearbeiten sind. Beziehungen sind dort gestört, wo grundlegende Bedürfnisse nicht befriedigt werden und wo Funktionsfähigkeit nicht gegeben ist. Darauf wird im Weiteren noch einzugehen sein. Zunächst wird die hier vorgelegte Gegenstandsbestimmung Schritt für Schritt entfaltet.

6.1 Integrale Gegenstandsbestimmung Sozialer Arbeit

Die hier vorgeschlagene Gegenstandsbestimmung Sozialer Arbeit ist integral angelegt. Damit ist gemeint, dass sie die Person in ihren vielfältigen Bezügen ins Zentrum setzt. Es folgt kein isolierter Blick auf das Subjekt, sondern auf das Subjekt in seinen vielfältigen Beziehungen. Dieser Blickwinkel entspricht dem Begriff der *Sozialen Arbeit*, der Sozialpädagogik und Sozialarbeit integriert, und damit einen subjektorientierten wie auch sozialstrukturellen Zugang umfasst. Integriert ist damit ebenso der Hilfebezug wie auch der Bildungsbezug, wie in Kapitel 4 dargelegt worden ist.

---

[5] Vgl. u. a. Germain/Gitterman 1999; Lüssi 1991; Staub-Bernasconi 1994a.

Die hier vorgelegte integrale Gegenstandsbestimmung lautet:

> Gegenstand der Sozialen Arbeit sind tragfähige Beziehungen, um Inklusion, Teilhabe und Lebensqualität zu stärken.

Aus der Gegenstandsformulierung ergeben sich Fragen, die zu beantworten sind:
- Um welche Beziehungen geht es?
- Was soll unter tragfähigen Beziehungen verstanden werden?
- Was ist mit Inklusion, Teilhabe und Lebensqualität gemeint und in welchem Zusammenhang stehen die Begriffe?

Die Gegenstandsbestimmung erfolgt auf der Basis der ethischen Leitlinien Sozialer Arbeit, wie sie in Kapitel 5 dargelegt worden sind. Grundlegend sind die *Prinzipien der Personalität, Gerechtigkeit, Solidarität, Subsidiarität* und *Nachhaltigkeit*. So gesehen ist Soziale Arbeit Produzentin sozialer Wohlfahrt, besser gesagt: Soziale Arbeit ist Mitproduzentin sozialer Wohlfahrt, denn auch andere Funktionssysteme (Bildung, Gesundheit, Politik, Recht, Wirtschaft u. a.) produzieren bezogen auf ihre je spezifische gesellschaftliche Funktionen soziale Wohlfahrt. In dem hier vorgestellten Ansatz produziert Soziale Arbeit soziale Wohlfahrt durch die Unterstützung tragfähiger Beziehungen mit Blick auf Inklusion, Teilhabe und Lebensqualität.

6.2 Inklusion/Exklusion

Der hier verwendete Begriff der Inklusion orientiert sich grundsätzlich an der soziologischen Beschreibungsfolie einer funktional differenzierten Gesellschaft, wie sie Luhmann vorgelegt hat (Luhmann 1995; 1997) und koppelt weitere theoretische Überlegungen daran an. Im Vorgriff auf die Darlegung der systemisch-vernetzten Denkfigur in Kapitel 7 an dieser Stelle folgendes: In einer funktional ausdifferenzierten Gesellschaft haben Funktionssysteme wie Wirtschaft, Recht, Bildung, Politik, Gesundheit, Massenmedien, Religion, soziale Hilfe, Familie u. a. ihre je spezifischen gesellschaftlichen Aufgaben. Luhmann bezieht Funktionssysteme nicht lediglich auf nationale Gesellschaften, sondern verortet sie global. Moderne Gesellschaften, so sein Ansatz, funktionieren dadurch, dass sie arbeitsteilige Funktionssysteme herausgebildet haben, die weltweit operieren. Kein Funktionssystem kann die Funktion eines anderen übernehmen (Luhmann 1997, Bd. 2/753). Politik kann nicht den Markt mit Gütern versorgen und Wirtschaft kann nicht professionelle soziale Hilfe anbieten. Die Funktionssysteme stehen zwar in einem Austauschverhältnis, sind strukturell gekoppelt und beeinflussen sich wechselseitig, jedoch können sie sich nicht gegenseitig ersetzen.

Die Politik hat zwar Möglichkeiten, Rahmenbedingungen für die Wirtschaft zu setzen, aber sie kann deren Aufgaben und Leistungen nicht übernehmen. Die Wirtschaft kann Ressourcen für soziale Hilfe bereitstellen, aber sie kann nicht professionell Hilfe leisten. Durch die funktionale Differenzierung moderner Gesellschaften erfolgt eine spezifische Integration der Gesamtgesellschaft die nicht nur arbeitsteilig angelegt ist, sondern so, dass jede Person grundsätzlich Zugang zu allen Funktionssystemen hat.

> „Jede Person muß danach Zugang zu allen Funktionskreisen erhalten können je nach Bedarf, nach Situationslagen, nach funktionsrelevanten Fähigkeiten und sonstigen Relevanzgesichtspunkten. Jeder muß rechtsfähig sein, eine Familie gründen können, politische Macht mitausüben oder doch mitkontrollieren können; jeder muß in Schulen erzogen werden, im Bedarfsfalle medizinisch versorgt werden, am Wirtschaftsverkehr teilnehmen können." (Luhmann 1980, 31)

Mit dem Begriff des Zugangs zu Funktionssystemen verwendet Luhmann den Begriff der Inklusion. Der Begriff ist demokratisch konnotiert und verweist auf die Sozialintegration des Individuums in die Funktionssysteme der Gesellschaft (Luhmann 1997, Bd.2./618f). Die Funktionssysteme lassen sich als Symbolsysteme verstehen (vgl. Willke 2005), die über Kommunikation herausgebildet werden und die über Kommunikation die jeweiligen Codes und Programme generieren. Der Code von Wirtschaft ist zahlen/nicht zahlen. Die Programme zielen auf Gewinne und Wettbewerb. Über Kommunikation wird die jeweilige Logik des Funktionssystems generiert, festgeschrieben und weiter entwickelt. Kommunikation ist zwar der grundlegende Operationsmodus, sie unterscheidet sich aber je nach Funktionssystem. Im Funktionssystem Wirtschaft wird anders kommuniziert als im Funktionssystem Recht. Ebenso unterscheiden sich die jeweligen Kommunikationsinhalte.

Der Inklusionsbegriff, wie ihn Luhmann aufwirft, beschreibt die Beziehung Individuum und Funktionssystem. Inklusion setzt eine hohe Eigenleistung seitens der Individuen voraus. Es braucht Kompetenzen, um den unterschiedlichen Inklusionsregeln gerecht zu werden. Das Bildungssystem setzt andere Kompetenzen voraus als ein Wirtschaftssystem. Um im Rechtssystem einer Aufnahmegesellschaft inkludiert zu werden, brauchen Migranten und Migrantinnen spezifische Kompetenzen, darunter Sprachkompetenzen und Wissenskompetenzen über das Aufnahmeland. Dort, wo sie nicht Staatsbürger sind, sind sie lediglich partiell inkludiert hinsichtlich grundlegender Rechte und Pflichten.

Vor dem Hintergrund von Funktionssystemen differenzieren sich auf der operativen Ebene formal organisierte Systeme (Organisationen) und Institutionen heraus. Aus dem Funktionssystem Gesundheit beispielsweise bilden sich unter anderem Krankenkassen und Krankenhäuser heraus, die wiederum über eigene spezifische Inklusionsregeln verfügen, die hoch selektiv sind und die jene ausschließen, die nicht den Inklusionsanforderungen entsprechen. Die Einweisung ins Krankenhaus setzt Bedingungen voraus. Eine Beratungsstelle für suchtkranke Menschen kümmert sich nicht um Wohnungslose, außer sie weisen das Merkmal Sucht auf. Familien regeln, wer zur Familie gehört und wer nicht. Inklusion auf der Organisations- und Institutionsebene bedeutet für das Individuum nicht Inklusion als Normalfall wie auf der Funktionssystemebene, sondern Inklusion ist hier an mehr oder weniger strenge Systemkriterien gekoppelt. Wer den Inklusionsbedingungen nicht oder nicht mehr entspricht, bleibt exkludiert oder wird exkludiert (Luhmann 1997, Bd.2, 844).

Die Diskurse in der Soziale Arbeit bewegen sich seit den letzten Jahren zunehmend um Inklusion und orientieren sich mehr oder weniger am Luhmannschen Inklusionsbegriff (vgl. u. a. Baecker 1994; Bommes/Scherr 1996; Kronauer 2010, 2010a; Stichweh/Windolf 2009). Dabei wurde herausgestellt, dass die konkreten Bearbeitungsebenen von Inklusions- und Exklusionsproblematiken im Rahmen Sozialer Arbeit nicht lediglich auf der Funktionssystem-Ebene liegen, sondern vor allem auf der Organisationsebene (z. B. Unternehmen, Schulen), die sich auf der Basis von Funktionssystemen herausbildet. Ebenso lägen die Inklusions- und Exklusionsproblematiken auf der interpersonellen Ebene (Familie, Gruppen). So gibt es sinnvolle Vorschläge, den Begriff Inklusion von einer rein theoretischen Reflexion, wie Luhmann sie in Bezug auf Funktionssysteme vorgenommen hat, auf weitere Systemebenen zu transponieren, um Inklusion und Exklusion konkretisieren zu können (vgl. Kronauer 2010a). Dies macht Sinn, denn dadurch wird es möglich, Fragen und Probleme von Inklusion und Exklusion auf den unterschiedlichen Beziehungsebenen zu reflektieren, insbesondere auf

- der gesellschaftlichen Ebene der Funktionssysteme,
- der Ebene der Organisationssysteme (Unternehmen, Schule etc.),
- der Ebene der sozialen Vernetzung (Netzwerke),
- der interpersonellen Ebene (Familie, Gruppen etc.).

Weiter gedacht lässt sich zudem von der praktisch-konkreten Inklusion auf den verschiedenen Systemebenen die „gefühlte" Inklusion unterscheiden, beispielsweise wenn sich ein Gruppenmitglied trotz Gruppenzugehörigkeit (Inklusion) ausgegrenzt fühlt, weil über es getuschelt wird und es bestimmte Informationen nicht bekommt. So gesehen lassen sich verschiedene Spielarten und Betrachtungsweisen in Bezug auf Inklusion heranziehen. Inklusion kann

- natürlich erfolgen, qua Geburt in die Familie,
- faktisch vorhanden/nicht vorhanden sein,
- kann gewünscht und ersehnt sein oder auch unerwünscht (jemand möchte beispielsweise nicht in einen Sportverband inkludiert sein),
- zwangsweise erfolgen, beispielsweise im Kontext von Strafvollzug,
- als förderlich wie auch belastend empfunden werden und auf der Gefühlsebene als vorhanden/nicht vorhanden.

Gegenstand der Sozialen Arbeit, so wurde formuliert, sind tragfähige Beziehungen, um Inklusion, Teilhabe und Lebensqualität zu stärken. Vor dem Hintergrund des Gesagten zielt Soziale Arbeit auf Inklusion und damit einhergehend auf die Verbesserung von *Inklusionsbedingungen und -qualitäten* für Betroffene, beispielsweise von Kindern in Stieffamilien, von alten Menschen im Pflegeheim, von Migrantenkindern in Schulen und Schulklassen. Soziale Arbeit unterstützt, um Inklusionen für die Betroffenen zu ermöglichen, und zielt darauf, förderliche und bedürfnisgerechte Inklusionsbedingungen zu erwirken. Auch unterstützt Soziale Arbeit in besonderen Fällen Menschen, um sich aus Inklusionen herauszulösen, wenn sie das anstreben, beispielsweise aus Gewaltbeziehungen.

Die Begriffe *Inklusion und Exklusion* werden in Fachdiskursen häufig als zusammengehöriges Begriffspaar benützt. Zum Begriff der Exklusion gibt es unterschiedliche sozialwissenschaftliche Reflexionen, vor allem auch mit Blick auf Armut, Armutsrisiko, Isolation, soziale Ungleichheit und Ausgrenzung (vgl. u. a. Kronauer 2010; Bude/Willisch 2008). Luhmann betont, dass es im Exklusionsbereich nur auf Körper anzukommen scheint, da Kommunikation im Kontext von Exklusion ihre symbolische Funktion und Bedeutung verliert. Exklusion geht sozusagen mit einem Entzivilisierungsprozess einher. Als Beispiel nennt er gewalttätige Übergriffe (Luhmann 1997/Bd. 2, 632 f.). Auch Entlassungen im Arbeitskontext oder Abschiebungen lassen sich hier zuordnen. Die Kommunikation verliert durch einseitige Machtausübung ihre Funktion des sich zivilen Arrangierens. Inklusion wäre die grundsätzliche Ja-Version, Exklusion die Nein-Version, die nicht mehr verhandlungsfähig scheint. Soziale Exklusion kann selbstexklusive Formen annehmen, bis hin zur Segregation von Gruppen, die sich vom Mainstream einer Gesellschaft abkoppeln und abschotten und zwar dergestalt, dass Betroffene institutionell nicht mehr oder nur noch erschwert erreichbar sind und dass daraus verhängnisvolle Eigendynamiken für die Gesellschaft und die betroffenen Gruppen resultieren können. Umschrieben wird dies mit Begriffen wie Apathie, Verwahrlosung und Gewalt (vgl. Bude/Willisch 2008, darin Bude 246–260).

Die Frage stellt sich nun, wie die Soziale Arbeit mit den Begriffen Inklusion/Exklusion sinnvoll umgehen kann. Für die Soziale Arbeit empfehle ich, nicht den Begriff der Exklusion sondern den Begriff der Inklusion ins Zentrum zu stellen. Exklusion ist aus einer systemtheoretisch-soziologischen Perspektive nur denkbar vor dem Hintergrund von Inklusion. Niemand steht außerhalb der Gesellschaft bzw. Weltgesellschaft. Exklusion erfolgt, so gedacht, innerhalb der Inklusion. Daraus ergeben sich dann die mehr oder weniger sozial problematischen Phänomene. Insgesamt sollte der Exklusionsbegriff nicht überstrapaziert werden und sollte nicht für alle möglichen dysfunktionalen sozialen Phänomene herangezogen werden. Hier schließe ich mich Armin Nassehi (2008, 124) an, der sich wiederum auf Manuel Castels bezieht, wenn er vorschlägt, nicht von Exklusion zu sprechen, sondern von *Inklusionsfolgen*. Darauf bezogen können Benachteiligung,

Armut, Ausgrenzung etc. als Inklusionsfolgen verstanden werden, und der Inklusionsbegriff lässt sich als theoretischer Leitbegriff heranziehen. Das schließt nicht aus, den Exklusionsbegriff dort zu verwenden, wo er Sinn macht, wo Exklusion faktisch gegeben ist, insbesondere mangels Zugang oder durch verwehrte Zugehörigkeit (Abschiebung) oder Selbstexklusion. Eine solche Verwendungsweise der Begriffe Inklusion/Exklusion schärft die Problematiken und macht deutlich, dass es in der Sozialen Arbeit vor allem um die Erweiterung von Inklusionsmöglichkeiten geht und um die Verbesserung von Inklusionsbedingungen. Negativ ausgedrückt: es geht vor allem um die Bearbeitung von belastenden Inklusionsfolgen. Auf der individuellen Seite wird die Soziale Arbeit dazu Kompetenzen bei den Betroffenen stärken und auf der sozialen Seite wird sie strukturell arbeiten.

Inklusion und Integration

In der Sozialen Arbeit haben die Diskurse über Inklusion die Diskurse über Integration zunehmend abgelöst. Die Frage ist, wie sich Inklusion und Integration voneinander unterscheiden und ob es Sinn macht, sich vom Integrationsbegriff grundsätzlich zu verabschieden.

Integration, so Luhmann, steht in Verbindung mit einer eher sozio-kulturellen Integrationsidee und besagt, dass Personen in ein bereits bestehendes System mit seinen sozio-kulturellen Vorgaben aufgenommen werden. Die zu integrierenden Personen kommen, so die Vorstellung, meist aus anderen sozio-kulturellen Kontexten oder kennzeichnen sich durch spezifischen Bedarf, beispielsweise aufgrund von Behinderung. Entweder passen sich die Betroffenen proaktiv den neuen Bedingungen an oder sie erfahren Hilfe durch Sondereinrichtungen. Nach Luhmann geht Integration einher mit weniger Freiheitsgraden, da der Anpassungsprozess höher ist als bei Inklusion (Luhmann 1997, Bd.2/631). Dort ist das Individuum nur mit seiner Rolle und nicht als Gesamtpersönlichkeit inkludiert.[6] Die Vorstellung von Inklusion gleicht eher einem gleichwertigen Nebeneinander unterschiedlicher Lebenskonzepte vor dem Hintergrund eines verbindlichen normativen Rahmens, der in modernen, pluralistischen Gesellschaften auf Grund- und Menschenrechten basiert. Inklusion ist sozusagen die Antwort auf Differenz und Pluralität und zwar dergestalt, dass Rahmenbedingungen und Modi geschaffen werden, die Differenz ermöglichen.

Die Frage stellt sich nun, ob durch den Inklusionsbegriff der Integrationsbegriff hinfällig geworden ist. In der Sozialen Arbeit stand der Integrationsbegriff lange Zeit im Zentrum. Insgesamt lässt sich, wie gesagt, seit den letzten Jahren

---

[6] Diese kurzen Hinführungen müssen hier genügen. Hinzuweisen ist darauf, dass in der Fachdiskussion unterschiedliche Integrations- und Inklusionsbegriffe verwendet werden, die sich zum Teil überschneiden. Für den Behindertenbereich hat sich u. a. Theunissen (2011) mit grundlegenden Fragen der Integration/Inklusion auseinander gesetzt.

eine Tendenz zu dessen Reformulierung in Richtung Inklusionsbegriff beobachten. Integration wird, wie oben bereits erwähnt, eher als Vollinklusion in eine Gesellschaft wahrgenommen und geht einher mit einer sozio-kulturellen Integrationsidee. Idealerweise erfolgen vom Aufnahmesystem ebenfalls proaktive Anpassungsprozesse, damit der Integrationsprozess beidseitig gelingt. Die Integrationsidee ist eher harmonistisch angelegt. Die Integrationswirklichkeit hingegen hat sich eher konflikthaft dargestellt, insbesondere im Kontext von Migration. Vor dem Hintergrund von Differenz, Pluralisierung und Normalisierung (z. B. Zugang zu Regeleinrichtungen trotz Behinderung) wurde der Inklusionsgedanke attraktiver. Denklogiken wie behindert/nicht behindert, deutsch/ausländisch etc. sollen dadurch überwunden werden.

Die Frage, ob der Integrations- oder Inklusionsbegriff Vorrang haben soll, ist eine grundsätzliche. Der Inklusionsgedanke fokussiert auf eine *systemstrukturelle Ebene* mit dem Ziel, geeignete Rahmenbedingungen zu schaffen, damit Menschen mit ihren unterschiedlichen Voraussetzungen Zugang zu den Regelsystemen finden können. Am Beispiel der doppelten Staatsbürgerschaft skizziert Heiko Kleve (2000) die Unterschiede zwischen Integration und Inklusion: Die Gegner einer doppelten Staatsbürgerschaft hegen Integrationsansprüche, nämlich die Integration in ein Kultursystem. Hingegen stärken Befürworter der doppelten Staatsbürgerschaft das Inklusionsmodell. Staatsbürgerschaft ist eine juristische Inklusion, nicht mehr und nicht weniger. Eine doppelte Staatsbürgerschaft eröffnet so gesehen plurale Freiheitsgrade. Fruchtbar ist der Begriff der Inklusion auch mit Blick auf die Weiterentwicklung der Zivilgesellschaft, in der nicht nur kulturelle Vielfalt gelebt wird, sondern in der sich die verschiedenen sozialen Gruppen und Identitäten aktiv in die Gesellschaft einbringen (vgl. Münch 2010).

Im pädagogischen Kontext wird der Inklusionsbegriff vor allem in der interkulturellen Pädagogik, in der feministischen Pädagogik und in der integrativen Pädagogik favorisiert (vgl. Prengel 2006).[7] Verwendet wird der Inklusions-Ansatz häufig auch in Zusammenhang mit *diversity*-Ansätzen, nicht nur gerichtet auf Teilhabe, sondern auch mit Blick auf die Stärkung sozialer Potenzialität von Menschen mit unterschiedlichen Ausgangslagen (Geschlecht, Kultur, Weltanschauung/Religion, Alter, Behinderung) (vgl. Stuber 2009).[8] Der Inklusionsbegriff verweist so gesehen auf mehr Freiheit wie auch auf die Möglichkeit, dass Menschen und Gruppen stärker ihre Identität wahren und ihre vielfältigen Potenziale sozial einbringen können.

---

[7] Vgl. dazu auch die Salamanca-Deklaration von 1994: www.unesco.org/education/pdf/SALAMA_E.PDF (Zugriff 6.8.2012).
[8] Vgl. dazu auch die Definition der Weltgesundheitsorganisation (WHO): International Classification of Functioning, Disability and Health (ICF) von 2001. www.dimdi.de/static/de/klassi/icf/index.htm (Zugriff 21.4.2011)

Luhmann verweist nun darauf, dass, je privater sich Systembeziehungen darstellen, desto mehr Individuen den Anspruch auf umfassendere Inklusion ihrer Persönlichkeit hegen. Ein solches Bedürfnis rückt dann in Richtung Integration, im Sinne einer Vollzugehörigkeit. Luhmann verdeutlicht dies am Beispiel der Familie. Als gesellschaftliche Funktion der Familie nennt er die „gesellschaftliche Inklusion der Vollperson" (1993a, 208):

> „Die Familie lebt von der Erwartung, daß man hier für alles, was einen angeht, ein Recht auf Gehör, aber auch eine Pflicht hat, Rede und Antwort zu suchen (...) Gerade der Umstand, daß man *nirgendwo* sonst in der Gesellschaft für alles, was einen kümmert, soziale Resonanz finden kann, steigert die Erwartungen und die Ansprüche an die Familie" (Luhmann 1993a, 208).

Vorprogrammiert durch die hohen Erwartungen ist die Enttäuschungsgefahr, d.h. die Feststellung, dass Familie durchaus einen suboptimalen, selbstüberfordernden Lebensort darstellen kann, der Bedürfnisse, Wünsche und Interessen nicht zureichend befriedigen kann. Übertragbar sind diese Überlegungen auf andere Nahbeziehungen wie, Freundschaftssysteme, Peer Groups und Netzwerke, also soziale Gebilde, in denen der Person als solche eine tragende Bedeutung zukommt. Inklusion in Nahbeziehungen entspricht dann eher dem Integrationsmodus im Sinne einer Vollinklusion der Person. Der Inklusionsbegriff erhält so gesehen entsprechende Schattierungen und Variationsbreiten. In den gesellschaftlichen Funktionssystemen und deren Organisationen sind Menschen durch Leistungsrollen inkludiert (Berufsrolle, Experte, Rolle als Ehrenamtliche/e) oder durch Publikumsrollen (Klient, Wähler, Zuschauer, Konsument), in privaten Nahbeziehungen hingegen geht es mehr um die Vollinklusion der Person.

Vor diesem Hintergrund macht es Sinn, den Inklusionsbegriff als Leitbegriff zu verwenden, jedoch in einem weiten Sinne. Inklusion vollzieht sich dann zwischen den Polen Teilinklusion und Vollinklusion. Letztere entspricht dem Integrationsgedanken. Teilinklusion erfolgt durch Leistungsrollen als Bürger, Arbeitnehmer, Student, Konsument, Zuschauer. Hingegen meint die Vollinklusion die Inklusion der Gesamtpersönlichkeit, beispielsweise in der Familie, in einem Partnerschafts- und Freundschaftssystem oder im Rahmen einer Heimunterbringung. Alles, was die Person betrifft, steht bei einer Vollinklusion zur Disposition. Die Pole Teil- und Vollinklusion sind komplementär zu verstehen und verweisen aufeinander. Je nach Situation und Bedürfnis lokalisiert sich die tatsächliche Inklusion zwischen den beiden Polen. Aus einer helfenden Perspektive lässt sich mit den Adressaten erarbeiten, ob die Verbesserung von Inklusion mehr durch die Annäherung zum einen oder zum anderen Pol gelingen kann. Entwicklungsprozesse im Zuge des Erwachsenwerdens von Jugendlichen kennzeichnen sich innerhalb des familialen Eingebundenseins eher durch eine Verschiebung hin zur Teilinklusion. Dort, wo es einer innigen Beziehung bedarf und mehr Sorge und Geborgenheit gefragt sind, geht das Pendel in Richtung Integration.

Die Notwendigkeit einer weiten und differenzierten Verwendung des Inklusionsbegriffs lässt sich am Beispiel der Behindertenhilfe veranschaulichen. Der Inklusionsbegriff verweist grundsätzlich darauf, Bedingungen zu schaffen, die den Betroffenen Zugänge zu den allgemeinen Angeboten (Regelsysteme) erlauben. Faktisch wird dies nicht immer Sinn machen. Es wird Betroffenen geben, die aufgrund ihrer spezifischen Behinderung Sondereinrichtungen, Werkstätten und Heime benötigen, um Förderung und einen geschützten Lebensraum zu erfahren. Andere brauchen wiederum den Weg über Sondereinrichtungen, um dann in einem nächsten Schritt Zugang zu Regeleinrichtungen zu bekommen. Mit einem weiten Inklusionsbegriff, der den Integrationsgedanken einschließt, lässt sich im Einzelfall prüfen, welchen Modus Betroffene in ihrer konkreten Lebenssituation und -phase brauchen (vgl. Theunissen 2011, 159 ff.).

So gesehen bewegt sich Inklusion zwischen Teilinklusion und Vollinklusion. Inklusion im speziellen Fall kann von Dauer sein (z. B. Familie), kann vorübergehend, stabil oder prekär sein. Die Stabilität und die Chancen von Inklusion hängen in der Regel von Mehrfachinklusionen ab, d. h. Inklusion in ein höheres Bildungssystem ermöglicht im positiven Fall eine Inklusion in ein Arbeitssystem, und diese wiederum schafft neue Inklusionsmöglichkeiten beispielsweise im Bereich Kultur und Freizeit. Überhaupt ist die Verschränkung von lebensweltlicher und funktionaler Inklusion von Relevanz. So stellt Stichweh (1997) beispielsweise die Bedeutung von Familie, Erziehung, Schule heraus, als basale Voraussetzungen für gelingende Inklusionen in die Gesellschaft und ihre Funktionssysteme. Auch weist er darauf hin, dass die funktionale Inklusion (Teilinklusion durch die Rolle) die Chance birgt, über Eigenleistung, sprich Bildung und Kompetenzerwerb, entsprechende Niveaus zu erreichen, vor allem auch dort, wo lebensweltliche Inklusionen suboptimal sind. Menschen können aufgrund funktionaler Inklusionsmöglichkeiten über lebensweltliche Inklusionsschranken hinauswachsen. Konkret: Kinder, die wenig familiäre Unterstützung erfahren, haben aufgrund funktionaler Inklusion in Bildung, Soziale Arbeit, Wirtschaft, Recht, Politik die Möglichkeit, ihren Lebensweg zu meistern.

> Halten wir an dieser Stelle fest:
>
> Der Inklusionsbegriff wurde vor dem Hintergrund des Konzeptes der funktional ausdifferenzierten Gesellschaft von Niklas Luhmann referiert. Der Operationsmodus von Inklusion ist *Kommunikation*. Inklusionsregeln werden kommunikativ erzeugt. Inklusion fokussiert auf das Beziehungsgefüge Person-System.
>
> Die Begriffe Inklusion und Exklusion werden in vorliegendem Ansatz auf alle Systemebenen bezogen, also auf die gesellschaftliche Ebene und ihre Funktionssysteme, auf die formal organisierte und institutionalisierte Ebene,

auf die vernetzte und auf die interpersonelle Ebene. Der Inklusionsbegriff wird als Leitbegriff in der Reflexion und Analyse von sozialen Beziehungen verwendet. Soziale Probleme sind in der Regel Probleme trotz Inklusion. Soziale Arbeit bearbeitet so gesehen insbesondere Inklusionsprobleme. Der Exklusionsbegriff wird dort verwendet, wo Exklusion faktisch gegeben ist, wo Zugangsmöglichkeiten verwehrt sind, wo im System exkludiert wird oder wo Selbstexklusion vorliegt.

Soziale Arbeit vermittelt und schafft Zugänge für Inklusion, verbessert Inklusionsbedingungen, unterstützt Betroffene, um sich aus problematischen Inklusionen zu lösen und bearbeitet Exklusionsproblematiken, indem sie zu neuen Inklusionen verhilft oder exklusionsvermeidend tätig wird.

Der Begriff der Inklusion, so wie er hier verwendet wird, ist komplementär gedacht und bewegt sich zwischen den Polen Teilinklusion und Vollinklusion (Integration). Aus einer helfenden Perspektive lässt sich mit den Adressaten erarbeiten, ob die Verbesserung von Inklusion mehr durch die Annäherung zum einen oder zum anderen Pol gelingen kann.

6.3 Zusammenhang von Inklusion, Teilhabe und Lebensqualität

Der Zusammenhang von Inklusion-Teilhabe-Lebensqualität wurde bereits im Kapitel 5 „Ethische Leitlinien" angedeutet. Die Inklusion in Systeme lässt sich als Voraussetzung für die *Teilhabe* an den materiellen und immateriellen Ressourcen eines Systems bestimmen. Das heißt, eine Person muss Zugang zu Systemen haben, um an deren Ressourcen teilhaben zu können, um sich an Rollen und Aufgaben beteiligen zu können, um über Inklusion eigene innere Ressourcen (z. B. Selbstwert, Kompetenzen) entfalten zu können und um mit Hilfe dieser Ressourcen das eigene Leben im Kontext Person-Umwelt in gelingender Weise zu bewältigen (vgl. Antonovsky 1987).

Ressourcen sind innerhalb und außerhalb des Individuums lokalisiert. Personen und Systeme verfügen über Ressourcen, gemeint sind insbesondere Dyaden, Familiensysteme, Gruppensysteme, Netzwerke, organisierte Systeme und Gesellschaften sowie das Ökosystem. Mit dem Begriff der Ressource sind körperliche, psychische, soziale (z. B. Wertschätzung), kulturelle, materielle, instrumentelle und ökologische Ressourcen gemeint. Grob lässt sich von materiellen und immateriellen Ressourcen sprechen. Die nachstehende Tabelle stellt eine Typologie von Ressourcen dar, ohne den Anspruch auf Vollständigkeit zu haben (vgl. Miller 2000, 30).

Abbildung 3: Typologie von Ressourcen

Materielle und instrumentelle Ressourcen	Geld, Einkommen, Vermögen, Sach- und Gebrauchsgüter, Dienstleistungen, Arbeit/Beschäftigung; Obdach/Wohnung, Infrastruktur; Fertigkeiten, Techniken, Information, Wissen, (Alltags-)Theorien, Ideen, Ratschläge, praktische Hilfen, Macht, Einfluss, Strukturen, Funktionen, Zeit.
Körperliche, kognitive und psychomotorische Ressourcen	Körperliche Gesundheit u. Unversehrtheit, Vitalität; Denk-, Wahrnehmungs-, Erkenntnis-, Urteils-, Reflexionsvermögen, Konzentrations-, Reaktionsfähigkeit, Motorik.
Psychische Ressourcen	Authentizität, Beharrlichkeit, Eifer, Fähigkeit zum Bedürfnisaufschub, Interessen, Kreativität, Lernfähigkeit, Selbstständigkeit, Selbstbeherrschung, Selbstdarstellung, Selbstdisziplin, Selbsteinschätzung, Selbstkontrolle, Selbstmotivation, Selbstorganisation, Selbststeuerung, Selbstvertrauen, Selbstwahrnehmung, Selbstwertgefühl, Verantwortungsgefühl, Wille, Zielorientiertheit, Zivilcourage.
Soziale Ressourcen	Bindungen, Zugehörigkeit, Kontakte, Austausch, Netzwerke, Interaktion und Kommunikation, emotionale Unterstützung, Sicherheit, Wertschätzung, Zuneigung, Liebe, Anerkennung, Status, Position, Regeln; Handlungsfähigkeit und damit verbundene Grundfähigkeiten und soziale Fähigkeiten.
Kulturelle Ressourcen	Erziehung, Bildung, Ausbildung, Wissen, interkulturelle Kompetenz, Erfahrungen, Sinnsysteme, Recht/e, Werte, Normen, Traditionen, Sprache/n, Ästhetik.
Ökologische Ressourcen	intakte natürliche Umwelt (Boden, Wasser, Luft, Flora, Fauna).

Teilhabe/Nichtteilhabe an Ressourcen hat wiederum Auswirkungen auf andere Inklusionen und Teilhaben. Wer in den Arbeitsmarkt inkludiert ist, hat auch höhere Chancen, an Bildung und Kultur teilzuhaben und hat Chancen auf einen Zuwachs interpersoneller Beziehungen.

Teilhabe in der hier geschilderten Form entspricht einerseits dem *Nehmen-Modus* und der Möglichkeit, Zugang zu immateriellen und materiellen Ressourcen zu haben, als Voraussetzung für ein gelingendes, zumindest erträgliches Leben. Der Begriff der Teilhabe umfasst andererseits auch den *Geben-Modus*, der über den Begriff der Partizipation ausgedrückt werden kann. Partizipation zielt auf Mitgestalten und Mitbestimmen. Partizipation zielt darauf, seine Rollen und Aufgaben verantwortlich zu übernehmen, sei es als Elternteil, Sohn, Tochter, als Auszubildende, Schüler, Lehrkraft etc. Partizipation setzt zum einen Strukturen und Bedingungen voraus, um sich einbringen zu können, und setzt andererseits ein Wollen voraus, das heißt ein Einbringenwollen. Teilhabe ist somit nicht lediglich anspruchskonnotiert und als Modus des Nehmens und Bekommens zu verstehen. Der Begriff der Teilhabe, wie er hier verstanden wird, verweist ebenso darauf, seine Ressourcen konstruktiv einzubringen sowie Verantwortung und Aufgaben zu übernehmen. Die Ausbuchstabierung des Begriffs „Teilen" assoziiert das Gemeinte in anschaulicher Weise: Teilhaben, teilnehmen, teilen, verteilen, seinen Anteil nehmen und geben, sich mitteilen, beteiligen, austeilen, Verantwortung teilen, Teil sein, aufteilen, teilweise, ungeteilt, einteilen.

Inklusion ist die Voraussetzung für Teilhabe an Ressourcen und Partizipation im Sinne des gegenseitigen Gebens und Nehmens. Inklusion und Teilhabe setzen Beziehungen voraus. Gestörte Beziehungen kennzeichnen sich in der Regel durch gestörte Austauschprozesse.

Der Unterschied zwischen Inklusion und Teilhabe lässt sich durch eine Feststellung von Markus Promberger (2008, 7) weiter verdeutlichen:

> „Teilhabe meint die Mitwirkung von Personen oder Gruppen in einem weiteren sozialen Zusammenhang und dessen Reziprozitätsnormen, Inklusion die Erzeugung von Teilhabe durch Handlungen, Strukturen und Effekte, die nicht ausschließlich im Gestaltungsbereich der inkludierten Subjekte liegen"

Der Hinweis von Promberger ist wichtig, denn Inklusion setzt nicht nur individuelle Kompetenzen voraus, sondern ebenso strukturelle Bedingungen, durch die Teilhabe für die einzelne Person oder für Gruppen überhaupt erst möglich wird. Aus der Perspektive der Sozialen Arbeit setzen Inklusion und Teilhabe einerseits die kompetenzorientierte Arbeit mit dem Subjekt voraus und andererseits die Arbeit an sozialstrukturellen Bedingungen. Wird diese Doppelperspektive nicht zureichend erfasst, läuft sozialarbeiterische Inklusionsarbeit Gefahr, die Probleme zu individualisieren und lediglich kompetenzorientiert vorzugehen, um Inklusion und Teilhabe zu erwirken. Verloren ginge so der Blick auf die sozialstrukturellen Bedingungen und deren Anpassungsnotwendigkeit an individuelle Ausgangslagen und Bedürfnisse. Auch stellt Inklusion aus der Perspektive der Sozialen Arbeit keinen Selbstzweck dar. Inklusion, beispielsweise in ein Arbeitssystem, ist nicht an sich schon einen Fortschritt für eine betroffene Person. Vielmehr geht es in Zusammenhang mit Inklusion um Fragen der Qualität von Inklusion. Formen der Inklusion in den Arbeitsmarkt können entwürdigend sein, wenn Prinzipien der Menschenwürde, der Selbstbestimmung, Entfaltungsmöglichkeit, Nichtdiskriminierung, Chancengleichheit, Gerechtigkeit und Wahrung der Identität keine zureichende Berücksichtigung finden.[9] Soziale Arbeit hat deshalb den Blick kritisch auf Inklusionsmodi und damit einhergehende Systemlogiken und Anforderungen der Systeme zu richten.

---

[9] Theunissen (2011) hat diesen Aspekt für die Behindertenhilfe ausformuliert.

Anschlussfähig an das Gesagte ist der Begriff der Lebensqualität. Erst über den Begriff der Lebensqualität, so Maaser (2010, 34 f.), wird Personenwürde konkret in der Praxis erfahrbar. Inklusion und Teilhabe sind zwar Voraussetzung für Lebensqualität, jedoch für sich genommen noch zu unspezifisch, um Aussagen über die Qualität der konkreten Lebenspraxis und der Beziehungsqualität zu treffen. Orientiert an den hier zugrunde gelegten ethischen Leitlinien gehören zur Lebensqualität insbesondere:

> Die Befriedigung grundlegender Bedürfnisse und dazu notwendige Ressourcen, darunter eine Existenz sichernde Grundlage, Umweltqualität (saubere Luft etc.), gute Ernährung, zumutbare Unterkunft, Erholung, Schlaf, Ruhe, Bewegung, Sicherheit, tragfähige Beziehungen, Unterstützung, Intimität, gesundheitliche Versorgung, Lernen, Bildung und Entfaltung von Talenten und Interessen, schöpferisches Tun, Perspektiven, Selbstwert und Selbstwirksamkeit, Lebensbewältigungskompetenz, Freude und Lebenssinn.

Lebensqualität korrespondiert mit Wohlbefinden und basiert auf bedürfnisorientierten Kriterien und Faktoren. Lebensqualität ist nicht statisch, sondern sie gilt es immer wieder neu herzustellen. Von daher setzt Lebensqualität Verwirklichungschancen voraus, die mit den Begriffen Inklusion, Teilhabe und Ressourcen beschrieben worden sind (vgl. dazu auch Sen 2007a).

Die Frage, ob und in welcher Weise Lebensqualität im Einzelfall vorliegt, hängt von verschiedenen Perspektiven ab: Von der Perspektive der Betroffenen und somit von deren subjektivem Empfinden, ihren Vorstellungen, wie sie leben wollen und was sie für ein gelingendes Leben brauchen. Lebensqualität ist so gesehen ein subjektiv gefühlter Zustand. Die gesellschaftliche Definition in Bezug auf Lebensqualität hängt ab von objektiven Maßstäben und gesellschaftlichen Bedingungen, beispielsweise in Bezug auf durchschnittliche Einkommen, gesundheitliche Versorgung, Bildungschancen etc. Maßstab sind durchschnittliche Versorgungen und Lebensqualitäten. Zwischen dem individuellen Empfinden und den gesellschaftlichen Maßstäben[10] definiert Soziale Arbeit Lebensqualität anhand von Bedürfniskriterien. Darauf bezogen lassen sich feld- und zielgruppenspezifische Kriterien von Lebensqualität formulieren, beispielsweise für Kinder im Rahmen von Trennung und Scheidung, für alte Menschen, die auf Versorgung angewiesen sind etc. Wichtig ist, dass die verschiedenen Perspektiven herangezogen und relationiert werden. Weder darf über die Bedürfnisse der Betroffenen hinweggegangen werden, wenn es um Lebensqualität

---

[10] So wurde beispielsweise mit Hilfe von Indikatoren, die objektive Lebensbedingungen und subjektives Wohlbefinden berücksichtigen, im deutschen und europäischen Vergleich der Wohlfahrtssurvey 1998 erstellt. Zugrunde gelegt wurden Konzepte der Wohlfahrt, der Integration und Exklusion, Umweltschutz und Lebenszufriedenheit. www.gesis.org/unser-angebot/daten-analysieren/soziale-indikatoren/wohlfahrtssurvey/ (Zugriff 28.5.2012).

geht, noch lässt sich diese ohne ihr Zutun erwirken. Lebensqualität ist kein Wunscherfüllungsprogramm, zudem konkurrieren in der Praxis Vorstellungen von Lebensqualität miteinander, beispielsweise wenn es um die Vorstellungen von Eltern oder die der Kinder geht. So braucht es Abstimmungen zwischen Bedürfnissen der Eltern und denen der Kinder. Die Eltern stellen im Rahmen ihres verantwortlichen Rollenhandeln möglicherweise bestimmte Bedürfnisse zurück, um die Lebensqualität ihrer Kinder und der Familie als Ganzes zu stärken. Hier braucht es sensible Zugänge und kommunikative Reflexionen hinsichtlich der Relationierung von Lebensqualität und Teilhabe, das heißt der elterlichen Verantwortungsteilhabe einerseits und die Realisierung von kindgerechten Bedürfnissen andererseits.

An den Begriff der Lebensqualität anschlussfähig sind Definitionen von Lebensqualität im Sinne des Gesundsein, wie sie die Weltgesundheitsorganisation entwickelt hat, nämlich ein Zustand körperlichen, seelisch-geistigen und sozialen Wohlergehens (vgl. Fröschl 2000, 1). Ebenso anschlussfähig ist der Bedürfniszugang im Kontext von Lebensalter, Geschlecht, Herkunft, kultureller Zugehörigkeit und Lebensphasen, sowie Konzepte des Sozialkapitals, kulturellen Kapitals und ökonomischen Kapitals (vgl. Bourdieu 1983; Coleman 1988; Putnam 2001).

Halten wir fest:

Inklusion ist Voraussetzung für Teilhabe und Lebensqualität. Inklusion ist nicht Selbstzweck, sondern an Kriterien der Menschenwürde gebunden. Teilhabe zielt darauf, an den materiellen und immateriellen Ressourcen eines Systems teilzuhaben, und darin partizipativ eingebunden zu sein. Teilhabe steht in einem Nehmen- und Geben-Modus. Inklusion und Teilhabe erschließen sich über Beziehungen und setzen individuelle Kompetenzen einerseits wie sozialstrukturelle Bedingungen andererseits voraus. Inklusion und Teilhabe sind Voraussetzung für Lebensqualität auf der Basis von Personenwürde und Bedürfnissen. Lebensqualität wird in der konkreten Lebenspraxis subjektiv erfahrbar. Soziale Arbeit zielt darauf, mit Hilfe tragfähiger Beziehungen Inklusion, Teilhabe und Lebensqualität zu stärken. Die Frage von Lebensqualität steht insgesamt in einem gesellschaftlichen Ermöglichungshorizont. Das individuelle Empfinden und Vermögen und die gesellschaftlichen Bedingungen hinsichtlich der Ressourcenlage sind wechselseitig in den Blick zu nehmen. Soziale Arbeit unterstützt und vermittelt Hilfe, sie reflektiert kritisch, was Menschen und Gruppen vorenthalten wird und wirft Fragen der Verteilungsgerechtigkeit und Solidarität auf.

6.4 Dimensionen von Beziehungen

Inklusion, Teilhabe und Lebensqualität, so der Ausgangspunkt, setzen tragfähige Beziehungen voraus. So gedacht bewegt sich Soziale Arbeit reflektierend, kommunizierend und handelnd auf vielschichtigen Beziehungsebenen, auf denen sich personale, interpersonelle, soziokulturelle, ökonomische, technologische und ökologische Komponenten verschränken und sich wechselseitig bedingen. In Beziehungen kommen explizit oder implizit *Bewusstsein, Werte, Regeln, Erwartungen, Ansprüche, Symboliken, Rollenvorgaben, funktionale Systemvorgaben* sowie *Handlungsstrategien* der Akteure zum Tragen. Beziehungen sind von der personellen Seite wie auch von der Systemseite her zu betrachten.

In systemischen Konzepten wird vielfach der Begriff der Austauschbeziehungen verwendet (vgl. Staub-Bernasconi 1994a, 20 ff.) und zwar auf der Basis reziproker Annahmen. Austauschbeziehungen basieren auf ein Wechselverhältnis von Geben und Nehmen. Ausgetauscht werden materielle und immaterielle Ressourcen, insbesondere Gefühle, Wertschätzung, Kritik, Sichtweisen und Perspektiven, Informationen, Wissen, Leistungen, Geld und Güter. Der Austausch kann symmetrisch oder komplementär erfolgen. Wenngleich Reziprozität ein grundlegendes Merkmal vielfältiger Beziehungen sein mag, ist es doch kein ausschließliches. Eine Person kann anonym spenden ohne Erwartung einer Gegenleistung. Auch die Beziehung auf der intrapersonalen Ebene, das heißt die Beziehung zu sich selbst, ist mit dem Begriff der Austauschbeziehung nicht zureichend erfasst. Aufgrund dieser Überlegungen verwende ich allgemein den Begriff der Beziehung und nicht den Begriff der Austauschbeziehung.

Bevor ich die verschiedenen Beziehungsebenen dimensioniere, werden die zu einer Beziehung zugehörigen Aspekte dargelegt und ebenso wird der Unterschied zwischen Beziehung, Bindung und Kontakt kurz erläutert.

Der Beziehungsbegriff birgt folgende Aspekte:

Inhaltsaspekt: Fragen dazu lauten u. a.: Worum geht es in der Beziehung, was ist der Austausch- oder Reflexionsinhalt?

Akteursaspekt: Die Frage ist, wer die Beziehungsakteure sind. Gemeint sind individuelle und korporative Akteure (Organisationen, Verbände etc.) und wer letztere qua Repräsentant vertritt. In welchen Rollen handeln die Akteure?

Räumlicher Aspekt: Beziehungen sind körpergebunden, sozialraumgebunden und gebunden an bestimmte Orte, dazu gehören auch virtuelle Orte. Die Frage ist u. a., wo wird die Beziehung gelebt und wie gestaltet?

Struktureller Aspekt: Beziehungen sind hierarchisch oder heterarchisch, freiwillig oder unfreiwillig, sie basieren auf expliziten oder impliziten Werten, Prinzipien und Regeln, auf Rollen und Aufgaben, auf strukturellen Machtgleichgewichten oder -ungleichgewichten. Daraus ergeben sich wiederum Fragen der Teilhabe und Partizipation und damit einhergehend der Definitionsmacht, Entscheidungsmacht, Durchsetzungs- und Kontrollmacht.

Funktionaler Aspekt: Beziehungen setzen eine gewisse Funktionsfähigkeit voraus, die beispielsweise hergestellt wird durch Aufgaben- und Arbeitsteilung, klare Rollenübernahme, Allokation der Ressourcen etc. Fragen dazu sind u. a.: Wer macht was? Wie funktionsfähig ist die Beziehung? Was wird gebraucht? Aus systemischer Sicht haben Systeme Funktionen für ein übergeordnetes System, beispielsweise ein Krankenhaus für das Gesundheitssystem, eine Marketingabteilung für ein Unternehmen.

Zeitlicher und prozessualer Aspekt: Beziehungen kennzeichnen sich durch prozessuale Offenheit und Unabgeschlossenheit. Sie unterliegen Einflussnahmen und Veränderungen und darauf bezogenen Dynamiken. So gesehen sind Beziehungen immer nur Momentaufnahmen vor dem Hintergrund prozessualer Dynamiken. Fragen dazu lauten u. a.: Was hat sich verändert, in welchem Prozess befindet sich eine Beziehung, was sind aktuelle Anforderungen?

Formaspekt: Dieser drückt sich durch Kommunikation und Handeln aus und darauf bezogenen Musterbildungen. Muster sind Wiederholungen in eingespielten Beziehungen, insbesondere Muster im Denken, Fühlen und Handeln/Verhalten der Akteure sowie Kommunikationsmuster. Vor allem die Kommunikation ist Gradmesser der Qualität einer Beziehung. Will man die Qualität einer Beziehung ermessen, gilt es, die dort praktizierte Kommunikation zu beobachten. Überhaupt lässt sich der *Kommunikationsbegriff* als eine Leitkategorie heranziehen, um Beziehungen zu analysieren, zu unterscheiden und handelnd zu gestalten. Erst mit Hilfe von Kommunikation entsteht Beziehung. Auch wird auf den unterschiedlichen Beziehungsebenen jeweils anders kommuniziert. Darauf wird später noch näher eingegangen. Fragen dazu lauten u. a.: Wie wird miteinander kommuniziert und welche Kommunikation wird erwartet (beispielsweise im Rahmen einer Arbeitsbeziehung)?

Im Umfeld des Beziehungsbegriffs spielen die Begriffe *Kontakt* und *Bindung* eine Rolle und sollen hier kurz erwähnt werden. Kontakt (lat. contingere – berühren) kann beispielsweise Körperkontakt zwischen Lebewesen umfassen, oder ein kommunikativer Erstkontakt, aus dem dann eine Beziehung entstehen kann. Soziale Kontakte stellen Verbindungs- oder Nahtstellen zwischen verschiedenen Akteuren dar. Der Begriff der Kontaktadresse beschreibt diese Nahtstelle. Zum Kontakt gehören dann Name, Adresse, Erreichbarkeit. In der Netzwerkarbeit beispielsweise stellen Kontaktpersonen Knotenpunkte zu wichtigen Verbindungen innerhalb und außerhalb des Netzwerkes dar. Sie werden als „Adressen" bezeichnet (vgl. Fuchs 1997; Stichweh 2000; Tacke 2000).

Bindung stellt in Anlehnung an Bowlby ein

> „primäres, genetisch verankertes motivationales System dar, das zwischen der primären Bezugsperson (…) und dem Säugling in gewisser biologischer Präformiertheit nach der Geburt aktiviert wird und überlebenssichernde Funktion hat." (zit. nach Brisch 2000, 35 f.).

Bindung versteht Bowlby (2010) als Teil von Beziehung und zwar dort, wo Nähe zu bestimmten Personen gefühlt und gelebt wird und diese Nähe ein dauerhaftes und stabiles Bedürfnis ist. Mit Bindung einher gehen Gefühle der Geborgenheit wie auch Trennungs- und Verlustängste.

Beziehungen zwischen Menschen bestimmen sich durch Kontakt, Bindungserfahrungen, Affekte, Bedürfnisse, körperliche Gegebenheiten, kulturelle, sozialstrukturelle, technologische und ökologische Einflüsse. Beziehungen gestalten sich vor dem Hintergrund personeller Beziehungen und von System- und Netzwerklogiken und -modi. Die Kommunikationstechnologien gewinnen für den Aufbau und die Pflege von Beziehungen im privaten und öffentlichen Bereich sowie im Kontext von Systemen und Netzwerken zunehmende Bedeutung. Sie liegen sozusagen quer zu allen anderen Beziehungsebenen. Beziehungen lassen sich symbolisch als Stränge bezeichnen, an deren Ende Knotenpunkte sind, das sind Personen, soziale Systeme, Netzwerke, die Natur, Tiere, Sachen und Symbole. Die Stränge kennzeichnen sich in der Regel durch Austauschprozesse. Ausgetauscht werden, je nachdem, Impulse, Gefühle, Wertschätzung, Kritik, Sichtweisen und Perspektiven, Informationen, Wissen, Leistungen, Geld, Güter, Ressourcen. Beziehungen setzen im sozialen Bereich *Kommunikation* voraus. Über Kommunikation werden die Beziehungen in Gang gesetzt und am Laufen gehalten.

6.4.1 Beziehungen: Ein Mehr-Ebenen-Modell

Die Stärkung von Inklusion, Teilhabe und Lebensqualität, so der Ausgangspunkt, setzt professionelle Beziehungsarbeit auf den unterschiedlichen Beziehungsebenen voraus. Diese Ebenen gilt es im Folgenden darzulegen und zu beschreiben. Die nachstehende Matrix kennzeichnet die verschiedenen Beziehungsebenen. Diese bedingen einander und stehen in Wechselwirkung.

Abbildung 4: Mehrebenenmodell von Beziehungen

Beziehungsebenen
Beziehung auf der intrapersonellen Ebene
Beziehung auf der interpersonellen Ebene
Beziehung auf der kulturellen Ebene
Beziehung auf der formal organisierten Systemebene
Beziehung auf der Netzwerkebene
Beziehung auf der Gesellschafts- und Funktionssystemebene

> Beziehung auf der ökologischen Ebene
> Beziehung auf der virtuellen Ebene
> Beziehung auf der professionellen Hilfeebene

Im Folgenden werden die einzelnen Beziehungsebenen dargelegt. Aus didaktischen Gründen wird die professionelle Hilfebeziehung am Schluss erörtert, um zu verdeutlichen, welches Wissen über die unterschiedlichen Beziehungsebenen notwendig ist, um vor dem Hintergrund der hier dargelegten Gegenstandsbestimmung professionell zu handeln.

6.4.2 Beziehung auf der intrapersonellen Ebene

Die intrapersonelle Ebene umfasst den selbstreflexiven und introspektiven Zugang eines Individuums zu sich selbst vor dem Hintergrund des biografischen Gewordenseins. Die Beziehung zu sich selbst bewegt sich, je nach individueller Disposition, in einem breiten Spektrum zwischen bewusst und unbewusst, zwischen psychisch stabil und gestört, zwischen gesund und krank. Auf der intrapersonellen Ebene geht es um den Zugang zum eigenen Erleben und zu den eigenen Erfahrungen, Bedürfnissen und Motiven, zum eigenen Lebenssinn, zu inneren Befindlichkeiten, Wünschen, Gefühlen und Trieben, zum eigenen Wissen, Können oder Nicht-können, zu eigenen Potenzialen, Wert- und Urteilskategorien, Rollenvorstellungen, ästhetischen Vorlieben, Wahrnehmungsweisen u.a.m. Ebenso geht es um die Bedeutung von Beziehungen zu Menschen und zu Systemen (z. B. Familie), die Beziehung zu Sachen, Geld, Suchtmitteln und Symbolen, beispielsweise die Einstellung zu Erfolg und Status. Es geht um das Selbstkonzept von Individuen, vor dessen Hintergrund Impulse von außen verarbeitet werden. Das Selbstkonzept umfasst die eigene innere Realität, dazu zählen u. a. Lebensentwürfe, Identitätskonstruktionen und individuelle Ausdrucksformen wie auch der Umgang mit dem eigenen Körper und dem Körperempfinden (Leib), ebenso der Umgang mit transzendentalen Fragen. Positive, negative oder ambivalente Selbstkonzepte wirken auf das Selbstwertgefühl, die Selbstachtung, Selbstverantwortung und Selbstwirksamkeit. Zum Selbstkonzept gehören Vorstellungen über sich selbst, Vorstellungen wie jemand sein möchte und Vorstellungen was von außen erwartet wird und wie man diesen Erwartungen und Anforderungen entsprechen möchte beziehungsweise entspricht (vgl. Rogers 2009).

Aus einer sozialkonstruktivistischen Perspektive ist alles, was ein Mensch in Bezug auf sein Selbst konstruiert, rückgekoppelt an soziale Bezüge. Um sich als kompetent empfinden zu können braucht es soziale Kriterien über Kompetenz und individuelle Erfahrungen dahingehend, wie die soziale Umwelt die Kompetenz der Person bislang eingeschätzt hat. Aus diesen äußeren Vorgaben entwickeln sich dann innere Konstrukte über das Selbst. Die Beziehung des Individuums zu sich selbst lässt sich somit nicht ausschließlich individual betrachten. Ein Individuum ist kein sozial isoliertes Wesen, sondern der Einzelne „übernimmt" eine Welt, „in der Andere schon leben" (Berger/Luckmann 2004, 140; s.a. Kegan 1994). Diese Übernahme vollzieht sich aber nicht eins zu eins, denn das Äußere wird individuell angeeignet, wird akzentuiert und ungeformt. Die innere und äußere Wirklichkeit sind aufeinander bezogen, jedoch sind sie nicht deckungsgleich. In diesem psychosozialen Beziehungsgefüge ergeben sich dann Routinen von individuellen Konstrukten (subjektive Wirklichkeit), von Formen der Selbstanpassung und Stabilisierung (vgl. Kegan 1994). Im Rahmen des psychosozialen Beziehungsgefüges bilden sich im Einzelfall möglicherweise psychische Störungen heraus. Hinter der Oberfläche der vielfältigen zwischenmenschlichen Beziehungsformen und Beziehungskonflikte, so Ruppert (2010, 73 ff.), verbergen sich Bindungsstörungen und Traumata als Ursachen psychischer Störungen. Psychosen oder Neurosen wie überhaupt psychische Fehlanpassungen, Abspaltungen von Persönlichkeitsanteilen und Erlebnissen prägen unter Umständen das Selbstbild und den Umgang damit. Die individuellen psychisch-kognitiven Organisationsformen bewegen sich in einem Spektrum sozial definierter Kategorien zwischen „gesund" und „krank". Gesund/krank sind nicht in einem Entweder/Oder zu denken, sondern komplementär. Individuen haben gesunde wie auch kranke Anteile, so dass es um die Frage der Ausprägung geht.

Die Kommunikation auf der Ebene des Selbst erfolgt introspektiv, d. h. das Individuum kommuniziert mit sich selbst im Sinne von Fühlen, Denken und Reflektieren. Sachen können zuweilen zu einem kommunikativen Gegenüber werden. Kinder kommunizieren beispielsweise mit ihren Plüschtieren, Erwachsene mit ihrem Computer und anderen Objekten. Transzendentale Kommunikation erfolgt in der Regel über das Gebet, über Meditation oder Kontemplation, um eine Beziehung zu Gott oder wie immer das Übernatürliche genannt wird, zu leben.

Die professionelle Beschäftigung mit dem Selbst vollzieht sich vor dem Hintergrund von zwei grundsätzlichen Perspektiven. Professionelle sind Beobachter, das heißt sie interpretieren auf der Basis ihres Selbst und ihrer professionellen Kriterien ein fremdes Selbst. Sie versuchen dessen Selbstwahrnehmung, Organisationsprinzipien und Ausbalancierungen im Kontext Person-Umwelt zu verstehen, ebenso Selbstkonzepte und den Grad des Bewusstseins. Auf der anderen Seite wollen sie unterstützend Einfluss nehmen, das heißt Bewusstsein und Bedürfnissensibilität stärken, motivieren, Entwicklungen fördern und damit einhergehend belastende Muster verändern. Sie unterstützen Personen, damit sich diese besser regulieren und mit anderen besser kommunizieren können (vgl. Rosenberg 2007). Zielpunkt Sozialer Arbeit auf dieser Ebene ist, Inklusion, Teilhabe und Lebensqualität über Bewusstseinsarbeit, Identitätsentwicklung, Bildung und Kompetenzentwicklung zu stärken. Bewusstsein, Perspektivenwechsel und Neubewertungen sowie kognitive, emotionale, leibliche, sinnliche, ästhetische, körperliche und alltagspraktische Kompetenzen sind Voraussetzung dafür, sich weiter zu entwickeln und damit einhergehend Wahrnehmung, Kommunikation und Handeln zu verbessern. Hier geht es also darum, die individuellen Möglichkeiten für Inklusion, Teilhabe und Lebensqualität zu stärken.

Die professionelle Beschäftigung mit dem Selbst ist zwar vor allem Aufgabe der Psychologie und Sozialpsychologie, auch der Philosophie und Theologie, jedoch gehört die Beziehung zum Selbst ebenso in die ganzheitliche Wahrnehmung Sozialer Arbeit, ohne damit einen therapeutischen Anspruch zu verfolgen. Die Befriedigung von grundlegenden Bedürfnissen lässt sich nicht abkoppeln von der Beziehung eines Menschen zu sich selbst und zu allem, was subjektiv von Bedeutung ist. Die Gestaltung von Beziehungen hängt von den Selbstkonzepten und von den psychischen und geistigen Befindlichkeiten ab. Um subjektive Handlungen und Verhaltensweisen zu verstehen braucht es den Rückbezug auf das Selbstverständnis einer Person, auf ihr Selbstkonzept und auf ihre subjektiven Regeln, denen ihre Handlungen unterliegen – Regeln, die über Sozialisation und Erfahrung und über individuelle Bedeutungszuschreibungen internalisiert worden sind. Und es braucht das Verstehen von emotionalen Befindlichkeiten wie Wut und Verzweiflung, Überforderung, Angst und Panik, Schuldgefühle und Projektionen. Soziale Arbeit orientiert sich vor allem am hermeneutischen Verstehen[11], um Betroffene in ihrem aktuellen Selbstkonzept und ihrer inneren Befindlichkeit zu verstehen. Soziale Arbeit zielt auf eine verstehensorientierte Kommunikation, um Handlungen subjektgebunden nachvollziehen zu können. Die Ebene des Selbst wird im Dialog erkundet. Es geht um das Verstehen, in welchem Entwicklungsprozess sich jemand in Bezug auf die jeweilige Lebens- und Problemphase befindet und wie die Person damit umgeht, welche Vorstellungen und Lösungswege sie hat und welche Angebote von außen erfolgen können, um das Selbst zu unterstützen. Soziale Arbeit konzentriert sich insbesondere auf Bewusstseinsarbeit, Identitätsentwicklung, Bildung und Kompetenzentwicklung. Sie arbeitet nicht therapeutisch. Es ist ihre Aufgabe, therapeutisch, medizinisch oder seelsorgerisch weiter zu vermitteln, wo dies notwendig ist.

6.4.3 Beziehung auf der interpersonellen Ebene

Interpersonelle Beziehungen lassen sich als personenzentrierte Beziehungssysteme versehen, beginnend mit der Dyade (Zweierbeziehung). In der Regel handelt es sich um Nahbeziehungen. Interpersonelle Beziehungen sind Interaktionsbezie-

---

[11] Hermeneutisches Verstehen ist eine geisteswissenschaftliche Methode und zielt darauf, einen Sinnzusammenhang einer „anderen Welt", z. B. die Selbstbilder einer Person, in die Denkwelt der deutenden Person zu übertragen. Dies erfolgt nach methodischen Verfahrensweisen und setzt in unserem Beispiel einen Dialog voraus, damit ein Verstehen möglich wird, wie eine Person über sich denkt, was sie als wichtig erachtet etc. (Gadamer 1965; Hitzler/Honer 1997; Jung 2012).

hungen. Interaktion kennzeichnet sich durch gegenseitiges subjektives Wahrnehmen und Deuten als Voraussetzung für Anschlusskommunikation und Anschlusshandeln unter vorgegebenen Regeln (z. B. Familien- oder Gruppenregeln), die eingehalten oder durchbrochen werden können (Luhmann 2002, 102 ff.). Interpersonelle Beziehungen kennzeichnen sich durch die Bedeutung der Personen füreinander. Die Beziehungen gestalten sich vor dem Hintergrund gegenseitiger Bedeutungs- und Erwartungszuschreibungen wie auch der Kompetenzen der Handelnden. In der interpersonellen Kommunikation drückt sich aus, wie Personen zueinander stehen, wie sie sich sehen und was sie voneinander halten und wollen (vgl. Watzlawick u. a. 2011; Schulz von Thun 2010).

Interpersonelle Beziehungen finden sich unter Freunden/Freundinnen, Paaren, in der Familie (Eltern, Kinder, Geschwister) und Verwandtschaft, der Nachbarschaft und im Wohnumfeld, in Peergroups und im Freizeitkontext, im Internet und im Arbeitskontext. Im Rahmen von Forschungsarbeiten wurden von verschiedenen Autoren Beziehungs-Charakteristiken herausgearbeitet, die sich in der Zusammenschau wie folgt ergeben (vgl. u. a. Heidbrink u. a. 2009, 14; Luhmann 1984, 257):

gleich – ungleich
symmetrisch – komplementär
eng – oberflächlich
freundschaftlich – feindselig
formell – informell
kooperativ – konkurrierend
freundlich – feindlich
zurückhaltend – dominant
egalitär – hierarchisch
mächtig – ohnmächtig
freiwillig – erzwungen
gesellig – aufgabenorientiert
ortsgebunden – ortsunabhängig
nah – fern

Im Kontext interpersoneller Beziehungen erfolgen Entlastung und Belastung, Unterstützung und Ausbeutung, Wohlwollen und Missgunst. Vor allem in Familien und im Arbeitsumfeld wird das Spannungsverhältnis interpersoneller Beziehungen durch gesellschaftliche Leistungsanforderungen und -beurteilungen verstärkt, was wiederum zu Neid und Konkurrenz um Anerkennung führen kann (vgl. Heidbrink u. a. 2009, 85). Organisationskulturen und die Kultur des Miteinander-Arbeitens, also die Frage wie wertschätzend und kollegial miteinander umgegangen wird, welche Unterstützung zur Aufgabenbewältigung ein Organisationssystem bereithält, überhaupt, welche ethischen Werte zum Tragen kommen, haben Einfluss auf die Qualität interpersoneller Beziehungen. Die interpersonellen Beziehungen als in der Regel Nahbeziehungen und Face-to-Face-Beziehungen sind demzufolge abhängig von sozialen Einbettungen und Anforderungen, die entlasten wie auch belasten, die Druck ausüben wie nehmen können. Interpersonelle Beziehungen sind durch die Kompetenz der Handelnden und deren Willen gestaltbar, das heißt interpersonelle Beziehungen stellen jene Stränge dar, an denen mit Wille und Kompetenz gearbeitet werden kann, um Entwicklungen voranzubringen.

Interpersonelle Kommunikation ist Kommunikation unter Personen, die durch verbale und nonverbale Zeichen erfolgt. In der Kommunikation drückt sich aus, wie Personen zueinander stehen, wie sie sich sehen und was sie voneinander wollen und halten. Jede Kommunikation auf dieser Ebene hat einen Inhalts- und einen Beziehungsaspekt (Watzlawick u. a. 1974, 53.ff.). Über Kommunikation werden Beziehungen aufgebaut, gestaltet und Probleme gelöst. Über Kommunikation erfolgt Teilhabe und Ausgrenzung, beispielsweise Teilhabe oder Nichtteilhabe am Kommunizieren selbst, an Informationen (Wissen, Erfahrungen, Ideen) und Ressourcen. Über Kommunikation werden Beziehungen definiert, geklärt, reflektiert und weiter entwickelt; es werden Sentiments gestiftet, d. h. Gefühle ausgedrückt und erzeugt und es werden gemeinsame Problemlösungen entwickelt, neue Ideen kreiert, Erkenntnisse gesammelt und gegenseitig Einfluss und Macht ausgeübt. Identität, Bewusstsein, Erfahrungen und Reflexionsvermögen, Status, soziale Kompetenzen wie Zuhören und sich in andere Perspektiven und kulturelle Lebenswelten hineindenken können sowie Kommunikations- und Konfliktfähigkeit sind zentrale Bestimmungsmomente von interpersoneller Kommunikation.

Für die Analyse und das Verstehen von interpersonellen Beziehungen stellen vor allem die Psychologie und Sozialpsychologie geeignetes Wissen bereit. Die systemische Psychologie und Therapie (u. a. Schlippe/Schweitzer 2012) bietet systemisches Wissen, um Interaktionen in Familien oder Gruppen zu beschreiben und zu erklären. Kommunikationstheorien verweisen auf unterschiedliche Beziehungsdynamiken aufgrund gelingender oder gestörter Kommunikation (vgl. Watzlawick u. a. 2011; Schulz von Thun 2010). Das Wissen über konstruktive wie destruktive Kommunikationsformen und -stile und das Wissen über die Psychologie interpersoneller Beziehungen (Heidbrink u. a. 2009) sind Voraussetzung für die Soziale Arbeit, um auf dieser Beziehungsebene helfend tätig zu werden, um gegenseitige Anliegen klären zu helfen, Aushandlungsprozesse vorzunehmen, zu intervenieren und neue Beziehungsarrangements zusammen mit den Adressaten zu entwickeln.

6.4.4 Beziehung auf der kulturellen Ebene

Die kulturelle Beziehungsebene wird im Folgenden aus drei Perspektiven erhellt. Konkret geht es um die Beziehung zwischen den Geschlechtern, zwischen den Generationen und zwischen Angehörigen verschiedener Kulturen.

Beziehungen zwischen den Geschlechtern

Die Forderung nach Geschlechtergerechtigkeit, insbesondere die Gleichberechtigung der Frauen, gehört zu den Anfängen der Professionalisierungsbestrebungen Sozialer Arbeit. Die Praxis zeigt, dass häufig die Frauen und Mädchen Opfer von Benachteiligung und Gewalt sind.

Die Beziehung zwischen den Geschlechtern vollzieht sich vor dem Hintergrund historischer Prozesse, soziokultureller Rahmungen und Ausprägungen sowie vor dem Hintergrund geschlechtsspezifischer Identitäten. Kulturelle Vorstellungen darüber, was als männlich und weiblich gilt, etablieren sich über Diskurse. Eine ständig wiederholende Diskurspraxis – dazu gehören auch mediale Inszenierungen – erzeugen geschlechtsspezifische kulturelle Bilder und Praktiken (vgl. Butler 1995, 22f.). Im Zuge ihrer Sozialisation integrieren Menschen kulturelle geschlechtsspezifische Vorstellungen, Regeln und Normen.

Die Geschlechterforschung (Gender Studies) beschäftigt sich mit soziokulturellen Geschlechterkonstruktionen und deren Auswirkungen auf die Beziehung zwischen den Geschlechtern, darüber hinaus mit Gerechtigkeits- und Teilhabefragen, sozialer Ungleichheit und struktureller Benachteiligung sowie Fragen der Macht. Aus systemtheoretischer und kultursoziologischer Perspektive werden die sozialstrukturellen und lebensweltlichen Mechanismen und Muster herausgearbeitet, durch die sich Geschlechterverhältnisse konstruieren und rekonstruieren (vgl. u.a. Butler 2001; Bourdieu 1982, 1997; Connell 1999; Penz 2010). Wissenschaftlich herausgearbeitet worden sind u.a. die verschiedenen Diskursstile und Inszenierungsformen von Männern und Frauen und damit einhergehende Strategien der Rangordnung, Statuspositionierung und Durchsetzung über Formen der Kommunikation. Es werden geschlechtsspezifische Denk- und Handlungsweisen herausgearbeitet wie auch die medialen Formen der Geschlechterkonstruktionen analysiert.[12]

Aus der Gerechtigkeitsperspektive geht es in der Sozialen Arbeit darum, geschlechtssensible Fragen aufzugreifen und Bewusstheit für individuelle und gesellschaftlich mediale Geschlechterinszenierungen und -festschreibungen zu schaffen, um Teilhabe und Lebensqualität und darauf bezogene Entwicklungsprozesse für Männer und Frauen, Mädchen und Jungen zu unterstützen. Zu reflektieren ist, wie auf den unterschiedlichen Beziehungsebenen (Dyade, Familie, Schule, Gesellschaft etc.) Ungleichheiten zwischen den Geschlechtern produziert werden, welche Benachteiligungen entstehen und was dagegen unternommen werden kann. Die Bearbeitung geschlechtsspezifischer Benachteiligungen setzt individuelle und sozialstrukturelle Entwicklungen voraus, um faire Austauschbedingungen und Chancen zu unterstützen. So bedarf es einer medialen Sensibili-

---

[12] Stellvertretend Becker-Schmidt/Knapp 2003; Behnke 1997; Belenky u.a. 1991; Böhnisch 2004; Ehlert u.a. 2011; Penz 2010; Trömel-Plötz 2004.

sierung der Betroffenen vor allem auch mit Blick auf die Verfestigung stereotyper Rollenbilder und hinsichtlich der Sexualisierung insbesondere des weiblichen Geschlechts durch die Massenmedien. Auf der kulturellen Ebene bedarf es einer Sensibilisierung hinsichtlich unterschiedlicher kultureller, milieu- und klassenspezifischer Geschlechteridentitäten (vgl. Ayaß 2007) und damit einhergehender Konflikte, die sich im Rahmen interkultureller Kommunikation ergeben können. Auf der organisierten Systemebene bedarf es einer Sensibilisierung dahingehend, inwieweit Systeme Geschlechterstereotype kommunizieren und verfestigen und dadurch Blockaden und Ungerechtigkeiten verstärken. Geschlechterstereotype können betroffene Frauen und Männer daran hindern, in Bezug auf ihre Alltagsstrukturierung und in Bezug auf Tätigkeits- und Berufswahlen individuell geeigneten Lösungen zu finden und zwar abseits vom so genannten Mainstream. Auf der interpersonellen Ebene braucht es das Verstehen von geschlechtsspezifischen sozialen Codes, um starre und um einschränkende Muster in Alltagssituationen reflektieren und modifizieren zu können. Gemeint sind beispielsweise stereotype Inszenierungsformen, um in Beziehung zu treten, Aufmerksamkeit zu erwirken oder sich durchzusetzen.

Im Rahmen Sozialer Arbeit gilt es die verschiedenen Einflussebenen in den Blick zu nehmen und gendersensible Zugangsweisen zu entwickeln, die auf Inklusion, Teilhabe und Lebensqualität gerichtet sind. Insgesamt geht es darum, die Austauschbeziehungen zwischen den Geschlechtern und deren Umfeld zu stärken und zwar auf lebensweltlicher wie auf sozialstruktureller Ebene. Das setzt Genderkompetenz und Genderbewusstheit bei den Professionellen voraus und die Fähigkeit, mit Hilfe adäquater Kommunikationen und Handlungsweisen auf den verschiedenen Ebenen Impulse zu geben und Wirkungen zu erzeugen. Um dies leisten zu können ist es wichtig, dass Professionelle ein Bewusstsein gegenüber ihren eigenen Gendermustern und -zugängen entwickeln, dass der Unterstützungsprozess auf Genderfragen hin reflektiert und gestaltet wird. Auch ist auf der Hilfesystemebene zu prüfen, inwieweit durch die Soziale Arbeit selbst Geschlechterstereotypen strukturell manifestiert werden, beispielsweise durch typische Angebote für Mädchen und Jungen oder durch geschlechtsspezifische Aufgabenzuteilungen.

Um nicht spalterisch zu wirken und Stereotypen zu befördern ist es insgesamt wichtig, Männer und Frauen, Mädchen und Jungen als komplementär zu sehen. Weder geht es um das Durchsetzen männlicher oder weiblicher Dominanzkulturen, noch um die Frage, ob weibliche oder männliche Lebensentwürfe mehr oder weniger taugen. Vielmehr geht es um ein integrales Verständnis mit Blick auf das Menschsein. Die Frage nach der Geschlechtergerechtigkeit umfasst das Projekt „Mensch" in Verbindung mit den Kategorien Personenwürde, Gerechtigkeit und Differenz.

Beziehungen zwischen den Generationen

Generationengerechtigkeit ist aufgrund der demographischen Entwicklungen zu einem neuen Leitbegriff in sozialpolitischen und fachlichen Diskursen geworden. Die Frage ist, wie angesichts des wachsenden Anteils alter Menschen einerseits und geringerer Geburtenraten andererseits das Zusammenleben der Generationen gestaltet werden kann. Amrhein/Schüler (2005, 9 f.) sind der Auffassung, dass es dabei weniger um sozialpolitische Regulierungen geht als um den Dialog der Generationen. Gedacht ist an zivilgesellschaftliches Engagement und Freiwilligendienst, Formen intergenerationellen familialen und außerfamilialen Zusammenlebens zur gegenseitigen Unterstützung. Auch hier stellt sich die Frage der Beziehung. Auf der lebensweltlichen Ebene geht es um intergenerationelle Projekte des Zusammenlebens und der gegenseitigen Hilfe; auf der sozialstrukturellen Ebene um darauf bezogene Infrastrukturen und Unterstützungsmaßnahmen. Insgesamt sind die Jüngeren und Älteren auf gegenseitigen Austausch und gegenseitige Unterstützung angewiesen, denn: „Die einen fügen sich in die sozialen und ökonomischen Kreisläufe ein, die anderen bewahren sich davor, vollständig ausgegliedert zu werden." (Amrhein/Schüler 2005, 10 f.). Im positiven Sinne geht es um Unterstützung der Jüngeren durch kompetente Ältere, die über Zeit verfügen. Umgekehrt geht es um die Vermeidung von belastenden Exklusionserfahrungen älterer Menschen durch die Erfahrung des Gebrauchtwerdens einerseits und die Erfahrung der Sorge um sie im sozialen Nahbereich und durch sozialstrukturelle Absicherung andererseits, wenn Beeinträchtigungen und Hilfebedarf vorliegen.

Eine gegenseitige Unterstützung der Generationen setzt soziale Arrangements voraus, die vor allem auch in den Kompetenzbereich der Sozialen Arbeit fallen. Intergenerationelle Projekte, Bildungsveranstaltungen, die Stärkung von intergenerativen Familienbeziehungen und familienähnlichen Beziehungen (z. B. Übernahme von Großelternrollen für fremde Kinder) gilt es reziprok zu gestalten, mit klaren gegenseitigen Erwartungen, der Berücksichtigung altersgerechter Bedürfnisse, Rollen und klarer Grenzen dahingehend, was eingebracht werden will und kann.

Die lebensweltliche Austauschebene setzt die Flankierung durch gesellschaftlich-strukturelle Vereinbarungen hinsichtlich des Ziels der Generationengerechtigkeit voraus (Tremmel 2005). Dabei geht es u. a. um den Schutz der gegenwärtigen jungen Generation und der kommenden Generationen sowie die Berücksichtigung von deren Bedürfnissen. Soziale Arbeit hat die Bedeutung der Austauschbeziehungen und deren Gestaltung auf der gesellschaftlichen Ebene in den Blick zu nehmen und ihre Funktion für gelingende, friedliche und faire lebensweltliche Austauschprozesse zu schärfen. Damit einher gehen Fragen in Bezug auf Altersarmut und Armut von Kindern, Jugendlichen und Familien. Soziale Arbeit bringt sich als Definitorin ein, um generationenspezifische Bedürfnisse, Bedarf und Potenziale vor dem Hintergrund von Gerechtigkeitsfragen zu thematisieren (vgl. Dallinger 2005).

Beziehungen zwischen Menschen unterschiedlicher kultureller Herkunft
Der Begriff der Kultur soll hier umfassend verstanden werden als das, was der Mensch materiell und immateriell hervorgebracht hat, also die Summe aller Künste, Techniken, Artefakte und Überlieferungen, Symbolsysteme, d. h. Werte, Religionen sowie Formen des Umgangsstils (vgl. Heintel 2007c; Seubold 2009).

So betrachtet gehören zur Kultur:

- Formen der Hochkultur (Kunst und Kunstgattungen wie Musik, Bildende Kunst, Theater etc.)
- Massenkultur (Popmusik, Unterhaltungsliteratur, Kleidermoden u. a.)
- Zivilisation (Technologie, Architektur, Ernährung u. a.)
- kulturelle Symboliken und Symbolsysteme (Werte, Religion, Mythen, Riten, Umgangsformen)
- Partialkultur (z. B. Unternehmenskultur, milieuspezifische Kulturen).

All diese Ebenen stehen in Wechselbeziehung zueinander. Milieuspezifische Kulturen favorisieren möglicherweise bestimmte Formen der Massenkultur oder/und Hochkultur. Beziehungen werden gestaltet und gelebt von Personen, Gruppen und Völkern unterschiedlicher kultureller Herkunft, Traditionen und Werte. Sie bringen Routinen mit im Denken, Fühlen, Handeln und Verhalten und daraus wiederum prägen sich Lebensstile und Gefühle der kulturellen Zugehörigkeit. In Anlehnung an Geert Hofstede (1993; s.a. Losche 1995) gibt es folgende zentrale Unterscheidungsmerkmale von Kulturen und Subkulturen:

- *Werte, kulturelle Praktiken und äußere Formen* sowie *ästhetische Vorstellungen* von Schönheit (Architektur, Ausstattung, Kleiderordnung u. a.);
- *Symbolische Regelungen der Machtdistanz* (Unterscheidung zwischen hierarchisch-autoritären Machtvorstellungen und demokratischen Machtvorstellungen). Menschen mit hierarchischen Machtvorstellungen sehen eine übergeordnete Person (das kann eine Sozialarbeiterin sein) als Respektsperson und übernehmen eher Anforderungen „von oben". Dies kann aber dort kollidieren, wo sich ein Mann höherwertig als eine Frau empfindet und eine Frau als Vorgesetzte hat. Versucht diese demokratisch zu kommunizieren, wird die Beziehung möglicherweise noch weiter strapaziert;
- *Kollektivismus und Individualismus*, d. h. stärkere Gruppen- und Familienorientierung oder Subjektorientierung und Orientierung auf Selbstbestimmung;
- *Geschlechterrollen*, d. h. Fokus auf traditionelle Geschlechterrollen oder mehr freiheitliche Rollengestaltung;

- *Unsicherheitsvermeidung,* d. h. wird Unsicherheit eher akzeptiert, weil sie zum täglichen Leben gehört oder wird Unsicherheit vermieden, weil sie schnell bedrohlich wird? In Ländern mit hoher Unsicherheitsvermeidung hat Expertenschaft, Gesetz und Kontrolle einen größeren Stellenwert (z. B. Deutschland). Die Frage in Bezug auf Unsicherheitsvermeidung betrifft auch das geschlechtsspezifische Verhalten, d. h. welches Maß an Unsicherheit dürfen Männer und Frauen vor ihrem kulturellen Hintergrund zeigen?

Die kulturellen Unterschiede verweisen auf den Umgang mit dem Fremden und Unbekannten. Das muss nicht von vornherein problematisch sein, im Gegenteil: Das Fremde kann Neugier und Offenheit erzeugen. Die Erfahrung ist aber, dass das kulturell Fremde mit dem kulturell Bekannten kollidieren kann, dass es nicht einzuordnen ist, dass es verunsichert und ängstigt, und dass das kulturell Andere sozialen Deutungen mit ausgrenzendem Charakter unterliegt.

Zunächst einmal bietet Kultur in ihren verschiedenen Facetten Orientierung und Handlungssicherheit für Einzelne, Gruppen, Organisationen und Nationen, angefangen von Essgewohnheiten, Umgangsformen, Rollenverhalten, Bräuchen bis hin zu verbindlichen Werten, religiösen oder ideellen Sinnsystemen. Was aber, so Helga Losche, „wenn in einer interkulturellen Begegnung, d. h. zwischen verschiedenen Kulturen, unterschiedliche Standards des Wahrnehmens, Denkens, Wertens, Handelns aufeinandertreffen?" (Losche 1995, 16 ff.). Was, wenn sich daraus Verständigungsschwierigkeiten und Vorurteile ergeben?

Hinzu kommt, dass der kulturelle Habitus einer Statuszuordnung unterliegt. Die Differenz verläuft zwischen Hoch- und Niedrigkulturzuschreibungen. Pierre Bourdieu (1982) macht deutlich, dass soziale Positionierungen davon abhängig sind, inwiefern Einzelne und soziale Gruppen Zugang zu Bildung und Hochkultur haben und über kulturelles Kapital verfügen. „Dem Spiel der Kultur und Bildung entrinnt keiner!" (Bourdieu 1982, 32).

Das interkulturelle und subkulturelle Zusammenleben ist eine Beziehungsfrage, eine soziokulturelle Gestaltungsaufgabe wie auch eine Frage des Bewusstseins. Tragfähige Beziehungen im interkulturellen Kontext setzen eine gelingende Kommunikation voraus, das heißt Verständigungsakte, damit sich die Beteiligten in ihren Denkweisen, Wahrnehmungen, Maßstäben, in ihrem Kommunizieren und Handeln verstehen. Solche Verständigungsakte beginnen in der professionellen Hilfebeziehung, beispielsweise zwischen einer deutschen Sozialarbeiterin und einem Flüchtling aus Äthiopien.

Beziehungsarbeit setzt voraus, das Andere, Fremde in seinen Bedeutungssystemen zu verstehen. Das Wissen über Kulturen und Milieus kann dazu hilfreich sein, jedoch auch hinderlich. Personen, Gruppen und Völker aus einer kulturellen Perspektive heraus zu betrachten zielt einerseits auf ein Verstehen in Bezug auf ihre Wurzeln und Traditionszusammenhänge, aber es sagt noch nichts darüber aus, nach welchen Grundsätzen und Leitbildern sich die einzelne Person tatsächlich orientiert, wovon sie sich explizit distanziert und welches Selbstkonzept sie hat. Probleme entstehen dort, wo das Andere und Fremde auf bestimmte Merkmale verkürzt wird und mit festgeschriebenen Deutungen und Stereotypen konfrontiert wird. Daraus ergeben sich dann Wahrnehmungen und Zuschreibungen entlang von Kategorisierungen wie *Muslime, Christen, Männer, Frauen, Schwarze, Weiße, Homosexuelle etc.* Solche Zuschreibungen stigmatisieren und ignorieren, dass Menschen vermeintlich Unvereinbares subjektiv verbinden können, und dass sie im Kontext kultureller Überschneidungen und Überlagerungen ihre Identität herausbilden (Spielmann 2010, 53).

Insgesamt brauchen Professionelle die Kompetenz des Kultur-Verstehens mit Blick auf Menschen aus unterschiedlichen Kulturen, wie auch hinsichtlich Subkulturen, Schichten, Klassen und Kasten (Indien). Sie brauchen Reflexionsfolien, um die vielfältigen Kulturen, mit denen sie es zu tun haben, in deren spezifischen Ausprägungen und Symboliken zu verstehen. Trotzdem vermag dieses Wissen nichts Zureichendes darüber auszusagen, wie eine Person, mit der man es zu tun hat, tatsächlich denkt, fühlt und handelt, was ihr wichtig ist und welche Bedürfnisse für sie vorrangig sind. Lanfranchi (1996, 31) formuliert diese Ambivalenz folgendermaßen: „Wissen über Kulturen und Informationen über ethnische Unterschiede sind wichtig und gleichzeitig unwichtig." Der Rückgriff auf kulturelles Wissen läuft Gefahr, Individualität zu leugnen, indem eine Person auf ihre Kulturmerkmale reduziert wird. Umgekehrt: Wird die kulturelle Herkunft geleugnet, so wird ausgeblendet, dass es kulturelle Unterschiede gibt, die von Einzelnen und Gruppen reproduziert werden (vgl. Miller 2001, 117–126). So gilt es die Reibungen in Beziehungen zu verstehen, die durch unterschiedliche kulturelle Prägungen und Identifikationen entstehen können. Es geht um das Bemühen, kulturelle Differenzen zu respektieren, Schnittstellen zu finden und Brücken zu bauen mit Blick auf Vielfalt und Differenz. Freilich ist das nicht immer möglich, vor allem dort nicht, wo Borniertheit und Intoleranz tonangebend sind. Dies ändert aber nichts an der Bedeutung eines grundsätzlichen offenen Umgangs mit kultureller Differenz, der Verbindung von kulturellem Wissen einerseits und Subjektorientierung andererseits.

Individuelles und Soziales gilt es zu relationieren, um geschlechts-, alters- und kulturspezifische Identitäten, Bedürfnisse, Handlungsweisen und Kommunikationen zu verstehen. Im Rahmen Soziale Arbeit braucht es deshalb gendersensible[13], kultursensible[14]-, alters- und lebensphasensensible[15] Zugangsweisen und darauf bezogene Kommunikationskompetenzen, um Beziehungsqualitäten ver-

---

[13] Vgl. u. a. Bourdieu 1982, 1997; Butler 2001; Connell 1999; Penz 2010.
[14] Siehe u. a. Ayaß 2007; Lanfranchi 1996, 31; Spielmann 2010, 53.
[15] Siehe u. a. Amrhein/Schüler 2005, 9f.; Böhnisch 2004; Ehlert u. a. 2011; Belenky u. a. 1991; Becker-Schmidt/Knapp 2003; Trömel-Plötz 2004; Penz 2010.

bessern zu helfen und damit einhergehend Inklusion, Teilhabe und Lebensqualität zu stärken. Auf den verschiedenen Ebenen sind Reflexionen in Gang zu setzen und Ressourcen zu mobilisieren, um Geschlechter- und Generationengerechtigkeit sowie einen fairen Umgang unter Angehörigen verschiedener Kulturen zu unterstützen.

6.4.5 Beziehung auf der formal organisierten Systemebene

In formal organisierten Systemen (Unternehmen, Schulen, Behörden u. a.) kommunizieren nach Niklas Luhmann (1984, 1995a, 1997) nicht Menschen, sondern autopoietische[16] Systeme auf der Basis rationaler Logiken. Somit: Es kommunizieren Systeme. Zwar sind Personen die Träger der Kommunikation, jedoch kommunizieren sie entlang von Systemrationalitäten, das heißt Belangen und Logiken des Systems. Damit ist eine gänzlich andere Ausgangslage im Vergleich zu interpersonellen Beziehungen gegeben, in denen Personen im Zentrum stehen. Auf der formal organisierten Ebene steht das System im Zentrum. Vor diesem Hintergrund spricht Luhmann von Systemkommunikation, die je spezifische Modi aufweist, und die sich von interpersoneller Kommunikation unterscheidet. Systeme geben die Frames vor, innerhalb derer Rollen ausgestaltet und Diskurse geführt werden. Sie geben vor, über was in welcher Weise gesprochen werden kann und welche Informationen relevant sind.

Formal organisierte Systeme wie Banken, Unternehmen, Schulen, Hochschulen, Dienstleistungssysteme etc., beziehen sich in ihrem Handeln auf ihre systeminternen rationalen Sachlogiken. Unternehmen wollen Gewinne erwirtschaften, Schulen wollen Bildung vermitteln, Soziale Arbeit will Hilfe anbieten. Alles, was nicht zum System gehört, ist Umwelt und auch der Mensch ist Umwelt des Systems. Lediglich in seiner Rolle, die er im System hat, ist er Teil des Systems (Luhmann 1997, Bd. 2, 771). Systeme passen sich der Umwelt nach ihren jeweiligen Systemlogiken an, beziehungsweise versuchen Umwelt an ihre Logiken anzupassen. Informationen und Erwartungshaltungen aus der Umwelt werden systemspezifisch interpretiert und in ihrer jeweiligen Relevanz verarbeitet, uminterpretiert, verworfen oder erst gar nicht wahrgenommen. Systemkommunikation verläuft nach systemspezifischen Mustern. Beispiele dafür gibt es zuhauf: in Banken und Unternehmen, Schulen, Hochschulen, sozialen Diensten gibt es je eigene Kommunikationsroutinen, Stile und Codes (z. B. Gewinn/Verlust, bestanden/nicht bestanden, helfen/nicht helfen). In einem Wohlfahrtsverband wird anders kommuniziert als in einer Bank. Auf der Systemebene bestimmen nach Luhmann nicht Subjekte das Handeln, sondern bestimmend sind die rationalen Systemlogiken. Subjekte stehen im Dienst dieser Logiken. Transferiert auf

---

[16] Autopoiesis (griech. *autos* = selbst; *poiein* = machen) auf Systeme bezogen bedeutet Selbststeuerung, Selbsterhalt und Reproduktion.

die Soziale Arbeit: Professionelle der Sozialen Arbeit stehen im Dienst der Logik des Hilfesystems. Die Organisation gibt die konkreten Rahmenbedingungen vor, innerhalb denen kommuniziert und gehandelt wird, sie benennt die Aufgaben, die grundsätzlich zu bearbeiten sind und die Bedingungen, unter denen Hilfe angeboten wird. Parallel zum System läuft zwar viel interpersonelle Kommunikation mit beruflichen und privaten Themen, die aber in der Regel die Systemlogik und die damit einhergehende Systemkommunikation nicht fundamental tangieren. All das gehört zur Umwelt des Systems. Systeme operieren selbstorganisiert und haben die Möglichkeit, die Systemmitglieder an die rationalen Logiken des Systems anzupassen und zwar mit Hilfe ihrer positiven oder negativen Sanktionsinstrumentarien (Motivation, Lob, Kritik, Gratifikation, Druck u. a.).

Insgesamt haben Systeme ihre eigenen Mechanismen der Selbstorganisation, Selbststabilisierung und auch Identitätswahrung. Systeme sind einerseits strukturkonservativ, andererseits sind sie prozessual, d. h. sie sind ständig in Bewegung und grundsätzlich entwicklungsfähig. Formal organisierte Systeme lassen sich ohne inneren und äußeren Veränderungsdruck nicht ohne weiteres verändern, wie Führungskräfte oder Organisationsentwickler immer wieder feststellen müssen. Selbst dort, wo es um Systemoptimierung und um eine bessere Systemstabilität geht, bleibt die Entwicklungsbereitschaft von Systemen und deren Mitgliedern gegebenenfalls aus und zwar insbesondere dann, wenn die bisherigen Systemmodi in Bezug auf Programme, Kommunikation und Handeln sich als zumindest partiell funktionsfähig erweisen.

Für das Funktionieren von formal organisierten Systemen kommt erschwerend hinzu, dass sie intern verschiedene Systemlogiken zu verarbeiten haben. Zu einem Hilfesystem gehören beispielsweise Hilfeangebot, Sozialmarketing, Finanzwesen und Personalentwicklung. Alle Bereiche sind systemtheoretisch gedacht Subsysteme mit ihren je spezifischen Logiken, die intern zu koordinieren und aufeinander abzustimmen sind. Hilfe ist abzustimmen mit betriebs- und finanzwirtschaftlichen Logiken. Dissens und Konflikte sind vorprogrammiert und lassen sich systemtheoretisch einordnen.

Professionelle stehen in Beziehung zu formal organisierten Systemen: Als Angestellte haben sie eine formale Beziehung zu ihrem Dienstgeber. Als professionell Helfende handeln sie innerhalb der Rahmenbedingungen des Dienstleistungssystems. Professionelle kooperieren und verhandeln mit formal organisierten Systemen wie Schule, Behörde, Unternehmen, Krankenhaus u. a. Es gehört zur Beziehungskompetenz von Professionellen, formal organisierte Systeme in ihren Logiken und Eigenschaften zu verstehen wie auch die Besonderheit von deren Systemkommunikation. Es braucht Wissen und Reflexionsfähigkeit, um auf dieser Ebene professionell zu handeln, um Gestaltungsräume wie auch Grenzen zu erkennen. All das ist wichtig, um zwischen Systeminteressen sowie Interessen und Bedürfnissen von Adressaten zu vermitteln, um Inklusionszugänge zu ermöglichen, Inklusionsqualitäten, Teilhabe und Lebensqualität zu verbessern.

Es ist wichtig, um die professionelle Arbeitsbeziehung, das heißt die Beziehung Professionelle-Arbeitssystem zu optimieren.

6.4.6 Beziehung auf der Netzwerkebene

Netzwerkbeziehungen, so Bommes und Tacke (2011c, 46), sind weder mit formal organisierten Systemen, noch mit interpersonellen Systemen zu vergleichen, sondern lassen sich als Systeme eigenen Typs bezeichnen (Tacke 2011). Netzwerke generieren sich über Adressen als Träger von Kommunikation (vgl. Fuchs 1997; Stichweh 2000; Tacke 2000). Adressen sind Zurechnungspunkte für Kommunikation und stellen Knotenpunkte dar, die mit anderen Knoten relationiert sind. Bezogen auf Netzwerke heißt das, Adressen alias Netzwerkakteure sind nicht nur mit anderen Adressen vernetzt, sondern aus den Adressen ergeben sich Potenziale und Leistungen in sachlicher, sozialer und zeitlicher Hinsicht für das Netzwerk. Anders formuliert: Die Netzwerkakteure stellen das Potenzial von Netzwerken dar.

Netzwerke gibt es im privaten Bereich, in der Wirtschaft, in der Politik, im Web 2.0 und in der Zivilgesellschaft. Die Bereiche überlappen sich häufig. Es gibt illegale Netzwerke der Korruption, Gewalt und des Terrors. Es gibt offene, das heißt allgemein zugängliche Netzwerke wie auch geschlossene Netzwerke, zu denen nur ausgewählte Mitglieder Zugang haben, beispielsweise Elite-Netzwerke mit strengen Inklusionskriterien (Ausbildung, Geld, Machtposition, Herkunft). Netzwerke im Web 2.0 setzen technisches Know-how voraus, um sich einloggen zu können. Es gibt Internetuser, die sich in geschlossenen Netzwerken und verschlüsselten Foren zusammenschließen. Je nachdem, um welches Netzwerk es geht, ist mehr oder weniger Offenheit gegeben.

Die Austauschbeziehungen in Netzwerken gestalten sich insbesondere durch das Handeln der Akteure. Diese können im Netzwerk Privatpersonen sein oder auch korporative Akteure, d. h. Vertreter formal organisierter Systeme oder anderer Netzwerke. In einem Bildungsnetzwerk für Hauptschulabgänger, das deren Berufseinmündung unterstützen soll, sind beispielsweise Schulen und soziale Dienste vertreten, Trainer und Trainerinnen, Unternehmen, die Arge.

Tacke (2011) arbeitet heraus, dass sich Netzwerke durch eine besondere Form der Kommunikation kennzeichnen, die auf Bewusstsein einerseits und auf System- und Netzwerkinteressen andererseits basiert. Damit ist eine hybride Struktur angedeutet, die insgesamt die Bedeutung des Akteurs als Person in den Blick rückt, jedoch in anderer Weise als in interpersonellen Systemen und anders als in formal organisierten Systemen. Netzwerke fokussieren auf kompetente Akteure: beziehungskompetent, kommunikationskompetent und ausgestattet mit Ressourcen, darunter Wissen, Know-how, Kontakte, Geld, Unterhaltungswert u. a. Vor allem Vertrauen, Kooperation, Reziprozität, Information und Kommunikation sowie der Ausgleich von Interessen spielen eine zentrale Rolle. Der Erfolg und die Tragfähigkeit von Netzwerken hängen zu einem gewichtigen Teil davon ab, wie die Netzwerkakteure ihre Beziehungen im Netzwerk gestalten. Dies ist eine grundsätzliche Anforderung, wenngleich es unterschiedliche Netzwerktypen gibt, die unterschiedliche Ziele und Bedingungen aufweisen.

Unterschieden werden:

- lebensweltliche Netzwerke (Familien-, Nachbarschaft-, Verwandtschafts-, Freundschaftsnetzwerke, Freizeitnetzwerke),
- berufliche Netzwerke (fachliche Kooperationen, freiwillig oder verordnet; Kontaktbörsen u. a.),
- institutionalisierte[17] Hilfenetzwerke auf der Dienstleistungsebene (Zusammenschluss von sozialen Dienstleistern),
- zivilgesellschaftliche Netzwerke (z. B. Freiwilligennetzwerke, solidarische Netzwerke im sozialen Raum),
- politische Netzwerke,
- wirtschaftliche Netzwerke,
- illegale Netzwerke,
- virtuelle Netzwerke und Plattformen.

Als Merkmale von Netzwerken werden unter anderem genannt (vgl. Bommes/Tacke 2011c; Miller 2010a):

- Kompetenz- und Ressourcenbündelung und Herstellung von Synergien,
- Kooperation statt Konkurrenz,
- Beschleunigung von Lösungen und Entscheidungen,
- Akteurshandeln vor Organisationshandeln,
- Aushandlungsmodus statt Durchsetzungsmodus,
- Vertrauen,
- Reziprozitätserwartung (Geben/Nehmen) und eine damit einhergehende reziproke Leistungskommunikation,
- offene, fluide Grenzen.

Diese idealtypischen Merkmale bestimmen nicht nur die Ansprüche an Netzwerke, insbesondere an Netzwerkkommunikation und Beziehungsgestaltung, sondern es lässt sich auch der Erfolg von Netzwerken an diesen Merkmalen messen. Studien zeigen, dass das Funktionieren von Netzwerken an die genannten Merkmale gekoppelt ist (vgl. Nuissl u. a. 2006).

---

[17] Als *institutionalisiert* werden Netzwerke bezeichnet, die Problemlösungen und Ressourcen anbieten und damit auf die Verbesserung sozialer Bedingungen und Lebenssituationen angelegt sind. Sie koordinieren Dienstleistungen, Informationen und Personen (vgl. Bauer 2005, 15). Beispielsweise vernetzen sich Soziale Dienste, um einen Stadtteil mit ausreichenden Hilfsangeboten zu versorgen.

Im Zentrum von Netzwerken steht Kommunikation, und weil das so ist, sind Netzwerkakteure in besonderer Weise in ihrer Kommunikationskompetenz gefordert. Können sich Systemakteure an ihren Rollen und Funktionen im System, an Strukturen und Linien orientieren, müssen im Netzwerk die funktionalen Elemente erst über Netzwerkkommunikation eingeführt und immer wieder über kommunikative Austauschprozesse prozessual angepasst werden. Netzwerke sind nicht formal organisiert, sondern die strukturellen Ausformungen bilden sich innerhalb des Netzes, was bedeutet, dass Netzwerke ein hohes Maß an Selbstorganisation voraussetzen. Darüber hinaus verändern sich Netzwerke in ihren Größenordnungen und Zusammensetzungen aufgrund ihrer grundsätzlichen Offenheit neuen Adressen gegenüber. Das setzt Flexibilität der Netzwerkakteure voraus wie auch Koordination. Netzwerkakteure sind gefordert, ihr Handeln so abzustimmen, dass das Netzwerk als solches funktionsfähig bleibt und seine Potenziale entwickeln kann. Vor allem Vertrauen (vgl. Sydow/Windeler 2001; Osterloh/Weibel 2001, S. 95 ff.) sowie gegenseitiges Verstehen, kooperatives Handeln, der Ausgleich von Interessen und komplexe, auf Kompetenzen bezogene Problembearbeitung stehen im Mittelpunkt. Die Beziehung der Netzwerkmitglieder kennzeichnet sich durch Reziprozitätserwartungen. Die Ausbalancierung von Geben und Nehmen wird zum gegenseitigen Erwartungsmodus. Geben und Nehmen können sich dabei symmetrisch oder komplementär (z. B. Dank gegen Gabe) oder zeitversetzt vollziehen. Reziprozität gilt als konstitutives Prinzip von Netzwerken (Bommes/Tacke 2011c, 35 f.). Die Besonderheit von Netzwerken, so Tacke (2011, 92 f.), ist ihre funktionsspezifische Kommunikation, die auf soziale Adressen bezogen ist. Die sozialen Adressen sind die „Gelenkstellen" für soziale Netzwerkbildung. Über die sozialen Adressen entwickeln Netzwerke ihre Potenziale und Leistungen. Nicht eine klare Rollendefinition steht im Vordergrund, sondern Reziprozitätserwartungen und Polykontexturalität.[18] Der Akteur ist die Schnittstelle, damit dies gelingt. Er ist das Scharnier, um die verschiedenen aufeinander treffenden Logiken zu synthetisieren (Baecker 2007, 49).

Austauschbeziehungen auf den verschiedenen Netzwerkebenen und in den verschiedenen Netzwerktypen zu praktizieren ist, je nach Sichtweise, attraktiv wie auch herausfordernd. Netzwerkakteure finden beispielsweise die grundsätzliche Gleichwertigkeit der Mitglieder und deren Mitgestaltungsmöglichkeiten als attraktiv. Überhaupt rückt durch den besonderen Stellenwert des Akteurs die Kommunikations- und Handlungskomponente im Vergleich zum formal organisierten System stärker in den Mittelpunkt (vgl. Miller 2012a). Herausfordernd hingegen wird Netzwerkarbeit durch das Angewiesensein auf den Kooperationswillen der Akteure und deren Netzwerkkompetenz empfunden. Zudem braucht

---

[18] Einbindung der Netzwerkakteure in andere soziale Konfigurationen, woraus Kontakte, Wissen, Informationen und erweiterte Perspektiven resultieren.

es gelingende Koordination und Strukturierungsarbeit im Rahmen von Selbststeuerung (vgl. Miller 2010b). Je größer ein Netzwerk ist, desto größere Steuerungsprobleme treten auf. Ein weiterer wichtiger Aspekt von Netzwerken ist die Schaffung von Transparenz in Bezug auf Ziele und dahingehend, wie Entscheidungen getroffen werden, wer gehört und einbezogen wird. Das Fehlen formaler Strukturen verleitet zum Gemauschel, zu verdeckten Aktionen und Machtspielen. Wer nicht im Zentrum beziehungsweise im Kern eines Netzwerkes ist, sondern als Zaungast an der Peripherie, wird möglicherweise wichtige Prozesse nicht mitbekommen. Transparenz und die Legitimation von Entscheidungen sind somit neben Vertrauen neuralgische Punkte in Netzwerken (vgl. Tacke 2011).

Soziale Arbeit handelt auf den unterschiedlichen Netzwerkebenen. Sie entwickelt beispielsweise auf der Sozialraumebene strukturelle Netzwerkangebote für Adressaten und koppelt diese Netzwerke an deren lebensweltliche Netzwerke, um die Austauschbeziehungen zu stärken. Soziale Arbeit entwickelt dazu Kooperationsstrukturen zwischen öffentlichen und freien Trägern, um förderliche Beziehungen zu gestalten zwischen Kindern, Jugendlichen und Familien, zwischen Familien und Stadtteil, damit einhergehend Nachbarschaften, Vereinen und Verbänden, Wirtschaft, ambulanten und stationären Hilfen. Stichworte dazu sind: Bedarfsorientierung, Lebensnähe, Flexibilität, Partizipation, Prävention, Solidarität, bürgerliches Engagement, Effektivität und Wirtschaftlichkeit. Soziale Arbeit kooperiert mit zivilgesellschaftlichen und marktwirtschaftlichen Netzwerken (Wirtschaftsvereinigungen, Kammern), um Ressourcen zu mobilisieren und um Inklusionen zu unterstützen. Zur kommunikativen Unterstützung nutzt sie technische und virtuelle Netzwerke und Plattformen. Die Kompetenz professioneller Sozialarbeit im Umgang mit Netzwerken und Netzwerkarbeit setzt voraus, die unterschiedlichen Anforderungen und Perspektiven zu erfassen und zu kommunizieren, Netzwerke zu koordinieren und zu moderieren, Vertrauen aufzubauen und auftretende Probleme im Netzwerk zu deuten und zu bearbeiten.

Probleme können beispielsweise entstehen:

- wenn sich in institutionalisierten Netzwerken bei den Akteuren der Konkurrenzmodus durchsetzt, um eigene Vorteile zu sichern, und wenn Netzwerke als „Tankstellen" für Information und Kontakte instrumentalisiert werden;
- wenn die Kommunikation an hierarchischen Systemlogiken einer Dienstleistungsorganisation ausgerichtet ist statt am beteiligungsorientieren Netzwerkmodus;
- wenn Dienstleistungsorganisationen die Bedeutung von Netzwerken wenig anerkennen, so dass die professionellen Fachkräfte kaum Unterstützung finden, um in Netzwerken mitzuarbeiten und aus Netzwerken Ressourcen zu beziehen;

- wenn Netzwerke durch den Mangel an Koordination und Ressourcen (Räume, finanzielle und technische Ausstattung, Zeit, Finanzgüter) in ihrer Funktionsfähigkeit eingeschränkt sind;
- wenn lebensweltliche Hilfenetzwerke für die Betroffenen keine tragfähigen Geben-Nehmen-Modi aufweisen, wenn beispielsweise die Geber das Gefühl haben, ausgenutzt zu werden und die Nehmer sich darauf bezogen unsensibel verhalten, oder wenn die Nehmer keine Möglichkeit zum Ausgleich finden und dadurch möglicherweise Abhängigkeit und Scham empfinden.

Was die Adressaten betrifft, so kann sich Soziale Arbeit nicht darauf beschränken, Inklusionen in lebensweltliche und sozialräumliche Netzwerke zu erwirken (Verwandtschafts-, Nachbarschafts-, Selbsthilfenetzwerke), um Teilhabe und Ressourcen für die Adressaten zu erwirken, sondern muss im Rahmen der Netzwerkbeziehungen gleichzeitig darauf achten, welche Reziprozitätsansprüche und Kompetenzansprüche in den jeweiligen Netzwerken gegeben sind und ob und wie Adressaten diesen gerecht werden können und wollen.

6.4.7 Beziehung auf der Gesellschafts- und Funktionssystemebene

Gesellschaft, so der Ansatz von Niklas Luhmann, umfasst nicht nur alle Kommunikationen auf den verschiedenen Ebenen, sondern Gesellschaft differenziert sich aus in Funktionssysteme. Gemeint sind Funktionssysteme wie das Recht, die Politik, Gesundheit, Erziehung, Kunst, Religion, Massenmedien u.a. Moderne Gesellschaften funktionieren arbeitsteilig mit Hilfe der Funktionssysteme, die spezifische Aufgaben für die Gesellschaft übernehmen. Aus den Funktionssystemen heraus bilden sich dann die entsprechenden Organisationssysteme heraus. Die Beziehung auf der Funktionssystemebene drückt aus, wer welchen Zugang zu einzelnen Funktionssystemen bekommt bzw. für wen wodurch Zugänge erschwert, eingeschränkt oder verwehrt sind. So gibt es beispielsweise Exklusion aufgrund von Alter, indem bestimmte Leistungen, z.B. Medikamente oder Operationen für Hochbetagte nicht mehr vorgesehen sind. Menschen mit Flüchtlingsstatus haben einen ungesicherten Aufenthalts- und Rechtsstatus. Inklusionshürden und Exklusion münden möglicherweise in Problemspiralen. Durch Exklusionsspiralen entstehen Armutsrisiken und soziale Ausgrenzungen. Somit berühren Fragen von Chancengerechtigkeit und sozialer Ungleichheit wie überhaupt von Wohlfahrtspolitik zentral die Frage der Zugangsmöglichkeiten zu den Funktionssystemen. In modernen Gesellschaften ist insbesondere die Inklusion in das Erziehungs- und Bildungssystem eine zentrale Voraussetzung für die Inklusion in das Wirtschaftssystem und damit einhergehend in den Arbeitsmarkt, um Teilhabe und Lebensqualität und damit einhergehend einen akzeptablen und würdigen Status zu erringen. In neueren sozialpolitischen Diskursen wird demzufolge die Kopplung von Sozial- und Bildungspolitik gefordert als zwei sich ergänzende Interventionsstrategien. Dies setzt ein Bildungssystem voraus, das Durchlässigkeit, Gestaltungsräume in Bezug auf Anforderungsprofile und Förderstrukturen bereithält, um den Herausforderungen gerecht zu werden. Die Ausführungen sollen hier genügen, sie werden im Kapitel 7 weiter geführt. Wichtig an dieser Stelle ist, die gesellschaftliche Beziehungsdimension einzuführen. Aufgabe Sozialer Arbeit auf der gesellschaftlichen Ebene ist es, für Belange von Inklusion, Teilhabe und Lebensqualität zu sensibilisieren und über Lobbyarbeit und fachliche Kommunikation Problemsichtweisen, Daten und Fakten sowie Anforderungsprofile in den gesellschaftlichen Diskurs einzubringen. So können beispielsweise über die Funktionssysteme Gesundheit oder Bildung Förder- und Unterstützungsprogramme für Zielgruppen der Sozialen Arbeit erwirkt werden, – Programme, die dann auf der Organisationssystemebene (Jugendverband, Soziale Dienste) umgesetzt werden können. Dies setzt voraus, Diskurslogiken und dahinter stehende Funktionslogiken nicht nur nachvollziehen zu können, sondern die Logik der Sozialen Arbeit einzuspeisen und ihr Gehör zu verschaffen, das heißt sie kommunikativ anschlussfähig zu machen.

6.4.8 Beziehung auf der ökologischen Ebene

Menschliches Leben und Überleben setzt ein einigermaßen intaktes ökologisches Makro- und Mikrosystem voraus. Das Leben in einem ökologischen Umfeld mit guter Luft, gesunder Ernährung und ökologisch ausgerichteter Infrastruktur (Verkehr, Wasser, Energie, Abfall) ist Teil von Lebensqualität. Der Schutz des Menschen ist an den Schutz der natürlichen Umwelt gebunden. Klimakatastrophen, vor allem aufgrund von Treibhausgasen, Hungerkatastrophen, das Sinken der Meeresspiegel mit der Folge von Wasserarmut, Dürre und Versteppung, extreme Wetterereignisse, Verwüstungen und Überschwemmungen bedrohen nicht nur das Ökosystem, sondern die Überlebensgrundlagen von Menschen. Bedroht sind vor allem Menschen und Völker in Armutsregionen. Folgen ökologischer Probleme sind Sozialprobleme und Wirtschaftsprobleme. Die Ursachen wiederum sind vor allem in einseitigen Lebensphilosophien zu finden und damit einhergehend in überzogenen und unkontrollierten Wirtschafts-, Produktions- und Profitinteressen wie auch in modernen Konsumstilen.

Der Begriff der Nachhaltigkeit zielt auf den verantwortlichen Umgang mit Ressourcen und auf soziale Gerechtigkeit, wie auch auf eine Moralität im Umgang mit lebenden Geschöpfen. Ökologische und biozentrische Ethiken verweisen auf den Eigenwert alles Lebendigen, den es zu respektieren und zu schützen gilt. Natur wird als Mitwelt betrachtet (vgl. Meyer-Abich 1990; Vogt 2000), was bei weitem mehr umfasst, als die bloße funktionale Überlegung des Schutzes der natürlichen Umwelt zum Zwecke der Erhaltung der Lebensgrundlagen des Menschen. Im Spannungsfeld der Nutzbarmachung der Natur einerseits und des verantwortlichen und respektvollen Umgangs mit ihr andererseits vollzieht sich dann verantwortliches individuelles Handeln und Systemhandeln und die ökologische Beziehungsgestaltung.

Die Austauschbeziehung Mensch – Natur kennzeichnet sich nicht durch direkte Kommunikation, sondern durch die *Haltung* des Menschen und der sozialen Systeme gegenüber der Natur. Diese Haltung wird auf den verschiedenen sozialen Beziehungsebenen kommuniziert und daraus ergibt sich, ob mit Ressourcen schonend und nachhaltig verfahren wird, ob mit Pflanzen und Tieren achtsam umgegangen wird oder ob sie schonungslos verwertet werden, ob Produktions- und Konsumweisen auf schnellen Profit und Wunscherfüllung oder ob sie auf Nachhaltigkeit ausgerichtet sind.

Die Qualität der Austauschbeziehungen zwischen Mensch und Umwelt wie auch zwischen sozialen Systemen und der natürlichen Umwelt bestimmt den Grad der Lebensqualität wie überhaupt das perspektivische Leben und Überleben der Menschen. Moderne Entwicklungszusammenarbeit ist ohne Natur- und Umweltschutz nicht denkbar. Moderne Soziale Arbeit ebenso wenig. Die Forderung nach Bedürfnisbefriedigung läuft ins Leere, wenn Soziale Arbeit diesen Beziehungsstrang in der Praxis nicht aktiviert. Auf diesem Beziehungsstrang geht es um Fragen des gesunden Lebens, um ökologisches Problembewusstsein, Bewusstheit im Umgang mit der Natur und deren Ressourcen, Teilhabe an gesundheits- und lebensförderlichen ökologischen Bedingungen wie auch Teilhabe an der Verantwortung sich selbst und der Umwelt gegenüber und damit einher gehend um taugliche Lebens- und Konsumstile.

Orte in der Sozialen Arbeit für die Verbesserung der Austauschbeziehungen auf dieser Ebene gibt es vielfältige, z. B. Familienhilfe, Koch- und Einkaufshilfen, Freizeit-und Erlebnispädagogik und Umweltbildung. Auf der Systemebene geht es um nachhaltiges Handeln sozialer Dienstleistungssysteme im Umgang mit Ressourcen, beispielsweise im Verbrauch von Energie und Materialien. Möglichkeiten der systemischen Integration von Nachhaltigkeit sind Leitbilder, Qualitätsstandards, Prozessbeschreibungen und deren Überprüfung. Soziale Arbeit in diesem Verständnis handelt ökologisch sensibel, zielt auf Bewusstseinsbildung und konzentriert sich auf eigene nachhaltige Handlungsweisen im Rahmen des organisierten Dienstleistungssystems.

6.4.9 Beziehung auf der virtuellen Ebene

Eine weitere Beziehungsebene ergibt sich durch die virtuelle Kommunikation, d. h. die Kommunikation im Web 2.0. Das Internet ist Teil des modernen Lebens geworden. Die überwiegende Mehrheit der heute 12- bis 19-Jährigen nutzen Facebook. Insgesamt ist die virtuelle Kommunikation nicht lediglich Werkzeug, sondern sie prägt Lebens- und Arbeitsstile. Beziehungsarbeit und -pflege sowie gesellschaftliche Kommunikation sind zunehmend verknüpft mit virtueller Kommunikation. Die Forschungslage ist noch viel zu vage, um die Potenziale und Gefahren eindeutig ausloten zu können. Festzustellen bleibt, dass das Internet ein wichtiger moderner Zugang geworden ist, um Beziehungen zu pflegen und aufrecht zu halten, neue Beziehungen zu knüpfen und sie in den Realraum überzuführen (vgl. Döring 2003). Das Internet ist zudem ein Instrument für zivilgesellschaftliche Einmischungsprozesse und politische Mitgestaltungsmöglichkeiten und es ist zentraler Ort, um Wissen abzurufen. Die Unterstützung und Bewältigung der Lebens- und Arbeitswelt, sich informieren, auf Dienste zugreifen, Einkaufen, Produkte vergleichen, all das erfolgt zunehmend mehr mit Hilfe des virtuellen Netzes. Die neuen Medien bieten viele Möglichkeiten und Potenziale für Wissen, Information, Freizeit und Unterhaltung, für Kontakte und Kommunikation, zivilgesellschaftliches Engagement und sie bieten viele Möglichkeiten der Alltagserleichterung im Beruflichen und Privaten. Voraussetzung für diese Teilhabe ist das technischen Vermögen und der kompetente Umgang mit dem Netz.

Im Rahmen der virtuellen Beziehungsebene ändern sich die Kommunikation und Formen der Kontaktaufnahme im Vergleich zum Realraum. Die Kommunikation erfolgt unabhängig von Raum und Zeit, Antworten können zeitversetzt verlaufen; die Kommunikation ist emotionsgeladen bis sachlich-direkt, selektiv und teils hochgradig anonym; es können keine Rückschlüsse aufgrund der nonverbalen Kommunikation des Kommunikationsgegenübers getroffen werden, gemachte Angaben lassen sich häufig nicht überprüfen, Personen können unter falschen Namen und Angaben kommunizieren und können ihre Selbstpräsentation gestalten. Kommunikation vollzieht sich teils innerhalb vorgegebener Formate, beispielsweise über Facebook oder Twitter. Die Verortung der eigenen Persönlichkeit im Netz gehört immer mehr zur Lebenswelt jüngerer Menschen und Berufstätiger. Die Wahrnehmung von Personen und Wirklichkeit ist zunehmend eine Wahrnehmung durch das Web 2.0, und die Art und Weise, wie sich Welt dort abbildet, was wie kommuniziert wird und welche Angebote auf die Nutzer einwirken.

Neben den genannten Nutzungsmöglichkeiten entstehen ebenso Gefahren, beispielsweise Onlinesucht und Kontrollverlust über die Medienzeit, d. h. die Zeit, die online verbracht wird. Abhängigkeiten können entstehen von Onlinespielen, von virtuellen Communities und durch die zwanghafte Nutzung von Social Medias. Gefahren entstehen auch durch die naive Weitergabe und Präsentation individueller Daten, durch eine naive Kontaktfreudigkeit bis hin zu leichtgläubigem Käuferverhalten. Gefahren entstehen dort, wo die Beziehungsaktivitäten von Betroffenen zunehmend virtuell werden, was auf Kosten reeller und Face-to-Face gelebter, zwischenmenschlicher Beziehungen geht; es drohen Wahrnehmungsverlust, die Vernachlässigung direkt gelebter sozialer Aktivitäten, die Entkoppelung vom Nahraum und schließlich Isolation. Die Gestaltung von Familien-, Freundschafts- und Freizeitbeziehungen können im positiven wie im negativen Sinne von der Art und Weise der virtuellen Beziehungsgestaltung betroffen sein. Dort, wo das Medium nicht mehr nur alltagsunterstützend genutzt wird, sondern wo sich die Beziehung zum Medium verselbständigt und Distanz- und Kontrollverlust entstehen, stellen sich vielschichtige Beziehungsprobleme ein. Gefahr ist zudem die Nutzung von risikobehafteten und kriminellen Inhalten und Methoden durch das Internet hinsichtlich Gewalt, Sexualität und Pornographie, Extremismus u. a.m, was unter dem Stichwort „Internet-Devianz" problematisiert wird.[19] Vor diesem Hintergrund gewinnt vor allem in der Kinder- und Jugendarbeit die Zusammenarbeit von Sozialer Arbeit, Medienpädagogik, Schule und Eltern an Bedeutung, um vorbeugend zu arbeiten und in problematischen Fällen Hilfen anzubieten. Soziale Arbeit wirkt mit Hilfe von Bildungsarbeit aufklärend in der Beziehungsgestaltung zum Medium und damit in Bezug auf Mediennutzung.

Darüber hinaus nutzt Soziale Arbeit das Medium als Werkzeug, um beispielsweise Angebote transparent zu machen, sie nutzt es für Beratung wie auch für institutionelle Kooperation und Vernetzung. Soziale Dienstleister präsentieren sich auf eigenen Webseiten und nutzen Plattformen wie Facebook, YouTube, Twitter, Blogs u. a.; sie nutzen Mobiltelefone, SMS-Funktionen und Mail-Marketing.

Darauf bezogene Ziele sind insbesondere:

- Beziehung zur Öffentlichkeit herstellen durch die Selbstpräsentation von Sozialunternehmen, zur Erhöhung des Bekanntheitsgrades und der Information über Dienstleistungsangebote, Stärkung der eigenen Marktpräsenz,
- Stärkung von Kooperationsbeziehungen und Vernetzung innerhalb des Unternehmens wie auch mit externen Partnern,
- Nutzung des Web 2.0 als Wissensplattform und zur Wissensrecherche,
- Personalmarketing in Bezug auf Fachkräfte und Freiwillige,
- Beziehung zu Geldgebern stärken insbesondere im Rahmen von Fundraising und Spenden,
- öffentliche Dokumentation von Projektrealisierungen und der Verwendung von Spenden,
- Kampagnen, um sich thematisch stellvertretend für die Adressaten in den öffentlichen Diskurs einzumischen,
- Beziehungen zu spezifischen Zielgruppen aufbauen, die das Web 2.0 nutzen, Aufbau von Informationsplattformen für Adressaten, wo sie lokal Hilfe bekommen können, z. B. durch Streetmaps,
- Unterstützung von Adressaten, um teilzuhaben im Netz, um sich an für sie interessante Communities anzuschließen und um Sicherheit im Umgang mit dem Netz zu gewinnen, beispielsweise durch Wissen über Vertraulichkeitsanforderungen und Datenschutz,

---

[19] Siehe eine Studie der Landesanstalt für Medien Nordrhein-Westfalen (LfM). www.lfm-nrw.de und lfm_devianzstudie.pdf. (Zugriff 6.8.2012).

- Online-Beratung, vor allem für Adressaten, die anonym bleiben wollen oder deren priorisiertes Kommunikationsmedium das Internet ist.

Virtuelle Kommunikation setzt technisches Vermögen und den kompetenten Umgang mit dem Netz voraus. Darüber hinaus braucht es Wissen im Umgang mit Datenschutzbestimmungen, insbesondere im Umgang mit Interviews, Bildern und Videos, in denen Adressaten vorkommen. Es braucht Wissen über virtuelle User-Gewohnheiten, um Adressaten gezielt ansprechen zu können, und es braucht Wissen über den kommunikativen Umgang im Internet sowie über Kommunikationsstile. Diese beziehen sich u. a. auf Fragen, wie über Adressaten berichtet wird, wie mit Adressaten online kommuniziert wird, wie mit sensiblen Daten umgegangen wird, und wie Adressaten in ihrer kommunikativen Kompetenz im Umgang mit dem Web 2.0 unterstützt werden können.[20] Auf der Systemebene geht es um Fragen, wie Mitarbeiter und Mitarbeiterinnen über den eigenen Arbeitgeber online kommunizieren, wo gegebenenfalls Loyalitätspflichten verletzt werden und eine imageschädigende Öffentlichkeitsarbeit durch Einzelne erfolgt.

6.4.10 Beziehung auf der professionellen Hilfeebene

Die professionelle Hilfebeziehung setzt Wissen und Kompetenzen im Umgang mit den hier skizzierten Beziehungsebenen und deren Spezifika voraus. Gleichsam kennzeichnet die professionelle Hilfebeziehung einen eigenen Beziehungstyp, der sich im Kontext gesellschaftlicher Strukturen, im Kontext des Dienstleistungssystems und dessen Umfeld, im Kontext der Profession sowie im Kontext des Habitus und der Kompetenzen der professionellen Fachkräfte, der Mitarbeiterschaft und Freiwilligen im Hilfesystem sowie im Kontext der Adressaten und deren relevanter Umwelt formt. Eingefärbt wird die Helferrolle vor allem durch das organisierte Dienstleistungssystem, den darauf bezogenen strukturelle Abläufen, Mustern, Kommunikationsstilen, Argumentationsroutinen etc.

Die Kommunikation in der Hilfebeziehung vollzieht sich vor dem Hintergrund verschiedener Schnittmengen, insbesondere: Professionelle/Adressat; System/Klient; Professionelle/Dienstleistungssystem. Sie changiert zwischen interpersoneller Kommunikation und formaler Systemkommunikation. Damit die Hilfekommunikation gelingt, setzt es von fachlicher Seite neben Kommunikationskompetenz vor allem Bewusstheit, Offenheit, Transparenz und Rollenklarheit voraus sowie die Fähigkeit, eine professionelle Hilfebeziehung aufzubauen und zu pflegen.

---

[20] Vgl. hierzu beispielsweise den Deutschen Knigge-Rat, der dazu Empfehlungen gibt. http://www.knigge-rat.de/themen.html (Zugriff 20.11.2011).

Inklusion – Teilhabe – Lebensqualität in der Hilfebeziehung

Fragen der Inklusion, Teilhabe und Lebensqualität betreffen in ganz besonderer Weise die professionelle Hilfebeziehung. Die Inklusion der Betroffenen in das Hilfesystem erfolgt auf zwei Ebenen: zum einen auf der interpersonellen Ebene, auf der sich professionell Helfende und Betroffene begegnen; zum anderen auf der formalen Systemebene, wo es um das Zusammenspiel von Organisation und Klient geht. In der direkten Hilfebeziehung sind die Betroffenen mit ihrer Person inkludiert, d. h. sie können das, was sie betrifft und bewegt einbringen. Hingegen werden in der Beziehung zum formal organisierten Hilfesystem die Betroffenen als *Fälle* geführt, gekennzeichnet durch bestimmte soziale Ausgangslagen und in der Regel durch Problemmerkmale. Durch diese wird das Hilfesystem tätig und kann den Fall verwaltungsmäßig bearbeiten und abrechnen.

Die Verbesserung von Inklusion, Teilhabe und Lebensqualität der Adressaten beginnt auf der Ebene der professionellen Hilfebeziehung. Teilhabe meint nicht nur die Teilhabe an professioneller Hilfe und den damit einhergehenden Ressourcen (Information, Kontakte, Wissen etc.), sondern zielt ebenso auf Partizipation. Den Hilfeprozess gilt es zusammen mit den Betroffenen zu gestalten. Partizipation richtet sich auf das Einbringen können von Kompetenzen, Erfahrungen und Stärken der Betroffenen. Lebensqualität aus der Sicht der Betroffenen wird darüber hinaus durch einen achtsamen, takt- und würdevollen Umgang mit ihren Anliegen und Eigenheiten erwirkt, durch Bedürfnissensibilität und das Gefühl des Angenommenseins, der Diskretion und des Schutzes. Die helfende Beziehung kennzeichnet sich durch eine *vertrauensvolle, aufgabenorientierte* und *formelle* Beziehungsstruktur, die von professionell-distanziert bis professionell-eng reicht, je nach Unterstützungs- und Betreuungshintergrund. Somit bestimmt der Hilfehintergrund die Beziehungsstruktur und damit einhergehend den Grad der Offenheit, der emotionalen Bindung, Abhängigkeit und zeitlichen Intensität (Heidbrink u. a. 2009, 97).

Die Professionellen handeln in ihrer Rolle als Helfende vor dem Hintergrund ihres professionellen Selbstverständnisses, ihrer Kompetenz, der zur Verfügung stehenden Ressourcen, des Organisationsrahmens und vor dem Hintergrund ihrer gesellschaftlichen Legitimität als Angehörige einer Profession. Von weitreichender Bedeutung für die Gestaltung der Hilfebeziehung ist die Persönlichkeit der professionell helfenden Person und damit einhergehend wie offen, kommunikativ, empathisch und flexibel sie sich zeigt, wie sie die Betroffenen partizipativ einbindet, wieviel Distanz sie zu dem Fall aufbringt, um diesen nicht mit eigenen Lebensgeschichten zu verstricken und wie sie trotz professioneller Distanz Nähe und Vertrauen aufbauen kann. Je nachdem, wie die Professionellen den Fall, die Aussagen der Betroffenen und die jeweiligen Beziehungen konstruieren, gestalten sich der Hilfeprozess, die Vorgehensweisen, die Kommunikation und die Maßnahmen. Damit Beziehungsgestaltung und Helfen gelingen können, setzen diese auch auf der professionellen Seite Teilhabe voraus, und zwar Teilhabe an den wichtigen Lebensdaten, Erlebnissen und Sichtweisen der Adressaten, deren grundsätzliche Offenheit und die Bereitschaft, sich helfen zu lassen. Es setzt ein Funktionieren der Hilfebeziehung voraus, insbesondere durch die gegenseitige Einhaltung von Kontrakten, die Eingrenzung des Hilfeumfangs, das Führen von Personaldaten und durch Dokumentation.

Um Helfen zu können, braucht es eine tragfähige Hilfebeziehung. Bernd Sommer (2009, 96) reklamiert in diesem Zusammenhang den Grundsatz: „Beziehung vor Inhalt" und drückt dies wie folgt aus:

> „Der Grundsatz Beziehung vor Inhalt umfaßt vor allem die Aussage, daß im Rahmen von sozialpädagogischer Arbeit stets zunächst mit- bzw. zwischenmenschlicher Kontakt bzw. eine Beziehung zu dem Klienten aufgebaut werden muß, bevor gemeinsam inhaltliche Fragen bearbeitet werden können. Eine vertrauensvolle, von gegenseitiger Achtung und Respekt gekennzeichnete Beziehung von Mitarbeiter/in zu Klient/in der Sozialen Arbeit kann strenggenommen als eine (Grund-)Voraussetzung dafür angesehen werden, dass inhaltlich gearbeitet werden kann."

Entwicklungsorientierung

Ein weiterer Aspekt der professionell helfenden Beziehung ist die *Entwicklungsorientierung* beziehungsweise die zielorientierte Komponente im Hilfeprozess, wie sie seinerzeit von Ruth Bang (1964, 95) formuliert worden ist. Auch die International Federation of Social Workers (IFSW)[21] bringt diesen Zugang zum Ausdruck. Soziale Arbeit ist prozessual angelegt und ist in der Regel mit Veränderungszielen verbunden. Soziale Arbeit, wie sie hier konzipiert wird, zielt auf Veränderungen im Fühlen, Denken, Kommunizieren, Handeln und Verhalten der Adressaten und zwar mit Blick auf eine verbesserte Inklusion, Teilhabe und Lebensqualität. Die professionelle Beziehungsarbeit hat somit eine Doppelperspektive. Der Blick richtet sich einerseits auf Inklusion, Teilhabe und Lebensqualität in der Hilfebeziehung selbst und andererseits auf die Verbesserung von Inklusion, Teilhabe und Lebensqualität innerhalb des Beziehungskontextes der Adressaten. Das Gesagte ist umso bedeutsamer, wo es um Zwangskontexte geht, beispielsweise Psychiatrie, Heim oder Strafvollzug, und wo besondere strukturelle Bedingungen mit der hier dargelegten Grundorientierung Sozialer Arbeit vermeintlich im Widerspruch stehen. Hierzu gibt es keine Patentlösungen. Eine gute Mischung zu finden zwischen Zurückhaltung, Geduld und Intervention ist eine Gratwanderung. Teilhabe und Lebensqualität vor dem Hintergrund von Zwangsinklusion zu realisieren setzt u. a. transparente Kommunikation und Information über Maßnahmen und Abläufe voraus, Bedürfnisabfrage und Mitgestaltungsmöglichkeiten im Alltag.

---

[21] www.ifsw.org/p38000409.html und www.dbsh.de/internationale.pdf (Zugriff 6.8.2012)

Deutungen

Professionelles Beziehungshandeln basiert auf Deutungen, was Problemzusammenhänge, Bedarf, Bedürfnisse und mögliche Lösungswege betrifft. Es gibt keine objektive Instanz für richtige oder falsche Sichtweisen. Professionelle bringen ihre persönlichen Beziehungserfahrungen in die helfende Beziehung ein und deuten diese vor ihrem Erfahrungshintergrund. Der subjektive Filter des professionellen Beobachters läuft beim Wahrnehmen, Kommunizieren und Handeln wie ein roter Faden mit, d. h. neue Informationen werden in eine innere Interpretationsstimmigkeit gebracht. Wirklichkeit wird konstruiert und rekonstruiert und zwar im Kontext der inneren Logiken und Programme (Watzlawick 2006; Roth 2001). Die professionelle Aufgabe ist es deshalb, das Beobachtete theoretisch einzuordnen, Deutungen selbstkritisch zu prüfen und das Wahrgenommene und Interpretierte als Diskursmaterial für die Beziehungsbeteiligten zur Verfügung zu stellen, um es deren Perspektiven auszusetzen. Auf professioneller Seite geht es um wissenschaftlich gestützte und begründete Deutungen in Verbindung mit Erfahrung. Professionelle sind nicht die Problemexperten, sie haben zwar einen Wissens- und Erfahrungsvorsprung, jedoch setzt der Hilfeprozess eine vertrauensvolle Beziehungsarbeit und die Beteiligung der Adressaten und deren Umwelt sowie den Einbezug gegebenenfalls weiterer Helfersysteme voraus. Vor diesem Hintergrund kommen Analysen zustande und werden Lösungen gefunden. Aus den verschiedenen Perspektiven und Beziehungskonstellationen werden im positiven Fall Ressourcen gebündelt, um Entwicklungsprozesse voran zu bringen. Wie sich die helfende Beziehung tatsächlich gestaltet, unterliegt ebenfalls Deutungen. Was für den Adressaten eher freundschaftlich wirkt, ist aus der Sicht des Professionellen möglicherweise eine freundlich-professionelle, jedoch distanzierte Haltung. Interkulturelle Kontexte können das Deuten von Beziehungen aufgrund unterschiedlicher Symboliken, Rollenzuschreibungen und Wertprämissen im Einzelfall erschweren. Somit braucht es Verständigungsakte, um über die Hilfebeziehung zu reflektieren und unterschiedliche wie gemeinsame Sichtweisen und Anliegen herauszuarbeiten.

Professionelle Hilfeprozesse sind kontingent, das heißt unbestimmt. Hilfeprozesse können auch scheitern. Luhmann verweist darauf, dass das Wissen und die Werte einer Profession nicht Garant für deren erfolgreiche Umsetzung im Einzelfall sind. „Professionen arbeiten unter der Bedingung von Unsicherheit des Erfolgs ihrer eigenen Eingriffe" (Luhmann 2002, 148 f.). Das wiederum setzt voraus, dass sie ihren eigenen Arbeitsbereich schützen, beispielsweise durch kollegiale Unterstützung, aber auch durch bewährte Routinen, die Erfolgschancen zumindest vermuten lassen.

6.5 Tragfähige Beziehungen

Inklusion, Teilhabe und Lebensqualität, so wurde formuliert, setzen *tragfähige Beziehungen* voraus. Die Dimensionierung des Beziehungsbegriffs, wie sie hier vorgenommen wurde, macht die Komplexität der Beziehungen deutlich, mit denen sich Soziale Arbeit reflexiv und handelnd beschäftigt. Reflexiv geht sie vor, um Befindlichkeiten, Probleme, Prozessdynamiken und Bedarf zu verorten, zu verstehen und zu erklären und um darauf bezogen professionell zu handeln. Über die Dimensionierung der Beziehungen auf den unterschiedlichen Systemebenen werden zugleich die Anforderungen an Beziehungen deutlich. Damit beispielsweise Arbeitsbeziehungen tragfähig sind, gilt es, individuelle Bedürfnisse und Befindlichkeiten mit systemrationalen Anforderungen abzustimmen. Konkret: Es geht um die Ausbalancierung personaler und funktionaler Aspekte. Ein Unternehmen kann aus seiner Logik heraus nicht lediglich bedürfnisorientierte Kriterien an die Arbeitsbeziehung legen, sondern legt aus Gründen der Systemstabilisierung Kriterien der Funktionalität an, beispielsweise in Bezug auf Leistung, Kompetenzen, Organisationsstruktur, Effizienz und Effektivität. Gleich ob es sich um Freundschaftsbeziehungen, Arbeitsbeziehungen, Familienbeziehungen oder andere soziale Systeme handelt, so geht es stets um die Frage der Ausbalancierung personaler und funktionaler Kriterien, die, je nach Beziehungstypus, unterschiedlich gewichtet sind. Auch in einem Partnerschaftssystem sind funktionale Fragen wichtig, beispielsweise hinsichtlich der Aufgabenteilung. Von der Systemseite her orientiert sich Tragfähigkeit mehr an den Funktionsanforderungen eines Systems. Bedeutsam sind unter anderem Strukturen, Ressourcenallokation, klare Regeln und eine Aufgabenverteilung. Das System Schule beispielsweise setzt funktionsfähige Strukturen voraus. Je mehr jedoch der funktionale Aspekt im Vordergrund steht, desto mehr treten Bedürfnisse von Schülern und Lehrern in den Hintergrund. So sind personelle und systemstrukturelle Belange aufeinander abzustimmen, was häufig eine große Herausforderung darstellt.

Gregory Bateson (1992, 110 ff., 142 ff.) macht deutlich, dass die Stabilität und Tragfähigkeit von Beziehungen voraussetzt, dass die Akteure füreinander wechselseitig relevant sind, dass es Gemeinsamkeiten gibt und dass sie trotz Komplementarität Elemente des jeweils anderen in ihre Perspektive integrieren können. Übertragen auf das vorher Gesagte setzt Tragfähigkeit voraus, dass die Ausbalancierung unterschiedlicher Bedürfnisse und Interessen wie auch von personalen und funktionalen Belangen aus der Sicht der Beziehungsakteure gelingt. Bateson macht deutlich, dass dort, wo nur zweckorientierte Rationalität vorherrscht ohne Rücksicht auf andere menschliche Dimensionen, Pathogenität erzeugt wird. In ihrem rechtlich abgestützten Handlungsrahmen kann Soziale Arbeit gegen eklatante Bedürfnisbeeinträchtigungen mit Hilfe von Eingriffsrechten intervenieren, beispielsweise bei Gewalt in Familien, Gruppen oder wenn Personen sich selbst verletzen. Soziale Arbeit unterstützt die Beziehungen in ihrer Tragfähigkeit beispielsweise durch Sensibilisierung, Vermittlung, Kompetenzaufbau und Intervention. Dort, wo erwachsene, rechtsfähige Menschen selbstbestimmt private Beziehungen gestalten, die aus professioneller Sicht weder als fair noch menschenwürdig zu bezeichnen sind, hat sich Soziale Arbeit zurückzunehmen, wenn für die Betroffenen, warum auch immer, diese Beziehungen als tauglich und lebenswert erachtet werden. Menschen, die kein festes Obdach haben wollen, dürfen nicht zwangsweise dazu verpflichtet werden, sesshaft zu werden. Soziale Arbeit kann in solchen Fällen sensibilisieren und niederschwellige Angebote machen, hat aber die Freiheit der Betroffenen, ihr Leben nach ihren Vorgaben zu gestalten, zu respektieren. Dieser Punkt ist wichtig, wenn im Weiteren von Tragfähigkeit gesprochen wird.

Der Begriff der Tragfähigkeit in der hier verwendeten Weise steht in Zusammenhang mit ethischen, bedürfnisorientierten wie auch funktionalen Aspekten. So gesehen zielt Tragfähigkeit grundsätzlich auf eine qualitativ stabile Austauschbeziehung. Da Beziehungen dynamisch sind, ist die Tragfähigkeit von Beziehungen immer wieder neu herzustellen. Ob eine Beziehung tragfähig ist und in welcher Weise ist letztlich deutungsabhängig und es braucht darüber Verständigungsprozesse.

Aus einer professionellen Perspektive und im Kontext ethischer Leitlinien sind Beziehungen dort nicht tragfähig, wo beispielsweise Chancen verwehrt werden, Ausgrenzungen erfolgen, Bedürfnisse missachtet werden, wo Austauschbedingungen nicht fair verlaufen, wo einseitige Belastungen, Machtmissbrauch oder Ausbeutung gegeben sind, wo Teilhabe und damit einhergehend Zugang zu Ressourcen, Status und Partizipation erschwert sind oder mangels Kompetenz nicht wahrgenommen werden können, wo Entwicklungspotenziale nicht entfaltet werden können, wo Würde und Achtsamkeit Personen gegenüber nicht gegeben sind und wo Selbstwert, Selbstbewusstsein und Selbstwirksamkeit nicht zureichend entwickelt werden können (vgl. Geiser 2009, 59 ff.).

Positiv konnotiert bedeutet Tragfähigkeit, dass Inklusion, Teilhabe und Lebensqualität im förderlichen Sinne zum Tragen kommen. Dazu gehört, dass die personellen Akteure ihre Rolle, ihre Aufgaben, ihr Tun, die in der konkreten Beziehung an sie herangetragenen Erwartungen und Ansprüche tragen und mittragen können und zwar so, dass sie all das nicht überfordert, krank macht oder entpersönlicht. Beziehungen sind tragfähig, wenn Kooperation zum Tragen kommt, wechselseitige Ansprüche und Perspektiven verarbeitet werden, und ein Miteinander möglich wird, wenn die Kommunikation respektvoll, rücksichtsvoll, klar und transparent gestaltet wird, wenn die Haltung der Akteure auf gegenseitiges Verstehen wollen gerichtet ist, wenn Mitgefühl vorhanden ist, wenn die Lasten fair, bedürfnis-, rollen- und situationsgerecht verteilt sind, wenn Geben und Nehmen fair verlaufen, wenn einseitige Belastungen sinnvoll erlebt werden können, weil sie zum Nutzen des Ganzen beitragen (z. B. Belastungen der Eltern in der Familie), wenn Beziehungen stärkend sind, wenn daraus Kraft, Elan, Freude zu ziehen sind.

Der Anspruch an tragfähige Beziehungen ist aus der ideellen Perspektive hoch und wird in der Praxis immer nur bedingt eingelöst werden können. Das hier Formulierte kennzeichnet die Richtung, die anzustreben ist bei all den Schwierigkeiten und Grenzen in der Praxis. Das, was sein soll, gewollt wird, subjektiv oder funktional wichtig ist, kollidiert häufig aufgrund der verschiedenen Interessen, Sichtweisen, Wünsche und Bedürfnisse wie auch aufgrund suboptimaler Rahmenbedingungen und ungleicher Machtverhältnisse. All das erschwert die Vermittlung und die Aushandlungsprozesse oder macht sie im Einzelfall gar unmöglich. Unabhängig davon gehören Konflikte und Unvereinbarkeiten in dem, was gewollt und gesollt wird, in den Beziehungsalltag. Konflikte können vieles voranbringen und Motor für die Gestaltung tragfähiger Beziehungen sein. Das Gesagte soll verdeutlichen: Es geht hier nicht um einen naiven harmonistischen Anspruch an Beziehungen, sondern um eine professionelle Beziehungsarbeit vor dem Hintergrund eines Generalnenners, der wertegebunden ist, in dem Wissen, dass die Werte immer nur teilweise realisiert werden können. Der Prozess der Beziehungsarbeit ist oft schwierig und es gibt Grenzen in den Personen wie auch in den Systemen und Beziehungen. Auch die Professionellen kommen immer wieder an ihre Grenzen, sind überfordert und haben blinde Flecken. Wichtig ist es, sich klar darüber zu sein, in welche Richtung gearbeitet wird, hier: in Richtung der Gestaltung tragfähiger Beziehungen, um Inklusion, Teilhabe und Lebensqualität zu erwirken.

6.6 Inklusion – Teilhabe – Lebensqualität: bezogen auf das Subjekt und auf soziale Systeme

Die Begriffe Inklusion, Teilhabe und Lebensqualität wurden in den bisherigen Ausführungen subjektorientiert formuliert und nicht explizit auf soziale Systeme bezogen. Diesen Punkt gilt es an dieser Stelle genauer zu reflektieren. Die Frage ist, ob die Begriffe Inklusion, Teilhabe und Lebensqualität auch für soziale Systeme herangezogen werden können. Ohne Schwierigkeiten lässt es sich von der Lebensqualität einer Paarbeziehung, einer Freundschaftsbeziehung oder Familie sprechen. Eine Familie kann beispielsweise durch familienunterstützende Ferienmaßnahmen einen Zuwachs an Lebensqualität erfahren, wenn Eltern und ihr Kind mit einer körperlichen Behinderung gemeinsam Ferien in einem dafür geeigneten Feriendomizil machen können und gegebenenfalls finanziell unterstützt werden. Etwas merkwürdig klingt es hingegen, wenn von der Lebensqualität eines Unternehmens gesprochen würde, da es hier vorrangig um Aspekte der Funktionalität geht. Wiederum weniger problematisch ist es, die Begriffe Inklusion und Teilhabe auf formal organisierte Systeme zu beziehen. Ein Unternehmen kann sich in ein Wirtschaftsförderprogramm inkludieren und kann teilhaben an Förderprogrammen. Inklusion und Teilhabe bei diesem Beispiel zielen nicht auf Lebensqualität, sondern auf Funktionssteigerung.

Vor dem Hintergrund des Gesagten schlage ich deshalb folgende Verwendung der Begriffe vor:

Die Begriffe Inklusion, Teilhabe und Lebensqualität sind in erster Linie auf das Subjekt bezogen, in zweiter Linie lassen sie sich ebenso für *interpersonelle Systeme* wie Paare, Gruppen, Familie etc. verwenden. Das heißt dort, wo Personen beziehungsbestimmend sind, greifen die Begriffe. Formal organisierte Systeme wie auch Netzwerke, insbesondere institutionalisierte Netzwerke, haben vorrangig eine funktionale Ausrichtung. Lebensqualität ist hier kein passender Begriff, sondern es geht um Funktionserhalt und Funktionssteigerung im Rahmen des Systemzwecks. Hingegen eignen sich die Begriffe Inklusion und Teilhabe, um Bedingungen und Bedarf von Systemen zu reflektieren.

> Halten wir fest:
>
> Als Gegenstand der Sozialen Arbeit wurden tragfähige Beziehungen zwischen Personen und ihrer Umwelt formuliert, um Inklusion, Teilhabe und Lebensqualität zu stärken. Bezugspunkt Sozialer Arbeit ist der Mensch in seinen vielschichtigen Beziehungen, die, je nach Relevanz, im Rahmen der professionellen Hilfebeziehung zu reflektieren und zu gestalten sind.
>
> Folgende Beziehungsebenen wurden dimensioniert:
> - Beziehung auf der intrapersonellen Ebene
> - Beziehung auf er interpersonellen Ebene
> - Beziehung auf der kulturellen Ebene
> - Beziehung auf der formal organisierten Systemebene
> - Beziehung auf der Netzwerkebene
> - Beziehung auf der Gesellschafts- und Funktionssystemebene
> - Beziehung auf der ökologischen Ebene
> - Beziehung auf der virtuellen Ebene
> - Beziehung auf der professionellen Hilfeebene
>
> Soziale Arbeit ist Spezialistin im Umgang mit den unterschiedlichen Beziehungen, deren Anforderungen und Spezifika. Dies setzt interdisziplinär erforschtes Beziehungswissen und Kommunikationswissen voraus. Soziale Arbeit, will sie Beziehungen stärken, braucht sowohl einen psychologischen (z.B. Watzlawick u.a. 2011; Schulz von Thun 2010) wie auch einen soziologischen Kommunikationsbegriff (Luhmann 1984, 193ff.), um den unterschiedlichen Kommunikationsanforderungen auf den verschiedenen Beziehungsebenen gerecht zu werden.
>
> Beziehungsarbeit ist eine Arbeit mit Personen und Rollenträgern im Kontext von Systemen. Die Personen stehen im Vordergrund und werden in ihrem Umweltkontext wahrgenommen. Soziale Arbeit handelt subjektbezogen wie

auch auf der sozialstrukturellen Ebene. In diesem Spagat bewegt sich das Aufgabenspektrum Sozialer Arbeit. Stichworte dazu sind: helfen und unterstützen, fördern, vermitteln, motivieren, Bewusstsein schaffen, Kompetenzen stärken, Ressourcen mobilisieren und sozialstrukturelle Verbesserungen schaffen, Lobbyarbeit und überhaupt politische Arbeit. Das Spiel der gegenseitigen Anpassung im Kontext Person-Umwelt gilt es zu bewältigen und zwar inmitten von Ungleichgewichten in Bezug auf Rollen, Kompetenzen, Ressourcen und Machtverhältnissen. Um das zu meistern brauchen Professionelle wie auch die Beziehungsbeteiligten Selbstkompetenz und soziale Kompetenz, Wissen und Können.

Inklusion, Teilhabe und Lebensqualität nehmen ihren Ausgangspunkt in der professionellen Hilfebeziehung. Insgesamt erlaubt der Beziehungsbegriff Spielräume in der Frage, ob bestimmte Anliegen und Probleme mehr subjektbezogen oder sozialstrukturell bearbeitet werden. Der auf Beziehung gerichtete Fokus entspringt nicht einer harmonistischen Auffassung, sondern einem Zugang, der in Schnittstellen, Überlappungen, Widersprüchen, Unvereinbarkeiten und Brüchen denkt.

Soziale Arbeit handelt in einer Gemengelage von Beziehungen und muss sich innerhalb komplexer Verschachtelungen und differierenden Kommunikationen theoretisch wie praktisch zurechtfinden. In diesem Netz vielschichtiger Beziehungskonstellationen und darauf bezogenen Austauschbedingungen soll dann das geschehen, was Ruth Bang eine beruflich-persönliche Beziehung zwischen Helfenden und Adressaten benennt, die eine gewisse Identifizierung des Hilfsbedürftigen mit dem Helfenden ermöglicht. Denn ohne diese, so Bang, lassen sich keine Wandlungsprozesse erreichen (Bang 1964, 131).

In diesem Kapitel wurden systemische Denkweisen ansatzweise gestreift, so dass nun im folgenden Kapitel die theoretischen Denkfiguren entfaltet werden, um mit deren Hilfe Beziehungen theoriegeleitet zu reflektieren und zu bearbeiten.

7 Theoretische Denkfiguren

In den vorangehenden Kapiteln wurden Leitwerte für die Soziale Arbeit dargelegt, die Gegenstandsbestimmung vorgenommen und die Beziehungen dimensioniert. Im nächsten Schritt geht es nun darum, theoretische Denkfiguren darzulegen, um Beziehungen zu reflektieren und um ihre Dynamiken zu verstehen als Voraussetzung für professionelles Handeln. Der Begriff der Denkfigur taucht im wissenschaftlichen Kontext und interdisziplinär immer wieder auf und lässt sich als Teil des theoretischen Werkzeugkoffers beschreiben. So gibt es beispielsweise hermeneutische Denkfiguren, marxistische Denkfiguren, postmoderne Denkfiguren u.a.m. Silvia Staub-Bernasconi hat für ihren Ansatz den Begriff der prozessual-systemischen Denkfigur gewählt. Denkfiguren lassen sich als ausgewählte theoretische Zugänge in einer Disziplin beschreiben. Denkfiguren zielen auf theoretische Komplexitätsreduktion, um gleichzeitig das Essentielle für die praktische Anwendung zu schärfen.

Wenn ich hier von theoretischen Denkfiguren spreche und den Plural verwende, so deshalb, weil mehrere Denkfiguren im Rahmen der Kernbestimmung Sozialer Arbeit herangezogen werden. Diese Denkfiguren stehen nicht isoliert, sondern sind aufeinander bezogen und bedingen sich wechselseitig. Denkfiguren helfen, Wirklichkeit zu beschreiben, zu analysieren, zu strukturieren und Phänomene einzuordnen. Hinter Denkfiguren stehen Begriffe und Aussagen und somit Theorien. Die Summe der herangezogenen Denkfiguren ergibt noch keine Theorie, jedoch stellen die Denkfiguren eine theoretische Hintergrundfolie dar, um Beziehungen zu reflektieren und um Zugänge für das professionelle Wahrnehmen und Handeln zu entfalten.

Im Folgenden werden fünf grundlegende theoretische Denkfiguren dargelegt:

- komplementäre Denkfigur
- systemisch-vernetzte Denkfigur
- konstruktivistische Denkfigur
- prozessual-entwicklungsorientierte Denkfigur
- disziplinäre, inter- und transdisziplinäre Denkfigur

Die hier dargelegten Denkfiguren stellen eine theoretische Auswahl und Möglichkeit dar, Wirklichkeit zu denken und zu reflektieren. Die Auswahl gründet in einer grundlegenden systemischen/systemtheoretischen Ausrichtung der Autorin und der Annahme, dass die Denkfiguren grundsätzlich brauchbar im Rahmen einer Kernbestimmung Sozialer Arbeit sind. Insgesamt ist durch die Denkfiguren zwar keine geschlossene Theorie, jedoch ein theoretisches Gesamtbild angestrebt, das den hier vorgestellten Kern Sozialer Arbeit prägt. Die systemisch-vernetzte Denkfigur fungiert leitend.

7.1 Komplementäre Denkfigur

Komplementäres Denken ist ein Gegenkonzept zum dualistischen bzw. dichotomen Denken. Dualismen kennzeichnen sich als Gegensatzpole im Sinne zweier sich widersprechender Hälften. Die Soziale Arbeit weist eine Fülle solcher Dualismen auf. Beispiele dafür sind:

Sozialarbeit – Sozialpädagogik
Theorie – Praxis
Lebenswelt – Gesellschaft
Subjekt – Gesellschaft
Hilfe – Kontrolle
Fürsorge – Empowerment
Selbstbestimmung – Fremdbestimmung
Macht – Ohnmacht
Freiheit – Zwang
Täter – Opfer
Teilhabe – Nichtteilhabe
Inklusion – Exklusion
Autonomie – Abhängigkeit
Nähe – Distanz
Anerkennung – Kritik
Kompetenz – Inkompetenz

Die Aufzählung ließe sich fortsetzen. Das Denken in Entweder-Oder-Kategorien ist grundsätzlich problematisch, weil es schnell zum Denken in Gut-Schlecht oder Richtig-Falsch führt und so die Praxis in ihrer Vielschichtigkeit und Ambivalenz nicht zureichend erfassen kann. Das Denken in Dichotomien neigt zur Polarisierung und ist wenig geeignet, die gegenseitigen Verweisungen der Pole zu erfassen.

Komplementäres Denken zielt auf eine andere Richtung. Es setzt nicht auf Spaltung, sondern auf gegenseitige Verweisungen (vgl. Bateson 1992, 110 f.). Die Pole werden als Eckpunkte verstanden, die sich gegenseitig brauchen. Überhaupt verweisen die Pole auf ein darüberstehendes Ganzes. Die Kategorien Mann und Frau verweisen auf die übergeordnete Kategorie Mensch; Freiheit und Zwang sind Pole des Leben usf. Das Eigentliche spielt sich nicht an den Polen, sondern im Raum zwischen den Polen ab. Es ist der Raum der Konkretisierung und des Facettenreichtums. Komplementäres Denken vollzieht sich in Schnittstellen, Überlappungen, Widersprüchen, Unvereinbarkeiten und Brüchen.

Im Folgenden werden exemplarisch anhand von drei ausgewählte Dichotomien komplementäre Zugangsweisen aufgezeigt, die für die Soziale Arbeit relevant sind, konkret:

- Subjekt/Gesellschaft
- Theorie/Praxis
- Hilfe/Kontrolle

7.1.1 Subjekt/Gesellschaft

Je nach theoretischen Konzepten werden die Pole Subjekt-Gesellschaft dual oder komplementär gedacht. Herausgebildet haben sich entlang der Pole handlungstheoretische und gesellschaftstheoretische Ansätze. Die Frage lautet, inwieweit menschliches Handeln das Soziale bestimmt beziehungsweise inwieweit Gesellschaft Subjekthandeln und Interaktionen bestimmt. Anders formuliert: Vollzieht sich Handeln mehr selbstbestimmt oder mehr fremdbestimmt? Ist der Mensch gesellschaftlichen Zwängen unterworfen oder kann er sein Dasein selbst gestalten? Wenn ja, in welchem Ausmaß? Sind gesellschaftliche Strukturen und Zwänge Resultat handelnder Individuen, oder ist menschliches Handeln mehr Resultat gesellschaftlicher Strukturen? All diese Fragen werden von den entsprechenden theoretischen Richtungen unterschiedlich beantwortet. Grob lässt sich sagen, dass *handlungstheoretische* Ansätze mehr auf menschliches Handeln und dessen Einflusskraft fokussieren und dass gesellschaftstheoretische Ansätze, die sich mehr mit Organisationen, sozialen Strukturen und Dynamiken beschäftigen, eher auf die Einflussmomente der Gesellschaft fokussieren (vgl. Münch 2004, 2007). Die Kritische Theorie beispielsweise, durch den Marxismus beeinflusst, zeigt leitmotivisch ein duales Denken, indem sie die Gesellschaft als die dominierende Einflussgröße für das soziale Leben und das Bewusstsein darstellt, die, wie Habermas argumentiert, kolonialisierend auf die Lebenswelt wirkt. Die Systemtheorie Luhmanns beschreibt mit Hilfe des Systembegriffs ebenfalls die Einflussgröße von Gesellschaft und von sozialen Systemen, in denen der Mensch systembeeinflusster Rollenträger ist. John Stuart Mill (2009), der im 19. Jahrhundert im aufgeklärten Denken verhaftet war, argumentiert am andere Pol. Er lässt die Dominanz von Strukturen nicht gelten. Sein Ausgangspunkt sind die Individuen, die durch ihr Handeln Kräfte entfalten, das heißt das Subjekt hat soziale Gestaltungskraft.

Insgesamt geht es also um theoretische Grundsatzentscheidungen, wie das Verhältnis von Mensch und Gesellschaft gedacht wird: dual oder komplementär. Der Begriff der Komplementarität verweist auf die grundsätzliche Wechselwirkung und gegenseitige Beeinflussung von Mensch und Gesellschaft. Beide Kategorien lassen sich aus anthropologischer Sicht als die Pole von Welt als Ganzem betrachten, einer Welt, die symbolisch vermittelt ist. Komplementäres Denken in dem hier gemeinten Sinne zielt darauf, grundsätzlich in Wechselwirkungen zu denken, ohne vorab festzulegen, welcher Pol dabei dominant ist. Dies lässt sich, so die Annahme, nur situativ und in Anlehnung an den konkreten Beziehungskontext bestimmen. Im vorigen Kapitel wurde dargelegt, dass interpersonelle Beziehungen und Netzwerkbeziehungen in besonderer Weise subjektbezogen sind, im Gegensatz zu Beziehungen im Rahmen formal organisierter Systeme, die stärker durch rationale Systemlogiken geprägt sind.

Eine Vermittlung zwischen Einflüssen des Subjekts und des Sozialen wurde theoretisch immer wieder angestrebt, beispielsweise durch den sozialpsychologischen Ansatz von George Herbert Mead wie auch dessen Nachfolger und Vertreter des Symbolischen Interaktionismus. Auch Berger/Luckmann (2004) untersuchen das dialektische Verhältnis von Mensch und Gesellschaft. In der Soziologie versteht sich die „Münchner Schule" um Karl Martin Bolte im Vermittlungsprozess zwischen Subjektorientierung und gesellschaftlicher Orientierung (Bolte 1983, 12 ff.). Pierre Bourdieu (1982) zeigt in seinen kultursoziologischen Studien auf, wie Individuen gesellschaftliche Strukturen inkorporieren und reproduzieren und zeigt auf die Verweisungszusammenhänge zwischen Subjekt und Gesellschaft. Dezidiert wendet er sich gegen dualistisches Denken. Harrison White (2008) vertritt im Rahmen der Netzwerkforschung ebenfalls eine komplementäre Ausrichtung und argumentiert, dass sich das Soziale in Netzwerken nicht auf Individuen reduzieren lässt und versucht eine theoretische Vermittlung zwischen individuellem Akteurshandeln und Systemstrukturen.

Die komplementäre Denkfigur korrespondiert mit einem Zugang, der von der grundsätzlichen Möglichkeit ausgeht, dass Individuen soziale Welt konstruieren und gestalten, und zwar vor dem Hintergrund einer bereits gestalteten und strukturierten sozialen Welt. Je nach Beziehungsebene gibt es mehr oder weniger Möglichkeiten für das Subjekt, sozial Einfluss zu nehmen.

7.1.2 Theorie/Praxis

Eine tief eingespurte Dichotomie in der Sozialen Arbeit ist die Trennung zwischen Theorie und Praxis Sozialer Arbeit. Das Studium der Sozialen Arbeit ist für viele Studierende gerade deshalb attraktiv, weil es die Option „Praxis" bereithält mit einer Fülle verschiedener Felder und Zielgruppen. Theorie dagegen wird nicht selten als notwendiges Pflichtprogramm verstanden, das zu absolvieren ist, um an das „Eigentliche", nämlich die Praxis zu gelangen. Bereits Alice Salomon berichtet vom „passiven Widerstand" der Schülerinnen gegenüber der Theorie, weil sie sich viel lieber auf praktische Tätigkeiten konzentrierten (Landwehr 1981, 20).

Auf grundsätzliche Unterschiede zwischen Theorie und Praxis verweist Niklas Luhmann. Aus seiner Sicht sind Theorie und Praxis zwei voneinander getrennte und funktional autonome Bereiche, die Theorie hier, die Praxis dort (vgl. Luhmann 1993b, 322). Beide unterscheiden sich durch je spezifische Codes, Programme, Arbeitsweisen, Routinen und habituelle Dramaturgien. In der Tat: Der Umgang mit einer Theorie oder gar die Entwicklung einer Theorie verläuft anders als das Lösen eines praktischen Problems. Konsequent gedacht kann Praxis die Theorie nur nach ihren eigenen Funktionslogiken verarbeiten, und das Gleiche gilt umgekehrt: Soziale Arbeit als Wissenschaft kann sich auf Praxis nur insoweit einlassen, als diese kompatibel mit ihren Forschungsprogrammen ist. Wissenschaft kann nur die Fragen und Probleme der Praxis aufgreifen, die sie theoretisch bearbeiten kann. Luhmann markiert Theorie und Praxis in ihrer Unterschiedlichkeit und markiert damit die Pole, nicht ohne darauf hinzuweisen, dass beide Pole strukturell gekoppelt sind. Übertragen auf die Soziale Arbeit: Aus der Praxis resultieren Fragen für die Theorieentwicklung und Forschung Sozialer Arbeit. Umgekehrt entwickeln die Professionellen in der Praxis ihre Diagnosen und Handlungsansätze mehr oder weniger theoriegestützt. Sie kombinieren ihr Wissen, das sie im Studium erworben haben, mit ihrem Erfahrungswissen. Sie agieren nicht theoriefrei. Das gilt auch für diejenigen, die möglicherweise Schwierigkeiten haben, ihr Theoriewissen explizit zu formulieren und an theoretische Konzepte rückzubinden. Vieles hat sich im Laufe der beruflichen Praxis in ein Berufswissen amalgamisiert.

Theorie und Praxis sind in der Sozialen Arbeit eng verknüpft und durchdringen einander. Die Profession Sozialer Arbeit fußt auf Theorie und Praxis, ebenso die Wissenschaft und die Praxis Sozialer Arbeit. Ohne Wissenschaft der Sozialen Arbeit gäbe es keine Weiterentwicklung der Profession und kein professionelles Handeln in der Praxis. Die Formulierung sozialarbeitsethischer Leitwerte, von Qualitätsstandards und Leitlinien der Profession Sozialer Arbeit sind rückgebunden an sozialarbeitstheoretische Reflexionen, ebenso an kritische Reflexionen über problemerzeugende Faktoren der Gesellschaft, die Adressaten belasten. Theoretisch rückgebunden sind die selbstkritischen Reflexionen der Professionellen hinsichtlich ihrer theoretischen Leitlinien, des methodischen Repertoires wie auch hinsichtlich ihrer eigenen problemerzeugenden sozialen Wirkungen und Mechanismen. Wer sich sozialarbeitstheoretisch und forschend beschäftigt, tut dies auf Praxis bezogen und umgekehrt: Wer den Anspruch an eine professionelle Soziale Arbeit hegt, wird sich mit Theorien und Wissenschaft beschäftigen. Diese ermöglichen begründete und methodisch abgesicherte Erkenntniszugänge, um Praxis und damit einhergehende Phänomene mit Hilfe von Begriffen und Aussagen zu beschreiben und zu reflektieren, als Voraussetzung für professionelles Handeln in der Praxis.

Professionalität ohne Wissenschaftsbezug ist nicht denkbar. Das Scharnier zwischen Theorie und Praxis ist das Subjekt. Durch Bewusstheit und Denken erfolgt eine strukturelle Kopplung zwischen Theorie und Praxis. In dieser strukturellen Kopplung wird die Theorie-Praxis-Verbindung geschärft, gelebt, vertieft und thematisiert. Komplementär gedeutet: Die professionell handelnde Person vermittelt zwischen den Polen Theorie/Praxis. Die Professionellen in ihrem jeweiligen Bereich sind Beobachtende, Analysierende, Transferierende, Kommunizierende, Urteilende, Entscheidende und Handelnde, gleich ob in der Sozialarbeitspraxis, Hochschul- und Forschungspraxis bzw. Lehr- und Lernpraxis. In dieser Vermittlung zwischen Theorie und Praxis werden ebenso eigene Erfahrungen, Routinen, subjektive Einstellungen und Gefühle der Reflexion zugänglich. Erst über Theorien liegen Begriffe und Aussagen vor, um Praxis zu strukturieren und Phänomene einzuordnen, zu interpretieren und zu analysieren. Diese professionell-reflexive Leistung im Beobachten und Handeln unterscheidet die Professionellen von Laien.

Komplementär gedacht sind Theorie und Praxis Pole, die aufeinander verweisen und die sich in ihrer Funktionsfähigkeit gegenseitig brauchen, auch wenn die jeweiligen Zugänge eigene Logiken und Vorgehensweisen haben. Die Professionellen erbringen die Syntheseleistung und sind sozusagen die Schnittstelle zwischen Theorie und Praxis. Erst über diese Schnittstelle vollzieht sich theoriegeleitetes Handeln in der Praxis.

7.1.3 Hilfe/Kontrolle

Hilfe und Kontrolle, das doppelte Mandat, stellen in der Sozialen Arbeit einen besonderen Spannungspunkt dar. Weil die Soziale Arbeit nicht, wie die klassischen Professionen (z. B. Medizin, Jurisprudenz), über einen eigenen Autonomiestatus verfügt und weil sie im Kontext gesetzlicher Regelungen und Gewährleistungsansprüche tätig wird, gilt Kontrolle als ein der Sozialen Arbeit zugeschriebener Auftrag. So gedacht ist Kontrolle ein gesellschaftlicher Auftrag, der nicht nur darauf bezogen ist, Personen zu helfen, um gesellschaftlich akzeptierte Lebens- und Handlungsweisen zu realisieren, sondern auch, um „Normalisierungsarbeit" für die Gesellschaft zu praktizieren, – Soziale Arbeit sozusagen als verlängerter Arm der Gesellschaft. Der Begriff der Kontrolle ist ein Negativbegriff. Er wirkt doppelt negativ im Rahmen der deutschen Geschichte, sowohl wegen des Nationalsozialismus wie auch wegen des DDR-Sozialismus. In beiden Diktaturen war die Soziale Arbeit in verhängnisvoller Weise verstrickt. Verstärkt wurde die Spaltung zwischen Hilfe und Kontrolle durch den gesellschaftskritischen Zugang der Kritischen Theorie. Thematisiert wird das gesellschaftlich bevormundete Subjekt auf der einen Seite und die problemerzeugende Gesellschaft auf der anderen. Konsequent stellt sich vor diesem Hintergrund dann die dualistische Frage, ob die Soziale Arbeit mehr im Sinne des Subjekts oder im Sinne der Gesellschaft arbeitet. Böhnisch/Lösch beispielsweise bemerken in Bezug auf das doppelte Mandat, dass Soziale Arbeit

> „ein stets gefährdetes Gleichgewicht zwischen den Rechtsansprüchen, Bedürfnissen und Interessen der Klienten einerseits und den jeweils verfolgten sozialen Kontrollinstanzen seitens öffentlicher Steuerungsagenturen andererseits" zu bewältigen hat (zit. nach Hünersdorf 2010, 2).

Auch wenn diese Aussage eine wichtige Sensibilisierung gegenüber gesellschaftlichen Ansprüchen an das Individuum und die Soziale Arbeit beinhaltet, stellt sich eine komplementäre Perspektive anders dar. Was sich hinter dem Begriff der Kontrolle verbirgt, sind im Kontext einer freiheitlich-demokratischen Ordnung zunächst einmal nicht illegitime Ansprüche, sondern gesellschaftliche Leitwerte und Normen in Bezug auf Freiheit und Gerechtigkeit und damit einhergehenden Erwartungen hinsichtlich des gemeinschaftlichen Zusammenlebens. Eine Demokratie ist kein Unrechtsstaat, gegen den grundsätzlich opponiert werden muss. Hingegen geht es um die Realisierung tragfähiger Austauschbeziehungen zwischen Bürger, Staat und Gesellschaft.

Zurecht stellt Bettina Hünersdorf den Dualismus zwischen Hilfe und Kontrolle in Frage, da nicht immer eindeutig sei, wann von Hilfe und wann von Kontrolle gesprochen werden kann. Aus professionstheoretischer Perspektive fordert sie, Hilfe und Kontrolle „nicht als einander ausschließend, sondern als sich gegenseitig ergänzend zu bestimmen", ohne freilich die gesellschaftliche Definitionen, Machtstrukturen und Zusammenhänge aus dem Blick zu verlieren, vor deren Hintergrund sich Hilfe und Kontrolle entwickelt haben (Hünersdorf 2010, 2 f.).

Aus einer komplementären Perspektive ist des Weiteren kritisch zu fragen, ob Hilfe und Kontrolle überhaupt auf der richtigen Ebene liegen. Hilfe vollzieht sich zwischen den Polen Selbstbestimmung und Kontrolle. Beide kennzeichnen sich als Aspekte von Hilfe. So gesehen kennzeichnen die Pole *Selbstbestimmung* und *Kontrolle* den Raum, in dem Hilfe gewährt wird und in dem das Mischungsverhältnis zwischen beiden vorzunehmen und zu begründen ist. Autonomie und Selbstbestimmung sind ethische Leitwerte, die an die Personenwürde gebunden sind, die aber in einem sozialen Zusammenhang stehen und einen Verantwortungsbezug haben. Selbstbestimmung vollzieht sich häufig im Spannungsverhältnis zwischen Wollen und Sollen. Hilfe als Intervention wird im Einzelfall durchaus als Eingriff in die Autonomie empfunden. Nicht-Kontrolle kann sich in spezifischen Situationen als nachlässig und verhängnisvoll zeigen. Von der konkreten Aufgaben- oder Fragestellung her gilt es somit zu überlegen, ob ein Hilfeansatz mehr subjektorientiert und mit hohen Freiheitsgraden ausgerichtet sein oder ob er mehr in Verbindung mit Vorgaben, Eingriffsrechten und Aufsichtspflichten verbunden sein soll. Soziale Arbeit steht in einer intermediären Aufgabenstellung, d. h. sie „tritt vermittelnd zwischen Individuum und Gesellschaft mit dem Ziel, ein besseres Verhältnis der Menschen zu ihrer näheren und ferneren sozialen Umwelt zu erreichen" (Heiner 2007, 101). Der Fachausschuss des Deutschen Vereins formuliert dazu folgendes:

> „Sozialarbeiter/Sozialpädagogen unterstützen Menschen, eine Balance zu finden zwischen ihren jeweiligen Bedürfnissen und Fähigkeiten und ihrer Umwelt mit deren jeweiligen Angeboten und Anforderungen" (zit. nach Heiner 2007, 102).

Kontrolle ist auch Teil des erzieherischen und pädagogischen Tuns und zwar dort, wo Professionelle situationsspezifisch auf vereinbarte Regeln achten und diese einfordern. Kontrolle im Sinne eines komplementären Denkens lässt sich nicht von Hilfe abspalten, jedoch ist Kontrolle legitimationsbedürftig, d. h. sie muss an demokratische Leitwerte gekoppelt und professionell begründbar sein. Damit gehören Hilfe und Kontrolle zum Selbstverständnis Sozialer Arbeit, und Kontrolle ist nicht lediglich ein gesellschaftlicher Auftrag. Soziale Arbeit als Profession wahrt darauf bezogen eine gegenüber allen äußeren Ansprüchen ethische Autonomie. Staub-Bernasconi (2003) spricht in diesem Zusammenhang vom Tripelmandat. So verstanden ist Soziale Arbeit gefordert, vor dem Hintergrund ihrer ethischen Leitwerte und ihrer theoretisch-wissenschaftlichen Rückgebundenheit reflexiv mit Hilfe und Kontrolle zu verfahren und zwar auf der Theorie- und Praxisebene. Kontrolle darf weder die Würde der Betroffenen verletzen, noch deren Bedürfnisse missachten. Sie muss im Dienst von Hilfe stehen.

> Halten wir fest:
>
> Komplementäres Denken zielt darauf, in Verweisungszusammenhängen zwischen den Polen zu denken. Die Pole markieren einen dynamischen Zwischenraum, bei dem es darum geht, situationsspezifische Passungen zu finden. Gemeint ist nicht, die goldene Mitte zu finden. Der Zwischenraum ist ein analytischer Leerraum, begrenzt durch seine Pole, und damit einhergehend ein Raum des Denkens, Analysierens und Reflektierens, und ein Raum voller Handlungsoptionen wie auch Grenzen. Situativ braucht es immer neue Verortungen zwischen den Polen (vgl. Sahle 2004). So gedacht geht es dann um Suchbewegungen, Begründungsanforderungen und Hypothesenbildungen innerhalb eines Möglichkeitsraumes, der von zusammengehörigen Polen begrenzt ist. Die Pole können spezifische Aspekte in besonderer Weise schärfen, sind jedoch nicht handlungsleitend. Mit Hilfe des komplementären Denkens gilt es begründete Passungen zu suchen: Passung für das Subjekt, Passungen für dessen nahes Umfeld, Passungen für die Gesellschaft, Passungen für die helfende Person und deren institutionellen Kontext. Solche Passungen, wenn sie denn gefunden sind, sind nur vorübergehend und haben sich prozessual immer wieder auf Tauglichkeit hin zu beweisen und zu verändern. Der Raum zwischen den Polen fordert die Beteiligten auf, in relationalen Bezügen geeignete Abstimmungen und Mischungsverhältnisse zu finden, was sein soll, wo Möglichkeiten liegen und welche Wege sich dafür anbieten. Widersprüchlichkeiten akzeptieren und das prozessuale Geschehen zusammen mit den Betroffenen immer wieder neu zu reflektieren, das ist die Herausforderung (vgl. Oevermann 2002, 51).

7.2 Systemisch-vernetzte Denkfigur

In diesem Kapitel werden Beziehungen mit Hilfe einer systemisch-vernetzten Denkfigur beschrieben, um sie der Analyse und Reflexion zugänglich zu machen.

Das systemische Denken hat sich in der Sozialen Arbeit nachhaltig etabliert, wenngleich es unterschiedliche Strömungen gibt, die sich voneinander abgrenzen und teils konkurrieren. Grund dafür ist der Rückbezug auf unterschiedliche systemtheoretische Konzepte. So beziehen sich beispielsweise Silvia Staub-Bernasconi (1983, 1995) und Werner Obrecht (1996) in ihrem normativ orientierten systemischen Zugang auf das Konzept von Mario Bunge. Andere Autoren[22] hingegen nehmen Anleihen an Niklas Luhmann. Ich werde mich im Folgenden ebenfalls am Ansatz von Niklas Luhmann orientieren, jedoch folge ich nicht seinem Grundtenor, dass Handeln lediglich Systemhandeln ist, dass der Mensch sozusagen im Systemmodus handelt. Wenn im weiteren Vorgehen Luhmanns Systemwissen genutzt wird, dann unter folgendem Grundverständnis hinsichtlich Beziehungen und Akteure:

Dort, wo kommuniziert wird, entsteht Beziehung und damit eine soziale Situation (Ruesch in Ruesch/Bateson 1995, 35). Beziehung ist aus systemtheoretischer Betrachtung ein System. Personen sind die Akteure in den Beziehungssystemen. Je nach Beziehungsebene, kommen mehr personenbezogene oder mehr systembezogene Komponenten zum Tragen. In der Beziehung Schüler-Schule beispielsweise treten die Akteure als Rollenträger auf und die Beziehung wird durch das System Schule eingefärbt. Von dort aus werden Angebote, Regelungen, Struktur- und Leistungsvorgaben an Schüler und Lehrer herangetragen. Bedeutsam für die Beziehungsqualität Schüler-Lehrer ist, wie die Akteure kommunizieren, insbesondere auch, wie der Lehrer die Schule repräsentiert und darauf bezogen kommuniziert und handelt, welche Handlungsspielräume er auslotet, und wie die relevante Umwelt Einfluss nimmt, etwa der Rektor, das Schulreferat oder die Eltern. Die Qualität der Beziehung bestimmt sich nicht allein aus den Personen, die kommunizieren, sondern der soziale Kontext spielt eine wichtige Rolle. Aus Beziehungen resultieren für die Akteure Entfaltungsspielräume, Möglichkeiten und Grenzen. Je nach Beziehungsebene kommen mehr personelle Komponenten oder mehr Systemkomponenten zum Tragen. Die Beziehungen bündeln individuelle Interessen und Systeminteressen. Dort, wo Soziale Arbeit zwischen Schule und einem Schüler vermittelt, wird der Lehrer möglicherweise mehr Schulaspekte vertreten, und beim Schüler geht es vor allem um Bedürfnisfragen. So eindeutig ist es in der Praxis aber nicht, denn auch der Lehrer hat Bedürfnisse und Anliegen und agiert nicht lediglich als Systemakteur. Soziale Arbeit hat mit Personen und Rollenträger im Kontext von Systemen zu tun. Somit: Beziehungen sind hybrid und in dieser Hybridität gilt es, sich professionell zurecht zu finden. Professionelle stoßen auf Bemühen und gute Absichten der Akteure, ebenso auf deren Begrenzungen und Beschränkungen, Borniertheiten, wie auch auf ihre Kontextabhängigkeiten, auf Druck und Machtungleichgewichte. In dieser Gemengelage gilt es Entfaltungsmöglichkeiten und gute Wege zu finden und es gilt, Beziehungen zu verbessern mit Blick auf Inklusion, Teilhabe und Lebensqualität.

Luhmanns Ansatz ist soziologisch-abstrakt und erklärt grundsätzliche soziale Phänomene mit Hilfe des Systembegriffs. Je weiter sein Ansatz in die Praxis

---

[22] Genannt seien hier stellvertretend: Baecker, Bardmann/Hermsen, Fuchs u.a. siehe in Merten 2000; Bommes/Scherr 2000; Hosemann 2005, 2006; Kleve 2003, 2009.

transferiert wird, desto grobrastriger wird er in seinen Aussagen. Die Fokussierung auf die soziale Systemperspektive kann die personelle Einflusskraft bei der Gestaltung von Beziehungssystemen nicht zureichend erfassen. Hingegen ist der Ansatz aussagefähig, um Rollenhandeln im Kontext rationaler Systemlogiken zu erklären. Ein Lehrer beispielsweise kommuniziert vor diesem Hintergrund in der rationalen Logik des Systems Schule. Das ist auf der Erklärungsebene eine wichtige, jedoch meines Erachtens für die Soziale Arbeit, die zusammen mit Personen Beziehungen gestaltet, keine hinreichende Antwort. Hier braucht es konzeptionelle Erweiterungen. Anschlüsse ermöglicht beispielsweise der Systemtheoretiker Gregory Bateson (Bateson 1992; Ruesch/Bateson 1995; Lutterer 2009), der davon ausgeht, dass Beziehungsgestaltung und damit einhergehend gesellschaftliche Entwicklung ein Zusammenspiel zwischen menschlichem Bewusstsein und Handeln einerseits darstellt und Systemhandeln andererseits. Damit einher geht, dass Menschen grundsätzlich in der Lage sind, soziale Welt zu gestalten, dass sie ihre Bedürfnisse artikulieren, realisieren und einfordern können, dies aber immer im Kontext ihres sozialen Eingebundenseins. Luhmann schärft den Systemkontext und die Systemwelt und damit einhergehend die Einflusskraft der Systeme. Dies ist wichtig für die Soziale Arbeit, um naive bis omnipotente Hilfe- und Veränderungsvorstellungen zu relativieren. Der Zugang ist wichtig, um Probleme nicht lediglich zu individualisieren, und um ein professionelles Bewusstsein dafür zu entwickeln, welchen Bedingungen Beziehungsarbeit unterliegt.

Ausgangspunkt in diesem Kapitel ist folgender: Aus einer erweiterten systemtheoretischen Perspektive lassen sich Menschen als Mitproduzenten sozialer Wirklichkeit auf allen Ebenen bezeichnen. Sie unterliegen nicht lediglich Systemvorgaben. Über den Kommunikationsbegriff lassen sich unterschiedliche Beziehungssysteme differenzieren und zwar dahingehend, ob sie mehr auf Bewusstsein abstimmen oder mehr auf Systemlogiken (vgl. Tacke 2011). Systeme haben robuste Möglichkeiten, Personen an ihre innere Logik anzupassen, und ebenso haben Menschen Möglichkeiten, ihr Leben mehr oder weniger selbstbestimmt zu gestalten und Systeme zu beeinflussen. So gehe ich von der grundsätzlichen Autonomie von Menschen und Systemen aus. Autonomie verweist auf Selbstorganisation und Selbstbestimmung bei gleichzeitiger Umweltabhängigkeit. Menschen und Systeme sind aufeinander verwiesen und bedingen einander. Menschliches Handeln und menschliche Bedürfnisse sind sozial beeinflusst, wie auch Systemhandeln menschlich beeinflusst ist. Daraus wiederum resultieren Spannungen, Konflikte und Beziehungsprobleme einerseits und Bedürfnisbefriedigung, Lebensqualität und konstruktive personale und soziale Weiterentwicklung andererseits.

Im Folgenden ziehe ich Systemwissen nach Niklas Luhmann heran, um Systeme in ihren Funktionsweisen und ihren Eigenschaften zu erklären, aber nicht, um ausschließlich auf dieser Wissensbasis Beziehungen zu reflektieren. Ich schließe mich kritischen Stimmen an, die bemängeln, dass Luhmanns Ansatz in Bezug auf die Einflusskraft menschlichen Handelns unterkomplex geblieben ist (vgl. Münch 2004, 222 ff.; Hondrich 1973). Diese kurze Hinführung soll die Verwendungsabsicht des Ansatzes von Luhmann transparent machen, ohne dessen grundsätzliche Erklärungskraft in Frage zu stellen. Es wäre meines Erachtens geradezu ignorant, ihn nicht zu nutzen.

Was nun die Herangehensweise an systemtheoretisches Wissen betrifft, so gibt es unterschiedliche Möglichkeiten. Entweder man geht autoren- und konzeptgestützt vor und vertritt eine spezifische theoretische Richtung, beispielsweise die Luhmanns, Parsons, Batesons, Bertalanffys oder anderer Vertreter. Oder es wird ein konzeptübergreifender Weg gewählt, mit dessen Hilfe anhand von Begriffen und Aussagen basales systemtheoretisches Wissen nutzbar gemacht wird. Ich entschließe mich zu Letzterem, um Grundlagen für systemisch-vernetztes Denken zu schaffen. Wenngleich im Folgenden trotzdem verstärkt auf Theoreme von Luhmann zurückgegriffen wird, dann deshalb, weil er ein umfassendes Konzept vorgelegt hat. Der Vernetzungsbegriff wird auf der Basis von Anschlusskonzepten referiert und in die systemische Denkfigur integriert. Der Netzwerkbegriff ist wichtig, um soziale Netzwerkphänomene zu beschreiben und um die bereits längst praktizierte Netzwerkarbeit in der Sozialen Arbeit theoretisch zu rahmen (vgl. Miller 2010a; Journal dgssa 2012).

Diese Vorbemerkungen sollen genügen, um die nachfolgenden Aussagen einordnen zu können. Im Weiteren geht es nun darum, die systemisch-vernetzte Denkfigur anhand von Begrifflichkeiten darzulegen. Ziel ist es, über Begriffe und Aussagen ein systemtheoretisch fundiertes Grundlagenwissen im Sinne einer systemisch-vernetzten Denkfigur aufzubauen. Die nachfolgenden Begriffe stehen in Wechselwirkung und verweisen aufeinander. Ein logisch-linearer Aufbau der Begriffe und Aussagen ist nicht möglich und widerspricht einem systemisch-vernetzten Denken. Trotzdem muss Schritt für Schritt verfahren werden, in dem Wissen, dass die einzelnen Begriffsbausteine auch hätten anders arrangiert werden können, und dass sich die Denkfigur erst aus der Gesamtheit der Bausteine erschließt.

7.2.1 Begriffsunterscheidung: Systemtheoretisch / Systemisch

Die Frage stellt sich: Was ist der Unterschied zwischen *systemisch* und *systemtheoretisch* (vgl. Miller 2001, 19 f.)?

Der *Begriff systemtheoretisch* bezieht sich auf das Beschreiben und Erklären der Eigenschaften, Funktionsweisen und Mechanismen von Systemen in Differenz zu ihrer Umwelt. Systemtheorien sind theoretische Modelle, um Wirklichkeit zu erklären, gleich ob in den Sozialwissenschaften oder Naturwissenschaften. Insbesondere die Soziologie, die Wirtschaftswissenschaften, die Neuropsychologie, Psychologie, Pädagogik, Soziale Arbeit, Ökologie, Biologie, Thermodynamik, Evolutionstheorie und Chaostheorie beschäftigen sich mit Systemen und ihren

Eigenschaften. Wenngleich es keine einheitliche Theorie gibt, sondern verschiedene Ansätze und Paradigmen, die sich zum Teil wesentlich voneinander unterscheiden, gibt es trotz aller internen Kontroversen grundlegende theoretische Aussagen. Die Systemtheorien sind zum Programm der Wissenschaftstheorien geworden, darunter die Allgemeine Systemtheorie (vgl. Müller 1996) oder der Ansatz von Niklas Luhmann.

Der Begriff *systemisch* soll hier zum Ausdruck bringen, dass systemtheoretische Erklärungsmodelle für die Bearbeitung praktischer Fragen herangezogen werden, dass sie mit weiteren Wissenselementen aus anschlussfähigen Theorien ergänzt werden, darunter auch Werte- und Handlungswissen. So gesehen verweist der Begriff *systemisch* auf Interdisziplinarität, auf Werteorientierung und Praxis. Systemisches Vorgehen setzt handelnde Personen im Kontext ihrer Systemeingebundenheit ins Zentrum. Individuelles Handeln und Systemhandeln werden relationiert, entsprechend der für die Soziale Arbeit basalen Person-Umwelt-Perspektive.

7.2.2 Systemisches / systemtheoretisches Warm up

Bevor im weiteren Vorgehen systemtheoretische Begriffe und Aussagen dargelegt werden, stelle ich am Fallbeispiel der Familie Jellner erste systemtheoretische Zugangsweisen dar, die helfen sollen, die darauf folgenden theoretisch-abstrakten Aussagen besser zu verorten. Das Fallbeispiel Jellner fungiert zudem in Kapitel 9 als Anwendungsbeispiel, um aufzuzeigen, wie sich die in diesem Buch dargelegte Kernbestimmung Sozialer Arbeit in der Hilfepraxis anwenden lässt. Im Fall Jellner fragt eine alleinerziehende, berufstätige und von ihrem Mann getrennt lebende Mutter von drei Kindern um Hilfe an, weil sie mit ihrer jüngsten Tochter nicht mehr zurechtkommt und überhaupt mit ihrer Lebenssituation überfordert ist.

Zum Familiensystem Jellner gehören Frau und Herr Jellner, zwei Töchter und ein Sohn. Es gibt unterschiedliche Beziehungssysteme. Die Familie ist ein Beziehungssystem. Das Elternsystem ist als Subsystem der Familie ein Beziehungssystem, ebenso das Geschwistersystem, das sich wiederum ausdifferenziert in das Schwesternsystem und Schwester-Bruder-Systeme. Es gibt darüber hinaus ein Mutter-Sohn-System, Vater-Tochter-System etc. Alle diese Systeme sind Beziehungssysteme, hier: interpersonelle Beziehungssysteme. Die Systeme sind jeweils Umwelt zueinander, beispielsweise ist das Elternsystem Umwelt zum Geschwistersystem und umgekehrt. Das Familiensystem und die Subsysteme kennzeichnen sich durch spezifische Strukturen, darunter Kommunikationsstrukturen, Aufgabenverteilung, Entscheidungsstrukturen, Strukturen der Alltags- und Stressbewältigung, Machtstrukturen. Die Beziehungen sind emotional beeinflusst, und es wirken Faktoren wie Zuneigung, Abneigung, Angst, Erwartungen, Bedürfnisse, Wünsche etc. Die Form der jeweiligen Beziehungssysteme kennzeichnet sich durch Musterbildungen hinsichtlich Gefühls-, Denk-, Wahrnehmungs-,

Kommunikations-, Handlungs- und Verhaltensweisen. Muster wiederholen sich, beispielsweise die Streitanlässe und Streitdramaturgien der Geschwister. Obwohl in unserem Beispiel das Ehepaar Jellner getrennt lebt und Frau Jellner mit ihren Kindern zusammenlebt, lässt sich Herr Jellner als zugehörig zum Familiensystem konstruieren. Zugehörigkeit ist keine Frage eines miteinander geteilten Raumes, sondern ist systemtheoretisch eine Frage der Kommunikation. Herr Jellner kommuniziert mit seinen Kindern und über ihn wird in der Familie gesprochen. Zudem hat er eine elterliche Funktion und Verantwortung, gleich, in welcher Weise er diese tatsächlich wahrnimmt.

Zur relevanten Umwelt der Familie gehören soziale Systeme, beispielsweise die Schulen und Klassenverbände der Kinder, die Arbeitssysteme der Eltern, das direkte Wohn- und Lebensumfeld, das Hilfesystem und die Sozialarbeiterin. Ereignisse gehören ebenfalls zur Umwelt, beispielsweise die schlechten Zensuren der jüngsten Tochter.

Wenn sich Systeme (Bewusstseinssysteme, soziale Systeme) strukturell koppeln, entsteht Beziehung: Elternbeziehung, Geschwisterbeziehung, die Beziehung zwischen Tochter-Schule u. a. Beziehungen sind prozessual und kennzeichnen sich durch eine innere Dynamik. Auf den Beziehungssträngen werden Ressourcen getauscht, Impulse gegeben, Einfluss und Macht ausgeübt und Anpassungsprozesse vollzogen. Sind die strukturellen Kopplungen von gewisser Dauer, so bilden sich Muster heraus, beispielsweise Familienmuster der Kommunikation und Problembewältigung.

Die Sozialarbeiterin, die für die Familie Jellner zuständig ist, wird aus ihrer Rolle und ihrem Auftrag heraus tätig. Als Person ist sie strukturell gekoppelt mit ihrer Rolle, das heißt individuelle Dispositionen, Vorlieben, Selbstkonzept und Persönlichkeitsmerkmale verbinden sich mit formaler Aufgabe, Fachlichkeit und Rollenverständnis. Als Rollenträgerin ist sie wiederum strukturell gekoppelt mit dem Dienstleistungssystem, das Erwartungen an die Rollenträgerin hat und das Beschäftigungsverhältnis strukturiert. Ebenso ist die Sozialarbeiterin strukturell gekoppelt mit dem Familiensystem Jellner, das sie professionell unterstützt. Die Hilfebeziehung hat verschiedene Beziehungsstränge: Sozialarbeiterin/Frau Jellner; Sozialarbeiterin/Herr Jellner, Sozialarbeiterin/Kinder usf. Auf jedem Strang wird anders kommuniziert und alle Beteiligten haben ihre je eigenen Sichtweisen über die Situation, Bedürfnisse und Wünsche. Die Sozialarbeiterin gestaltet von ihrer Seite her die Beziehungen nach ihren persönlichen und fachlichen Vorstellungen und vor dem Hintergrund des formal organisierten Hilfesystems, in dem sie tätig ist, und vor dem Hintergrund der relevanten Umwelt. Dazu gehören beispielsweise Gesetze und politische Vorgaben.

Aus einer systemischen Perspektive geht die Sozialarbeiterin davon aus, dass sie sich, was die Problemsichtweisen betrifft, in einem Feld von Deutungen, sprich Wirklichkeitskonstruktionen bewegt, inklusive ihrer eigenen. Sie weiß, dass Musterbildungen in den Systemen und Subsystemen und auf den jeweiligen

Beziehungssträngen Sinn machen und zwar funktionalen Sinn für die Personen wie auch für die sozialen Systeme. Es macht beispielsweise für die jüngste Tochter Sinn, dass sie die Schule verweigert, und es macht für die Schule funktionalen Sinn, dass sie das Kind in eine andere Schule weitervermitteln will. Sinn ist hier anders gemeint als Lebenssinn. Funktionalität hat mit Systemstabilität zu tun, die durch die inneren Logiken des Systems hergestellt wird, gleich ob optimal oder suboptimal.

Wenn die Sozialarbeiterin mit dem Familiensystem Jellner arbeitet, wird sie qua Rolle und strukturelle Kopplung Teil des Systems und steht nicht neutral außerhalb. Sie befindet sich inmitten unterschiedlicher Systembeziehungen, deren Dynamiken und Musterbildungen. Um mögliche Verstrickungen mit eigenen subjektiven Strukturmustern zu verhindern, wird die systemisch arbeitende Sozialarbeiterin Nähe und Distanz in ihrer Beziehungsarbeit reflektieren, sie wird sich selbst beobachten, etwa dahingehend wie sie kommuniziert und handelt, nach welchen Kriterien sie bewertet etc. Sie wird sich fragen, wo möglicherweise ihre blinden Flecken sind, was sie warum dominant wahrnimmt. Um ihre Metareflexion zu verstärken, wird sie möglicherweise Supervision hinzuziehen.

Ziel der Sozialarbeiterin ist es, über Beziehungsarbeit mit der Familie und deren relevanter Umwelt Inklusion, Teilhabe und Lebensqualität zu stärken. Letztlich geht es dabei um die Veränderung von Gefühls-, Denk-, Handlungs- und Verhaltensmustern und Strukturen auf den unterschiedlichen Beziehungsebenen. Nachdem aber Systeme autopoietisch funktionieren, das heißt auf sich selbst bezogen sind und nach ihren inneren Logiken funktionieren, ist eine Beeinflussung von außen nur bedingt möglich. Die Schule wird nach ihren inneren rationalen Logiken handeln, ebenfalls die Geschwistersysteme, das Elternsystem wie auch die einzelnen Persönlichkeits- bzw. Bewusstseinssysteme. Über die Muster und die Kommunikation lassen sich die inneren Logiken deuten. Vieles bleibt unerkannt, wird nicht ersichtlich, bleibt sozusagen kontingent. Durch die strukturelle Kopplung entsteht ein Beziehungskanal, durch den gegenseitig Einfluss ausgeübt und Impulse vermittelt werden können, beispielsweise zwischen Sozialarbeiterin und Eltern. Was davon aufgenommen und wie verarbeitet wird, entscheidet die Operationsweise der jeweils beteiligten Systeme, hier: Vater, Mutter und Sozialarbeiterin. Welche Entwicklungsprozesse auf welchen Beziehungsebenen möglich werden, hängt von den inneren Modi der Systeme ab und zwar im Kontext ihrer Umwelt. Konkret: Ob sich die im Fall Jellner belastete Beziehung zwischen Tochter-Schule verbessert, hängt von verschiedenen Faktoren ab, vom Bewusstsein und vom Willen der Tochter, ob sie eine andere Einstellung zum Lernen und zur Schule entwickelt, von der Kooperationsbereitschaft der Lehrerin und von der Schule, indem sie unterstützende Maßnahmen bereithalten, von der Familie, ob diese emotional stützt und den Lernprozess flankiert und schließlich von der Sozialarbeiterin und deren Beziehungskompetenz, um den Hilfeprozess unterstützend zu begleiten.

Im Weiteren wird mit Hilfe von Begriffen und Aussagen die systemisch-vernetzte Denkfigur weiter entfaltet.

7.2.3 Systeme

Der Systembegriff bezieht sich auf das Persönlichkeitssystem, auch psychisches System oder Bewusstseinssystem genannt, soziale Systeme, biologische Systeme und technische Systeme. Systeme lassen sich als ständig in Dynamik befindliche Ganzheiten beschreiben, die sich von ihrer Umwelt abgrenzen. Sie bestehen „aus der Menge der Elemente *und* aus der Menge der zwischen ihnen geknüpften Relationen". Dabei sind die Elemente eines Systems nur insofern von Bedeutung, "wie sie einen <systemhaften> Zusammenhang konstituieren" (Müller 1996, 200). Elemente bestimmen sich in Abhängigkeit des Systems und erhalten erst durch das System ihren funktionalen Sinn. Aus der Verbindung der Elemente entsteht organisierte Komplexität (Luhmann 1984, 46). Elemente sind beispielsweise Kommunikation, Handlungen, Ereignisse, Führungseigenschaften, Strukturelemente, Funktionselemente (z. B. Controlling) u. a. Personen sind nach Luhmann nicht Elemente sondern Rollenträger im System. Die Elemente und Rollenträger stehen in einem direkten oder indirekten Zusammenhang. So kommunizieren beispielsweise in einem Gruppensystem nicht alle Mitglieder direkt miteinander und trotzdem stehen sie in Wechselwirkung. Das Handeln einer mit der Gruppe wenig vernetzten Person kann plötzlich für alle eine große Bedeutung haben. Weder lassen sich alle Elemente und Relationen erfassen, noch ist es notwendig, alle Elemente und Relationen zu kennen, um ein System zu analysieren. Es lassen sich immer nur Ausschnitte wahrnehmen. Was tatsächlich wahrgenommen wird, hängt von den Akteuren ab.

Im System bilden sich Subsysteme heraus, die der größeren Einheit zugeordnet sind (Geschwistersystem/Familie; Abteilung/Unternehmen). Ein Subsystem kennzeichnet sich zwar durch die gleichen Systemeigenschaften wie das übergeordneten Systeme, jedoch kann ein Subsystem auf der Praxisebene durch seine Operationsweise und Logik konträr zum übergeordneten System oder zu den anderen Subsystemen liegen, beispielsweise wenn das Elternsystem und das Geschwistersystem nicht aufeinander abgestimmt sind, wenn es Macht- und Interessenskämpfe gibt. Auf der theoretischen Ebene funktionieren Systeme und Subsysteme vergleichbar. Auf der praktischen Ebene kann es durch die abweichenden inneren Systemlogiken zu Problemen kommen.

Über Systembildung erfolgt die Abgrenzung von Umwelt. Der Begriff Umwelt umfasst alles, was es außer dem System noch gibt. Gleichzeitig sind Systeme offen, sie stehen in Austausch mit ihrer relevanten Umwelt und sind mit ihr strukturell gekoppelt. Somit entsteht ein System nicht lediglich durch die interne Vernetzung von Elementen, sondern darüber hinaus durch die Integration von Umweltelementen. So gesehen ist das System mehr als seine Teile oder Elemente

(Luhmann 1984, 22 f.). Eine Abteilung entsteht im Rahmen des Unternehmens und integriert unternehmensspezifische Vorgaben, wenngleich die Abteilung in der konkreten Operationsweise nach ihrer inneren Logik operiert. Mit den Begriffen Autopoiesis und Selbstorganisation wird dieses Phänomen an anderer Stelle beschrieben.

7.2.4 Systemtypen

Luhmann unterscheidet Interaktionssysteme unter Anwesenden, formal organisierte Systeme und Gesellschaft mit seinen Funktionssystemen (Luhmann 1984).

Psychische Systeme (Bewusstseinssysteme) und soziale Systeme sind strukturell gekoppelt, beeinflussen sich gegenseitig, behalten aber ihre operative Geschlossenheit. Sie sind jeweils Umwelt füreinander. Erst im sozialen Systemkontext, so Luhmann, können Menschen kommunizieren. Für sich allein sind Menschen Bewusstseinssysteme und können lediglich reflektieren (Luhmann 1995c, 45, 113 ff.). Der Schnittpunkt zwischen psychischem System und Sozialsystem ist die Rolle. Diese wird von der Logik des Sozialsystems eingefärbt, z. B. Elternrolle, Führungsrolle, Hilferolle etc. In der Rolle verbirgt sich die Leistungserwartung des Systems an den Rollenträger, also das, was Gesellschaft von Eltern erwartet oder ein Unternehmen von einer Führungskraft. Die Leistungserwartungen werden vom System gesteuert, beispielsweise durch Motivation, Tadel, Zulagen, Ausgrenzung u. a. Die jeweils verfügbaren Sanktionsinstrumentarien von sozialen Systemen sind wiederum kulturspezifisch. Streng patriarchale Familien haben andere Sanktionsinstrumentarien als partnerschaftlich strukturierte Familien. In der Beziehung zwischen psychischen und sozialen Systemen geht es um die Ausbalancierung von individuellen Bedürfnissen und Vorgaben einerseits, sowie Erwartungen des sozialen Systems andererseits, was sich durch gegenseitige Anpassungsleistungen ausdrückt.

Interaktionssysteme entstehen dort, wo Menschen zusammenkommen und miteinander kommunizieren (Sozialarbeiter-Adressat, Familie, Gruppe, kurze Begegnungen im Zug u. a.). Interaktionssysteme funktionieren personenbezogen, das heißt es kommunizieren Personen in ihrer gegenseitigen Bedeutungszuschreibung. Interaktionssysteme sind den interpersonellen Beziehungen zuzuordnen.

Formal organisierte Systeme (Organisationssysteme) lokalisieren sich zwischen der Gesellschaft und den interpersonellen Systemen. Sie kennzeichnen sich durch Mitgliedschaft, deren Bedingungen und Regeln, und durch ihren spezifischen Zweck. Zweck von Wohlfahrtsorganisationen ist es, soziale Dienstleistungen anzubieten. Der Zweck einer Oppositionspartei ist es, die Regierung zu kontrollieren. Um den Zweck zu erreichen bilden sich arbeitsteilige Strukturen, Programmatiken, Ziele, Prozessabläufe, Regeln und Entscheidungsstrukturen heraus. Es gibt Aufgaben- und Stellenbeschreibungen, Symbole, Sprachcodes. Die Systemkommunikation ist auf diese Merkmale bezogen, das heißt kommuniziert wird vor dem Hintergrund struktureller Vorgaben und rationaler Logiken, die auf den Zweck gerichtet sind. Die Mitglieds- und Inklusionsbedingungen sind geregelt. „Durch die Übernahme einer Mitgliedsrolle erklärt sich eine Person bereit, in bestimmten Grenzen Systemerwartungen zu erfüllen" (Luhmann 1995a, 42). Organisationssysteme haben ihre inneren Modi, um Anpassungsleistungen zu erwirken, z. B. Gehaltserhöhung, Karriereaussichten, Kompetenzförderung, Verweis, Versetzung, Druck, Drohung u. a. Eine wichtige Funktionsvoraussetzung formal organisierter Systeme ist die Struktur, um Handlungsabläufe zu koordinieren und um Zweckgerichtetheit zu gewähren. Im Austausch mit ihrer Umwelt brauchen sie Strukturflexibilität und Anpassungsfähigkeit.

Gesellschaft konzipiert Luhmann im Sinne von Weltgesellschaft und nutzt den Begriff als Universalbegriff. Gemeint ist die „Gesamtheit der sozialen Beziehungen, Prozesse, Handlungen und Kommunikationen" in der Welt – auch diejenigen, die potenziell möglich sind, aber nicht unbedingt realisiert werden (Luhmann 1984, 555 ff., 585). Gesellschaft ist sozusagen Sammelbegriff für alles Soziale in der Welt und dieses ergibt sich durch Kommunikation. Im Kontext von Globalisierung ist dies ein brauchbarer Zugang, denn Kommunikation macht nicht an nationalen Grenzen halt. Weltgesellschaft ist der Raum globaler Kommunikation.

Luhmann beschreibt moderne Gesellschaft als funktional differenziert. Sie hat Funktionssysteme herausgebildet wie Politik, Wirtschaft, Wissenschaft, Religion, Gesundheit, Massenmedien, Erziehung, soziale Hilfe u. a., die arbeitsteilig gesellschaftliche Aufgaben erfüllen. Auch die Funktionssysteme sind nicht national begrenzt, sondern operieren im Weltmaßstab. Lediglich das nationale Politik- und Rechtssystem sind staatlich zuzuordnen (Luhmann 1997, Bd. 1, 166 f.). Gesellschaftliche Integration verläuft entlang der Arbeitsteilung der Funktionssysteme, die zwar aufeinander verwiesen und voneinander abhängig, jedoch autonom und operativ geschlossen sind. Jedes Funktionssystem operiert nach seiner eigenen rationalen Logik. Ausführungen zu den Funktionssystemen erfolgten bereits in Zusammenhang mit dem Begriff der Inklusion. Das Thema Funktionssysteme wird nochmal im Kapitel 7.2.16: „Systemisch-vernetztes Gesellschaftsverständnis" aufgegriffen.

7.2.5 Umwelt

Umwelt ist kein eigenes System, sondern die Summe von Systemen außerhalb eines Referenzsystems. Zur Umwelt gehören auch Ereignisse, beispielsweise Katastrophen, ein Lottogewinn u. a.. Ein Referenzsystem ist das System, von dem aus erkenntnisleitende Operationen erfolgen. Im obigen Beispiel ist das Referenzsystem die Familie Jellner oder eines der familialen Subsysteme. Umwelt ist alles außerhalb des Systems, und sie ist konstitutiv für die Herausbildung einer eigenen Systemidentität. Erst über seine Umwelt entwickelt beispielsweise ein Wohlfahrtsverband seine spezifische Identität. Was ein System tatsächlich ausmacht, lässt sich somit erst vor dem Hintergrund der System-Umwelt-Differenz interpretieren. Jedes System hat seine relevante Umwelt. Für Studierende sind unter anderem das Hochschulsystem und das Wissenschaftsministerium relevante Umwelt. Systeme grenzen sich von ihrer Umwelt ab und sind gleichzeitig strukturell auf sie bezogen und werden von ihr beeinflusst. Jedes System ist Umwelt für das andere System und möglicherweise Objekt von dessen Operation (Luhmann 1984, 249). Umwelt ist immer komplexer als das System.

7.2.6 Komplexität – Kontingenz

Systemtheorien wollen Komplexität erfassen und zwar mit Hilfe der Begriffe System und Umwelt. Komplexität definiert Luhmann (1984, 45 f.) unterschiedlich. Zum einen vor dem Hintergrund von Elementen und Relationen, die sich im Rahmen der System/Umwelt-Differenz zu einer organisierten Komplexität formieren (Luhmann 1984, 31 f.).

> „Als komplex wollen wir eine zusammenhängende Menge von Elementen bezeichnen, wenn auf Grund immanenter Beschränkungen der Verknüpfungskapazität der Elemente nicht mehr jedes Element jederzeit mit jedem anderen verknüpft sein kann." (Luhmann 1984, 46).

Für den Beobachter stellt sich hier Unübersichtlichkeit und Unbestimmtheit ein, das heißt Kontingenz. In dem Wissen, dass immer nur Bruchteile von Komplexität erfasst werden können, müssen Entscheidungen getroffen werden. Dies birgt Unsicherheit, Angst und Entscheidungsrisiken (Luhmann 1984, 51). Übertragen auf die Soziale Arbeit bedeutet das: Die Reflexion eines Familiensystems und dessen Umwelteingebundenheit ist nicht nur deutungsabhängig, sondern die professionelle Person deutet unter kontingenten Bedingungen. Das Ganze ist nicht zugänglich. Hilfepläne sind kontingent in ihrer Wirkung, weil sich im Prozess plötzlich Faktoren einstellen können, deren Bedingungen nicht bedacht oder erkannt werden konnten.

7.2.7 Selbstreferentialität – Selbstorganisation – Autopoiesis

Luhmann (1984, 25) bezeichnet Systeme als selbstreferentiell. Systeme beziehen sich in ihrem Operieren auf sich selbst. Sie können sich selbst beobachten und können sich selbst beschreiben in Abgrenzung von ihrer Umwelt. Beispielsweise kann eine Sozialarbeiterin mit Hilfe von Supervision ihr Hilfesystem reflektieren.

Selbstreferentielle Leistungen erlauben zwei Optionen: Die erste besagt, dass Systeme ihre Strukturen und Muster reproduzieren, beispielsweise durch routinierte Abläufe oder die immer gleichen Konfliktbewältigungsmuster. Die zweite

Option besagt, dass Systeme über Selbstbeobachtung und Selbstbeschreibung ihre Operationsweisen verändern können, dass sie ihre inneren Strukturen und die Elemente, aus denen sie bestehen, reorganisieren können. Systeme können ihre Operationen über Selbstreferentialität routiniert wiederholen oder über Selbstbeobachtung verändern; sie sind sozusagen lernfähig. Im Rahmen therapeutischer oder supervisorischer Zugänge beispielsweise ist Selbstreferenz die „operative Schaltstelle", um bislang Gedachtes, Gefühltes, Projiziertes zu überdenken und gegebenenfalls neu zu konstruieren, damit Weiterentwicklung möglich wird.

Die Begriffe Selbstreferenz, Selbstorganisation und Autopoiesis werden häufig synonym verwendet, wenngleich verschiedene Autoren hinter den jeweiligen Begriffen stehen. Der Begriff der Autopoiesis (griech. „autos" = selbst und „poiein" = machen) führt zurück auf die chilenischen Kognitionsbiologen Humberto R. Maturana und Francisco Varela (2009). Grundgedanke ist, dass sich kognitive Systeme selbst erhalten, steuern und reproduzieren und zwar aus den Elementen heraus, aus denen sie bestehen, beispielsweise Bewusstseinselemente. Diese können zwar neu arrangiert werden, und neue Elemente können dazukommen, jedoch die Art und Weise des Arrangements geschieht aus der inneren Logik des Systems heraus zum Zwecke des Selbsterhalts und der Stabilisierung. Nichts, was außerhalb des Systems ist, so Maturana (1991, 169), kann bestimmen, was im System vorgeht und geschieht.

Luhmann hat dieses Konzept für soziale Systeme übernommen. Luhmanns Begriff der Selbstreferentialität drückt aus, dass sich Systeme selbst organisieren und dass sie nach ihren inneren Logiken und ihrer inneren Dynamik operieren, und zwar auf der Basis ihrer Elemente. So gesehen operieren Systeme geschlossen, das heißt auf sich bezogen, und gleichzeitig sind sie offen gegenüber ihrer Umwelt, weil sie angewiesen sind auf Austauschprozesse mit ihrer Umwelt. Analog dazu wird der Begriff der Selbstorganisation eher in den Wirtschaftswissenschaften verwendet (vgl. Probst 1987). Selbstreferentialität, Autopoiesis und Selbstorganisation besagen, dass Systeme nicht von außen, das heißt von ihrer Umwelt steuerbar sind. Umwelt kann lediglich Impulse und Ressourcen bereithalten, auf die ein System reagiert. Systeme, so Maturana (1991, 169), lassen keine instruktive Interaktion zu. Übertragen auf die Soziale Arbeit bedeutet das: Im Rahmen beispielsweise von Beratung und Bildung können Impulse gegeben und Angebote gemacht werden. Wie das System darauf reagiert, hängt von dessen innerer Operationsweise ab. Auch dort, wo über Interventionen harte Eingriffe in das System erfolgen, beispielsweise bei Inobhutnahme, bleibt offen, wie das Familiensystem und das Kind darauf reagieren. Soziale Arbeit kann lediglich Kommunikation, Wissen, Sichtweisen, Ressourcen, Angebote, Strukturen, Empathie, gegebenenfalls auch Druck zur Verfügung stellen, um Veränderungen zu erwirken. Letztere setzen Passung voraus, denn der Austausch zwischen System und Umwelt wird nicht durch die Umwelt festgelegt, sondern durch die Organisationsweise des Systems. Systeme sind selbstregulierend in Bezug auf Störungen angelegt (Bateson 1992,

552f). Wahrnehmungsverzerrungen, Verleugnung u. a. Mechanismen, die von der Psychologie erforscht worden sind, lassen sich als Mechanismen von Selbstregulierung psychischer Systeme verstehen.

7.2.8 Strukturelle Kopplung – Beziehung – Interaktion

Zwischen Systemen vollziehen sich, dies wurde an anderer Stelle bereits dargelegt, strukturelle Kopplungen. Persönlichkeitssysteme alias Bewusstseinssysteme sind mit anderen Bewusstseinssystemen gekoppelt. Ebenso sind Bewusstseinssysteme mit sozialen Systemen gekoppelt (Sozialarbeiter-Dienstleistungssystem). Soziale Systeme sind mit anderen sozialen Systemen gekoppelt (Beratungsstelle-Jugendamt). Strukturell gekoppelt sind ebenso biologische Systeme, beispielsweise Bewusstsein-Gehirn oder Bewusstsein-Natur. Über strukturelle Kopplung ergeben sich Austauschprozesse sowie Interaktion und Handeln. Austauschprozesse setzen keine direkte Interaktion voraus, beispielsweise bekommt ein Rentner seine Rente vom Rentenamt. Gibt es jedoch Anliegen und Probleme, braucht es Interaktion. Der Rentner und ein Sachbearbeiter treten in Interaktion.

Interaktion wird hier so verstanden, dass es um Beziehungen geht, in denen die Systemakteure aufeinander bezogen handeln und sich verhalten. Bei Interaktionsbeziehungen ist zu fragen, wer die Akteure sind, in welchen Rollen und in welchem Systemkontext sie handeln, wie sich der Beziehungsstrang im Sinne der strukturellen Kopplung darstellt, ob sich Muster manifestiert haben oder ob es sich um flüchtige Interaktionen (z. B. flüchtige Bekanntschaften) handelt. Interaktion ist ein Kennzeichnen interpersoneller Beziehungen. Diese können privat oder formell sein. Es interagieren Personen und Rollenträger, angefangen von Dyaden bis hin zu Gruppen. Interaktion kann kooperativ bis konflikthaft verlaufen. Voraussetzung für Interaktion ist Kommunikation. Soziale Arbeit in der Praxis ist Beziehungshandeln im Kontext von Kommunikation und Interaktion. Somit: Strukturelle Kopplung ist die Voraussetzung für Beziehung, hier gedacht als Systembeziehung. Beziehungen werden beeinflusst von ihren Kontextbedingungen (Umwelt). Beziehungen, die einseitig definiert sind und sich nicht kompatibel für alle beteiligten Akteure darstellen, werfen Probleme auf. Die Logik eines Strafvollzugs ist in der Regel nicht kompatibel mit der autopoietischen Struktur der Gefangenen. Hilfelogiken seitens einer Sozialarbeiterin sind nicht unbedingt kompatibel mit denen der Adressaten. Beziehungsgestaltung im Rahmen von Interaktion, soll sie entwicklungsorientiert verlaufen, orientiert sich an den inneren Logiken der beteiligten Akteure. So ist Transparenz zu schaffen, was wichtig und schwierig ist, und es sind praktikable Schnittmengen herauszuarbeiten. Kulturelle Spezifika spielen eine zentrale Rolle. Aus dem Blickwinkel einer Sozialarbeiterin mag die elterliche Strenge gegenüber Mädchen in türkischen Familien als wenig akzeptabel erscheinen, die Mädchen hingegen könnten ihre Situation als normal und weitgehend akzeptabel sehen. Somit geht es um ein gegenseitiges

Verstehen von Denklogiken, Gefühlslogiken, Bedürfnislogiken, Rollenlogiken, Wertlogiken, Kulturlogiken, Sachlogiken etc. Ohne solche Verständigungsprozesse zusammen mit den Beteiligten, und ohne die grundsätzliche Bereitschaft der Beteiligten, sich auf andere Perspektiven einzulassen, wird Kommunikation schwierig und ebenso schwierig, gestalten sich Hilfeprozesse.

Auch wenn Systeme durch ihre Umwelt nicht steuerbar sind. Über die strukturelle Kopplung ist ein gegenseitiger Beeinflussungskanal gegeben. Systeme können sich gegenseitig in ihren Routinen und Mustern stören und irritieren, können impulsgebend agieren, gegebenenfalls auch Druck aufbauen. Welcher Grad von gegenseitiger Beeinflussung in Beziehungssystemen tatsächlich möglich ist, entscheidet das jeweilige System vor dem Hintergrund seiner Autopoiesis.

7.2.9 Kommunikation

Voraussetzung und Grundlage für Beziehung ist Kommunikation. Erst die Kommunikation, so Luhmann, „gibt der Zusammenkunft einen Sinn und eine zeitliche, prozessuale Struktur. Erst sie konstituiert die Interaktion als soziales System" (Luhmann 2002, 57). Unter Kommunikation versteht Luhmann die Einheit von Information – Mittelung – Verstehen. Information ist eine Selektion aus der Komplexität von Möglichkeiten. Mitteilung bezieht sich auf die Form, also die Frage, wie eine Information übermittelt wird (verbal, nonverbal, schriftlich etc.) und schließlich muss eine Information vom Empfänger verstanden werden. Soziale Systembildung erfolgt nach Luhmann auf der Basis von Kommunikation. Letztere umfasst Sprache, Nonverbales, Symbole, Anwesendsein und Nichtanwesendsein u.a.m (Luhmann 1984, 192 ff., 208). Auf Kommunikation folgt Kommunikation. Über Kommunikation vollziehen sich prozessuale Dynamiken innerhalb des Systems und zwischen System und Umwelt. Die Bildung eines Familiensystems beispielsweise verläuft über Kommunikation, ebenso Prozesse des Familienlebens und die Strukturierung des Familiensystems.

Nicht psychische Subjekte kommunizieren, so der Ausgangspunkt Luhmanns, sondern soziale Systeme kommunizieren. Subjekte sind zwar Träger von Kommunikation, aber sie kommunizieren entlang von Systemlogiken:

Ein Beispiel:
Sozialarbeiterin: Wie geht es Ihnen heute?
Adressat: Ich habe versucht mit meiner Tochter zu sprechen, so, wie Sie es mir empfohlen haben.
Sozialarbeiterin: Wie hat sie darauf reagiert?
Adressat: Sie hat den Hörer aufgelegt.

Beide Kommunikationspartner kommunizieren in ihren Rollen im Rahmen der Hilfebeziehung. Subjektive Gedanken bleiben außen vor, beispielsweise wenn der

Adressat denkt: „Das war ein schlechter Rat, die Sozialarbeiterin hat keine Ahnung von Drogensüchtigen". Nicht alles, was die Kommunizierenden tangiert, wird gesagt.[23]

Wissen über Kommunikation ist interdisziplinär erforscht worden (vgl. u. a. Ruesch/Bateson 1995; Watzlawick u. a. 2011; Schulz von Thun 2010; Habermas 1988; Luhmann 1984). Kommunikation lässt sich mehr personenzentriert, kulturspezifisch oder mehr systemzentriert untersuchen. Aus einer systemischen Perspektive, wie sie in diesem Buch angelegt ist, lassen sich die Ebenen schwer trennen, denn sie sind miteinander verflochten. Wie im Kapitel Gegenstandsbestimmung dargelegt wurde, beeinflusst die jeweilige Beziehungsebene wie kommuniziert wir, ob introspektiv, interpersonell mit einer starken personalen Komponente, kulturspezifisch, organisationsspezifisch mit funktionalen Ausprägungen oder netzwerkspezifisch, wo die Akteurskomponente wieder stärker in den Vordergrund rückt. In der professionellen Beziehung überschneiden sich die interpersonelle und systemrationale Komponente (organisiertes Hilfesystem).

Kommunikation, so der Ausgangspunkt, bestimmt sich aus einer Logik heraus, die zum einen subjektgebunden ist und zum anderen system- und kontextgebunden. Kommunikation ergibt sich aus der Wechselbeziehung der beteiligten Systeme, seien es Persönlichkeitssysteme, soziale Systeme, technische Systeme (z. B. Internet) oder biologische Systeme.

Kommunikation erfolgt in einem zirkulären Modus, durch den sich die Kommunizierenden gegenseitig beeinflussen (Watzlawick u. a. 2011, 21, 30 ff.). Es wird von kreisförmigen Rückkopplungsprozessen ausgegangen und nicht von Ursache-Wirkungszusammenhängen. Kommunikation erfolgt des Weiteren auf der Basis autopoietischer Operationen und ist selektiv. Das heißt es werden die Informationen ausgewählt und kommunikativ verarbeitet, die an das System anschlussfähig sind. Verstehen und Missverstehen in der Kommunikation ist eine kommunikationstheoretische Frage, die vor allem Watzlawick u. a. (2011) bearbeitet haben. Ohne darauf an dieser Stelle näher eingehen zu wollen, sind selbstreflexive Leistungen der kommunizierenden Akteure wie auch Formen der Metakommunikation wichtig, um gegenseitiges Verstehen zu verbessern und Kommunikation anschlussfähig zu halten, so dass sie weiterläuft (vgl. Bateson in Ruesch/Bateson 1995, 233). Kommunikationen lassen sich als symmetrisch oder komplementär beschreiben, sowohl was den Inhalt, den Status der Kommunizierenden wie auch die Form betrifft. Häufig gibt es das Sowohl-als-Auch, also Mischformen; beispielsweise wird in einem ähnlichen Stil über Inhalte diskutiert, über die sich die Beteiligten uneins sind. Kommunikationsstile können komplementär sein, nicht nur aufgrund unterschiedlicher Kultur-, Subkultur-,

---

[23] Siehe ergänzend dazu auch Ervin Goffman (2003), der Formen der Selbstdarstellung als Kunde, Klient, Kollege u. a. in anschaulicher Weise beschreibt.

Geschlechts- und Alterszugehörigkeit, sondern auch aufgrund geistiger Behinderung, psychischer Krankheit, der Beeinträchtigung des Sprachvermögens oder der Mitteilungsfähigkeit beispielsweise durch Alzheimersche Erkrankung oder Demenz (vgl. Zsolnay-Wildgruber 1999).

Professionelles Helfen ist Kommunikationsarbeit und vollzieht sich, systemisch betrachtet, in einem zirkulären Modus. Ob sich ein System durch Selbstreflexion, Lern- und Entwicklungsoffenheit verändert oder durch Intervention, Irritation und Verstörung von außen, bleibt offen. Veränderung muss zudem nicht nachhaltig sein, denn es ist möglich, dass trotz Veränderung ein System nach einem gewissen Zeitraum wieder in den alten Zustand einpendelt. In der systemischen Therapie wird teils mit kommunikativen „Verstörmethoden" gearbeitet, um auf einer grundsätzlich wertschätzenden Basis Routinen zu durchbrechen und Fenster für Veränderung zu öffnen, und um innere Kräfte zu erzeugen (vgl. Farrelly/Brandsma 1986).

7.2.10 Funktion – Struktur – Prozess

Funktion ist aus der Systemperspektive auf den Erhalt und die Stabilisierung des Systems gerichtet. Werte haben beispielsweise eine Orientierungsfunktion für die Systemmitglieder; Arbeitsteilung hat die Funktion, Systemziele zu realisieren; Rituale haben die Funktion, zielunterlegte Handlungen zu wiederholen usf. Funktionalität verweist darauf, dass funktionsorientierte Systemkommunikationen und -handlungen das System stabilisieren, Dysfunktionalität verweist auf das Gegenteil.

Struktur verweist auf die innere Ordnung des Systems, die Anordnung der einzelnen Elemente und deren Beziehungen zueinander. Zur Struktur gehören Regeln, Entscheiden, Aufgabenverteilung, Kommunikationsstruktur, Zeitstruktur etc. Die Struktur legt die Operationsweise des Systems fest und stellt den Rahmen dar, wie Umweltkomplexität verarbeitet wird. Strukturen lassen sich als das Rückgrat von Systemen beschreiben. Strukturen sind relativ dauerhaft, können sich aber auch verändern (Luhmann 1991a, 113 f.). Strukturen werden über Kommunikation aufgebaut und reproduzieren sich über Kommunikation. Gewalt als Strukturphänomen in einer Familie reproduziert sich über Kommunikation und darauf bezogene Handlungen. Es gibt Impulse und Auslöser für Gewalt, Täter- und Opferrollen, sowie Auswirkungen und Formen des Umgangs nach der Gewaltaktion. All das geschieht in Wiederholungsschleifen, das heißt es entstehen Musterbildungen. Die Veränderung von Strukturen und damit einhergehend Mustern trifft sozusagen den „Nerv" von Systemen, zielt auf das, was strukturmanifest geworden ist. Veränderungen sind deshalb oft mühsam zu erwirken, insbesondere, wenn sich Systeme nicht verändern wollen. Strukturen zu verändern braucht Zeit und Geduld, damit sich neue Elemente und Muster bilden und stabilisieren können.

Prozess und Struktur gelten als zusammengehöriges Begriffspaar (Luhmann 1984, 73 f.). Prozesse laufen entlang der Logik der vorhandenen Strukturen. Der Prozessbegriff drückt aus, dass Ereignisse zeitlich aufeinander folgen und miteinander verkettet sind als Folge kommunikativer Selektion (Auswahl). Über Prozesse werden Strukturen immer wieder neu hergestellt wie auch verändert. Prozesse können von der Umwelt angestoßen, begleitet und beobachtet werden. Inwieweit Veränderungsprozesse möglich sind und wie weit sie reichen, entscheidet letztlich das System.

7.2.11 Sinn

Psychische Systeme und soziale Systeme müssen Umweltkomplexität verarbeiten. Dies tun sie mittels Komplexitätsreduktion. Die Frage dabei ist, welche Kriterien der Reduktion herangezogen werden? Hier kommt der Begriff *Sinn* ins Spiel. Der Begriff hat eine Doppelperspektive. Sinn bezieht sich auf Lebenssinn, also die Frage, wie man leben möchte und was in Bezug auf das eigene Leben und Tun Sinn macht. Der systemtheoretische Sinnbegriff ist anders konnotiert. Sinn hat nach Luhmann komplexitätsreduzierende Funktion (Luhmann 2004, 221 ff.; 1997/1, 44 ff.). Sinn ist rückgebunden an den Systemzweck, an Systemstrukturen und Funktionen, an damit einhergehende Regeln, Rollenerwartungen im System und ebenso an die Austauschbedingungen zwischen System und Umwelt. Es handelt sich hier um funktionalen Sinn, der darauf verweist, welche Handlungsmöglichkeiten im System aktualisiert werden und welche nicht. Die Aktualisierung bezieht sich auf die innere Logik des Systems, sozusagen auf dessen Struktur und Rationalität. So macht es beispielsweise funktionalen Sinn, wenn ein Wohlfahrtsverband bestimmte Leistungen abbaut, weil er dafür keine Refinanzierung bekommt. Das lässt sich zwar aus einer ethischen Perspektive kritisieren, das Handlungsmotiv entspringt jedoch rationalen Kalkülen und ist auf Systemstabilisierung gerichtet. Systemsinn kann bis zur Normabweichung führen. Luhmann (1995a, 304 ff.) benützt in diesem Zusammenhang den Begriff der „brauchbaren Illegalität". Gemeint ist eine Anpassungsleistung an die Umwelt durch Regelverstoß. Das Theorem des funktionalen Sinns ist aussagekräftig, um Systemhandlungen in ihrer Binnenlogik zu verstehen. Verhaltensauffälligkeiten eines Kindes machen vor diesem Hintergrund einen funktionalen Sinn, den es herauszufinden gilt. Dadurch kann sich ein Kind möglicherweise Gehör in der Familie verschaffen oder die Eltern bleiben über das Kind in Verbindung. Der funktionale Sinn entspringt rationalen Logiken von sozialen Systemen wie auch psychodynamischen Logiken von Persönlichkeitssystemen, die häufig unbewusst sind. Der funktionale Sinnbegriff lässt Handlungen verstehen und mehr oder weniger plausibel erscheinen.

7.2.12 Anpassung

Die Fähigkeit von Systemen, sich zu verändern, drückt der Begriff der Anpassung aus. Anpassung ist nicht im Sinne von Unterordnung gemeint, sondern ein Veränderungshandeln, das rückgebunden ist an die Autopoiesis des Systems. Der Veränderungsbedarf oder -druck wird vom System so angepasst, wie es für das System funktional und möglich ist. Das kann sich durchaus als dysfunktional erweisen. Wenn beispielsweise ein Team einen Sündenbock herausbildet und dieses Problem supervisorisch bearbeitet, vollzieht es eine Anpassung. Die Anforderungen von Musterveränderungen sind aber möglicherweise zu hoch für das Teamsystem, so dass der Anpassungsprozess blockiert wird. Stattdessen könnte eine alternative Lösung gefunden werden, die einfacher für das System ist, beispielsweise den so genannten Sündenbock aus der Gruppe zu exkludieren. Aus der systemischen Perspektive ist anzunehmen, dass nach gewisser Zeit ein neuer Sündenbock durch das Team kreiert wird, weil die eingespielten Muster darauf abgestimmt sind und das Problem nicht wirklich bearbeitet wurde.

Anpassung gehört zur Systemrealität und zur prozessualen Dynamik. Komplexe Systeme, so Luhmann, müssen sich nicht nur an ihre Umwelt anpassen, sondern auch an ihre eigene Komplexität (Luhmann 1984, 56). Das heißt sie müssen ebenso mit ihren internen Operationen und internen Problemen fertig werden. So gesehen bedeutet Anpassung Selbstanpassung des Systems sowie Anpassung an die Umwelt. Die Anpassung System-Umwelt vollzieht sich wechselseitig. Umwelt versucht das System auf eigene Belange hin anzupassen und das System wiederum die Umwelt an seine Belange.

7.2.13 Macht

Überall wo Menschen oder Systeme handeln gibt es Bedingungen der Macht. Macht gehört zur Ordnung von Beziehungen und hinter jeder Beziehung verbirgt sich die Machtfrage (vgl. Popitz 1999, 16). Macht ist zunächst neutral, und in den Beziehungen zeigt sich, wie Macht, das heißt mit welchen Mitteln Macht eingesetzt wird und wie sie wirkt. Konkret stellt sich die Frage, ob Macht gebraucht oder missbraucht wird. Macht ist ein Mittel der Interessendurchsetzung, fungiert als Ordnungs- und Kontrollmacht und ist ein Erziehungsinstrument.

Nach Max Weber (1980, 28) bedeutet Macht „jede Chance, innerhalb einer sozialen Beziehung den eigenen Willen auch gegen Widerstreben durchzusetzen, gleichviel worauf die Chance beruht." Weber fokussiert auf einen subjektbezogenen Machtbegriff. Im systemischen Kontext gibt es darüber hinaus Reflexionen in Bezug auf Systemmacht und systemische Prozesse der Macht.

Michel Foucoult (1973, 117 f.) bezeichnet Gesellschaft als ein soziales Netz von Kräfteverhältnissen, das sich durch Machtbeziehungen kennzeichnet. Macht wird diskursiv ausgetragen, wobei Personen, Gruppen, Institutionen und Organisationen jeweils unterschiedliche Positionen einnehmen. Alle Machtakteure unterliegen einer Doppelperspektive: Sie wirken mit ihren Möglichkeiten der Macht auf Andere ein und sind gleichzeitig Adressaten der Machtaktivitäten Anderer. Macht vollzieht sich im Prozess und verändert sich immer wieder. Anschlussfähig ist dieser Zugang an Luhmann (1991a, 165), der darauf verweist, dass Macht nicht in einem reinen Über- und Unterordnungsverhältnis zu sehen ist, sondern zirkuliert. So muss in Systemen jede Machtinstanz eines Subsystems die Entscheidungs- und Interessensvoraussetzungen anderer Machtinstanzen akzeptieren und verarbeiten. Wähler, als Teil des politischen Systems, sind in der Lage, auf die politische Entscheidungsmacht ihrer Repräsentanten einzuwirken und umgekehrt, die politischen Vertreter versuchen die Wähler zu überzeugen. Studierende sind in der Lage, auf Bedingungen im Seminar Einfluss zu nehmen und umgekehrt, Lehrende haben wiederum Möglichkeiten darauf Einfluss zu nehmen.

Vor dem Hintergrund eines zirkulierenden Machtbegriffs weicht ein Denkschema auf, das davon ausgeht, dass auf der einen Seite die Mächtigen, auf der anderen die Ohnmächtigen sind. Die Aussage soll nicht in Frage stellen, dass es hierarchische und strukturelle Machtgefälle und Unterdrückungsstrukturen gibt. Der zirkulierende Machtbegriff verweist lediglich darauf, dass Personen und soziale Systeme in der Verfügungsgewalt von Macht sind, und dass sich Machtdynamiken verändern können. Foucault (1978, 39) macht deutlich, dass Über-Macht letztlich nur greifen kann, wenn sie in vielschichtigen anderen Machtverhältnissen verwurzelt ist. Als Beispiel dafür lässt sich die Kopplung von autoritärer Staatsführung und autoritär-patriarchaler Familienstrukturen anführen. Beides kann gegenseitig machtstärkend wirken.

Soziale Arbeit, die sich mit Benachteiligung, Randständigkeit, Gewalt und sozialer Ungleichheit beschäftigt, stößt unweigerlich auf das Thema Macht. Soziale Arbeit bewegt sich an Orten der Macht und beschäftigt sich mit Folgen der Macht. Sie verfügt über eigene Machtquellen, insbesondere durch das professionelle Wissen und ihren Expertenstatus, beispielsweise vor Gericht oder in Gremien (Wissens- und Deutungsmacht), und durch Eingriffsrechte. Eine Machtquelle ist auch die kompetente, authentische Persönlichkeit von Helfenden (Modellmacht). Ein zirkulärer Machtbegriff ermöglicht die Macht des Alltags zu thematisieren. Die höchste Position muss nicht immer die mächtigste sein. Ein Lehrer hat zwar qua Rolle Struktur- und Kontrollmacht, aber diese Macht kann begrenzt werden durch Schülermacht. Quellen dazu sind kollektive Verweigerungshaltung, Protest, Einschüchterung u. a.

Macht basiert auf Machtquellen. Dazu gehören Positions- und Statusmacht, Kontrollmacht, Definitionsmacht, Macht durch Wissen und Können, Recht und Solidarität (Gewerkschaft), Macht durch Geld und Sachen, Macht durch körperliche Kraft und sexuelle Attraktivität, Modellmacht, Macht durch kulturelle Zugehörigkeit, durch das Geschlecht, durch Krankheit und Hilfebedürftigkeit oder durch die Möglichkeit Identifikation zu stiften (Charismatiker). Machtquellen sind ebenso Seilschaften und Netzwerke.

In Beziehungen kennzeichnet sich Macht durch den formalen Aspekt (Strukturen) und den interaktionalen Aspekt (Kommunikation und konkretes Handeln). In diesem Zusammenspiel lässt sich beobachten, wie Macht zum Tragen kommt. Die Akteure konstruieren wer warum mächtig oder weniger mächtig ist, wo strukturelle und interaktionale Macht liegt und welche Probleme für die Systembeziehungen daraus entstehen.

Politisch lässt sich Macht als Herrschaft bezeichnen, um eine soziale Ordnung aufzubauen und zu verwalten. Legitime Herrschaftsmacht ist dann gegeben, wenn sie auf dem Recht und auf legitimen Entscheidungsverfahren beruht. Strukturelle Macht verweist allgemein auf Systemmacht gegenüber der personalen Macht. Alle Macht, so Popitz (1999, 17), berührt Freiheit, und von daher ist Macht rechtfertigungsbedürftig. Macht ist hybrid angelegt, denn sie dient zum einen der Durchsetzung von Freiheit und Gerechtigkeit, zum anderen werden über Macht Freiheit und Gerechtigkeit eingeschränkt und unterdrückt. Silvia Staub-Bernasconi (1994a, 24 ff.) verwendet vor diesem Hintergrund die Begriffe Begrenzung- und Behinderungsmacht. Begrenzende Macht ist positive Macht, die Schädliches und Behinderndes zu begrenzen trachtet. Behinderungsmacht als negative Macht dient hingegen egoistischen, benachteiligenden und ausbeuterischen Zwecken. Dieser Zugang ist dualistisch angelegt. Lässt sich auf abstrakter Ebene Behinderungs- und Begrenzungsmacht anhand von normativen Kriterien noch kategorisieren, eignet sich der dualistische Machtbegriff auf der Praxisebene nur bedingt. Je nach Perspektive gibt es unterschiedliche Deutungen, wer was behindernd, oder begrenzend wahrnimmt. Begrenzungsmacht kann möglicherweise zur Behinderungsmacht führen, weil die begrenzende Macht subjektiv als bevormundend und kränkend empfunden wird und daraus möglicherweise Gewalthandlungen entstehen.

Zirkuläre Machtzugänge versuchen Machtdynamiken zu erfassen; die Frage ist, wie Machtakkumulation entsteht und wie sich Gegenmacht aufbauen lässt. Dies ist auch in Verbindung mit Empowerment ein wichtiger Aspekt. Es wird nach Prozessen in Systemen gefragt, die von Akteuren beeinflussbar sind.[24] Die Vernetzung von Akteuren kann machtsteigernd wirken, ebenso die Nutzung von Wissen und Kompetenzen. Ein prozessualer Machtbegriff ist von der Annahme getragen, dass alle Akteure grundsätzlich über Machtressourcen verfügen, die gegebenenfalls zur Handlungsmacht gebündelt werden können. Die Schnittstelle zum Empowerment-Gedanken ist unverkennbar. Soziale Arbeit kann Machtressourcen und -quellen mobilisieren und entfalten helfen, um Adressaten zu unterstützen, sich privat oder/und politisch für ihre Interessen und Belange einzusetzen.

Die Annahme, dass Macht zirkuliert, eröffnet die Reflexion von Handlungsoptionen selbst unter schwierigen machtstrukturellen Kontexten. Mit Hilfe kom-

---

[24] Vgl. u. a. Foucault 1978; Coleman 1988; Stokman 1995.

plementären Denkens lässt sich die Dichotomie Macht-Ohnmacht aufschließen. Beide Pole bedingen einander. Ohnmacht stellt nicht bloße Machtlosigkeit dar, sondern Ohnmacht beinhaltet ebenso Machtaspekte und -quellen. Umgekehrt ist in jeder Machtkonstellation auch Ohnmacht enthalten. Die Herausforderung für die Soziale Arbeit ist in diesem Zusammenhang, sich als strukturell wenig mächtiges System Positions- und Diskursmacht anzueignen, um die Belange ihrer Adressaten wie auch ihre eigenen Belange zu vertreten.

7.2.14 Vernetzung

Im systemischen Kontext wird immer wieder von Vernetzung gesprochen. Luhmann benützt den Begriff im Rahmen seines systemtheoretischen Konzeptes äußerst marginal. Aus der Systemperspektive sind die Elemente, die zu einem System gehören, direkt oder indirekt vernetzt und bilden die innere Organisation des Systems heraus. Wenn ich im Folgenden den Vernetzungsbegriff einbringe, dann vor dem Hintergrund kybernetischer und netzwerktheoretischer Ansätze.

Die Netzmetapher als solche inflationiert mittlerweile, angefangen vom Networking bis hin zur Netzwerkgesellschaft. Soziologisch wird der Netzwerkbegriff herangezogen, um soziale Strukturierungsprozesse zu beschreiben. Dieser Punkt wird im nächsten Kapitel 7.2.16 „Systemisch-vernetztes Gesellschaftsverständnis" nochmal aufgegriffen. *Netzwerkarbeit* hingegen verweist auf eine konkrete Arbeitsweise, die mittlerweile zum praxismethodischen Kompetenzprofil der Professionellen in der Sozialen Arbeit zählt.

Kennzeichnet sich das System durch seine Grenze zur Umwelt, so kennzeichnen sich Netzwerke durch eine grundsätzliche Offenheit. Das Netz kann immer weiter geknüpft werden und symbolisiert ein lebendiges Gewebe, das stark prozessorientiert ausgerichtet ist. Gesprochen wird von sozialen Netzen, virtuellen Netzen, biologischen Netzen, wie das Spinnennetz, u. a.

Ziel der nun folgenden Ausführungen ist es, das Denken in vernetzten Beziehungskonfigurationen zu entfalten, ohne die systemische Zugangsweise aus dem Blick zu verlieren. Im Kapitel 8.7 werde ich auf methodische Fragen der Netzwerkarbeit eingehen.

Der Begriff der Vernetzung taucht bei denjenigen systemtheoretischen Autoren auf, deren Konzepte an kybernetische Zugangsweisen geknüpft sind. So bemerkt beispielsweise Bateson, dass Systeme aus komplexen kybernetischen Netzwerken bestehen. Gemeint sind miteinander vernetzte Subsysteme, die spezifische formale Gemeinsamkeiten aufweisen (Bateson 1992, 567). Der Begriff der Vernetzung ist vor allem auch durch Frederic Vester (1991; 2011) bekannt geworden. Vesters Ausgangsort ist ein systemisch-vernetztes Denken, das nicht Einzelsysteme in den Mittelpunkt stellt, sondern die Vernetzungen von Systemen als Systemorganismus. Diese Perspektive ist für die Soziale Arbeit und für den hier dargelegten Beziehungsansatz interessant, denn sie öffnet das systemfokussierte Denken für vielfältige strukturelle Kopplungen und sozialräumliche Perspektiven. Hat Luhmann sein Augenmerk vorrangig auf die Autopoiesis sozialer Systeme gerichtet, so finden sich bei Vester (1991) brauchbare Überlegungen hinsichtlich des dynamischen Austausches von Systemen, darunter auch Städte und Verkehrswege. Vester verweist darauf, dass es nicht ausreicht, komplexe Systeme in ihrem Operieren zu verstehen, sondern er plädiert vor allem hinsichtlich eines problemlösenden Vorgehens für das Denken in vernetzen Zusammenhängen (Vester 1991, 19).

Das Reflektieren in großräumigen systemisch-vernetzten Zusammenhängen und Beziehungen lässt sich auch in den Wirtschaftswissenschaften beobachten, beispielsweise in Ansätzen von Gomez/Probst (1995) und Malik (2008). Die Autoren fokussieren nicht auf einzelne Unternehmen, sondern auf die Dynamik von Systemzusammenhängen, auf kybernetische Rückkopplungen und Regelkreise, auf Kooperation und Kommunikation zwischen den Teilen und auf die gegenseitige Regulierung.

Richten wir den Blick wieder auf die Soziale Arbeit: Professionelle in der Sozialen Arbeit bearbeiten komplexe, miteinander vernetzte Beziehungskonfigurationen. Dabei geht es um die Frage, welche Systembeziehungen Synergien entfalten und sich gegenseitig stützen können und welche Systembeziehungen füreinander eher hinderlich sind. Im Zentrum der Beobachtung und Bearbeitung stehen systemisch-vernetzte Wirkungsgefüge auf der Basis struktureller Kopplung.

Tragfähige Beziehungen setzen voraus, dass Systeme für Informationen durchlässig sind und dass sie sich nach außen öffnen. Erst durch dieses Öffnen können sie herausfinden, welche Anpassungsprozesse im Zuge einer Verbesserung der Beziehungen notwendig werden. Diese Offenheit im konkreten Fall zu stärken, ist Aufgabe von Sozialer Arbeit, indem sie innerhalb der vernetzten Bezüge kommunikativ vermittelt. Sie arbeitet zusammen mit den Beteiligten „Notwendigkeiten" heraus, zeigt neue Perspektiven und Möglichkeiten auf, macht Angebote und betätigt sich insgesamt als kommunikative Brückenbauerin.

Sind die Systeme lern- und entwicklungsbereit, so Vester, entsteht eine höhere Organisationsform. Umformuliert im Kontext der in diesem Buch dargelegten Gegenstandsbestimmung Sozialer Arbeit heißt das: Zeigen sich die Systeme lern- und entwicklungsfähig, ergeben sich Chancen für Beziehungsqualitäten mit verbesserten Inklusionsbedingungen, verbesserten Teilhabemöglichkeiten und mit höherer Lebensqualität für die Personen; ebenso besteht die Chance einer besseren Funktionsfähigkeit der Systeme, beispielsweise einer Schulklasse oder einer Familie. Das Umgekehrte wäre, dass Systeme blockieren und sich abschotten. Die Praxis der Beziehungsgestaltung bewegt sich komplementär gedacht im Raum zwischen Systemoffenheit und -abschottung.

Funktionierende Kommunikation ist nach Vester eine wichtige Voraussetzung für Systementwicklung (vgl. Vester 1991, 84 f.) und für Beziehungsgestaltung. Ist die Selbstregulation der Systeme und deren Beziehungen erschöpft, braucht es nach Vester (1991, 95) „vorausschauendes Steuern" von außen. Hat Luhmann den Blick mehr auf die Autopoiesis gerichtet und verneint die Möglichkeit der Steuerung von außen, so plädiert Vester für Steuerung. Dieses Theorem lässt sich für die Soziale Arbeit aufgreifen. So gedacht erfolgt Steuerung über kommunikatives Handeln und Intervention. Was dabei aus der vernetzten Perspektive zu berücksichtigen ist, zeigen Vesters Forschungen.

Systemisches Handeln ist darauf gerichtet, Komplexität zu erfassen. Die Kunst ist es aber, nicht in einer Informationsfülle zu ertrinken. Hingewiesen wurde bereits darauf, dass mit Kontingenz zurecht zu kommen ist. Vester verdeutlicht, dass man nicht alles wissen muss, sondern dass es auf die Auswahl der Informationen ankommt, um Beziehungskonfigurationen in ihrer Dynamik und in ihrem Gewordensein zu verstehen und ebenso die Autopoiesis der relevanten Akteure. Der Schlüssel für das Erkennen sind die beobachtbaren Musterbildungen. Aussagekräftig für das Erkennen von Mustern sind vor allem Beziehungen zwischen den Systemkomponenten (Vester 2011, 21 ff.). Auch kann nicht einfach in ein systemisches Wirkungsgefüge interveniert werden, ohne dass dadurch andere Beziehungsgefüge betroffen werden.

Übertragen auf die Soziale Arbeit heißt das: Aufgabenveränderungen in einer Familie beispielsweise, die im Rahmen der Familiensozialarbeit vereinbart worden sind, haben Auswirkungen möglicherweise auf Beziehungen im Kontext von Schule und Arbeit. Es geht also darum, Wirkungszusammenhänge zu erfassen und Musterbildungen, Interdependenzen, Schlüsselfaktoren und Ansatzpunkte auszuloten. Wenn das Problem an einer Stelle angepackt werden soll, dann gilt es auszuloten, was das an anderen Stellen bewirken könnte. Um dies herauszufinden, reicht nicht der analytische Alleingang einer professionellen Helferin oder eines Helfers, sondern es braucht die verschiedenen Sichtweisen der Beteiligten. Erst dadurch lässt sich erhellen, was mögliche Interventionen und Veränderungen bedeuten, ob Wege gangbar sind, welche Unterstützung gebraucht wird und welche Veränderungsbereitschaft gegeben ist. Letztlich müssen Interventionen systemadäquat verarbeitet werden, und das setzt einen Beteiligungsmodus voraus. Dieser verhindert gleichzeitig ein Überregulieren durch die Soziale Arbeit. Sollte im Rahmen von Hilfe und Kontrolle die Soziale Arbeit spezifisch intervenieren müssen, beispielsweise wegen Kindeswohlgefährdung, dann handelt es sich nicht um eine Überregulierung, sondern um eine Ersatzregulierung. Insgesamt geht es beim systemisch-vernetzten Vorgehen nicht um einzelne Maßnahmen, sondern um deren Einbettung in Beziehungskonfigurationen. Die Forderung der Hilfe zur Selbsthilfe setzt vor diesem Hintergrund voraus, den einzelnen Akteur im Kontext der relevanten Beziehungen zu betrachten und ihn in der Selbstregulation der Beziehungen zu unterstützen. Das setzt voraus, dass die verschiedenen System- und Beziehungsebenen von ihrem besonderen Typus her verstanden werden. Auf der Ebene des Persönlichkeitssystems geht es um Bedürfnisse, auf der Ebene eines Familiensystems geht es um integrativ ausgerichtete Inklusion der Familienmitglieder und um Funktionalität.

Aus einer systemtheoretischen Perspektive lassen sich Beziehungen als strukturelle Kopplungen von Systemen betrachten, in denen sich subjektbezogener Sinn und funktionaler Systemsinn treffen und wo Bedürfnisse und Funktionskriterien aufeinander abzustimmen sind. Die Vernetzungsperspektive verweist darauf, nicht lediglich im isolierten System- und Beziehungsdenken verhaften zu bleiben, beispielsweise im Fall Jellner die Beziehung zwischen Tochter-Schule, sondern vernetzte Systembezüge und vernetzte Beziehungskonstellationen mit ihren wechselseitigen Einflüssen zu betrachten, also Tochter-Schule, Tochter-Familie, Vater-Mutter, Sozialarbeiterin-Familie, Mutter-Arbeitsstelle usf. Dadurch öffnen sich Reflexions- und Handlungsräume für Synergien.

7.2.15 Soziale Netzwerke

Der Begriff des sozialen Netzwerks verweist auf soziale Konfigurationen, die andere Merkmale aufweisen als Systeme. In der Gegenstandsbestimmung wurde dies bereits skizziert. Luhmann führt den Begriff der sozialen Netzwerke nicht näher aus. Interessant ist, dass Schüler und theoretische Anhänger Luhmanns sich aus der systemtheoretischen Perspektive mit Netzwerken beschäftigen, beispielsweise Dirk Baecker und Veronika Tacke. Grundlegende Reflexionen und theoretische Konzepte zu den sozialen Netzwerken kommen aus der Netzwerktheorie. Wenngleich Bettina Hollstein (2006) bemerkt, dass es noch keine Theorie sozialer Netzwerke gibt, werden unabhängig davon erste Ansprüche seitens der soziologischen Netzwerktheorie formuliert, eine interdisziplinäre Netzwerktheorie zu entwickeln (vgl. Holzer/Schmidt 2009).

> Exkurs:
> Die Netzwerktheorie ist nicht zu vergleichen mit der Netzwerkforschung. Letztere startete in den 50er Jahren unter dem Label „Soziale Netzwerkforschung" (vgl. Jansen 2003). Ziel ist die Erforschung sozialer Beziehungsstrukturen, darunter Häufigkeit und Dichte von Kontakten, Austauschinhalten, Macht, Position, Rolle, Vernetzungsunterschiede bei den Geschlechtern, im Stadt-/Landgefälle etc. Ausgangspunkt der Netzwerkforschung ist insbesondere das persönliche Netzwerk. Von Referenzpersonen aus wird das Vernetzungsverhalten erforscht (vgl. Lairaiter 2009, 82 ff.; Nestmann 2009, 958 ff.). Insgesamt geht es bei der sozialen Netzwerkforschung nicht um eine ausgearbeitete Theorie, sondern um (mittlerweile auch computergestützte) soziale Netzwerkanalysen.

Erkenntnisse der Netzwerktheorie und -forschung werden im Folgenden herangezogen, um im Kontext Sozialer Arbeit drei Grundfragen zu reflektieren:

- Was sind soziale Netzwerke und wie funktionieren sie?
- Sind soziale Netzwerke Systeme?
- Was bedeuten Netzwerke für die Theorie und Praxis Soziale Arbeit?

Was sind soziale Netzwerke und wie funktionieren sie?
Der Netzwerkbegriff wird unterschiedlich definiert. Rolf Ziegler (1984, 435) definiert Netzwerke als soziale Einheiten, in der

> „Ressourcen getauscht, Informationen übertragen, Einfluss und Autorität ausgeübt, Unterstützung mobilisiert, Koalitionen gebildet, Aktivitäten koordiniert, Vertrauen aufgebaut oder durch Gemeinsamkeit Sentiments gestiftet werden."

Weyer (2000a, 11) versteht unter einem sozialen Netzwerk

> „eine eigenständige Form der Koordination von Interaktionen ... deren Kern die vertrauensvolle Kooperation autonomer, aber interdependenter ... Akteure ist, die für einen begrenzten Zeitraum zusammenarbeiten."

Auf der institutionalisierten Ebene, also dort, wo beispielsweise soziale Dienste Netzwerke unterhalten, gelten Netzwerke als zeitgemäße Ressourcenpools und Problemlösungsagenturen, die auf Synergieeffekte durch Kompetenzbündelung basieren. Faulstich (2002, 21) spricht diesbezüglich von einem „Regulationsmechanismus der dritten Art". Gemeint sind Kooperationsverbünde jenseits von Markt und Hierarchie (Dinter 2001, 27 ff.) Sie kennzeichnen sich insbesondere durch gleichberechtigte Kommunikation, Selbstorganisation, Enthierarchisierung und Ressourcenaustausch.

Mit großem Interesse ist die Netzwerkperspektive in den Wirtschaftswissenschaften aufgegriffen worden, die Strukturen von Unternehmensnetzwerken, Möglichkeiten der Ressourcenbündelung sowie Steuerungsproblematiken untersuchen.[25] Die Politikwissenschaft beschreibt und untersucht mit Hilfe des *Governance-Begriffs* das Zusammenspiel der politischen, marktorientierten und zivilen Akteure.[26] Der Netzwerkbegriff ist interdisziplinär anschlussfähig, wenngleich es unterschiedliche Begriffsangebote gibt und der Begriff als solcher eher vage konturiert ist, was es aber erlaubt, darunter die verschiedenen Netzwerktypen zu fassen.

Als hervorstechende Merkmale von Netzwerken werden genannt (vgl. u. a. Aderhold 2009; Bommes/Tacke 2011c; Miller 2010a):

- Netzwerke bilden sich über *Adressen*. Der Begriff der Adresse stammt aus systemtheoretischen Reflexionen (vgl. Fuchs 1997; Stichweh 2000; Tacke 2000) und wird den Trägern von Kommunikation zugerechnet. Träger sind Personen in Systemen und Netzwerken. Adressen sind Zurechnungspunkte für Kommunikation und stellen Knotenpunkte dar, die mit anderen Knoten relationiert sind. Bezogen auf Netzwerke heißt das, Adressen

---

[25] Vgl. u. a. Kenis/Schneider 1996; Powell 1996; Sydow 2010; Sydow/Windeler 2001; Windeler 2007.
[26] Vgl. Fischer-Lescano/Viellechner 2010; Kenis/Raab 2008; Albert/Stichweh 2007; Weyer 2000c.

alias Netzwerkakteure sind mit anderen Adressen vernetzt. Adressen sind im Kontext komplexer Kommunikationszusammenhänge lokalisierbar (Stichweh 2000). Aus den Adressen ergeben sich Potenziale und Leistungen in sachlicher, sozialer und zeitlicher Hinsicht für das Netzwerk. Adressen beziehen sich auf Personen und Organisationen. Letztere werden durch Rollenträger vertreten (Bommes/Tacke 2011c, 32).

- Adressen sind durch ihre *Polykontexturalität* von Bedeutung, d.h. ihre Einbindung in andere soziale Konfigurationen und das daraus entstehende Potenzial (Kontakte, Informationen, Wissen).
- In Netzwerken geht es um *Potenzialität*, die über die Adressen aktiviert wird. Potenzialität stellt das netzwerkbildende „Medium" dar (Aderhold 2009, 199), gleich wieviel Potenzialität im einzelnen Netzwerk tatsächlich realisiert wird.
- Netzwerke kennzeichnen sich durch eine *Multiperspektive*, d.h. verschiedene Perspektiven, Anliegen, Interessen, Wissensgehalte, Sach- und Zeitlogiken werden aufeinander bezogen.
- Netzwerke kennzeichnen sich durch *Kompetenz- und Ressourcenbündelung* und die Herstellung von Synergien. Der Modus dazu ist *Kooperation statt Konkurrenz, Aushandlung statt Durchsetzung.*
- Netzwerke kennzeichnen sich durch *Offenheit, Vertrauen und Informationsfluss.* Vertrauen sowie gegenseitiges Verstehen, kooperatives Handeln, der Ausgleich von Interessen und komplexe, auf Kompetenzen bezogene Problembearbeitung sind eine wichtige Voraussetzung für das Funktionieren von Netzwerken (vgl. Sydow/Windeler 2001; Osterloh/Weibel 2001, S. 95 ff.).
- Netzwerke operieren mehr in *offenen Grenzen* als in geschlossenen. Offene Grenzen sind Voraussetzung für Potenzialität und ermöglichen fortlaufende, unabschließbare Prozesse von Kopplung und Entkopplung (vgl. Karafillidis 2009; Fuhse 2009b, 307). Netzwerke sind fraktal, und das verwischt gleichzeitig die Unterscheidung von Makro-, Meso-, Mikroebene. Nicht nur Wirtschafts- und Politiknetzwerke können global umspannend sein, sondern auch Familien- und Verwandtschaftsnetzwerke.
- Netzwerke zielen auf die *Beschleunigung* von Lösungen und Entscheidungen.
- *Akteure* haben im Netzwerk einen herausgehobenen Stellenwert. Leitend ist das Prinzip *Akteurshandeln* vor Organisationshandeln. Kompetente Akteure werden zu Referenzpunkten für den Erfolg von Netzwerken. Nicht die soziale Position steht im Vordergrund, sondern personale Kompetenzen und Polykontexturalität in Verbindung mit der sozialen Position. Durch Polykontexturalität ergeben sich Ressourcen wie Kontakte, Wissen, Hilfen etc. Um Netzwerkpotenziale entfalten zu können braucht es Vermittlungs- und Übersetzungskompetenz, Fachkompetenz, Handlungskompetenz

sowie Verknüpfungskompetenz der Akteure. Brückenbauer im Netzwerk leisten darüber hinaus eine Fülle von Übersetzungsprozessen zwischen verschiedenen Interessen und Sichtweisen (vgl. Endres 2008). Nach Baecker braucht es den kompetenten Menschen, damit der Netzwerk-Modus gelingen kann. Das Operieren in Netzwerken setzt nach seiner Auffassung nicht nur Wahrnehmung, Bewusstheit und Kommunikation voraus, sondern auch die Fähigkeit, über rationale Logiken hinaus zu denken und zwischen verschiedenen Interessen zu vermitteln. Für Baecker ist der Mensch das Scharnier für das Gelingen des Designs der „nächsten" sozialstrukturellen Organisation (Baecker 2007, 49). Vergleichbare Aussagen finden sich auch bei Bruno Latour im Rahmen seiner Akteur-Netzwerk-Theorie (ATN). Die moderne Gesellschaft brauche Menschen, so Latour, die fähig sind, heterogene Verbindungen einzugehen, die in der Lage sind, multiple Rollen zu spielen und sich flexibel in heterogenen Netzwerken zu bewegen (Latour 2000; Callon/Latour 2006).
- Soziale Adressen stellen ihre potenziellen Möglichkeiten dem Netzwerk zur Verfügung. Daraus wiederum resultieren *Reziprozitätserwartungen.* Die Ausbalancierung von Geben und Nehmen wird zum gegenseitigen Erwartungsmodus, wenngleich sich Geben und Nehmen zeitversetzt und komplementär vollziehen können. *Reziprozität* wird so zu einem konstitutiven Prinzip von Netzwerken (Bommes/Tacke 2011c, 35 f.). Relevant ist demnach die Frage der Leistungsfähigkeit einer sozialen Adresse. Auch in Nachbarschaftsnetzwerken geht es letztlich um Austauschprozesse und Reziprozität mit Blick auf die alltägliche Lebensbewältigung und Lebensführung. Somit ist die Frage der Inklusion und Positionierung im Netzwerk an die Leistungsfähigkeit der Adresse gebunden.
- Netzwerke sind eher *temporär* angelegt, d. h. sie bilden sich nach Bedarf heraus und lösen sich nach Bedarf wieder auf, sind also nicht genuin auf Selbsterhalt angelegt, wie es bei Systemen der Fall ist.

Die Merkmalsbeschreibung von Netzwerken macht deutlich, dass Netzwerke nicht analog formal organisierter oder interpersoneller Systeme funktionieren, sondern konträr dazu. In der Praxis haben sich unterschiedliche Netzwerktypen herausgebildet. Pragmatisch und ohne Systematisierungsversuch lassen sich folgende Netzwerktypen unterscheiden (Miller 2010a):

- Netzwerkgesellschaft als globale Weltgesellschaft
- Strategisch geführte Unternehmensnetzwerke
- Arbeitsnetzwerke (innerhalb und außerhalb des Unternehmens)
- Verhandlungsnetzwerke (Politik)
- Cluster (regional in der Wirtschaft und Wissenschaft, z. B. Silicon Valley)
- Interessens- und Aktionsnetzwerke (z. B. NGOs)
- Unterstützungsnetzwerke (Soziale Arbeit)

- Institutionalisierte Netzwerke (intermediäre Organisationen wie die Soziale Arbeit)
- Informations- und virtuelle Netzwerke
- Persönliche Netzwerke
- Illegale Netzwerke (insbesondere kriminelle Netze der Korruption und Kleinkriminalität, organisiertes Verbrechen wie Waffen-, Drogen-, Menschenhandel, Terrorismus und politischer Extremismus)

Kooperation und Multiperspektive sind zentrale Elemente von Netzwerken. Beide Begriffe sind positiv konnotiert. Jedoch ist anzumerken, dass Kooperation und Multiperspektive nicht von vornherein Garanten für legitimes Handeln und Problemlösen im Netzwerk sind (vgl. Tacke 2011a). Kooperation und Multiperspektive lassen sich auch für niedere Zwecke missbrauchen, beispielsweise im Rahmen illegaler Netzwerke.

Für die Soziale Arbeit hilfreich ist eine Einteilung der Netzwerke in primäre, sekundäre und tertiäre Netzwerke (Schubert 2008, 9). Primäre Netzwerke stellen interpersonelle Beziehungsnetzwerke im Nahbereich dar (Familie, Verwandtschaft, Freunde). Sie werden gelebt und nicht straff organisiert. Sekundäre Netzwerke beziehen sich auf interpersonelle und formelle Beziehungen und reichen von Nachbarschaftsnetzen bis zu Verbandsnetzwerken. Sie sind gering bis stärker organisiert. Tertiäre Netzwerke sind professionelle Netzwerke im Profit- und Nonprofitbereich und in der Regel stark organisiert, das heißt es erfolgt Moderation, Koordination und Steuerung.

Abbildung 5: Primäre, Sekundäre, Tertiäre Netzwerke

Primäre Netzwerke (interpersonelle Beziehungen)	Familien-, Verwandtschafts-, Freundesnetzwerke	nicht organisiert
Sekundäre Netzwerke (interpersonelle bis formelle Beziehungen)	Selbsthilfe-, Nachbarschafts-, Kollegennetzwerke Vereins- und Verbandsnetzwerke	gering bis stärker organisiert
Tertiäre Netzwerke (professionelle Beziehungen)	Nonprofitbereich: Netzwerke im sozialen, politischen, rechtlichen, kulturellen, wissenschaftlichen, ökologischen Bereich Profitbereich: Wirtschafts- und Industrienetzwerke, Zuliefernetzwerk etc.	stark organisiert

Im Rahmen ihrer professionellen Hilfe bewegt sich Soziale Arbeit in den jeweiligen Netzen, unterstützt diese oder baut sie auf. Im Case Management werden häufig alle drei Netzwerktypen aktiviert. Zu den tertiären Netzwerken Sozialer Arbeit gehören institutionalisierte Netzwerke, um im Quartier oder in der Region die Adressaten mit sozialen Dienstleistungen zu versorgen. Dabei handelt es sich um Kooperationsnetzwerke Sozialer Dienste. Soziale Arbeit praktiziert mit Hilfe sekundärer und tertiärer Netzwerke Lobbyarbeit für ihre Adressaten und vernetzt sich auch im eigenen Interesse, beispielsweise mit Blick auf Wissensmanagement, kollegialen Austausch und berufspolitische Belange.

Je stärker Netzwerke organisiert sind, desto mehr nähern sie sich Systemmodi, verlieren aber nicht ihre Akteurskomponente. Interne Netzwerke in Sozialbehörden oder in Wohlfahrtsorganisationen weisen mehr oder weniger hierarchische und mit klaren Zielvorgaben ausgestattete Strukturen auf. Netzwerke als Teil von Organisationen können durchaus systemähnlich strukturiert sein, das heißt sachorientiert und mit einer sachbezogenen Auswahl der Akteure, die unter klaren strukturellen Vorgaben arbeiten. Trotzdem liegen Netzwerke mit ihren spezifischen Merkmalen komplementär zu Systemen (vgl. Holzer 2008).

Sind Netzwerke Systeme?
Im Vergleich zu Luhmanns Beschreibung sozialer Systeme, in deren Mittelpunkt Systemkommunikation steht, gehen netzwerktheoretische Beschreibungen mit struktur- und handlungstheoretischen Fragestellungen einher und bringen die Bedeutung der Akteure ins Spiel. Was die Herausbildung der Netzwerke betrifft, so lässt sich deren sozialstrukturelle Entwicklung als emergente strukturelle Reorganisation von funktional ausdifferenzierten Gesellschaften verorten. Anders formuliert: Die sozialstrukturelle Netzwerkentwicklung vollzieht sich vor dem Hintergrund von Systemen (Bommes/Tacke 2011c, 2011, 93). Diese bilden Netzwerke heraus, um mit deren Hilfe Problemlösungen zu generieren, für die Systeme in ihrem autopoietischen Operieren überfordert sind. Dass sich Menschen und Gruppen vernetzen, ist nicht neu und gehört zur Geschichte der Menschheit. Die Gesellschaften asiatischer Länder und Kollektivgesellschaften basieren auf Netzwerken, insbesondere Familien-, Verwandtschafts- und Sippennetzwerken. Neu ist die strukturelle Vernetzung in spätmodernen Gesellschaften, die bis in die Makroebene reicht und wo Systemstrukturen und Netzwerkstrukturen gekoppelt sind. Die Verbindung von system- und netzwerktheoretischen Konzepten zeigt sich von daher evident und gleichsam besteht die Herausforderung, soziologisch getrennte Konzepte, nämlich systemtheoretische und handlungstheoretische Konzepte zu relationieren.

Zurück zur Frage: Sind Netzwerke Systeme? In die zentralen Systemtypen, also Interaktionssysteme, Organisationssysteme und Gesellschaftssystem lassen sich Netzwerke theoretisch nicht zufriedenstellend einordnen. Interaktionen erfolgen nach Luhmann durch die Anwesenheit von Personen. Anwesenheit ist aber bei virtuellen Kontakten, die in Netzwerken wichtig sind, nicht gegeben. Netzwerke lokalisieren sich darüber hinaus auf allen gesellschaftlichen Ebenen, so dass sie mehr umfassen als lediglich Interaktionssysteme. Bommes und Tacke (2011c, 46) stellen aus systemtheoretischer Perspektive fest:

> „Netzwerke finden ihren Halt nicht, wie Funktionssysteme, in der Sachdimension, nicht wie stratifikatorische[27] Systeme in der Sozialdimension, und sie stützen sich auch nicht konstitutiv wie Interaktionssysteme auf Anwesenheit und die Reflexivität der Wahrnehmung (...) Netzwerke können sich also nicht in gleicher Weise auf Formalität gründen wie Organisationen."

Netzwerke basieren auf Adressen und Reziprozitätserwartungen, finden Halt in sich selbst, zeigen fluide Grenzen, tauchen auf und wieder ab, reaktivieren sich gegebenenfalls (Bommes/Tacke 2011c, 46f.). Insgesamt basieren Netzwerke auf anderen Merkmalen als Systeme.

Von Seiten der Netzwerktheorie werden nun Fragen dahingehend aufgeworfen, ob und wenn ja, welche Anleihen von der Systemtheorie zu nehmen sind, um noch ungeklärte netzwerktheoretische Fragen zu bearbeiten oder ob sich die Netzwerktheorie gänzlich von der Systemtheorie frei machen soll. Weyer (2000b, 245) ist der Auffassung, dass die Systemtheorie Netzwerke nicht zureichend erfassen könne und von daher ungeeignet sei. Aus netzwerktheoretischer Sicht zeigt sich eine Tendenz, Netzwerke nicht als Systeme zu betrachten, sondern als eine „eigene Form der Ordnungsbildung" (Japp 2011, 263). Netzwerke, so die Argumentation, verweisen auf funktionsübergreifende Leistungen, was sie zu Problemlösungsagenturen macht und zwar insbesondere in der Wirtschaft, Politik, Ökologie und im sozialen Bereich. Jan Fuhse (2009b, 289) plädiert für eine Eigenständigkeit der Netzwerktheorie, will diese aber mit Theoremen der Luhmannschen Systemtheorie unterfüttern. Überlegt wird eine Kopplung von system- und netzwerktheoretischen Konzepten, ohne sich der Systemtheorie unterzuordnen (Aderhold 2009; Fuhse 2009a). Als bedeutsam in der theoretischen Netzwerkdiskussion wird auch das Konzept von Harrison White (2008) eingestuft, der die Akteurs- und Strukturperspektive koppelt. White hat sich intensiv mit Luhmanns Ansatz beschäftigt und anerkennt die daraus hervorgehenden netzwerktheoretischen Relevanzen. Die moderne Netzwerktheorie, so lässt sich aktuell deuten, verfolgt das Ziel, zwischen Akteurs- und Systemperspektive zu vermitteln und theoretische Brücken zu bauen.[28] Konkret bedeutet dies, dass zwar eine Akteursorientierung erfolgt, jedoch nicht ausschließlich, sondern Akteurshandeln wird vor dem Hintergrund sozialer Beziehungen und Strukturen,

---

[27] Anmerkung der Verf.: Stratifikation meint vertikale gesellschaftliche Differenzierung (Rang, Stand, Klasse, Kaste (vgl. Luhmann 1984, 250).

[28] Zur Verbindung zwischen Akteurs- und Strukturorientierung siehe auch Weyer 2000b.

sprich Systemen gedeutet. Akteure werden vor diesem Hintergrund nicht lediglich aus einer Subjektperspektive betrachtet, sondern als soziale Adresse.

Veronika Tacke und Michael Bommes verorten Netzwerke aus der systemtheoretischen Perspektive als „soziale Systembildung eigenen Typs", die sich ihrer Meinung nach durchaus in die Systemtheorie integrieren lassen, wenngleich Systeme und Netzwerke ein komplementäres Verhältnis zueinander haben (Bommes/Tacke 2011, Einleitung S. 14; Tacke 2000, 2011). So gesehen lassen sich Netzwerke als Systeme erfassen, denn im „Kern besteht ein Netzwerk aus nichts anderem als rekursiver reziproker Leistungskommunikation." Ihre Funktionsweise liege in der Reziprozität. Die Grenzen von Netzwerken, gemeint sind Grenzen zur Umwelt, seien im Vergleich zum System zwar fließend und fluide, doch seien Grenzen ebenso vorhanden. Netzwerke seien weniger formal als Systeme und unsteter, d. h. „sie tauchen auf, verschwinden und reaktivieren sich wieder" (Bommes/Tacke 2011c, 44 f., 47). Die Besonderheit von Netzwerken, so Tacke (2011, 92 f.), ist ihre funktionsspezifische Kommunikation, die auf soziale Adressen bezogen ist. Die sozialen Adressen sind die „Gelenkstellen" für soziale Netzwerkbildung. Über die sozialen Adressen entwickeln Netzwerke ihre Potenziale und Leistungen. Nicht eine klare Rollenzuschreibung steht im Zentrum, sondern Polykontexturalität und Reziprozitätserwartungen. So wird der Vorschlag gemacht, Netzwerke systemtheoretisch zu verorten, ihre Unterschiede zu markieren, insbesondere mit Hilfe des Kommunikationsbegriffs. Unterschieden wird demzufolge die funktionsspezifische Kommunikation in Systemen einerseits und die auf Adressen bezogene Kommunikation in Netzwerken andererseits, die Schnittstellen zur interpersonellen Kommunikation hat. Bommes/Tacke (2011c, 47) benützen zur gesellschaftlichen Beschreibung von Netzwerken den Begriff „sekundäre Systembildungen". Der Grund wurde bereits weiter oben angeführt. Tacke (2011, 93) betont, dass sich Netzwerke von den gesellschaftlichen Strukturbedingungen, wie sie Luhmann beschreibt, nicht unabhängig machen können, sondern auf sie angewiesen sind.

Mit Blick auf Inklusion argumentiert Tacke (2011, 94) netzwerkkritisch. Halten Organisationen klare Kriterien über Inklusionsmodi bereit, verschwimmen diese in Netzwerken und verschieben sich hinsichtlich „Relevanzen" auf die Akteure. Dieser Hinweis weiter gedacht verweist auf Optionen ebenso wie auf Problematiken. Optionen sind dahingehend denkbar, dass Personen/Adressen, die möglicherweise den selektiven Eingangsbedingungen von Organisationen nicht gerecht werden, aufgrund ihrer Potenziale für Netzwerke interessant sind. Umgekehrt können in Netzwerken persönliche Potenziale in diffuser Weise funktionalisiert werden und es können Abhängigkeiten entstehen, aus denen sich Einzelne aufgrund fehlender formaler Strukturen möglicherweise schwerer lösen können. Es droht die Gefahr der Verstrickung. Und: Wer nicht über genügend Polykontexturalität als soziale Adresse und über Netzwerkkompetenzen verfügt ist für das Netzwerk möglicherweise unattraktiv.

Der systemtheoretische Vorschlag, Netzwerke als Systeme zu verorten, wird aus netzwerktheoretischer Sicht teils aufgegriffen. Holzer plädiert für die Einordnung der Netzwerke in die Theorie sozialer Systeme und zwar als „eigenständige Formen sozialer Selektivität" (Holzer 2011, 52). Dazu gehören seiner Meinung auch Netzwerke, die nicht ausschließlich interaktionsabhängig über Face-to-Face-Kommunikation sind, sondern die über moderne Kommunikationsmittel aufgebaut und gepflegt werden, also virtuelle Netzwerke. Mit dieser Positionierung eröffnen sich Schnittstellen zwischen systemtheoretischen und netzwerktheoretischen Zugangsweisen, die es erlauben, system- und handlungstheoretische Zugänge zu relationieren und dadurch komplexere Beschreibungsfolien sozialer Strukturierungen zu erwirken.

Was bedeuten Netzwerke für die Theorie und Praxis Sozialer Arbeit?
Soziale Arbeit beschäftigt sich in Theorie und Praxis mehr oder weniger in allen weiter oben genannten Netzwerktypen. Eine zunehmende Bedeutung erfährt die Netzwerkperspektive in Verbindung mit der Sozialraumdiskussion (Früchtel u. a. 2010) und zwar dort, wo der soziale Raum nicht lediglich als geographischer Raum verstanden wird, sondern als symbolischer Raum von Handlungen. Der soziale Raum lässt sich nicht mehr lokal verorten, sondern dehnt sich global aus, nicht nur durch das Internet, sondern auch im Kontext von interkulturellen Beziehungen, Migration, Asyl, Flucht und Vertreibung. Darüber hinaus erfahren Netzwerke als Ressourcenpools zunehmende Bedeutung. Gleichzeitig treten Fragen von Inklusions- und Exklusionsmodi von Netzwerken auf. Warum wird jemand inkludiert/exkludiert, warum ist jemand interessant/uninteressant für das Netzwerk, welche Netzwerkanforderungen und -erwartungen sind gegeben, und können und wollen Betroffene diesen entsprechen? Dort, wo Systemstrukturen möglicherweise Orientierung geben, was vom Rollenträger gefordert ist und auf welchen Wegen Entscheidungen generiert werden, bleibt in Netzwerken vieles offen. Netzwerke mit ihrem fluiden Charakter bergen Unsicherheiten, beispielsweise hinsichtlich Dauer, Zusammensetzung und Dynamiken. Mangelnde Zeitstabilität und strukturelle Unklarheit, die Offenheit für immer neue Mitglieder wie auch die geforderte Flexibilität kann von Akteuren als interessant wie auch als schwierig empfunden werden. Was die Professionellen betrifft, so braucht es Kompetenzen für den professionellen Umgang mit Netzwerken, insbesondere Kommunikations- und Koordinationskompetenz, Flexibilität und Prozessoffenheit. In Netzwerken gilt Prozessualität vor Strukturierung. Die grobe Netzwerkstruktur kennzeichnet sich durch Zentrum und Peripherie. Für den Akteur stellt sich nicht lediglich die Frage, ob er mehr im Zentrum oder lieber am Rande, also an der Peripherie sein möchte, sondern was zu tun ist, um an die gewünschte Platzierung zu kommen. Aus einer professionellen Perspektive gilt zu fragen, welche Netzwerke für wen warum wichtig sind, welche Platzierung im Netzwerk Sinn macht, was das Netz-

werk bietet und was die Reziprozitätserwartungen sind. Dies gilt sowohl für den Aufbau und die Gestaltung von Adressatennetzwerk auch für die Netzwerke von Professionellen.

> Halten wir fest:
>
> Die systemisch-vernetzte Denkfigur zielt auf Reflexion und Verstehen von Beziehungssystemen. Grundlegend ist das systemtheoretische Wissen, insbesondere Theoreme der soziologischen Systemtheorie nach Luhmann. Der Fokus systemtheoretischer Erklärung ist insbesondere auf die System-Umwelt-Differenz gerichtet, die Selbstreferentialität/Autopoiesis/Selbstorganisation der Systeme, auf deren Binnenlogik, auf Struktur und Prozess, das systemrationale Operieren in Verbindung mit funktionalem Sinn, die Grenzziehung zur Umwelt als Grundlage der Herausbildung von Systemidentität. Der Vorteil eines solchen Zugangs ist, dass Systemverhalten und Merkmale geschärft werden können. Die Grenze des Ansatzes liegt in der unbefriedigenden Beantwortung der Frage, welchen Einfluss Personen und damit Bewusstseinssysteme auf Systemhandeln tatsächlich haben. Personen als Bewusstseinssysteme sind bei Luhmann lediglich Träger von Kommunikation. Aus einer erweiterten systemtheoretischen Perspektive lassen sich Menschen als Mitproduzenten sozialer Wirklichkeit auf allen Beziehungsebenen bezeichnen und sind nicht lediglich Akteure sozialer Systeme, wie Luhmann sie beschreibt. Eine weitere Gefahr bei der Verwendung des Ansatzes von Luhmann sehe ich darin, möglicherweise zu stark in Systemtypen zu denken, also Familiensystem, Gruppensystem, Gesellschaftssystem, Organisationssystem, Funktionssystem. Luhmann hat in seinen Veröffentlichungen vor allem auch die einzelnen Funktionssysteme beschrieben. Der Begriff der strukturellen Kopplung verweist zwar auf grundsätzliche Interdependenzen, jedoch bleibt dieser Zugang für die Praxis eher abstrakt, um die Verflochtenheit von Beziehungen zu erfassen. In der systemisch-vernetzen Denkfigur geht es deshalb um ein Denken in Zusammenhängen und Systemvernetzungen.
>
> Systemisch-vernetztes Denken operiert nicht in isolierten Systemeinheiten, sondern in Beziehungsnetzen. Ziel ist es, Beziehungen in ihrer Vielschichtigkeit zu verstehen, Synergien und Ressourcen zu entdecken, positive Wechselwirkungen und Rückkopplungen zu erkennen wie auch mögliche Blockaden. Die Kunst ist es, im Rahmen komplexer Beziehungskonstellationen diejenigen Informationen auszuwählen, die brauchbar sind, um Beziehungen in ihrem Kern zu verstehen und in ihrem Entwicklungsprozess zu unterstützen. Die systemisch-vernetzte Denkfigur orientiert sich an systemtheoretischem wie netzwerktheoretischem Wissen. Beide Zugänge lassen sich relationieren, zumal Forscher und Forscherinnen beider Zugänge aufeinander verweisen.

Netzwerke in den modernen Gesellschaften setzen soziale Systeme voraus, wenngleich sie davon abweichende Merkmale zeigen. Netzwerke werden als sekundäre Systembildungen beschrieben, in denen die Kommunikation auf soziale Adressen und deren Potenziale bezogen ist. Auf die Frage, ob Netzwerke Systeme sind, lässt sich kein klares Ja oder Nein formulieren. Mit den entsprechenden Unterscheidungsmerkmalen können Netzwerke als Systeme eigenen Typs definiert werden, sozusagen Netzwerksysteme. Als Schnittstellenbegriff, der eine Brückenfunktion zwischen Netzwerken und Systemen und zwischen Akteurshandeln und Systemhandeln ermöglicht, lässt sich der Begriff der Kommunikation heranziehen. Über den Begriff der Kommunikation lassen sich systemtheoretische, netzwerktheoretische und auf das Subjekt bezogene handlungstheoretische Zugänge differenzieren. Darüber hinaus ist der Kommunikationsbegriff anschlussfähig an Konzepte der Wissens- und Informationsgesellschaft wie auch an die Bedeutung der Medientechnologie und darauf bezogene Formen der Kommunikation, Wissensproduktion und -übermittlung (Albrecht 2008, 167 ff.). Über die Verknüpfung von Kommunikation, Netzwerken und Kultur sieht Fuhse (2011) sogar die Möglichkeit gegeben, kommunikative Vorlieben von Milieus und Subkulturen zu analysieren.

Netzwerke unterscheiden sich nicht nur in primäre, sekundäre und tertiäre Netzwerke, sondern damit einher geht eine Typenvielfalt. Sie unterscheiden sich in Fragen der Zielgerichtetheit, der Organisation und der Kommunikation. Je nach Netzwerktypus gibt es andere Sinngehalte (Freundschaftsnetzwerke, Problemlösungsnetzwerke, Wissenschaftsnetzwerke). Gemeinsam ist ihnen, dass über die Akteure Potenzial entfaltet wird. Mit einer Verbindung von System- und Netzwerktheorie eröffnen sich theoretische und praktische Möglichkeiten, akteurs-, struktur- und kulturspezifische Aspekte aufeinander zu beziehen. Für die Professionellen ist es wichtig, die Anforderungen von Netzwerken zu erfassen, um Adressaten und sich selbst nicht zu überfordern. Netzwerke sind nicht lediglich Ressourcenpools, sondern ein zentrales Kennzeichen ist Reziprozität, von der aus Ansprüche an die Akteure resultieren.

7.2.16 Systemisch-vernetztes Gesellschaftsverständnis

Gesellschaft ist eine zentrale Beziehungsebene für die Soziale Arbeit. Von dort aus werden Probleme definiert, für die Soziale Arbeit zuständig ist. Hilfeangebote werden von dieser Ebene her mitstrukturiert und Ressourcen dafür zur Verfügung gestellt. Gesellschaft ist relevante Umwelt für die Soziale Arbeit, um Selbstbeschreibungen und um professionelle Problemsichtweisen in den gesellschaftlichen Diskurs einzubringen. Soziale Arbeit handelt im Kontext wohlfahrtsstaatlicher Rahmenbedingungen. Das berührt Fragen insbesondere der Autonomie und Abhängigkeit, Fragen der Ressourcenzufuhr und der Auftragszuteilung. Gesellschaft ist darüber hinaus der soziale Rahmen für Chancenzuteilungen und Teilhabe wie auch für soziale Ungleichheit. Gesellschaft ist Produzentin und Mitproduzentin sozialer Probleme, die Soziale Arbeit bearbeitet. Somit gilt es Gesellschaft in ihren Strukturen und Prozessen zu verstehen, um die sozialen Dynamiken zu verorten und um diese Beziehungsebene zu reflektieren und zu gestalten. Im Rahmen einer Kernbestimmung Sozialer Arbeit braucht es eine gesellschaftstheoretische Fundierung (vgl. Scherr 2004, 59). So stellt sich die Frage, welche theoretischen Konzepte geeignet sind, um Gesellschaft zu beschreiben und um ihre Grundstrukturen wie auch ihre Vielschichtigkeit zu erfassen. Vor dem Hintergrund einer systemisch-vernetzten Denkweise argumentiere ich weiter in Bezug auf Gesellschaft. Das an anderer Stelle bereits kurz eingeführte Konzept der funktional differenzierten Gesellschaft von Niklas Luhmann greife ich wieder auf und vertiefe es. Gewisse Redundanzen lassen sich dabei nicht vermeiden. Als Erweiterung dieses Konzeptes stelle ich anschließend die Netzwerkgesellschaft aus netzwerktheoretischer Sicht vor. Beide soziologischen Zugänge stehen derzeit noch in einem Konkurrenzverhältnis, jedoch haben beide Konzepte Schnittstellen und verweisen aufeinander. Beide Zugangsweisen sind aussagekräftig, um moderne Gesellschaften zu beschreiben, um die gesellschaftliche Funktion Sozialer Arbeit zu verorten und um Beziehungen auf der gesellschaftlichen Ebene reflexiv zu betrachten.

Die funktional differenzierte Gesellschaft nach Niklas Luhmann

Gesellschaft ist nach Luhmann die Gesamtheit des Sozialen, also die Gesamtheit der „sozialen Beziehungen, Prozesse, Handlungen oder Kommunikationen" (Luhmann 1984, 555). Nichts Soziales ist außerhalb der Gesellschaft. Alle Kommunikation ist Teil der Gesellschaft. Als autopoietisches System reproduziert die Gesellschaft die Elemente, aus denen sie besteht, und entwickelt ebenso neue Elemente und damit einhergehend neue strukturelle Arrangements, die Einfluss auf die Teilsysteme haben. Gesellschaft unterliegt historisch evolutionären Prozessen, das heißt Gesellschaft bildet aus sich heraus entsprechende Strukturen, die ordnungsbildende Kraft haben und die sich im Zuge der Evolution bewähren (Luhmann 1984, 575; 1997/2 611 ff.). Gesellschaft ist nach Luhmann das umfassende Sozialsystem, aus dem heraus sich alle anderen sozialen Systeme über Kommunikation bilden (Luhmann 1997/1, 13 f.; 78 ff.). Die moderne Gesellschaft ist nach Luhmann (1984; 1997) in Funktionsbereiche aufgeteilt. Mit Hilfe seines Konzepts von Funktionssystemen beschreibt er die Globalisierungsstrukturen und -folgen einer Welt, „die sich ausdehnt und schrumpft, je nachdem, was vorkommt." Er beschreibt Welt heterarchisch und azentrisch als „Korrelat der Vernetzung von Operationen" (Luhmann 1997/1, 156 f.).

Funktionssysteme wie Wirtschaft, Politik, Recht, Wissenschaft, Religion, Gesundheit, Massenmedien, Erziehung, Familie u. a. erbringen arbeitsteilige Aufgaben für die Gesellschaft. Sie kennzeichnen sich durch spezifische Funktionen, Codes, Programme, Kommunikation und symbolisch generalisierte Kommunikationsmedien. *Geld* fungiert als symbolisch generalisiertes Kommunikationsmedium der Wirtschaft, *Macht* als das der Politik, *Wahrheit* als das der Wissenschaft und *Glaube* als das der Religion. Luhmann, der die Theorie symbolisch generalisierter Medien von Parsons weiter entwickelt hat, geht davon aus, dass sich durch die funktionale Differenzierung eine neue Form der gesellschaftlichen Integration vollzogen hat. Funktionssysteme unterscheiden sich, und eben durch diese Unterscheidung sind sie gleich. Es gibt keine gesamtgesellschaftlichen Vorgaben, in welchen Beziehungen sie zueinander stehen sollen (Luhmann 1997/2, 613). Die Operationen in den Funktionssystemen verlaufen über Kommunikation (Luhmann 1997/1, 320). Die Systeme bündeln mit Hilfe ihres spezifischen Steuerungsmediums ihre Kommunikation auf ihre zentrale Funktion hin und grenzen sich so von ihrer Umwelt ab. Nach Luhmann agieren die Funktionssysteme autopoietisch, d. h. sie funktionieren nach ihren spezifischen rationalen Logiken. Kein Funktionssystem kann die Funktion eines anderen übernehmen, und die Funktionssysteme sind auch nicht wechselseitig steuerbar. Politik, kann letztlich keinen wirtschaftlichen Erfolg erwirken, sondern lediglich Rahmenbedingungen setzen. Das Recht kann Regelungen treffen, aber kann nicht verhindern, dass sich Systeme nicht daran halten (Luhmann 1997/2, 753). Gegenseitige Einflussnahmen erfolgen über strukturelle Kopplungen: Politik und Wirtschaft sind beispielsweise über Steuern und Abgaben gekoppelt, Recht und Wirtschaft über Verträge und Eigentum, Wirtschaft und Bildung über Zeugnisse und Zertifikate.

Gesellschaftliche Integration wird vor diesem Strukturhintergrund nicht über eine steuernde Instanz hergestellt (z. B. Politik), sondern über Differenz. „Jedes Teilsystem übernimmt (...) einen Teil der Gesamtkomplexität" (Luhmann 1984, 262). Die Abgrenzung der Funktionssysteme zur Umwelt hin erfolgt über funktionale Sinngrenzen. So zielt beispielsweise der funktionale Sinn der Wirtschaft auf Gewinne und grenzt sich von Erwartungshaltungen ab, die nicht dieser Logik entsprechen. Was immer in der Umwelt geschieht, ein System verarbeitet es so, dass es für das System anschlussfähig ist. Es unterwirft alles seinen funktionalen Sinnprämissen. Darauf bezogen erfolgt das kommunikative und strategische Handeln der Systeme. Luhmann spricht in Bezug auf Funktionssysteme von *Steuerungsmedien*, von *Codes* und *Programmen*. Codes sind binär angelegt und steuern Kommunikation hinsichtlich Annahme oder Ablehnung, Ja oder Nein. Luhmann (1997/1, 113) spricht von „Weichenstellungen" in Bezug auf die Behandlung von Inhalten im System. Codes verweisen darauf, ob Informationen und Operationen zum System oder zur Umwelt gehören. Letzteres wäre der Nein-Modus. Codes lauten u. a.

Wirtschaft:	zahlen/nicht zahlen;
Wissenschaft:	wahr/unwahr;
Recht:	Recht/Unrecht
Politik:	Macht/Ohnmacht, Regierung/Opposition
Erziehung:	vermittelbar/nicht-vermittelbar
Soziale Arbeit:	helfen/nicht helfen

Codes und Programme sind systeminterne Verarbeitungsmodi, um Informationen aus der Umwelt so zu bearbeiten, dass das System etwas damit anfangen kann. Beispielsweise werden im Funktionssystem Hilfe die Hilfeanfragen über Codes und Hilfeprogramme so umformuliert, dass sie das System bearbeiten kann.

In Erweiterung von Luhmanns Ansatz gruppiere ich zu den Funktionssystemen ein weiteres System dazu, die Zivilgesellschaft. Der Begriff der Zivilgesellschaft hat in aktuellen soziologischen Diskursen einen Bedeutungszuwachs erfahren. Zivilgesellschaft wird als Raum neben Markt und Staat verstanden, in dem sich Verbände, Non-Profit-Organisationen, soziale Bewegungen, Stiftungen, Initiativen, Selbsthilfegruppen etc. organisieren. Auf der zivilgesellschaftlichen Handlungsebene werden vor allem die Freiwilligen und bürgerschaftlich Engagierten unter dem Aspekt verantwortlicher gesellschaftlicher Teilhabe thematisiert, mit der eine demokratische Weiterentwicklung hin zu mehr Bürgerbeteiligung und Partizipation verknüpft wird.[29]

Nach Habermas (1993, 443) greifen zivilgesellschaftliche Gruppen gesellschaftliche Problemlagen auf, die in die privaten Lebensbereiche hineinreichen. Sie kondensieren diese und leiten sie lautverstärkend an die politische Öffentlichkeit weiter. Daraus bildet sich dann ein Netzwerk sich überlappender Teilöffentlichkeiten, aus denen heraus sich Ansprüche, Anforderungskataloge und Maßstäbe formulieren. Habermas verweist darauf, dass eine demokratische Kultur auf kommunikative Prozesse angewiesen ist, die teilrationale Kommunikationen zu übersteigen vermögen, und durch die „neue Problemlagen sensitiver wahrgenommen, Selbstverständigungsdiskurse breiter und expressiver geführt, kollektive Identitäten und Bedürfnisinterpretationen ungezwungener artikuliert werden können" (Habermas 1993, 374).[30]

Der Begriff der Zivilgesellschaft wird häufig auch in Zusammenhang mit dem Governance-Begriff erwähnt. Gemeint ist eine kooperative Zusammenarbeit zwischen Staat, Wirtschaft und intermediären Systemen wie die Soziale Arbeit. Die Zivilgesellschaft entfaltet sich auf lokaler und globaler Ebene. Stichworte dazu sind: Kommunikation, Transparenz, Bürgernähe, Teilhabe und Partizipa-

---

[29] Zur Begriffsgeschichte und zum Gegenwartsbezug siehe Adloff 2005.
[30] Eine kritische Rezeption zum Begriff der Zivilgesellschaft bei Habermas und eine begriffliche Weiterentwicklung siehe bei Münch 2010.

tion, Kooperation, gesellschaftliche Verantwortung. Die Forderung nach einer zivilgesellschaftlichen Stärkung geht einher mit Selbstorganisation, indem sich zivilgesellschaftliche Gruppen und Vereine selbstorganisiert den öffentlichen Angelegenheiten widmen. Insbesondere geht es um öffentliches Engagement unter Berücksichtigung kultureller Vielfalt.

Die Einbindung der Zivilgesellschaft setzt nicht voraus, das Konzept der funktional differenzierten Gesellschaft grundsätzlich zu verlassen, sondern es soll daraufhin erweitert werden. An dieser Stelle geht es nicht um systemtheoretische Reflexionen, wie das theoretisch gelingen kann, sondern der Begriff der Zivilgesellschaft wird pragmatisch eingeführt. In Ansätzen hat Luhmann zivilgesellschaftliche Prozesse mit Hilfe der Beschreibung von Protestbewegungen bereits aufgegriffen (Luhmann 1997/2, 847 ff.). Explizit formuliert er, dass seine bisherige Systemtypologie nicht ausreicht, um das Phänomen der Protestbewegungen zu erfassen. Seine Lösung lautet: „Wir müssen deshalb (ohne Rücksicht auf Theorieästhetik) einen weiteren Abschnitt anhängen, der sich mit solchen Bewegungen befassen wird" (Luhmann 1997/2, 847). Er spricht von einem Protest der Gesellschaft gegen die Gesellschaft und zwar mit ganz heterogenen Themen (Ökonomie, Ökologie, Feminismus u. a.) (Luhmann 1997/2, 849). Luhmann benennt die Protestsysteme als interaktive Systeme. Die Fokussierung auf Protestbewegungen halte ich nicht für hinreichend, weil der Begriff der Zivilgesellschaft bei weitem mehr umfasst als Protestbewegungen, die nach Luhmann (1997/2, 850) lediglich „Restprobleme" lösen. Ich reihe die Zivilgesellschaft in die Funktionssystemebene ein, weil sie Teil der Wohlfahrtsproduktion ist, die sich zwischen Markt und Staat herausgebildet hat. Markt, Staat und Zivilgesellschaft beeinflussen sich wechselseitig aufgrund ihrer strukturellen Kopplung.

Anzunehmen ist, dass in den westlichen Ländern die Produktion sozialer Wohlfahrt zukünftig noch mehr von den zivilgesellschaftlichen Ressourcen abhängen wird, um sozialstaatliche Leistungen zu flankieren und um Finanzierungs- und Leistungslücken des Sozialstaates ausgleichen zu helfen. Die moderne Zivilgesellschaft hat so gesehen eine wohlfahrtssteigernde Funktion, in dem Mitglieder und Gruppen der Gesellschaft ihre Ressourcen einbringen, Gemeinsinn und Solidarität leben, um im lebensweltlichen Nahbereich wie auch auf globaler Ebene Bedingungen zu schaffen, die auf gesellschaftliche Teilhabe und Lebensqualität gerichtet sind. Aktive Bürger und Bürgerinnen gestalten ihr Lebensumfeld mit und bringen sich gesellschaftlich ein. Daraus wiederum erwächst soziales Kapital, das heißt das Verfügen über soziale Beziehungen, Zugehörigkeiten, Anerkennung sowie Netzwerke und damit einhergehende Ressourcen. Soziales Kapital ist als Wechselprozess zu betrachten. Es ermöglicht die Entfaltung individueller Potenziale, die wiederum als Ressourcen in das Soziale zurückfließen (vgl. Bourdieu 1983; Coleman 1988; Putnam 2001). Problematisch wird die Erwartung zivilgesellschaftlicher Leistungen dort, wo basale sozialstaatliche Leistungen ersetzt werden sollen und wo Rechts- und Hilfeansprüche in Good-will-Leistungen transformiert werden.

In der funktional differenzierten Gesellschaft haben die Individuen grundsätzlich Zugang zu allen Funktionssystemen. Luhmann verwendet dafür den Begriff der *Inklusion*. Der Begriff verweist auf die Sozialintegration des Individuums in die Funktionssysteme der Gesellschaft (Luhmann 1997/2, 618f). Wurden in der Vormoderne Inklusionen über Klassenzugehörigkeit geregelt, haben in der Moderne die Individuen grundsätzlich Zugang zu allen Funktionssystemen, indem sie sich über Kommunikation beteiligen können.

„Im Prinzip sollte jeder rechtsfähig sein und über ausreichend Geldeinkommen verfügen, um an Wirtschaft teilnehmen zu können. Jeder sollte als Teilnehmer an politischen Wahlen auf seine Erfahrungen mit Politik reagieren können. Jeder durchläuft, soweit er es bringt, zumindest die Elementarschulen. Jeder hat Anspruch auf ein Minimum an Sozialleistungen, Krankenpflege und ordnungsgemäße Beerdigung. Jeder kann, ohne von Genehmigungen abzuhängen, heiraten. Jeder kann einen religiösen Glauben wählen oder es lassen." (Luhmann 1997/2, 625).

In der modernen Gesellschaft wird Inklusion nicht mehr sozial zugeteilt, sondern Individuen inkludieren sich über Kommunikationsprozesse. Dies erfordert eine hohe Eigenleistung. „Und wenn jemand seine Chancen, an Inklusion teilzunehmen, nicht nutzt, wird ihm das individuell zugerechnet." (Luhmann 1997/2, 625).

Der grundsätzliche Zugang aller in Funktionssysteme verändert sich auf der Organisationssystemebene. Die Organisationssysteme strukturieren sich entlang der Funktionssysteme und bilden je spezifische Inklusionsmodi heraus, die vorgeben, wer Zugang bekommt und wer nicht. Maßstab sind, je nachdem, spezifische Qualifikationen, Kompetenzen und andere Vorbedingungen. Beispielsweise setzen konfessionelle Anstellungsträger neben Qualifikation und Kompetenzen eine entsprechende Religionszugehörigkeit und Lebensführung voraus. Die Bedingungen für Inklusion sind sehr unterschiedlich. Die Wirtschaft legt fest, welche Kompetenzen verlangt werden, die Kunst legt fest, was Kunst ist und künstlerisch erwartet wird, das Bildungssystem legt fest, welches Niveau verlangt wird, Soziale Arbeit legt die Voraussetzungen für Hilfegewährung fest usf. Inklusion setzt die Fähigkeit des Individuums voraus, verschiedenen systemspezifischen Inklusionsmodi gerecht zu werden, was zwangsläufig zu Überforderungen führen kann. Inklusionschancen und Exklusionsrisiken sind nicht nur gegeben, sondern unterschiedlich verteilt. Luhmann spricht von entstehenden Exklusionsproblemen, die durch die betreffenden Systeme nicht zureichend bearbeitet werden. Vor diesem Hintergrund greift er den Impuls von Dirk Baecker auf, dass ein Funktionssystem auf der Ebene von Sozialhilfe wie auch Entwicklungshilfe auf globaler Ebene entsteht, um die Probleme zu bearbeiten (Luhmann 1997/2, 633). Soziale Arbeit lässt sich nach diesem Konzept als ein Funktionssystem oder als Subsystem eines Funktionssystems Sozialhilfe beschreiben. Das generalisierende Kommunikationsmedium ist „Hilfe", der binäre Code lautet helfen/nicht helfen und darauf abgestimmt sind die entsprechenden Hilfeprogramme. So gesehen bearbeitet Soziale Arbeit Probleme, die Funktionssysteme produzieren, die sie jedoch nicht selbst bearbeiten.

Mit seinem Konzept der funktional ausdifferenzierten Gesellschaft beschreibt Luhmann gesellschaftliche Strukturen, die sich im Prozess der Moderne herausgebildet haben. Er bezeichnet dies als gesellschaftlichen evolutionären Prozess, durch den sich strukturelle Lösungen entwickelt haben, um modernen Herausforderungen (beginnend mit der Industriealisierung) und den damit einhergehenden Komplexitätszuwachs zu bewältigen. Die sozialen, kulturellen, wissenschaftlichen und technologischen Errungenschaften der modernen und spätmodernen Gesellschaft sind vor diesem Hintergrund entstanden.

Die Leistungen der funktional ausdifferenzierten Gesellschaft zeigen sich ambivalent. Durch die Arbeitsteilung und die Ausdifferenzierung von Funktionssystemen konnte in der westlichen Welt ein hohes materielles Wohlstandsgefüge erwirkt werden; die Hebung des sozialen Wohlstandsniveaus erfolgte durch die Ausdifferenzierung von Systemen des Rechtsstaates, durch Gewerkschaftssysteme, die sich für eine faire Verteilung von Arbeit und Lohn einsetzen, durch Bildungssysteme, die den gesellschaftlichen Bildungsbedarf bearbeiten, durch Gesundheitssysteme, die medizinische Hilfe für alle ermöglichen, durch soziale Hilfesysteme, die sich um Menschen mit Unterstützungsbedarf kümmern u.a.m. Durch die funktionale Ausdifferenzierung der Systeme erfolgte ein Modernisierungsschub hinsichtlich mehr Pluralisierung, Freiheit sowie mehr materiellem und sozialem Wohlstand.

Die Schattenseiten dieser Entwicklung sind nicht zu übersehen. Die funktional differenzierte Gesellschaft ist nach Luhmann „überintegriert" und dadurch gefährdet.

> „Sie hat in der Autopoiesis ihrer Funktionssysteme zwar eine Stabilität ohnegleichen; denn alles geht, was mit dieser Autopoiesis verträglich ist. Zugleich ist sie aber auch in einem Maße durch sich selbst irritierbar wie keine Gesellschaft zuvor. Eine Vielzahl struktureller und operativer Kopplungen sorgen für wechselseitige Irritation der Teilsysteme, und das Gesamtsystem hat, das liegt in der Form funktionaler Differenzierung begründet, darauf verzichtet, regulierend in dieses Geschehen einzugreifen." (Luhmann 1997/2, 618)

Probleme drücken sich unter anderem im liberalen Durchsetzungskampf der Kräfte, in Teilhabe- und Exklusionsproblematiken, Leistungsüberforderung und Sinnkrisen aus. Geradezu eklatant ist die soziale und ökologische Problemproduktion der Systeme, angeführt vom Wirtschaftssystem und dessen Wachstums-, Produktions-, Leistungs- und Rationalisierungslogiken. Die von Karl Marx aufgeworfene Entfremdungs-Problematik konnte die funktional ausdifferenzierte Gesellschaft zwar abmildern, jedoch nicht bewältigen. Das Subjekt wird an die rationalen Sinnlogiken der Systeme angepasst. Soziale Dienste beispielsweise erfahren zunehmend einen Ökonomisierungsdruck. Monetäre Berechnungen, knapper Personalbestand, geringe Entlohnung und Mindeststandards bestimmen nicht nur die

Bedingungen für den Systemerhalt, sondern auch die Beziehungen der Fachkräfte im und zum Dienstleistungssystem wie auch die Beziehung zu den Adressaten. Geradezu eklatant ist die Situation im Pflegebereich. Leistungen werden standardisiert, operationalisiert und evaluiert, die psycho-soziale Versorgung und Zeit für Gespräche werden wegrationalisiert. Das Steuerungsmedium Pflege kollidiert mit dem Steuerungsmedium Geld und wird diesem untergeordnet. Unter menschlichen Gesichtspunkten und in Bezug auf den Wertekodex im Pflegesystem wirft dies enorme Probleme auf den unterschiedlichen Beziehungsebenen auf.

Luhmann beschreibt die Grenzen funktional ausdifferenzierter Gesellschaften dahingehend, dass die Operationslogiken der einzelnen Systeme nicht aufeinander abgestimmt sind. Die Rationalität der Wirtschaft produziert ihre Folgeprobleme, ohne dass diese im Konzert der Funktionssysteme zureichend bearbeitet werden können. Luhmann beschreibt dieses Dilemma unter anderem in seinem Buch „Ökologische Kommunikation" (2008). Überall dort, wo systemrationale Positionen exklusiv vorgetragen und eingefordert werden, sei es durch die Wirtschaft, die Politik, durch Gewerkschaften, den Umweltschutz oder die Soziale Arbeit, entstehen blinde Flecken dahingehend, welche Sichtweisen und Belange es darüber hinaus noch gibt. Die rationale Logik der Funktionssysteme kommt zunehmend an ihre Grenzen, und die viel benannten Globalisierungsprobleme lassen sich nicht zuletzt als Probleme rationaler Systemlogiken und problematischer struktureller Kopplungen (Wirtschaft/Politik/Wissenschaft) beschreiben.

Luhmann vermag mit Hilfe seines Konzepts sozio-strukturelle Grundlogiken und Mechanismen zu erklären. Vor dem Hintergrund des Konzepts der funktional differenzierten Gesellschaft eröffnet sich angesichts ihrer strukturellen Überforderung ein dringlicher Bedarf gesellschaftlicher Weiterentwicklung – dringlich deswegen, weil es um Fragen des menschlichen Lebens und Überlebens geht, somit um den gesellschaftlichen Systemerhalt. Der Weiterentwicklungsbedarf liegt plausibel auf der Hand. Gesellschaftlicher Systemerhalt, menschliches Überleben und soziale Wohlfahrt setzen voraus, dass Systeme ihre rationalen Logiken transzendieren, dass sie mehr Umweltkomplexität verarbeiten und ihr autopoietisches Operieren auf Umwelt hin erweitern. Letztlich geht es um das Aufweichen funktionaler Systemlogiken, um systemübergreifendes Denken und Handeln zu implementieren und um komplexe Problemlagen zu bearbeiten. Eine zentrale Herausforderung liegt darin, dass Systeme ökonomische, soziale und ökologische Fragen auch dort verarbeiten, wo diese über rationale Systemlogiken hinausreichen. Es handelt sich um Herausforderungen in Bezug auf die Selbstverpflichtung von Systemen hinsichtlich verantwortlichem und integralem Denken und Handeln, wie es beispielsweise namhafte wissenschaftliche Visionäre reklamieren, stellvertretend Ervin Laszlo 2011; Amartya Sen 2007a; Ernst U. von Weizsäcker u. a. 2010.

Darauf bezogene sozialstrukturelle Entwicklungsprozesse sind bereits zu beobachten. Interessant ist, dass diese mit Hilfe des soziologischen Systemwissens eingeordnet werden können, und dass die beobachtbaren Prozesse gleichzeitig die systemtheoretische Beschreibungsfolie sprengen. Dies wird im Folgenden mit dem Begriff der Netzwerkgesellschaft dargelegt.

> Halten wir fest:
>
> Das Konzept der funktionalen Ausdifferenzierung, wie es Luhmann vorlegt, lässt sich unterschiedlich nutzbar machen und zwar als
>
> - Metakonzept für Strukturbeschreibungen moderner Gesellschaften,
> - Hintergrundfolie zur Erklärung der Leistungen wie auch der Problemproduktion moderner Gesellschaften,
> - Impuls für die Entwicklungsnotwendigkeit funktionaler Logiken hin zu integrativen Systemleistungen,
> - Reflexionsfolie zur Beobachtung gesellschaftlicher Entwicklungsprozesse hin zur Netzwerkgesellschaft.

Die Netzwerkgesellschaft

Vor dem Hintergrund der Problemszenarien, die sich aus funktionalen Systemlogiken heraus ergeben, lässt sich folgern, dass Funktionssysteme in Bezug auf ihre Problemlösungsfähigkeit und gesellschaftliche Integration an Leistungsgrenzen stoßen. Aus einer evolutionären Perspektive, so Luhmann, können komplexe Probleme nur mit komplexen Bewältigungsstrategien bearbeitet werden. So gedacht bedeutet Evolution demnach Komplexitätszuwachs. Auf der sozialstrukturellen Ebene lassen sich darauf bezogen bereits Phänomene beobachten, die sich mit Hilfe des Netzwerkbegriffs beschreiben lassen.

Komplexe Probleme werden, so lässt sich beobachten, von Systemen in Netzwerke delegiert, um sie dort multiperspektivisch zu bearbeiten. In allen Funktionsbereichen und auf allen Systemebenen bilden sich vielfältige Netzwerke heraus. In der Sozialen Arbeit beispielsweise entstehen zunehmend institutionalisierte Netzwerke, um in Regionen und Stadtteilen eine adäquate Versorgung mit sozialen Dienstleistungen zu sichern. Insbesondere im Sozialraum nehmen die Vernetzungsaktivitäten deutlich zu.

Vor dem Hintergrund einer systemtheoretischen Beschreibungsfolie sind die Systeme die Träger für Netzwerkbildungen und bedeutsam für die Herausbildung paralleler sozialstruktureller Entwicklungen. Das heißt: Moderne Netzwerkphänomene setzen einerseits Strukturen funktionaler Differenzierung voraus (Bommes/Tacke 2011c, 28) und andererseits unterscheiden sich Netzwerkoperationen von den Operationen funktional differenzierter Systeme.

Die netzwerkförmigen Verschiebungen im Kontext von Gesellschaft und Welt thematisiert Manuel Castells. Der Soziologe beschreibt die fundamentale Neustrukturierung des weltweit operierenden kapitalistischen Systems seit den 80er Jahren des letzten Jahrhunderts hin zu einer Netzwerkformation strategischer Allianzen. Mit Hilfe der Informationstechnologie vollziehen sich nach Castells nie da gewesene Formen der Wirtschaftsproduktion, der Wissensproduktion und der politischen Machtakkumulation sowie der Virtualisierung sozialer Gemeinschaften. Damit einher geht ein virulenter Dynamisierungs- und Flexibilisierungsschub. Nicht nur die eigentlichen machtvollen Operationen vollziehen sich nach Castells zunehmend in Netzwerken, sondern es ergeben sich durch die Netzwerke ebenso neue Formen der Ausschließungen, sprich der Exklusion (Castells 2001, 142 ff.). Die Frage, wer in welchen Netzwerken inkludiert ist, was die Voraussetzungen dazu sind, stellt sich somit auch im Kontext von Netzwerken.

Das Vernetzungsphänomen lässt sich in Bezug auf die verschiedenen Funktionsbereiche beschreiben. In der Politik beispielsweise zeigen sich auf globaler Ebene nicht mehr lediglich bilaterale Aktivitäten zwischen Staaten, so wie es das traditionelle Politikverständnis noch vorsieht, sondern Politik zeigt sich als vernetztes Zusammenspiel zwischen politischen Organisationen und Institutionen sowie zivilgesellschaftlicher Systeme wie NGOs und Interessensgruppen. Die global organisierten zivilgesellschaftlichen Akteure formulieren Handlungserwartungen und überwachen etwa auch die Einhaltung von Rechten und ethischen Standards. Zum Teil erhalten sie durch formale Politiksysteme die Legitimation für bestimmte Kontrollfunktionen, beispielsweise hinsichtlich menschenrechtlicher oder ökologischer Standards, und sie werden als Experten für Sachfragen herangezogen. Daraus hat sich im politischen Feld ein Netz überlagernder Aktivitäten, Wertmuster und Verfahren entwickelt, ein Netz gegenseitiger Verweisungen und Durchdringungen. Aus politikwissenschaftlicher Perspektive wird die zukünftige Weltgesellschaft weniger in formal organisierten Strukturen beschrieben, beispielsweise dass sich mit Hilfe der UNO eine Art Super-Ordnung herausbildet und eine Art Weltstaatensystem, das sich am Modell der Nationalstaaten orientiert. Vielmehr wird in Netzkonstellationen gedacht, in denen politische, rechtliche, marktorientierte, soziale und zivilgesellschaftliche Akteure einen Modus des Global Governance entwickeln (vgl. Fischer-Lescano/Viellechner 2010; Albert/Stichweh 2007; Weyer 2000). Insgesamt lässt sich auf nationaler und globaler Politikebene eine zunehmende Erstarkung der Zivilgesellschaft beobachten. Diese Entwicklungsprozesse stellen politische Verwaltungsverfahren, wie sie einer funktional differenzierten Logik wie auch der Logik einer klassischen repräsentativen Demokratievorstellung entspringen, zunehmend in Frage. Prozesse demokratischer Weiterentwicklung erfolgen dahingehend, dass die Politik Verfahrensweisen der Bürgerbeteiligung und Information der Bürgerschaft im Vorfeld politischer Entscheidungen integriert, um Glaubwürdigkeit und Akzeptanz zu erwirken. All dies vollzieht sich über netzwerkorganisierte Beteiligungsverfahren.

Aus netzwerktheoretischer Sicht (Holzer 2006) stellen Netzwerke ein zentrales Strukturierungsmerkmal moderner Gesellschaften dar. Dirk Baecker (2007), einst Luhmann-Schüler, geht in Anlehnung an Castells davon aus, dass Systeme und Netzwerke komplementäre Strukturen darstellen. Die Netzwerkstruktur sieht er als zukünftige soziale Organisationsform, die zwar die von Luhmann beschriebene funktionale Differenzierung nicht aufhebt, diese jedoch aufweicht. Eine wichtige Bedeutung in diesem Prozess kommt den modernen Kommunikationstechnologien zu, denn sie schaffen nicht nur neue Möglichkeiten des marktwirtschaftlichen, politischen und zivilgesellschaftlichen Geschehens, sondern sie sind geradezu Motor für kulturelle Transformationsprozesse, die Alltagswelt und Arbeitswelt und das globale Zusammenleben bestimmen. Die Netzwerkgesellschaft korrespondiert mit zivilgesellschaftlichen Vorstellungen, wenngleich diese nur einen, wenn auch wichtigen Aspekt der Netzwerkgesellschaft darstellen. Mit Hilfe virtueller Kommunikation werden, so ist anzunehmen, zivilgesellschaftliche Netzwerke zunehmend Einfluss auf die Politik und auf den Markt nehmen (siehe die netzgestützten Revolutionen in Tunesien und Ägypten). Insbesondere vernetzte Internet-Communities verfügen über Handlungsmacht, beispielsweise durch organisierten Konsumboykott. Wie sich diese vernetzten Möglichkeiten des Protestes und Boykotts kurz- oder langfristig auswirken, wird sich zeigen. Auf jeden Fall ergeben sich durch die Netzwerkgesellschaft veränderte Ausgangslagen (vgl. Winter 2010). Die Zivilgesellschaft hat erweiterte Möglichkeiten der Intervention; damit einher gehen neue Möglichkeiten der Manipulation und Agitation. Es ist durchaus realistisch, dass auf der Basis von Gerüchten, Konkurrenzen und ungeprüften Informationen Kampagnen erfolgen, die negative wirtschaftliche Folgewirkungen nach sich ziehen können.

In der Politik beispielsweise sind einerseits über Vernetzung und zivilgesellschaftliches Engagement neue Beteiligungsformen möglich, andererseits ergeben sich neue Fragen der Transparenz, Information und der Legitimität von Entscheidungen. Sind in traditionellen politisch-demokratischen Verfahren die Entscheidungswege transparent, ist im Rahmen von Netzwerken nicht mehr klar, was wo durch wen entschieden wurde, wer konsultiert und informiert wurde und wer Einfluss nahm.

Insgesamt erzeugt die Netzwerkgesellschaft neue Formen der Teilhabe, Kooperation, Information und Synergien; gleichzeitig erfordert sie ein hohes Maß an verantwortlicher Selbstorganisation der beteiligten Netzwerke und Akteure.

> Halten wir fest:
>
> Über die beiden soziologischen Konzepte, funktional differenzierte Gesellschaft einerseits und Netzwerkgesellschaft andererseits, liegen zwei Metakonzepte vor, um gesellschaftliche Strukturen und Prozesse zu beschreiben. Luhmann beschreibt zwar die weltgesellschaftliche komplexe Gemengelage, verlässt aber nicht den Standpunkt rationaler Systemlogiken. Soziale Praxis

wird aus der Systemperspektive gedeutet. Die Einsichten, die das Konzept ermöglicht, sind grundlegend für die Beschreibung moderner Gesellschaft, auch wenn Netzwerkformationen und -strukturierungen sowie Netzwerkprozesse nicht dezidiert erklärt werden. Luhmanns Netzwerk-Begriff bleibt theoretisch offen, zumal er den Begriff nicht explizit verwendet.

Aus einer systemtheoretisch evolutionären Perspektive lässt sich folgern, dass sich aus der funktional differenzierten Gesellschaft heraus und vor dem Hintergrund technologischer Möglichkeiten Gesellschaft zunehmend netzwerkförmig strukturiert. Dadurch werden Kooperation und multikomplexes Problemlösen gestärkt und funktionale Systemlogiken können überschritten werden. Beide Strukturformen, das heißt die funktional differenzierte und die netzwerkförmige, laufen parallel und überschneiden sich. Die Kompetenz, mit den unterschiedlichen Strukturmodi umzugehen, bündelt sich im kompetenten Menschen. Insbesondere das Operieren in Netzwerken setzt nach Dirk Baecker Wahrnehmung, Bewusstheit und Kommunikation voraus, sowie die Fähigkeit, über rationale Systemlogiken hinaus zu denken und zwischen verschiedenen Interessen zu vermitteln. Für Baecker ist der Mensch das Scharnier für das Gelingen des Designs der „nächsten" sozialstrukturellen Organisation (Baecker 2007, 49). Damit einher gehend braucht es meines Erachtens einen netzwerkkritischen Zugang, um Grenzen und Gefahren von Netzwerken zu reflektieren. So ermöglichen Netzwerke einerseits neue Formen, um gesellschaftliche Probleme zu bearbeiten und zivilgesellschaftliche Teilhabe zu stärken, andererseits erzeugen sie neue Probleme hinsichtlich Information, Transparenz und Legitimität von Entscheidungen.

Für die Soziale Arbeit ist die funktional differenzierte Struktur wie auch die Netzwerkstruktur relevant, um sich zu organisieren, um sich funktionssystemspezifisch zu etablieren, um Ressourcen zu erwirken, Lobbyarbeit zu praktizieren und um soziale Problemproduktionen wie auch Bewältigungsmöglichkeiten einordnen zu können. Beide Konzepte verweisen auf die globale Dimension alles Sozialen, eine Globalität, in die sich die Soziale Arbeit zunehmend mehr hineinbewegt, sei es im Rahmen von Entwicklungszusammenarbeit, Migration, Asyl, Flucht und Vertreibung und durch die Bearbeitung von Folgeproblemen durch Krieg, Katastrophen, Seuchen und ökologische Risiken.

An die beiden soziologischen Beschreibungskonzepte spätmoderner Gesellschaften lassen sich weitere Konzepte ankoppeln, beispielsweise Konzepte der Risikogesellschaft, der postindustriellen Gesellschaft, der Bürgergesellschaft, der Multioptionsgesellschaft, der desintegrierenden Gesellschaft, der multikulturellen Gesellschaft, der Arbeitsgesellschaft, der Erlebnisgesellschaft, der transkulturellen Gesellschaft oder der Wissensgesellschaft.[14] Anschlussfähig sind ebenso Beschreibungskonzepte wie flexibler digitaler Kapitalismus (Sennet 2006), Deregulierung und aktivierender Sozialstaat (Schröder/Blair 1999), Verunsicherungen des Subjekts (Keupp/Bilden 1989), Erosion der Normalarbeitsverhältnisse, Prekariat, Individualisierung sozialer Probleme, Bildung und Kompetenzorientierung, Fördern und Fordern, Soziale Ungleichheit (Diezinger/Mayr-Kleffel 2009).

Die in diesem Kapitel skizzierten Metakonzepte im Kontext einer systemisch-vernetzten Denkfigur erlauben gesellschaftliche Grundphänomene aufzuzeigen. Die Metakonzepte sind anschlussfähig an sozialwissenschaftliche Detailfragen und darauf bezogene Konzepte.

7.3 Konstruktivistische Denkfigur

Die konstruktivistische Denkfigur steht in enger Beziehung zum systemischen/systemtheoretischen Denken. Bereits in der Antike finden sich Ansätze eines philosophischen konstruktivistischen Denkens, wenn Platon beispielsweise feststellt, dass man über die Welt der Erscheinungen kein wirkliches Wissen haben könne und dass die Sinneswahrnehmung mit Unsicherheit behaftet sei. Kant und Schopenhauer haben diesen Zugang philosophisch weiter entwickelt. Auf den Punkt gebracht lautet die Botschaft: Das Subjekt kann nicht objektiv erkennen.

Zunächst ist festzuhalten, dass es den Konstruktivismus nicht gibt, sondern es gibt interdisziplinäre Konzepte, Strömungen und Zugangsweisen (vgl. Pörksen 2011). Der Konstruktivismus als Erkenntnistheorie stellt zudem keine methodischen Werkzeuge für die Gewinnung von Erkenntnissen bereit, sondern erklärt, wie Erkenntnisprozesse in psychischen und sozialen Systemen vor sich gehen.

In der Arbeit mit Menschen und sozialen Systemen bietet der Konstruktivismus eine hilfreiche Denkfigur an, um Prozesse der Wahrnehmung, des Erkennens, der Informationsverarbeitung, des Meinens, Lernens, Wollens und Kommunizierens zu reflektieren und zu verstehen. Die moderne Gehirnforschung flankiert den konstruktivistischen Zugang und zeigt sich anschlussfähig. Konstruktivistische Konzepte wurden in den unterschiedlichen Disziplinen adaptiert. In den Sozialwissenschaften wurde die Frage von Wahrnehmen und Erkennen aufgegriffen, darunter in der systemischen Therapie und Beratung (Schlippe/Schweitzer 2007), in der Sozialen Arbeit (u. a. Bardmann 1997; Kleve 2003; Miller 2001) und in der Pädagogik (Arnold/Siebert 2006; Reich 2008; Siebert 2008).

---

[31] Einen einführenden Überblick zu den einzelnen Konzepten siehe in den zwei Bänden von Armin Pongs (1999/2000).

7.3.1 Wahrnehmen, Erkennen, Selbstreferentialität

Aus konstruktivistischer Sicht erfolgt Erkennen vor dem Hintergrund autopoietischer Systeme. Wissen und Erkenntnis wird autopoietisch produziert und reproduziert, erfolgt also vor dem Hintergrund der subjektiven Logik eines Subjekts oder der inneren Logik eines sozialen Systems, wie dies Luhmann herausgearbeitet hat. Wahrnehmung erfolgt nicht unabhängig vom wahrnehmenden System. So gedacht ist objektive Erkenntnis nicht möglich. Es gibt auf der empirischen Ebene nicht das an sich Wahre. Das Subjekt wie auch ein soziales System kann das Objekt nur durch den eigenen Filter erkennen und nicht so, wie das Objekt an sich ist. Erkennen erfolgt selbstbezüglich, das heißt selbstreferentiell. Das, was wir sehen, ist unser Konstrukt über Wirklichkeit. Beobachtung ist demzufolge immer selektiv. Inhalte aus der Umwelt, die für ein psychisches oder soziales System keine Bedeutung haben, werden nicht verarbeitet und ignoriert. Dirk Baecker bezieht sich auf Heinz von Foerster, wenn er von einem „systeminternen Dämon" spricht, „der laufend dafür sorgt, dass die Zustände, die unsere Kommunikation annimmt, den Zuständen ähneln, die wir schon kennen" (Baecker 2005, 32 f.). Wenn beispielsweise der Romancier Peter Härtling sagt, jede Autobiografie sei eine phantastische Lüge, lässt sich diese Aussage konstruktivistisch verorten.

Der Erkenntnisprozess als solcher ist selektiv und Komplexität reduzierend. Komplexität wird sozusagen eingedampft und daraufhin fokussiert, was vom System erkannt werden kann und will (vgl. Luhmann 1993a). Auf Wahrnehmung bezogene operative Prozesse erfolgen systemspezifisch selektiv (Baecker 2005, 24). Über ihre Erkenntnisse können sich Menschen zwar verständigen, sie können deuten und interpretieren, aber immer in dem Wissen, dass es sich um Konstrukte handelt. Konstrukte als gefärbte Blickwinkel und Deutungen können Konsensfindungen und Verständigungsprozesse vor allem auch dort erschweren, wo die Beteiligten aus unterschiedlichen Systemen, Milieus und kulturellen Kontexten kommen.

Die Beschäftigung mit konstruktivistischen Ansätzen ist vor allem auch im Kontext von Lernen, Bildung, Beratung und Intervention bedeutsam. Instruktive Vorgehensweisen mit dem Ziel, dass sich beim Adressaten und deren Systemen Spezifisches ändert, dass Denkweisen und Handlungen zielgerichtet verändert werden können, machen aus konstruktivistischer Sicht wenig Sinn, außer, die Instruktionen sind systemkonform, das heißt stehen in Passung mit dem Zielsystem. Lernen, so die Gehirnforschung (Spitzer 2003; Roth 2001), verläuft nach subjektiven Modi. Menschliche Gehirne sind operativ-geschlossene Systeme mit einprogrammierten Erfahrungen, Bedürfnissen, Wünschen, Motivlagen und spezifischen Verarbeitungskapazitäten. Alles, was der Mensch lernt, hängt von dem Gespeicherten wie auch von der Organisationsweise des Gehirns ab. Das Gelernte verankert sich über neuronale Vernetzungen und diese bedingen das autopoietische Operieren in Bezug auf Wahrnehmung, Informationsauswahl und -verarbeitung. Das Gehirn ist in seiner Funktionsweise weitgehend autonom und auf sich selbst bezogen, das heißt selbsreferentiell. Die innere Verarbeitungslogik bestimmt, was wir wie wahrnehmen und wie wir es verarbeiten. Aus diesen individuellen Verarbeitungsprozessen entstehen Musterbildungen: Muster von Einstellungen und Vorurteilen, Muster in Bezug auf Werthaltungen, Überzeugungen, Gefühlsmuster, Wahrnehmungs-, Verhaltens-, Kommunikations- und Handlungsmuster. Muster entstehen durch Wiederholung und es bilden sich Routinen heraus. Vorurteile werden so lange reproduziert, bis Bereitschaft vorhanden ist, diese zu überprüfen und zu revidieren.

Selbstreferenz erlaubt zwei Optionen:

1. Die Reproduktion dessen, was der Einzelne immer schon weiß, denkt, fühlt und tut.
2. Die kritische Reflexion in Form von Selbstbeobachtung und Selbstwahrnehmung des bislang Konstruierten. Das ist der Schritt hin zum Lernen und Entwickeln als produktive Leistung.

Beraterische, therapeutische und supervisorische Prozesse unterstützen die Selbstreferenz, um bislang Gedachtes, Gefühltes, Projiziertes zu überdenken und gegebenenfalls neu zu konstruieren, damit Weiterentwicklung und Heilung geschehen können. Analoge Begriffe zur Selbstreferenz sind Bewusstheit und Reflexion.[32]

7.3.2 Beobachtung und Beobachter

Im Mittelpunkt konstruktivistischer Konzepte steht der Beobachter. Alles, was beobachtet wird, ist abhängig von der Operationsweise des Beobachters. Die Beziehung zwischen Beobachter und Welt steht in einer gewissen Passung und ist in irgendeiner Weise brauchbar (Glasersfeld 1992, 30). Eindrücke über Wirklichkeit erhärten sich, wenn das Beobachtete wiederholt beobachtet werden kann und wenn mehrere Beobachter dasselbe beobachten. Trotzdem bleibt das Beobachtete ein Konstrukt und hat nichts mit einer objektiven Wirklichkeit zu tun. Der Aufbau einer als objektiv geltenden Welt gewinnt durch kommunikative Verständigung und durch geteilte Beobachtungen und Interpretationen an Nachhaltigkeit (Glasersfeld 1992, 33, 36f). Beobachtend und kommunizierend entsteht eine Welt gemeinsam geteilter Deutungen, die letztlich eine Subwelt ist, weil sie anderen Deutungen gegenübersteht. Personen beobachten und auch soziale Systeme beobachten. Jedes System, so Luhmann, operiert innerhalb seiner inneren Logik und seiner eigenen Historie (Luhmann 2001, 264). Im Wirtschaftssystem werden Konkurrenten beobachtet, im politischen System die öffentliche Meinung

---

[32] Zur Selbstreferenz siehe Luhmann 1984, insb. 63f.; Krieger 1996.

und die politischen Gegner, im Wissenschaftssystem werden die wissenschaftlichen Publikationen beobachtet.

Das, was beobachtet wird, interpretieren die Beobachter vor dem Hintergrund ihrer Erfahrungen, ihres Wissens und des Wertekodex, sprich: ihrer inneren Logik. Beobachtet wird im Rahmen von Kommunikation und daraus erfolgen Interpretionen (vgl. Ruesch in Ruesch/Bateson 1995, 37 f.). Beobachtung wird umso schwieriger, je größer die System- und System-Umweltzusammenhänge sind, beispielsweise im Kontext von Großgruppen, Netzwerken, Organisationen, Gesellschaft oder des Web 2.0. Es sind nur noch einzelne Akteure direkt beobachtbar und viele Prozesse vollziehen sich im Hintergrund, was Probleme der Kontingenz und Transparenz aufwirft. In Interaktionssystemen, dort wo Menschen miteinander kommunizieren, gibt es einen Überschuss an Beobachtungsmöglichkeiten, der subjektiv durch Selektion bewältigt wird, das heißt, es wird Bestimmtes beobachtet, anderes nicht. Auf Beobachtungen folgen Deutungen und Kommunikationen, die vollkommen offen lassen, wohin der Prozess führt. Um was es geht, ist deutungsabhängig und lässt sich nicht von einer bestimmten Perspektive aus festlegen (vgl. Luhmann 2002, 104).

Selbstbeobachtung als selbstreferentielle Leistung bedeutet, dass ein Beobachter sein eigenes Denken und Handeln beobachtet. Freilich mit blinden Flecken, weil er sich selbst lediglich mit seinen eigenen Kategorien beobachtet. Differenzierter wird Selbstbeobachtung mit Hilfe von Fremdbeobachtung, das heißt beispielsweise mit Hilfe von Feedback und Supervision. Selbstbeobachtung beinhaltet somit die Möglichkeit der Selbstwahrnehmung und Bewusstwerdung, woraus wieder neue Handlungen wie auch Entwicklungen erfolgen können.

Auf die unterschiedlichen Beobachtungsleistungen verweisen die Begriffe *Beobachtung erster und zweiter Ordnung* (vgl. Luhmann 1993a). Die Beobachtung erster Ordnung verweist auf die operative Ebene, das heißt auf die konkrete Handlungsebene. Beobachtet wird das Unmittelbare im Handlungskontext, woraus Handeln und Verhalten resultieren.

Beobachtung zweiter Ordnung meint die Beobachtung der Beobachtung und somit die reflexive Zugangsweise. Im Beratungsprozess beobachtet der/die Professionelle, wie er/sie berät und wie der Adressat auf die Beratung reagiert, was er aufgreift, nach welchen Regeln er argumentiert und sich verhält. Der Beobachter zweiter Ordnung beobachtet sozusagen einen Beobachter erster Ordnung. Spannende Kommunikationsprozesse entstehen, wenn die Beobachter in ihren Beobachtungsebenen wechseln, d. h. wenn der Adressat ebenso Beobachter zweiter Ordnung ist. Hier können sich dann Scheinkommunikationen ergeben, um ganz Bestimmtes zu erwirken oder zu vermeiden oder es können sich Metakommunikationen ergeben, also Kommunikation über die Kommunikation. Akteure reflektieren dann, wie sie miteinander kommunizieren. Die Qualität der Metakommunikation hängt wiederum ab vom Bewusstsein und der gegenseitigen Wahrnehmungsfähigkeit der Akteure (vgl. Bateson in Ruesch/Bateson

1995, 233). Es geht nicht darum, wie die Wirklichkeit ist, sondern wie sie aus der Perspektive der verschiedenen Beobachter wahrgenommen wird und worauf man sich verständigen kann.

Für die professionell helfende Person ist die Beobachtung zweiter Ordnung von besonderer Bedeutung und Voraussetzung für professionelles Handeln. Dazu gehört Selbstbeobachtung und Fremdbeobachtung im Sinne: Wie beobachte ich und wie beobachtet mein Gegenüber? Professionelle haben nicht die „bessere" Beobachtung, sondern sie verfügen über theoriegeleitete Beobachtungskriterien, was neue Perspektiven eröffnet. Professionelle brauchen die Fähigkeit der Metakommunikation und die Fähigkeit, die Beobachtungen zweiter Ordnung in Kommunikation zu überführen, um in der helfenden Beziehungsarbeit Transparenz zu schaffen und den Beteiligten die Möglichkeit zu geben, darauf Bezug zu nehmen und ihre Sichtweisen einzubringen.

Auf der Hilfeebene ergeben sich für die Professionellen als Beobachter folgende Fragen:

- Wie kommunizieren die Beteiligten miteinander?
  Welche Codes und Regeln spielen eine Rolle?
- Wie kommuniziere ich?
- Was nehme ich wahr, was nehme ich möglicherweise nicht wahr?
- Was nehmen die Beteiligten wahr?
- Wie kann ich die Beteiligten in ihrer Selbstbeobachtung unterstützen?
- Wie kann ich die Metakommunikation unterstützen?
- Worauf können sich die Beteiligten verständigen?

7.3.3 Radikaler Konstruktivismus und sozialer/interaktionistischer Konstruktivismus

Aus den unterschiedlichen konstruktivistischen Richtungen und Schulen greife ich zwei heraus, die im sozialwissenschaftlichen Kontext Bedeutung erlangt haben und die aufschlussreich für die Soziale Arbeit sind: Der Radikale Konstruktivismus und der interaktionistische Konstruktivismus.

Der Radikale Konstruktivismus wurde in den USA in den 70er Jahre des letzten Jahrhunderts entwickelt. Bekannte Vertreter aus der Palo Alto Schule sind Ernst von Glasersfeld, Paul Watzlawick und Heinz von Foerster. Wichtige Erkenntnisse dazu haben in der gleichen zeitlichen Epoche die chilenischen Kognitionsbiologen Humberto Maturana und Francisco Varela geliefert.

Niklas Luhmann stützt sich in seiner Systemtheorie ebenfalls auf Maturana und Varela und hat deren Zugang auf soziale Systeme übertragen. Auch soziale Systeme, so sein Ansatz, konstruieren Wirklichkeit. Schulen, Unternehmen etc. konstruieren aus ihrer inneren Logik heraus ihre Wirklichkeit.

Der Radikale Konstruktivismus wie die moderne Gehirnforschung sind sich einig: Das Gehirn nimmt Wirklichkeit nicht eins zu eins auf. Der Mensch konstruiert, deutet, erfindet Wirklichkeit. Und vor diesem Hintergrund wird Watzlawicks Buchtitel „Wie wirklich ist die Wirklichkeit" nachvollziehbar. Als Konstrukteure von Wirklichkeit sind wir gefordert, uns über unsere Konstrukte zu verständigen. Kommunikation ist angesagt und ebenso eine gewisse Toleranz gegenüber unterschiedlichen Sichtweisen und zwar in der Annahme, dass es objektive Wirklichkeit nicht gibt. Wir können uns höchstens darauf verständigen, was ist und wie etwas zu bewerten ist, jedoch in dem Wissen, dass alles unterschiedlich betrachtet werden kann. Der Konstruktivismus zwingt in gewisser Weise zur Bescheidenheit und entlarvt Illusion, Rechthaberei und Ideologie – die Wissenschaft nicht ausgenommen! Ihre Konstrukte sind zwar geprüft und es sind Erkenntnisse, die weit über das Alltagswissen hinausgehen, aber es bleiben Konstrukte. So gedacht ist auch der Radikale Konstruktivismus ein Konstrukt. Watzlawick antwortet darauf wie folgt: „Der Radikale Konstruktivismus begreift sich selbst als eine Konstruktion ..., er ist eine Möglichkeit, die Dinge zu sehen." Für Watzlawick ist die Frage ausschlaggebend, „welche Konstruktion sich als die nützlichste und menschlichste erweist." (in Pörksen 2008, 222).

Kritisch wird gegenüber dem Radikalen Konstruktivismus eingewendet (vgl. Reich 2006), dass es sich hier um einen sehr subjektivistischen Zugang handelt, der immer wieder zum Subjekt zurückführt, aber nicht wirklich die Subjekt-Objekt-Beziehung schärfen kann. Das, was bei diesem Zugang zu kurz komme, sei die Interaktion, d.h. die Frage, wie sich Person und Umwelt gegenseitig konstituieren und beeinflussen. Diese Frage ist ganz besonders wichtig, wenn es um Lernen und Entwickeln geht und um Fragen, wie Lernarrangements und Hilfeprozesse zu gestaltet sind, um Lernen und Entwickeln zu unterstützen.

Dieser Zugang einer stärkeren Person-Umwelt-Perspektive wurzelt im sozial-kulturtheoretisch begründeten Konstruktivismus. Klassische Vertreter sind Berger/Luckmann (2004). Sie gehen der Frage nach, durch welche Prozesse sich für die Mitglieder von Gesellschaften intersubjektiv geteilte, gemeinsame Wirklichkeiten herausbilden. Es wird betont, dass subjektive Konstruktionen immer vor dem Hintergrund sozialer Konstruktionen entstehen. Zu solchen sozialen Konstruktionen gehören gesellschaftlich vermittelte Leitbilder, Machtkonstruktionen, Konstruktionen von Geschlechterrollen, Tabus u.a.

Kersten Reich (2006) arbeitet aus pädagogischer Perspektive heraus, dass Lernen nicht lediglich einen Prozess darstellt, der sich im Gehirn einer Person vollzieht, sondern Lernen braucht Beziehung. Konkret: Kinder, Jugendliche und Erwachsene brauchen die Begegnung und Erfahrung mit anderen, um zu lernen, und dazu gehört auch die Begegnung zwischen Lernenden und Lehrenden. Lernen und die Entwicklung kognitiver, emotionaler und sozialer Kompetenzen braucht Begegnung und Interaktion. Anknüpfend an das vorher Gesagte sind die Bereitschaft für Reflexion und Umdenken, sowie die Möglichkeit der Intervention von außen an Beziehung geknüpft. Insgesamt lernen Menschen besser, wenn sie gemeinsam mit anderen etwas tun, d. h. an einer gemeinsamen Aufgabenstellung arbeiten. Wichtig sind Übung und Wiederholung, um alles nachhaltig zu verankern. Lernen macht Spaß, wenn der Lernprozess aktiv, kreativ und ohne Angst erfolgt; wenn er interaktiv angelegt ist und wenn die Inhalte und Erfahrungen neu und von Nutzen sind.

Auch beim interaktionistischen Konstruktivismus gilt die Annahme, dass Personen nicht das Gleiche lernen. Letzteres erfolgt selbstorganisiert aufgrund unterschiedlicher neuronaler und kognitiver Niveaus, unterschiedlicher Erfahrungen und Wissensvorräte sowie unterschiedlicher Lernbedürfnisse und Kontextbedingungen. Im Grundansatz ist man sich also einig.

Kersten Reich hebt in seinem didaktischen Ansatz das interaktive Moment zwischen Lehrenden und Lernenden heraus, was sich allgemein auf die professionelle Beziehung in der Sozialen Arbeit übertragen lässt. Die Interaktion zwischen Lehrenden und Lernenden, zwischen Professionellen und Adressaten lässt sich als Basis für Lernen und Entwickeln beschreiben. Reich nennt zentrale Aspekte einer tragfähigen professionellen Beziehung

- Freude am menschlichen Kontakt
- Offenheit und Dialogfähigkeit
- Partizipation und Selbstbestimmung
- Anerkennung und Wertschätzung
- Geduld und Durchhaltevermögen
- Förderung und Unterstützung
- die Bereitschaft zur Weiterentwicklung
- die forschende und neugierige Einstellung zu allem, was auf der Beziehungs- und Inhaltsseite erscheint
- eine anregende Gestaltung der Lernumgebung
- fachliche Kompetenz

Die Professionellen sind mehrwissende Experten sowie Konstrukteure. Sie vermitteln und helfen den Beteiligten, brauchbare Sichtweisen und Problemlösungen zu finden, geben Impulse, machen Angebote, setzen Grenzen. Ebenso reflektieren sie ihre eigenen Zugänge und Grenzen im Hilfeprozess. Für die Professionellen ist es wichtig, dass sie sich auf die Konstrukte ihrer Adressaten einlassen, diese gleichzeitig in ihrer Relativität wahrnehmen, respektieren und sorgsam damit umgehen. Es gilt ebenso auf den sozialen Hintergrund und auf den kulturellen Kontext zu achten, und die Bedürfnisse und das Wollen der Teilnehmer auch vor diesem Hintergrund zu berücksichtigen. Soziale Arbeit als Prozessbegleitung bewegt sich zwischen Wollen und Sollen, zwischen Bedürfnissen, die aufeinander abzustimmen sind wie auch zwischen Bedürfnissen und Funktionsanforderungen. Reich (2006, 58) listet die Widersprüche zwischen Wollen und Sollen auf, darunter:

Ich will	*Ich soll*
Autonomie, Eigensinn	Fremdsinn und Kontrolle
eigenes Begehren	Anforderungen von außen
eigene Vorstellungen und Regeln	schon bestehende Vorstellungen und Regeln
eher Angenehmes	Zwänge
eher zum Wohlfühlen	eher zum Unterordnen
möglichst alles auf einmal	alles der Reihe nach

Wollen und Sollen erzeugen notwendigerweise Widersprüche und Spannungen, die es zu bearbeiten gilt, nicht im Sinne eines Alles-ist-möglich oder -unmöglich, sondern im Sinne von zu entdeckenden Möglichkeits- und Entfaltungsräumen und sinnhaft wahrgenommer Notwendigkeit und Sachdienlichkeit. Es geht um das gemeinsame Finden von Passungen und Ausbalancierungen auf der Inhalts- wie Beziehungsseite. Das ist mehr oder weniger anstrengend, mehr oder weniger gelingend und für die Beteiligten mehr oder weniger zufriedenstellend.

Halten wir fest:

Gemeinsam wenden sich die unterschiedlichen konstruktivistischen Ansätze gegen die Annahme, es gebe eine objektiv vorhandene Wirklichkeit und der Mensch könne durch seine Sinne die objektive Welt eins zu eins erfassen. Der Radikale Konstruktivismus gibt Hinweise, dass das Subjekt aus seiner inneren Logik heraus wahrnimmt und beobachtet. Der soziale Konstruktivismus betont, dass sich subjektive Konstruktionen vor dem Hintergrund sozialer Konstruktionen herausbilden. Der interaktionistische Konstruktivismus fragt nach den Bedingungen, die Lernen und Entwickeln unterstützen können. Wenngleich der Ansatz für den Bildungskontext entwickelt wurde, zeigt er sich für die Soziale Arbeit impulsgebend.

Insgesamt bedeutet die konstruktivistische Denkfigur für die Soziale Arbeit

- Umsicht in der Diagnose und Mehrperspektivität
- kritische Selbstreflexion, was die eigenen (professionellen) Konstrukte betrifft
- Respekt vor der Pluralität von Wirklichkeitsauffassungen
- das Bewusstsein über Grenzen professioneller Intervention
- die Bedeutung der Beobachtung zweiter Ordnung
- Beziehungsgestaltung und Bedeutung von Kommunikation
- Umgang mit Kontingenz
- Vermitteln zwischen Bedürfnissen und funktionalen Anforderungen, zwischen Wollen und Sollen.

Durch die konstruktivistische Zugangsweise werden Begriffe wie Wahrheit, Realität, Wirklichkeit, Objektivität unscharf und relativ. Auch mediale Bilder werden in ihrer Bedeutung unscharf, beispielsweise im Rahmen von Nachrichtensendungen. Die Bilder sind zwar dokumentarisch, jedoch die Art der Aufbereitung, der spezifische Fokus und die Aneinanderreihung von Bildern und Nachrichten bleiben soziale Konstruktionen, – in den Massenmedien tendenziell katastrophenorientierte Konstruktionen. Somit ist die konstruktivistische Denkfigur hilfreich für das kritische Betrachten dessen, was man selbst wahrnimmt und was einem von außen als Information angeboten wird. Sie unterstützt die Wahrnehmung von Differenz und fördert adressatengerechte Kommunikation. Konstruktivistisches Denken kann Wege für tolerante Kooperation und Beziehungsgestaltung bahnen. Gleichzeitig darf der Ansatz nicht überstrapaziert werden, zumal er selbst ein wissenschaftstheoretisches Konstrukt ist. Man kann den Konstruktivismus so weit treiben, dass es sinnlos wird, über Wahr und Falsch, Sein und Schein zu reflektieren. Alles ist relativ. So gedacht läuft konstruktivistisches Denken Gefahr, zynisch zu werden. Fakten, die sich empirisch belegen lassen, haben eine andere Wertigkeit als Lügengebäude oder Wahnvorstellungen, auch wenn Letztere für die Betroffenen real sind. Hungernde Menschen sind nicht einfach ein soziales Konstrukt, sondern faktische Realität. Wir können zwar Wirklichkeit nicht wirklich erfassen, aber wir können Faktisches erkennen und fragen, was ist, wie es sich aus welcher Perspektive darstellt, wie es zu bewerten ist und was zu tun ist. Ohne Wertebasis im praktischen Handeln läuft der Konstruktivismus ins Leere, wird zu einem bloßen Gedankenspiel und zum zynischen Relativismus. Auch philosophisch ist Vorsicht vor einer Überdimensionierung des Ansatzes geboten. Die großen Fragen nach dem Menschen, dem Leben, dem Wahren und dem Sein werden mit diesem Zugang sicherlich nicht zu bewältigen sein. Auch die Frage, ob Werte wie Personenwürde, Freiheit, Friede und Verantwortung, Gerechtigkeit und Solidarität bloße menschliche Konstrukte sind wie viele andere auch, oder ob sie tieferen Wahrheiten entspringen, lässt sich mit dem Konstruktivismus wenig zufriedenstellend beantworten. So sind die Stärken einer konstruktivistischen Denkfigur zu nutzen ohne deren Grenzen auszublenden.

7.4 Prozessual-entwicklungsorientierte Denkfigur

Professionen, so Luhmann, kommt eine Vermittlungsrolle zu. Ärzte vermitteln zwischen krank und gesund, Lehrende zwischen ungebildet und gebildet sein. Und: Professionsangehörige intendieren aus ihrer Rolle heraus Veränderungen beim Adressaten und zwar bezogen auf diejenigen Aspekte und Dimensionen, die von ihnen betreut werden (Luhmann 2002, 148 ff.). Diesen Gedanken aufgreifend lässt sich für die Soziale Arbeit folgern, dass sie zwischen prekären, belasteten, bedrohten Lebensbedingungen und Lebensqualität vermittelt. Soziale Arbeit zielt auf Veränderungsprozesse, die Inklusion, Teilhabe und Lebensqualität stärken. Voraussetzung dazu sind tragfähige Beziehungen. Anschlussfähig ist das Gesagte an die Aufgabenbestimmung Sozialer Arbeit, wie sie die International Federation of Social Workers (IFSW) vom Jahr 2000 formuliert. Es heißt dort:

> Soziale Arbeit als Beruf fördert den sozialen Wandel und die Lösung von Problemen in zwischenmenschlichen Beziehungen, und sie befähigt die Menschen, in freier Entscheidung ihr Leben besser zu gestalten.[33]

Ruth Bang (1964, 95) geht davon aus, dass sich die helfende Beziehung durch das Anstreben von Veränderungen im Fühlen, Denken, Kommunizieren, Handeln und Verhalten des Adressaten und in der Hilfe zur Selbsthilfe kennzeichne. Auch Lowy (1983, 76) verweist auf die auf Veränderung zielende Beziehung zwischen Helfenden und Hilfebedürftigen. Veränderung zielt auf die Verbesserung subjektiver Lebensbedingungen und sozialstruktureller Voraussetzungen. Damit dies gelingt, brauchen Professionelle entsprechendes Wissen, um Veränderungsprozesse zu reflektieren und begleiten zu können. Leitend für die weiteren Ausführungen sind die Begriffe Prozess, Veränderung, Entwicklung, um die prozessual-entwicklungsorientierten Denkfigur zu entfalten.

7.4.1 Prozess

Die systemische Denkweise fußt grundsätzlich auf einem prozessualen Denken. Systeme und Systembeziehungen sind permanent in Bewegung, kennzeichnen sich durch Zeitlichkeit, Wandel und Veränderung. In Verbindung mit dem systemisch-prozessualen Denken wird häufig auch der Begriff der Evolution verwendet. Evolution alias Entwicklung setzen ein Wechselspiel von Struktur und Prozess voraus. Strukturen sind der relativ zeitstabile Teil von Systemen. Strukturen verweisen auf Hierarchien, Regeln, Arbeitsteilung, Rollen, Musterbildungen etc. Strukturen ermöglichen die Reproduktion des Systems trotz zeitlichem Fortschreiten (Luhmann 1984, 388). Prozesse kennzeichnen die Zeitdimension und kommen zustande, indem „konkrete selektive Ereignisse zeitlich aufeinander aufbauen" (Luhmann 1984, 74). Strukturen verändern sich im Kontext von Prozes-

---

[33] www.ifsw.org/p38000409.html und www.dbsh.de/internationale.pdf

sen. Letztere sind zeitlich immer vorwärtsstrebend, verlaufen aber nicht linear. Struktur und Prozess, so Luhmann (1984, 73), setzen sich wechselseitig voraus. Verändern können sich nur Strukturen und nicht die Prozesse, weil Prozesse immer in der Veränderung sind (vgl. Luhmann 1984, 472). Jedoch ergeben sich über die Änderung von Strukturen auch veränderte Prozessdynamiken. Aus einer autopoietischen Perspektive setzt Veränderung voraus, dass Systeme, gleich ob Bewusstseinssysteme oder soziale Systeme, tatsächlich Veränderungen anstreben und wollen. Von außen können Veränderungen zwar angestoßen werden, vollzogen werden sie jedoch im System. Die tatsächlichen Veränderungen sind somit abhängig von der Autopoiese des Systems und vom Zusammenspiel System-Umwelt. Darauf bezogen stellen sich dann Fragen mit Blick auf die konkreten Beziehungen. Strukturveränderungen, so Luhmann (1984, 476), „müssen situativ überzeugen". Strukturveränderungen sind Anpassungsprozesse an die Umwelt oder erfolgen in Form von Selbstanpassung (vgl. Luhmann 1984, 479), also dort, wo im System selbst eine andere Relationierung der Elemente und der Beziehungen wichtig wird, beispielsweise in einem Familiensystem, wenn es einer neuen Aufgabenteilung oder veränderter Kommunikationsformen bedarf, um das Zusammenleben erträglicher zu gestalten. Auch dort, wo über Bewusstseinsprozesse neue Selbstbilder entstehen, kann von Selbstanpassung gesprochen werden, wenngleich Umwelteinflüsse für die Selbstanapassung wichtige Impulse liefern.

Prozesse sind in einem hohen Maße kontingent und lassen sich nicht nach dem Prinzip: „Ziel – Maßnahmen – Ergebnis" steuern. Freilich braucht es Hilfeziele und Hilfemaßnahmen, um angestrebte Ergebnisse zu erwirken. Die darauf bezogenen Prozesse laufen, davon ist auszugehen, aber nicht linear. Im Prozess müssen gegebenenfalls Ziele verändert werden, es können neue, unerwartete Ereignisse auftreten, personell, interpersonell, organisatorisch oder/und sachlich, so dass das ursprünglich Geplante mit Blick auf Ziel und Weg nicht mehr passt. Prozesse verlangen Offenheit, Flexibilität und Kreativität von den Prozessbeteiligten und insbesondere von den Professionellen.

Prozessgestaltung setzt Intervention und Koordination voraus und ebenso Prozesswissen. Die Forschungslage ist in Bezug auf Veränderungswissen und Veränderungsprozesse entwicklungsbedürftig. Im Hilfekontext ist der Prozessbegriff von der theoretischen Seite her eher vage bearbeitet. Die Systemtheorie Luhmanns liefert abstrakte Aussagen über das Zusammenspiel von Struktur und Prozess, lässt aber viele Fragen für die Prozesspraxis offen, auch dahingehend, welche Rolle Bewusstseinssysteme für die Gestaltung von Beziehungsprozessen haben.

Deutlich wird hingegen aus einer systemtheoretischen und konstruktivistischen Sichtweise, dass Prozesse nur mit Hilfe der Prozessbeteiligten zu gestalten sind. Veränderungsprozesse müssen für die Betroffenen Sinn machen. Erst daraus resultiert letztlich Veränderungsbereitschaft. Soziale Arbeit kann in Hilfeprozessen Impulse und Deutungen einbringen, konkrete Ressourcen und Hilfsmittel anbieten, sie kann motivieren und auch Druck aufbauen. Insgesamt fungiert sie prozessbegleitend und stabilisiert in besonderem Maße an kritischen Stellen. Gelingende Veränderungsprozesse setzen den Willen der am Prozess Beteiligten voraus. Dies verweist gleichzeitig auf die Bedeutung von Motivations- und Bewusstseinsarbeit durch die Professionellen.

Im Weiteren geht es nun darum, den Unterschied zwischen Veränderung und Entwicklung herauszuarbeiten, denn: *Entwicklung ist Veränderung, jedoch nicht jede Veränderung ist eine Entwicklung.* Soziale Arbeit zielt auf Entwicklung.

7.4.2 Entwicklung

Entwicklung lässt sich als vitales Prinzip beschreiben. Biologische Wachstumsprozesse vom Samen bis zur Blume oder von der Eizelle zum Lebewesen sind Entwicklungsprozesse. Menschliches Bewusstsein entwickelt sich, soziale Systeme und Kultursysteme entwickeln sich, der ganze Kosmos entwickelt sich. Entwicklung lässt sich insbesondere als biologisches, anthropologisches, geistiges und sozio-kulturelles Prinzip verstehen. Alle Prozesse des Lebens sind dynamisch und auf Entwicklung und Veränderung hin angelegt.

Das Denken in Prozessen und Fragen nach Entwicklung, Veränderung und Wandel beschäftigte bereits die Vorsokratiker um 700 vor Chr. Charles R. Darwin griff das Denken in Entwicklungsprozessen wieder auf und inspirierte im 18. und 19. Jahrhundert die Natur- und Sozialwissenschaften (vgl. Küppers 1997). Um die Wende zum 20. Jahrhundert werden mit Hilfe der Thermodynamik Prozesse des Wandels und Entwickelns untersucht (vgl. Prigogine 1985). Die Systemtheorien erfassen mit den Begriffen Struktur, Prozess, Anpassung und Emergenz die Entwicklungsthematik. Die neue Entwicklungsstufe, so der systemtheoretische Zugang, zeigt emergente Merkmale. Diese verweisen auf neue Elemente und Muster im System, die vorher noch nicht vorhanden waren. Unbrauchbare alte Muster verlieren an Bedeutung, werden überschrieben, und das Neue wird auf der Basis des Bestehenden arrangiert. Auch die neue Entwicklungsstufe ist nur vorübergehend, so lange, bis neue Anpassungen notwendig werden.

Der Entwicklungsbegriff ist in den Human- und Sozialwissenschaften vielfach aufgegriffen worden, beispielsweise von Lawrence Kohlberg in seinem Konzept moralischer Entwicklung, von Jean Piaget (2003) in seinem Konzept kognitiver Entwicklung. Abraham Maslow (2002) entwickelte ein Modell von Bedürfnisstufen; Willy Starck (1976) orientiert sich in seinem entwicklungspsychologischen Ansatz daran. Carl Rogers beschreibt den menschlichen Organismus in seiner Entwicklungsorientierung mit dem Ziel, die angeborenen Möglichkeiten zu entfalten, angefangen von der Differenzierung von Organen und körperlichen Funktionen, bis hin zur Entwicklung von Fertigkeiten und Fähigkeiten und der Befriedigung grundlegender Bedürfnisse (Rogers 1959, s.a. Kegan 1994, 23).

Häufig werden die Begriffe Entwicklung und Veränderung synonym verwendet, wenngleich sich die Unterschiede benennen lassen (Miller 2006, 15 ff.). Entwicklung lässt sich aus einer systemischen Perspektive als ein Wachstumsprozess verstehen, der sich in seinem Ergebnis komplexer zeigt als das vorhergehende Stadium. Mario von Cranach (1990, 14 f.) verdeutlich den Unterschied zwischen Entwicklung und Veränderung mit Hilfe eines Beispiel: Wenn aus einem Hühnerei ein Hähnchen wird, dann lässt sich von Entwicklung sprechen. Wird das Hähnchen geschlachtet und gebraten, verändert sich sein Zustand, aber diese Veränderung sollte nicht als Entwicklung beschrieben werden. Im toten Zustand fehlt die Komplexität des Lebens.

Entwicklung, wie sie hier verstanden wird, bedeutet eine besser aufeinander abgestimmte Systembinnenrelationierung und System-Umwelt-Relationierung auf einem insgesamt komplexeren Niveau. Über Entwicklung entstehen eine neue Qualität der Austauschbeziehungen und eine neue Qualität der Selbstorganisation des Systems. Die neue Entwicklungsstufe auf der intrapersonalen Ebene kennzeichnet sich durch eine veränderte Architektur des Bewusstseins und neue Arrangements im Kontext der Beziehungen einer Person zu sich selbst und zur Umwelt.

So gesehen sind Entwicklungen Veränderungen, jedoch sind nicht alle Veränderungen Entwicklungen. Veränderungen können unter Umständen mehr belastend als förderlich sein, können mehr einschränken als weiten. Eine Person, die in die Sucht abgleitet, durchläuft einen Veränderungsprozess, jedoch keine Entwicklung. Wahrnehmen, Fühlen und Alltagshandeln werden durch die Sucht eingeschränkt. Letztlich dreht sich alles nur noch um die Sucht und um das Suchtmittel, ein Kreisen um das eigene Ich und das Suchtmittel. Umwelt wird nur noch vor diesem Hintergrund wahrgenommen. Freilich kann der Veränderungsprozess Teil einer darauf folgenden Entwicklung sein, wenn sich in Verbindung mit der Krise neue Perspektiven mit Blick auf eine verbesserte Lebensqualität eröffnen.

Der Entwicklungsbegriff, wie er hier verwendet wird, geht mit qualitativen Merkmalen einher. Auf der individuellen Ebene, so Gilbert J.B. Probst, erweitern sich Fähigkeiten und Möglichkeiten der Bedürfnisbefriedigung. Entwicklung qualitativ verstanden steht in Verbindung mit Wissen, Kompetenzen, Verstehen, Einsicht, Vernunft, Klugheit, Weisheit, Erkennen und Werten (vgl. Probst 1987, 88). Somit geht Entwicklung im Humanbereich mit Lernen und Bewusstheit einher und mit Verbesserung von Lebensqualität und tragfähigen Beziehungen.

Insgesamt zielt Entwicklung auf biologische, psychische, soziale und kulturelle Prozesse. Gemeint ist einerseits ein Prozess und andererseits ein Resultat hinsichtlich des Erreichens eines veränderten Zustandes mit höherer Informationskomplexität, Anpassungs-, Beziehungs-, Lebens- und Selbstorganisationsqualität. Personenbezogene Entwicklungsprozesse und solche von interpersonellen Beziehungen zielen im Rahmen Sozialer Arbeit, wie sie hier verstanden wird, auf eine Steigerung von Inklusion, Teilhabe und Lebensqualität. Bezogen auf Organisationen und Funktionssysteme zielt Entwicklung auf Prozesse höherer funktionaler Anpassung, so dass die Systeme innere und äußere Anforderungen und erhöhte Umweltkomplexität besser verarbeiten können. Auch dies geht einher mit ethischen und qualitativen Maßstäben.

Die Bewältigung von Prozessen der Veränderung und Entwicklung gehören zur menschlichen Lebenspraxis. Aspekte davon sind biologisches und psychisches Reifen sowie die Bewältigung von sozialen Anforderungen. Viele daraus resultierende Herausforderungen und Probleme werden im Alltag selbstständig gemeistert, andere wiederum überfordern und führen zu Krisen und Gefährdungen. Dort, wo die sozialen Umstände suboptimal für Entwicklungsprozesse sind, ist an den Strukturen zu arbeiten. Im Kontext moderner und spätmoderner Lebensvollzüge sind Menschen zunehmend gefordert, sich auf Veränderungsprozesse einzustellen. Stichworte dazu sind soziale, wirtschaftliche, politische und ökologische Risiken, technologische Herausforderungen, Beschleunigung, Globalisierung. Vorausgesetzt ist ein hohes Anpassungspotenzial, um sich im Rahmen vielschichtiger Veränderungsprozesse und Herausforderungen immer wieder neu zu strukturieren und zu stabilisieren und darauf bezogen neue Bewältigungsmuster zu entwickeln.

Die Bewältigung von Entwicklungen wird auf den verschiedenen Beziehungsebenen zur permanenten Herausforderung. Soziale Arbeit hat darauf ihren Blick zu richten, will sie Inklusion, Teilhabe und Lebensqualität unterstützen. Die Frage ist letztlich, wie Soziale Arbeit über Reflexions- und Beziehungsarbeit und damit einhergehend über personenorientierte und systemstrukturelle Zugangsweisen Entwicklungsprozesse unterstützen kann. Beziehungsarbeit wird zur Entwicklungsarbeit. Diese zielt nicht lediglich auf das Wohl des Einzelnen, sondern ebenso auf das Wohl der Beziehungsbeteiligten und auf das Wohl von Gemeinschaft und Gesellschaft. Maja Heiner betont in diesem Zusammenhang, dass Soziale Arbeit auch dem Gemeinwohl verpflichtet ist (2007, 192). Risiken sind nicht nur als sozialstrukturell gemacht zu betrachten. Auch riskante Lebensstile können belastend für das Gemeinwohl sein. Soziale Arbeit nimmt die Verschränkung von Rechten und Pflichten auf Seiten des Subjekts und auf Seiten von Institutionen und Organisationen in den Blick und schärft das Entwicklungspotenzial und den Entwicklungsbedarf.

7.4.3 Unterstützung menschlicher Entwicklungsprozesse

Soziale Arbeit handelt in der Praxis in der Regel personenbezogen, das heißt Personen werden im Kontext ihrer Systeme und Umwelteingebundenheit unterstützt, um Entwicklungsprozesse zu meistern. Die Frage, die sich stellt, ist, was Professionelle wissen müssen, um personenbezogene Entwicklungsprozesse zu unterstützen. Die Prozesse zeigen sich oft schwierig und keinesfalls gradlinig.

Je nachdem ergeben sich im Prozess Rückfälle in alte Muster, was den Hilfeprozess für die Professionellen mitunter schwierig macht und auch enttäuschend sein kann. So stellen sich Fragen nach einem Prozess- und Entwicklungswissen, mit dessen Hilfe Professionelle die Hilfeprozesse reflektieren und ihr Handeln entsprechend abstimmen können. Die Forschungslage ist hierzu noch eher karg. Im Rahmen meiner Forschungsarbeiten und mit Hilfe von Autobiografien habe ich ein Entwicklungsmodell generiert (Miller 2006: 2008; 2009), mit dem sich Phasen und typische Verläufe von personenzentrierten Entwicklungsprozessen beschreiben und mit Merkmalen kennzeichnen lassen. Die Phasen wiederum geben Aufschluss über den professionellen Hilfe- und Handlungsbedarf und sensibilisieren die Wahrnehmung.

Konkret lassen sich vier Phasen beschreiben, die im Zuge von Entwicklungsprozessen zu beobachten sind:

- die Up-and-Down-Phase
- die Verdichtungs- und Wendephase
- die Entwicklungsphase
- die neue Entwicklungsstufe

In diesem Band können die Phasen nur kurz skizziert werden. Die Unterschiede bei den einzelnen Phasen zeigen sich vor allem in Bezug auf Wahrnehmung, Bewusstheit, Urteilen und Handeln der Betroffenen. *Problemdichte* kennzeichnet die *Up-and-Down-Phase* und damit einhergehende Modi wie Sich-Treiben-Lassen, Sich-Gehen-Lassen, Sich-Verschanzen, Sich-Durchwursteln, Rückzug in so genannte Nischen, Wegsehen, Projektionen u.a.m. Die Problemdichte bündelt Wahrnehmen, Bewusstheit, Verhalten und Handeln der Betroffenen auf ihre Situation hin. Professionelle stoßen hier auf mehr oder weniger ausgeprägte Phänomene des nicht Könnens, nicht Wollens, nicht Wissens, nicht Vertrauens, nicht Wahrnehmens, der Überforderung und es lassen sich teils psychische und psychosoziale Bewältigungsformen beobachten, wie sie beispielsweise aus der Psychoanalyse bekannt sind. In dieser Phase vollziehen sich mitunter problembezogene Abwärtsspiralen, im schlimmsten Fall mit lebensbedrohlichen Ausmaßen. Wenn die Betroffenen Hilfe nicht annehmen wollen oder können, sind niedrigschwellige Hilfeangeboten sinnvoll, beispielsweise in Felder wie Wohnungslosigkeit, Sucht und Prostitution. Niedrigschwellige Angebote zielen auf Grundbedürfnisse (Nahrung, Wohn- und Schlafplätze, gesundheitliche Versorgung u.a.m). Die niedrigschwelligen Hilfen können die Lebensumstände der Betroffenen erträglicher machen und ein würdigeres Dasein, sprich mehr Lebensqualität ermöglichen. Ebenso sind sie ein Signal, dass die Betroffenen Anlaufstellen haben, wenn sie ihrem Leben eine andere Richtung geben möchten.

Die Problemverdichtung kann einen Übergang markieren hin zur *Verdichtungs- und Wendephase*. Angst und Sorge, Selbst- und Fremdverantwortung der

Betroffenen, Einsicht, Lebenswille, Hilfe oder auch Druck von außen können diese Phase stärken. Die Phase zeigt sich eher labil, und Betroffene brauchen ein tragfähiges Unterstützungsnetz, um ihren Entwicklungsweg gehen zu können. Gerade eine auf Empowerment gerichtete Praxis erhält durch das Phasenmodell Impulse und einen geschärften Blick, um überzogene Erwartungen gerade in dieser Phase an die Adressaten zu vermeiden (Miller 2008). In der Verdichtungs- und Wendephase zeigen sich Weggabelungen. Wo geht es hin? Welche neuen Perspektiven gibt es? Was ist zu verändern? Damit einher gehen häufig Gefühle der Unsicherheit und der Ambivalenz. Das Neue ist noch nicht sichtbar und die alten Lebensformen sind suboptimal.

Die eigentliche Entwicklungsarbeit erfolgt in der so genannten *Entwicklungsphase*. Auch hier zeigt sich kein linearer Prozess, sondern Ambivalenz und teils Rückfall in alte Muster begleiten mitunter den Entwicklungsprozess. Entwicklung erfolgt eher spiralförmig. Insgesamt lässt sich sagen, dass Lern- und Entwicklungsmöglichkeiten dort eine Chance haben, wo Sinnperspektiven, Vertrauen und tragfähige Beziehungen, Orientierung und Raum für Erkunden und Ausprobieren gegeben sind. Die auf die individuellen Bedürfnisse und die Beziehungen abgestimmten Hilfeprozesse und die Stärkung von Beziehungen können Lernen und Entwickeln nachhaltig unterstützen. Trotzdem kann sich der konkrete Entwicklungsprozess mitunter sehr mühsam gestalten. In den autobiografischen Auswertungen wurde deutlich, dass die Betroffenen Scham und Ärger über sich selbst empfinden, wenn sie ihre Vorsätze und Kontrakte nicht einhalten und in alte Muster zurückfallen. Ihr Bewusstsein ist geschärft, sie unterscheiden, was sie eigentlich wollen und nicht wollen, sie versuchen wieder auf den Weg zu kommen und brauchen hierzu Unterstützung und Ermutigung. Somit zeigt auch die Entwicklungsphase Auf- und Abwärtsprozesse sowie Ambivalenzen, wobei bei zunehmender Entwicklungsstabilisierung Rückfälle in alte Muster immer größere Abstände aufweisen und sich das Bewusstsein differenziert und sensibilisiert.

Die *Neue Entwicklungsstufe* kennzeichnet sich durch eine neue Architektur des Bewusstseins und neue Arrangements in den relevanten Beziehungen. Die neue Stufe zeigt emergente Merkmale, d.h. es sind neue Elemente und Muster integriert, die zuvor in der entsprechenden Form noch nicht gegeben waren. Auch diese Stufe ist nur vorübergehend, so lange, bis die sich entwickelten Routinen wieder einer Veränderung bedürfen.

Insgesamt verlaufen Entwicklungen nicht linear, sondern spiralförmig und teils sprunghaft. Einzelne Entwicklungsschritte sind auch nicht immer erkennbar. Viele Prozessschritte bleiben unbemerkt und unbeobachtet. In Latenzphasen, die nach außen als Stillstand wirken können, bahnen sich Prozesse an, die irgendwann durchscheinen. Entwicklungen können leicht vollzogen werden wie auch leidvoll verlaufen, je nachdem, um welche Problemschwere es geht, welche Ich-Stabilität und Resilienz und welche unterstützenden Beziehungen gegeben sind. Lösungen und das Finden neuer Perspektiven und Wege brauchen vor allem

Geduld und den richtigen Zeitpunkt. Sich in einen Entwicklungsprozess zu begeben, heißt sich neu zu modellieren. Aus einer systemischen Perspektive kommt es auf die tragenden Person-Umwelt-Beziehungen an, die Entwicklungsprozesse unterstützen oder behindern. Mit professioneller Verständigkeit und Achtsamkeit die Entwicklungsprozesse zu begleiten ist wichtig, und zwar nah an den Betroffenen, deren Bedürfnissen, Fähigkeiten und Möglichkeiten. Ebenso braucht es Geduld, da die Veränderung von Mustern Zeit benötigt.

Das Phasenmodell gilt als Reflexionshilfe in dem Wissen, dass Praxis immer komplexer ist als es ein Modell sein kann. Keinesfalls darf Praxis in ein Modell gepresst werden, um genau zu sehen und zu deuten, was ein Modell vorgibt. Insgesamt gibt es noch etliche Forschungsfragen. Um die Prozesskompetenz der Professionellen weiter zu stärken und zu professionalisieren, ist es meines Erachtens notwendig,

- mehr Wissen über die Besonderheiten von feld- und adressatenspezifischen Entwicklungsprozessen zu erforschen[34],
- die förderlichen und hemmenden Bedingungen für Entwicklungsprozesse durch Konzepte, Strukturen und Ressourcen helfender Institutionen kritisch zu untersuchen,
- mehr Wissen über die Art des Widerstandes und von Blockaden zu erforschen, auch mit Blick auf das Können, Wollen, Wissen, Vertrauen und den Selbstwert von Adressaten,
- das Methodenrepertoire für die Professionellen weiter zu differenzieren.

Entwicklungsprozesse berühren in enger Weise die Themen Bildung und Lernen. Unterstützt werden Entwicklungsprozesse durch Übung, Trainings, Wiederholungen, Verstärkung, Motivation, durch Selbstbildungsprozesse der Betroffenen (vgl. Bateson 1992, 371 ff.) sowie durch Ressourcenerschließung und Kontextarbeit. Erleben mit allen Sinnen und die Orientierung an Modellen sind wichtige Voraussetzungen für Lernen und Entwickeln (Spitzer 2003). Übertragen auf die Soziale Arbeit bedeutet dies, dass professionell begleitete Angebote im Bereich Spiel, Ästhetik, Erleben und das Arbeiten in Gruppen wichtige Zugänge für Lern- und Entwicklungsprozesse sind. Um neue Muster aufzubauen, braucht es Übung und Wiederholung, Freude und Reflexion, es braucht Gelegenheiten für Lernen und Entwickeln.

---

[34] Interessante Ansätze liefert beispielsweise Hermann Gerdelmann (2006) mit Blick auf alkoholauffällige/-kranke Straftäter im Strafvollzug.

Halten wir fest:

Professionelle zielen auf Entwicklungsprozesse des Subjekts und von Beziehungssystemen, um Inklusion, Teilhabe und Lebensqualität zu erwirken. Prozesse sind in einem hohen Maße kontingent. Das setzt Offenheit, Flexibilität und Kreativität von den Prozessbeteiligten voraus, um sich veränderten Ausgangsbedingungen immer wieder aufs Neue anzupassen.

Entwicklung bedeutet eine besser aufeinander abgestimmte Systembinnenrelationierung (Selbstorganisation) und System-Umwelt-Relationierung auf einem insgesamt komplexeren Niveau. Die neue Entwicklungsstufe kennzeichnet sich durch eine veränderte Architektur des Bewusstseins und durch neue Arrangements in den Beziehungen einer Person zu sich selbst und zu ihrer Umwelt. Auf der individuellen Ebene erweitern sich Fähigkeiten und Möglichkeiten der Bedürfnisbefriedigung. Entwicklung steht in Verbindung mit Wissen, Kompetenzen, Bildung, Lernen, Verstehen, Weisheit, Erkennen und Werten. So gesehen sind Entwicklungen Veränderungen, jedoch sind nicht alle Veränderungen Entwicklungen. Zum Verstehen und zur Unterstützung menschlicher Entwicklungsprozesse wurde ein Phasenmodell skizziert. Die Phasen verlaufen nicht linear, sondern spiralförmig und markieren, je nach Phase, einen unterschiedlichen Hilfebedarf.

Insgesamt gibt es noch erheblichen Forschungsbedarf zum Thema Entwicklungs- und Hilfeprozesse.

7.5 Disziplinäre, inter- und transdisziplinäre Denkfigur

Soziale Arbeit ist Wissenschaft und Disziplin. Damit einher geht eine disziplinäre, inter- und transdisziplinäre Ausrichtung, die im folgenden beschrieben wird.

7.5.1 Soziale Arbeit als Disziplin

Soziale Arbeit lässt sich als junge Disziplin bezeichnen. Der Weg zur Disziplin ging einher mit der Etablierung der Sozialarbeit an den Fachhochschulen und war zunächst gepflastert mit heftigen Diskursen darüber, ob Soziale Arbeit überhaupt eine Wissenschaft und Disziplin sein kann, und wenn ja, wie sie sich als Disziplin und Wissenschaft kennzeichnet?[35] Die kritischen Anfragen kamen aus der universitären Sozialpädagogik. Soziale Arbeit wurde schließlich durch die Konferenz der Rektoren und Präsidenten der Hochschulen (HRK) sowie durch

---

[35] Vgl. u. a. Engelke 2000, 2004; Merten u.a 1996; Puhl 1996; Staub-Bernasconi 1994a; Wendt 1994.

die Ständige Konferenz der Kultusminister der Länder (KMK) im Oktober 2001 als eigenständige Fach- bzw. Handlungswissenschaft erklärt. Sie kann auf eine umfangreiche theoretische Konzeptbasis zurückgreifen (vgl. Engelke 2000 und Engelke u. a. 2009).

Was ist aber unter Wissenschaft und Disziplin genauer zu verstehen? Wissenschaft lässt sich nach Luhmann (1990) als ein Funktionssystem beschreiben, das nach spezifischen Logiken, Handlungsprogrammen, Codes und der Leitdifferenz wahr/unwahr funktioniert. Wahr/unwahr ist auf die wissenschaftlichen Erkenntnisse bezogen, die verifiziert oder falsifiziert werden. Das Wissenschaftssystem unterhält wissenschaftliche Standards und Anforderungsprofile für Forschung und Theorieentwicklung. Über das Wissenschaftssystem erwerben Studierende auf der Basis von Kompetenzen und wissenschaftlichen Leistungen akademische Grade, und es eröffnen sich darauf bezogen verschiedene Möglichkeiten der Berufseinmündung und akademischer Karrieren.

Für die Soziale Arbeit ist es in Bezug auf ihre wissenschaftliche und gesellschaftliche Anerkennung von erheblicher Bedeutung, ob sie lediglich an den Hochschulen als Fach gelehrt wird oder ob sie als Wissenschaft und als Disziplin anerkannt ist und wie sie sich darauf bezogen akademisch präsentiert. Zur Geschichte ihrer Fachhochschuletablierung gehört, dass Soziale Arbeit lange Zeit als Methodenfach fungierte, durch das die klassischen Methoden Beratung, Gruppenarbeit und Gemeinwesenarbeit gelehrt wurden. Die Vermittlung von theoretischem Kernwissens erfolgte insbesondere über die Disziplinen Psychologie, Pädagogik, Soziologie und Recht, was nicht zuletzt Probleme mit der beruflichen Identität nach sich zog. Ausgedrückt hat sich dies vor allem durch die zentrale Frage von Studierenden und Lehrenden: Was ist Sozialarbeit? Die Tatsache, dass sich Soziale Arbeit als Wissenschaft und junge Disziplin etablieren konnte, ermöglichte ihr nicht nur einen wissenschaftlichen und gesellschaftlichen Statuszuwachs, sondern vor allem auch eine Fundierung ihrer Theoriebasis, der Berufsidentität, Professionalität und Profession. Für die Profession ist es bedeutsam, auf Soziale Arbeit als Wissenschaft und Disziplin zurückgreifen zu können, denn erst darüber lassen sich ethische Leitziele, Profile, Leistungsansprüche, Zuständigkeiten und ihr Weiterentwicklungsbedarf reflektieren. Der Gehalt und das Niveau von Professionalisierungsdiskursen einerseits und der Grad der gesellschaftlichen Anerkennung andererseits sind in einem hohen Maße davon abhängig, wie die Profession im Wissenschaftssystem verankert ist. Die Orientierung an einem disziplinären Leitbild hat aus dieser Perspektive somit eine zentrale Bedeutung.

Die Wichtigkeit einer Wissenschaft und Disziplin Sozialer Arbeit ist auch vor dem Hintergrund zu schärfen, dass die Fachkräfte in der Sozialen Arbeit vor allem weiblichen Geschlechts sind, und dass die universitäre Pädagogik sozusagen zumindest von der historischen Entwicklung her das männlich orientierte Pendent darstellt. Der kritische Genderblick richtet sich somit auch auf die Frage, wie sich die Entwicklungslinien von Sozialarbeit und Sozialpädagogik historisch, gesellschaftlich und wissenschaftlich darstellen und ob sich eine weiblich dominierte Profession mit akademischer Bescheidenheit zufrieden geben soll.[36]

Durch die Hochschulentwicklung, die Veränderung von Rahmenstudienordnungen sowie durch den Bologna-Prozess und damit einhergehend durch die Modularisierung des Studiums entwickelte sich an den Fachhochschulen seit ihrem Bestehen ein neues Arrangement zwischen Sozialer Arbeit als junge Disziplin und den Bezugswissenschaften. Letztere sind durch diese Entwicklung gefordert, sich damit auseinander zu setzen, wie sich Soziale Arbeit als Wissenschaft definiert und welche Anfragen sie an die Bezugswissenschaften stellt (vgl. Schumacher 2011).

> *Bezugswissenschaften der Sozialen Arbeit sind insbesondere:*
>
> Erziehungswissenschaft, Genderwissenschaft, Gesundheitswissenschaft, Neurowissenschaft, Pflegewissenschaft, Philosophie, Politikwissenschaft, Psychologie, Recht, Soziologie, Volkswirtschaft, Wirtschaftswissenschaft.

Die Soziale Arbeit zählt also zum Kanon der Disziplinen. Letztere sind die basalen Elemente des Wissenschaftssystems. Sie lassen sich voneinander unterscheiden und zwar hinsichtlich der eigenen Entwicklungsgeschichte, der Gegenstandsbestimmungen, der Forschungsfragen und Methodologien. Über Disziplinen differenziert sich das Wissenschaftssystem aus (Heckhausen 1987, 131). Gleichzeitig erlauben die Disziplinen Anschlusskommunikationen und strukturelle Kopplungen für Kooperationen und ermöglichen Schnittstellen zueinander. Nach Stichweh (1994, 17) gehören zur Disziplin in der Regel folgenden Merkmale:

- eine *scientific community*, dazu gehören u. a. wissenschaftliche Publikationsorgane und wissenschaftliche Gesellschaften, die Fachforen, Publikationsorgane, Arbeitsgruppen u. a. zur Verfügung stellen, um die Wissenschaftsentwicklung voranzutreiben. Etabliert haben sich in der Sozialen Arbeit insbesondere die Deutsche Gesellschaft für Soziale Arbeit (DGSA) und die Deutsche Gesellschaft für Systemische Soziale Arbeit (dgssa),
- Bündelung wissenschaftlichen Wissens, insbesondere Lehrbücher, Nachschlagewerke, Fachlexika,
- spezifische Fragestellungen,
- Set von Forschungsmethoden,
- disziplinspezifische akademische Karrierestrukturen und Ausbildungsformen.

---

[36] Vgl. Staub-Bernasconi o.J.: Das fachliche Selbstverständnis Sozialer Arbeit ...

Die Soziale Arbeit entspricht allen diesen Anforderungen und es gibt keinen triftigen Grund, ihr den Disziplinstatus in Abrede zu stellen. Aus der Disziplinperspektive formuliert die Soziale Arbeit, welches Grundlagenwissen und bezugswissenschaftliche Wissen warum für sie relevant ist. Hier geht es nicht um vereinheitlichte Anforderungsprofile, sondern um Begründungszusammenhänge im Kontext von Vielfalt. Ohne den disziplinären Zugang wäre es den Experten und Expertinnen der Bezugsdisziplinen überlassen, das inhaltlich anzubieten, was sie meinen anbieten zu sollen oder zu wollen. Das kann qualitativ zwar hochwertig sein, jedoch für die Soziale Arbeit nicht unbedingt verwertbar. Der Disziplinstatus ermöglicht Kommunikationen und Entscheidungen über die Brauchbarkeit und Anschlussfähigkeit von bezugswissenschaftlichem Wissen und ebenso von disziplinärem Wissen. Resultate solcher Aushandlungsprozesse sind die entsprechenden Modulbeschreibungen, die einen Mix aus professionspolitischen und disziplinären Positionierungen darstellen.

Zu sensibilisieren bleibt an dieser Stelle der Umgang mit Begriffen, die in Fachdiskursen auftauchen: *Soziale Arbeit als Wissenschaft* bzw. die *Wissenschaft Soziale Arbeit* (Engelke 2000; 2004), *Sozialarbeitswissenschaft* (Puhl 1996; Merten/Sommerfeld/Koditek 1996; Mühlum 2004; Erath 2006; Birgmeier/Mührel 2009) oder *Sozialpädagogik als Wissenschaft* (Niemeyer 2003). Wenn der Begriff der Sozialen Arbeit die Integration von Sozialarbeit und Sozialpädagogik zum Ausdruck bringen soll, wenn eine Spaltung vermieden und wenn das Potenzial beider Traditionsstränge aufgegriffen werden soll, dann muss die wissenschaftliche Begriffsverwendung korrekterweise *Soziale Arbeit als Wissenschaft* bzw. die *Wissenschaft Soziale Arbeit* lauten. Von *Sozialarbeitswissenschaft* oder von der *Sozialpädagogik als Wissenschaft* zu sprechen macht dann nur dort Sinn, wo es um wissenschaftstheoretische Reflexionen innerhalb des spezifischen Traditionsstranges geht. Zu beobachten ist, dass in Modul- und Seminarbeschreibungen und Texten von Studierenden die Begriffe teils unreflektiert und eher zufällig durcheinander gewürfelt werden, was die Positionierung von Sozialer Arbeit als Wissenschaft eher schwächt.

Disziplinen entwickeln sich weiter, und ein Merkmal ist ihre Ausdifferenzierung. Beispielsweise hat sich die Psychologie ausdifferenziert u. a. in Entwicklungspsychologie, Verhaltenspsychologie, Sozialpsychologie, Diagnostik u. a. Ähnliche Tendenzen lassen sich bereits in Ansätzen in der Sozialen Arbeit feststellen. So bieten beispielsweise die Master-Studiengänge in der Soziale Arbeit ein breites Spektrum: Es beinhaltet anwendungs- bis forschungsorientierte, feld- oder zielgruppenspezifische (z. B. Klinische Soziale Arbeit, Soziale Gerontologie) oder handlungsmethodische (z. B. Intervention) Angebote. Das deutet darauf hin, dass die Soziale Arbeit möglicherweise einen ähnlichen Weg gehen wird wie andere Disziplinen. Wichtig dabei wird sein, dass bei aller Vielfalt der Bezug zum Kern der Sozialen Arbeit bestehen bleibt und dass nicht Entgrenzungen stattfinden, die das Profil der Sozialen Arbeit verwischen (vgl. Kruse 2011).

7.5.2 Soziale Arbeit in ihrer inter- und transdisziplinären Ausrichtung

Was die Disziplinen, deren Ausdifferenzierung und Typologie betrifft, so gibt es unterschiedliche Modelle. Grob skizziert wird einerseits von einem engen, auf Einzelwissenschaften bezogenen Disziplin-Begriff ausgegangen, der sich mehr auf disziplinäre Grundlagenforschung stützt, und andererseits wird ein Disziplin-Begriff verwendet, der in sich inter- und transdisziplinär angelegt ist. Soziale Arbeit lässt sich Letzterem zuordnen. In ihrer inter- und transdisziplinären Ausrichtung hat sie aber kein Alleinstellungsmerkmal. Eine vergleichbare Ausrichtung zeigen beispielsweise die Politikwissenschaften und die Medizin, ebenso die so genannten Querschnittswissenschaften wie Nachhaltigkeitsforschung, Ökologie, Gesundheitswissenschaften und Gender Studies. Basal für die Politikwissenschaften sind beispielsweise die politische Philosophie, die Soziologie, die politische Psychologie, die Volkswirtschaftslehre und die Jurisprudenz. Erst mit Hilfe dieser Bezugswissenschaften lässt sich das grundlegende Wissen in den Politikwissenschaften fundieren.

Der inter- und transdisziplinäre Charakter der Soziale Arbeit ist immer wieder betont worden.[37] Pfaffenberger (2004, 89) spricht vom „transdisziplinären Disziplincharakter" als Hauptmerkmal einer Handlungswissenschaft. Handlungswissenschaften setzen eine innerwissenschaftliche Integration interdisziplinären Wissens voraus. Problembeschreibungen, -erklärungen und -bearbeitungen folgen disziplinübergreifenden Kriterien. Es geht um Wissensintegration. Auf der Theorie- und Praxisebene geht es um die Relationierung von Wissen.

Die Tatsache, dass Soziale Arbeit gefordert ist, für die Bearbeitung ihrer Fragen komplexe Wissensbestände und Theorien heranzuziehen, lässt sie ohne Schwierigkeiten in die Nähe postmodernen Denkens rücken (vgl. Welsch 1997). Der Begriff der Postmoderne verweist auf einen Pluralismus von Wissen, Modellen und Verfahrensweisen und setzt die Relationierung verschiedenen Wissens voraus. Kooperation, Verknüpfen, Vernetzung, in Bezug setzen von Wissen sind Elemente der Wissensintegration. Kleve orientiert sich am postmodernen Denken und folgert, dass es für die Soziale Arbeit darauf ankomme, die „Stränge" und die „Verbindungslinien" der relevanten Disziplinen auszuarbeiten. „Wenn dies gelänge dann wird man Sozialarbeitswissenschaft selbst nicht anders als transdisziplinär beschreiben können" (Kleve 2003, 338).

Im Folgenden gehe ich auf die Begriffe Inter- und Transdisziplinarität näher ein. Dabei lehne ich mich an Ausführungen an, die ich bereits an anderer Stelle (Miller 2011) gemacht habe.

---

[37] Vgl. u.a. Bango 2008; Kleve 2003; Merten u.a. 1996; Miller 2011; Obrecht 1996; Wendt o.J.

Interdisziplinarität

Interdisziplinarität steht für ein Forschungshandeln, bei dem verschiedene Disziplinen denselben Problemgegenstand untersuchen. Kennzeichnet die Multidisziplinarität ein Nebeneinander von Wissen, Sichtweisen und methodischen Vorgehensweisen, erfolgt bei der Interdisziplinarität eine Zusammenschau des Wissens bis hin zu einer gegenseitigen Integration von Theorieteilen. Beispielsweise hat Luhmann in seine Theorie das Autopoiesis-Konzept der Kognitionsbiologen Maturana und Varela integriert. Interdisziplinarität erfolgt auch im Rahmen von Teamteaching, in dem ein Sachverhalt, beispielsweise Sucht, aus unterschiedlichen disziplinären Perspektiven bearbeitet wird. Jedoch forschen und argumentieren die Angehörigen der Disziplinen im Rahmen von Interdisziplinarität entlang ihrer disziplinären Identität und methodischen Vorgehensweisen. Interdisziplinarität lässt sich als Vorstufe von Transdisziplinarität betrachten.

Den Begriff der Transdisziplinarität hat vor allem Jürgen Mittelstraß (2003) geprägt. Unter Transdisziplinarität versteht Mittelstraß ein neuartiges Forschungs- und Organisationsprinzip der Wissenschaft, nicht zuletzt vor dem Hintergrund von Komplexität. Gemeint sind die zunehmende Unübersichtlichkeit von Wissen und die Ausdifferenzierung der Disziplinen. Die transdisziplinäre Zugangsweise ersetzt die Disziplinen nicht, sondern hat diese als Basis für „methodische Transdisziplinarität" (Mittelstraß 2005). Darunter versteht der Autor ein Forschungs- und Wissenschaftsprinzip auf argumentativer und kooperativer Basis, auch dort, wo Disziplinen mit unterschiedlichen methodischen Zugängen arbeiten. Grundlegend für Transdisziplinarität ist Kooperation und die Gleichwertigkeit der Disziplinen. Im transdisziplinären Tun geht es insbesondere um die Wissenserweiterung, wie auch um Prozesse der Weiterentwicklung der Einzeldisziplinen durch den transdisziplinären Austausch.

Besonders interessant für die Soziale Arbeit ist der Typus der *anwendungsorientiert-partizipativen Transdisziplinarität*, wie sie Hanschitz (2008) und Hanschitz u. a. (2009) beschreiben. Hier kommt der Praxis eine besondere Bedeutung zu. Hanschitz betont die Kooperation zwischen Wissenschaft und Praxis, um gesellschaftliche und lebensweltliche Problemlagen zu bewältigen (Hanschitz 2008, 35 f.). Damit steht „Trans" nicht nur für das Überschreiten der Disziplin hin zu anderen Disziplinen, sondern auch für das Überschreiten der Wissenschaft hin zur Praxis. Die verschiedenen Wissensebenen (Theorie- und Praxiswissen) gilt es gleichberechtigt zu integrieren. Dazu braucht es geeignete Praxisforschungsdesigns und Kommunikationsarchitekturen.

> Am Beispiel der Überarbeitung eines „Palliative Care System" skizziert Hanschitz (2008, 37 f.) ein transdisziplinären Forschungsdesign.
>
> In der ersten Phase wurde das Betreuungspersonal in qualitative Erhebungsmethoden eingeführt, um ihr Klientel zu interviewen. Allein daraus ergaben sich, so der Autor, neue Einsichten mit Blick auf Klientenbedürfnisse und würdevolle Arbeitsbedingungen. Die Ergebnisse wurden mit dem Betreuungspersonal am Runden Tisch mit Hilfe praktischer und wissenschaftlicher Perspektiven reflektiert und konzeptionell aufbereitet, um es mit den Entscheidungsverantwortlichen zu verhandeln.

Rückgebunden an unterschiedliche Fachdiskurse kennzeichnet sich transdisziplinäres Forschen wie folgt:

- Transdiziplinarität ist ein Forschungs- und Organisationsprinzip;
- Transdisziplinäre Forschungsfragen rekurrieren aus der Praxis;
- Anspruch adäquater Problemlösungen vor dem Hintergrund einer breiten Wissensbasis;
- Vermittlung zwischen Wissenschaft und Anliegen der Praxis;
- Partizipative und dialogorientierte Einbindung der Praxis und von Betroffenen und deren gleichwertige Relevanz in der Problembearbeitung;
- Hierarchieübergreifende Zusammenarbeit, Diskursprinzip statt Exklusivstellung der Wissenschaft;
- Umgang mit komplexen Wissensbeständen und deren Relationierung zum Zweck komplexer Problembearbeitung;
- Verknüpfung verschiedener methodologischer Erkenntnisinstrumente, das heißt Theorien, Modelle, Methoden und Instrumente im Hinblick auf ein Problemfeld;
- Schnittstellenmanagement.

Überführt in die Terminologie der Sozialen Arbeit geht es bei der Transdisziplinarität um Beziehungsgestaltung im Kontext von Wissenschaft und Praxis. Gemeint ist eine dialogische, gleichwertige Kooperation der Disziplinen und der Praxis hinsichtlich Problemanalysen und -bearbeitung. Ziel ist die Relationierung und Integration von pluralen Wissensbeständen, darunter auch berufliches Erfahrungswissen und Betroffenenwissen. Kommunikation, Kooperation, ethische Leitwerte und Wissensintegration (vgl. Maasen 2010, 252) sind die basale Voraussetzung. Bei der Transdisziplinarität als Methoden- und Organisationsprinzip geht es nicht darum, Disziplinarität durch Transdisziplinarität zu ersetzen. Mittelstraß sensibilisiert an dieser Stelle für das Problem, wo inter- und transdisziplinäre Zugangsweisen die eigene fachliche und disziplinäre Orientierung verschwimmen lassen (Mittelstraß 1993, 19). Vielmehr geht es um die Nutzung des

Potenzials von Transdisziplinarität, nämlich die „Einheit der Wissenschaft" und damit verschiedener Perspektiven im forschungspraktischen Zugehen wieder zu ermöglichen (Mittelstraß 1996, 329).

Die angenommenen Vorteile von Transdisziplinarität lassen sich kurz zusammenfassen:

- Entfaltung neuer Perspektiven und neuen Wissens durch Wissenschaftskooperation;
- Durchbrechen von Denkroutinen in Wissenschaft und Praxis wie auch von eingefahrenen Kommunikations- und Problemwahrnehmungsmustern;
- Entdeckung von Ressourcen durch kooperative Wissensgenerierung und Aufdeckung von Schwachpunkten und Einseitigkeiten bei einem lediglich disziplinären Zugang;
- Kompetenzerweiterung mit Blick auf Lernen, Selbststeuerung und Empowerment auf der Theorie- und Praxisebene.

Aufgrund ihres partizipativen und beteiligungsorientierten Ansatzes und des Denkens in Beziehungen und Relationierungen entspricht Transdisziplinarität dem Grundanliegen Sozialer Arbeit. Derzeit lässt sich aber kaum von einer transdisziplinären Forschungsroutine sprechen, weder in der Sozialen Arbeit noch in anderen Disziplinen. Bedarf gibt es unter anderem in der Entwicklung von Qualitätskriterien, Standards und Begleitstudien (vgl. Bergmann u. a. 2005). Auch die Frage, wie der Markt auf ein solches Forschungsdesign reagiert und ob transdisziplinäres Forschen sich gegenüber traditionellen Zugängen als konkurrenzfähig erweist, gilt es zu beobachten (vgl. Hark 2003). Bango ist zuzustimmen, wenn er feststellt: „Die Transdisziplinarität ist eine Forderung der modernen Wissenschaftlichkeit, sie wird zwar vollmundig angekündigt, aber leider wenig praktiziert." (Bango 2008, 149). Hier besteht somit Handlungs- und Entwicklungsbedarf.

In Bezug auf das transdisziplinäre Vorgehen lassen sich grob zwei Richtungen unterscheiden. Die *forschungsorientierte Transdisziplinarität* ist anwendungsorientiert und partizipativ ausgerichtet. Daneben wird von der *disziplinorientierten dekonstruktiven Transdisziplinarität* gesprochen (Hark 2003). Sie bleibt auf der theoretischen Ebene, um transdisziplinär theoretische Fragen zu untersuchen. Idealtypisch vorausgesetzt werden im theoretischen und anwendungsbezogenen Forschungsprozess gleichberechtigte Diskursregeln. Ein Leitdisziplinstatus unter den beteiligten Disziplinen gilt als störend. Die beteiligten Disziplinen speisen nicht nur ihr Wissen ein, sondern entwickeln sich im Horizont und durch die Brille anderer Disziplinen weiter.

Mit Blick auf Transdisziplinarität rücken machtsensible Aspekte in die Wahrnehmung. Zum einen werden die Experten und Expertinnen von Disziplinen hinzugezogen, die für ein Problem, eine Fragestellung relevant sind, zum anderen gebietet das Kooperationsprinzip das Transzendieren der jeweiligen Disziplin hin zum gemeinsamen Schärfen der Wissensbestände und zur Reflexion des disziplinären Wissens auf das zu bearbeitende Problem hin. An dieser Stelle kommt erneut die komplementäre Perspektive ins Spiel, denn Soziale Arbeit agiert im Spektrum zwischen Disziplin und Transdisziplinarität. Einmal hat sie Leitdisziplinanspruch, dann wiederum ist sie gefordert, diesen Anspruch zugunsten transdisziplinären Vorgehens zu relativieren. Soziale Arbeit bewegt sich somit in einem Sowohl-als-Auch und ist hybrid.

Halten wir fest:

Soziale Arbeit ist von ihrem problemorientierten Zugehen her auf Inter- und Transdisziplinarität ausgerichtet, sowohl in der theoretischen wie praktischen Vorgehensweise. Als Disziplin und Wissenschaft hat sie den Anspruch, die Profession zu fundieren und innerhalb des Studiums als Leitdisziplin zu fungieren. Ohne ein eigenständiges disziplinäres Profil kann sie sich als Profession und Wissenschaft im gegenwärtigen Wissenschaftssystem und in der Praxis weder behaupten noch weiter entwickeln. In ihrer interdisziplinären Ausrichtung ist sie Teil der Erkenntnisproduktion, bezogen auf einen Problemgegenstand. Im Studium kommt dies im Rahmen von Teamteaching zum Tragen. Die transdisziplinäre Ausrichtung relativiert den disziplinären Zugang zugunsten von Wissenschaftskooperation, Wissensintegration, Partizipation und Teilhabe. Die Silbe „Trans" verweist nicht nur auf das Übersteigen der eigenen Disziplin hin zu einer *disziplinorientierten dekonstruktiven Transdisziplinarität*, sondern verweist ebenso auf das Übersteigen der Disziplin hin zur Praxis, was der Begriff der *anwendungsorientierten-partizipativen Transdisziplinarität* ausdrückt. Die eigene Wissensbasis wird im Licht der anderen Disziplinen wie auch der Praxis geschärft, modifiziert und auf den Problemgegenstand hin angepasst.

Insgesamt ist Transdisziplinarität ein Forschungs- und Organisationsprinzip der Wissenschaft. Grundprinzipien sind Kommunikation, Kooperation, Partizipation, Gleichwertigkeit der Beteiligten, Wissensintegration und Wissensmanagement. Transdisziplinarität setzt voraus, dass sich Soziale Arbeit zu anderen Disziplinen und Wissensproduzenten in Bezug setzt. Tatsache ist, dass es noch viel Forschungs- und Entwicklungsbedarf in Bezug auf die Umsetzung von Transdisziplinarität gibt.

> In diesem Kapitel wurden fünf theoretische Denkfiguren dargelegt als Reflexionswissen für die Analyse von und die Herangehensweise an Beziehungen:
>
> - Komplementäre Denkfigur
> - Systemisch-vernetzte Denkfigur
> - Konstruktivistische Denkfigur
> - Prozessual-entwicklungsorientierte Denkfigur
> - Disziplinäre, inter- und transdisziplinäre Denkfigur
>
> Die Denkfiguren stehen in einem Zusammenhang, verweisen aufeinander und erhellen sich gegenseitig. Leitend ist die systemisch-vernetzte Denkfigur, sie ist das Scharnier.

Die letzte Komponente der Kernbestimmung sind die Handlungsweisen, die im nächsten Kapitel dargelegt werden.

8 Handlungsweisen

Handlungsweisen, wie sie hier verstanden werden, zielen auf *Wissen, Können* und *Haltung*, – drei Aspekte, die alle aufeinander verweisen. *Wissen* basiert auf einem disziplinären Kernwissen in Verbindung mit weiterem disziplinärem sowie bezugswissenschaftlichem Anschlusswissen wie auch Erfahrungswissen. *Können* bezieht sich auf das konkrete Handeln in Verbindung mit Wissen und methodischen Vorgehensweisen (vgl. Müller 1996; Staub-Bernasconi 2004); *Haltung* verweist auf die ethische Gesinnung, damit einhergehend auf Umgangs- und Kommunikationsweisen. Haltung verweist auf den professionellen Anspruch und ebenso auf die Stellung zur eigenen Profession. Der Begriff des *professionellen Selbstverständnisses* drückt in etwa aus, was durch die Verbindung von Wissen, Können und Haltung gemeint ist.

Der Begriff der Handlungsweisen fungiert in diesem Kapitel als eine Art Metabegriff, um die uneinheitlich verwendeten Begriffe wie *Methodisches Handeln, Methoden, Arbeitsweisen, Arbeitsformen, Handlungsmaxime, Verfahren, Handlungsprinzipien, Techniken* u. a. zu bündeln und Wesentliches in Bezug auf die Kernbestimmung Sozialer Arbeit auszusagen. Die Handlungsweisen sind rückgekoppelt an die ethischen Leitwerte, an den Gegenstand und an die theoretischen Denkfiguren und erfahren von dorther ihre Rahmung und Kriterien der Reflexion.

Zum methodischen Handeln in der Sozialen Arbeit ist viel Brauchbares gesagt und entwickelt worden.[38] So geht es hier nicht darum, die Fülle zu bündeln,

---

[38] Stellvertretend Galuske 2011; Heiner u. a. 1994; Michel-Schwartze 2009; Stimmer 2006.

sondern diejenigen Aspekte zu betonen, die vor dem Hintergrund der bisher vorgelegten Kernbestimmung besonders relevant sind. Die nachfolgenden Ausführungen zielen auf Kompetenzen und Handlungsprinzipien einerseits und konkrete Verfahren andererseits. Es werden Auswahlen getroffen, so dass methodische Lücken bewusst in Kauf genommen werden, die es an anderer Stelle nachzulesen und zu schließen gilt. So geht es nicht darum, ein ausgefeiltes Methodenkapitel mit Anleitungscharakter vorzulegen, sondern es wird auf Grundsätzliches verwiesen. Auch werden Schwerpunkte gesetzt. Bildung, Kompetenzentwicklung und Netzwerkarbeit werden etwas umfassender dargestellt. Daraus sind aber keine falschen Schlüsse zu ziehen. Die Fokussierung hat nichts mit einer Überbewertung dieser Handlungsweisen zu tun, sondern mit aktuellen Anforderungen, für die es hier zu sensibilisieren gilt.

Die Anordnung der Handlungsweisen verläuft im Großen und Ganzen entlang der im Kapitel Gegenstandsbestimmung aufgeführten Beziehungsebenen, wenn auch nicht ganz exakt. Die Anordnungslogik entspricht einer aufsteigenden Komplexität, angefangen von der intrapersonalen Beziehung bis hin zur gesellschaftlichen Beziehungsebene.

Die Entscheidung, auf welcher Ebene in der Praxis gearbeitet wird, ist keine Entweder-oder-Entscheidung, sondern eine Sowohl-als-auch-Entscheidung. Aus einer systemisch-vernetzten Perspektive sind Synergien zu erwirken, was das Handeln auf verschiedenen Beziehungsebenen voraussetzt. Dies schließt nicht aus, dass in der Praxis möglicherweise nur auf einer Ebene gearbeitet werden kann, oder dass zeitversetzt und in Kooperation mit anderen Hilfeeinrichtungen arbeitsteilig gearbeitet wird.

Alle Handlungsweisen setzen eine Bedarfs-, Beziehungs-, und Problemanalyse mit Blick auf Inklusion, Teilhabe, Lebensqualität und Funktionalität voraus, ebenso spezifische Vorgehensweisen in der Durchführung sowie in der Reflexion von Wirkungen, Ergebnissen, Zwischenergebnissen und Prozessverläufen.

Zunächst werden Kompetenzen und Handlungsprinzipien beschrieben und darauf folgend ausgewählte Handlungsweisen. Folgende Kompetenzen und Handlungsprinzipien werden vor dem Hintergrund der Kernbestimmung Sozialer Arbeit genannt:

Kompetenzen	Handlungsprinzipien
• Wissenskompetenz • Verknüpfungskompetenz • Kommunikations- und Beziehungskompetenz • Beobachtungs- und Reflexionskompetenz	• Autonomie und Selbstorganisation respektieren • Auf Grenzen achten • Reflexive Parteilichkeit

8.1 Kompetenzen und Handlungsprinzipien

Kompetenzen sind Voraussetzung für professionelles Handeln unter Bedingungen von Komplexität und Kontingenz (vgl. Hof 2002).[39] Kompetenzen setzen die Fähigkeit der Relationierung von Wissen, Können und Haltung voraus, und zwar auf den verschiedenen Beziehungsebenen.

Wissenskompetenz

Inklusion, Teilhabe und Lebensqualität setzen tragfähige Beziehungen voraus, so die Ausgangsposition. Die Stärkung, Vermittlung und Gestaltung von Beziehungen setzt Wissen über Beziehungen voraus, insbesondere das Unterscheiden von Beziehungsebenen und deren Spezifika und die unterschiedlichen Anforderungen an Kommunikation. Konkret braucht es

- Wissen über Rollen, Rollenanforderungen und damit einhergehenden Perspektiven, beispielsweise die Perspektive von Eltern, Schülern, Schule, Polizei, Arbeitsvermittlung, Verwaltung u. a.,
- das Unterscheiden von Bedürfnissen einerseits und funktionalen Anforderungen andererseits,
- spezifisches Beziehungswissen, Entwicklungswissen und darauf bezogenes Detailwissen beispielsweise in Bezug auf Trennung, Sucht oder im Kontext kultureller Differenz,
- Wissen über die Gestaltung einer professionellen Hilfebeziehung, die Bedeutung von Kommunikation, von Nähe und Distanz etc.

Darüber hinaus braucht es bezugswissenschaftliches Wissen im Horizont von Subjekt, Kultur, Soziales und Ökologie, um Fragen und Probleme im Kontext Person-Umwelt erklären, verstehen und einschätzen zu können.

Verknüpfungskompetenz

Professionelles Handeln setzt die Verknüpfung von disziplinärem und interdisziplinärem Wissen wie auch von Erfahrungswissen voraus, um es situations-, fall- und problemspezifisch anzuwenden. Die theoretischen Denkfiguren gelten im vorliegenden Konzept als Kernwissen, das mit weiterem Wissen verknüpft wird, um konkrete Fall- und Problembearbeitungen in Theorie und Praxis vorzunehmen. Das heißt, theoretisches Wissen und Erfahrungswissen der Beteiligten gilt es so zu verknüpfen, dass es fallbezogene Aussagekraft hat, ohne den Einzelfall auf Generalismen oder Stereotypen hin zu reduzieren (vgl. Heiner 2007, 163). Die problembezogene Verknüpfung von Wissen wird dann zur Transferkompetenz.

---

[39] Näheres zum Kompetenzbegriff siehe auch in Kapitel 8.2.5.

Kommunikations- und Beziehungskompetenz
Kommunikationskompetenz setzt zunächst das Verstehen von Kommunikation voraus. So sind Beziehungen in ihrer typologischen Spezifizierung und den damit einhergehenden Kommunikationsformen zu unterscheiden. Konkret geht es um die Unterscheidung von intra- und interpersonelle Kommunikation, Netzwerkkommunikation und Kommunikation im Kontext formal organisierter Systeme. Kommunikations- und Beziehungskompetenz setzen des weiteren nicht nur voraus, auf den verschiedenen Ebenen kommunizieren zu können, sondern intermediär und vermittelnd vor allem dort tätig zu werden, wo die Kommunikation blockiert oder gestört ist, wo individuelle Bedürfnisse mit funktionalen Systemanforderungen kollidieren und wo über Kommunikation Bedingungen, Strukturen und Prozesse zu reflektieren sind, die Inklusion, Teilhabe und Lebensqualität fördern oder blockieren.

Kommunikationskompetenz zielt ebenso auf die Kommunikation mit der Öffentlichkeit und den verschiedenen Zielgruppen, insbesondere Adressaten, Stiftern und Spendern, politischen Repräsentanten, Stadtteilöffentlichkeit etc. Es geht um Aufklärung und Information, Ressourcenerschließung, Vertrauen, Interessenvertretung und Lobbyarbeit sowie um Selbstpräsentation der Sozialen Arbeit in der Öffentlichkeit. Dazu sind geeignete Maßnahmen, Instrumente und Strategien einzusetzen, sowohl kurzfristig wie auch langfristig.

Kommunikation ist das basale Instrument für die Soziale Arbeit, um ihre Aufgaben zu bearbeiten und um auf den verschiedenen Ebenen handeln zu können. Kommunikation ist der Schlüssel für die Problembearbeitung und um Lebensqualität zu erwirken. Kommunikation ist Voraussetzung für Ressourcenerschließung, politische Arbeit und Organisationsarbeit. Kommunikation ist der Schlüssel, um Adressaten in ihrem biografischen Gewordensein und als Experten ihres Lebens ernst zu nehmen.

Damit Kommunikation gelingen kann, setzt diese bei den Professionellen Beziehungskompetenz voraus, das heißt die Kompetenz, Beziehungen einzugehen, die eigene professionelle Rolle zu verorten, Beziehungen zu pflegen, kongruent und wertschätzend zu sein, Grenzen zu setzen und zu respektieren, Konflikte austragen zu können, offen zu sein, auch heikle Dinge ansprechen zu können, geduldig zu sein und Beziehungen in ihrer Prozesshaftigkeit zu leben.

Insgesamt geht es in der konkreten Beziehungsarbeit darum, einen gemeinsamen Nenner zu finden, gemeinsam auf Übereinkünfte hinzuarbeiten, die für die Beteiligten Sinn machen, umsetzbar und weiterführend sind. Wie schwierig und herausfordernd dies manchmal in der Praxis ist, muss hier nicht eigens betont werden.

Beobachtungs- und Reflexionskompetenz

Die Professionellen sind aus einer systemischen Perspektive Beobachter. Als Beobachter erster Ordnung handeln Professionelle in ihren jeweiligen Situationen. Reflexion erfolgt mit Hilfe der Beobachtung zweiter Ordnung. Sie umfasst Selbstbeobachtung wie auch Fremdbeobachtung, beispielsweise nach welchen inneren Regel Adressaten denken, fühlen und handeln, welche Muster in Beziehungen aufscheinen, welche gegenseitigen Erwartungen existieren, wie mit Wut und Enttäuschung umgegangen wird, wie die Umwelt reagiert, was gebraucht wird, welche Ressourcen und Machtquellen und welche Möglichkeiten und Grenzen gegeben sind.

Professionalität im Handeln setzt den Eigenanspruch voraus, sein Denken, Analysieren und Handeln nicht nur selbstkritisch zu reflektieren, sondern darüber hinaus Bedingungen zu schaffen oder einzufordern, um die Selbstreflexion durch Fremdbeobachtung zu unterstützen, das heißt beispielsweise durch Einzel-, Fall- oder Teamsupervision. Selbstbeobachtung setzt das Eingeständnis voraus, vor dem Hintergrund subjektiver Deutungs- und Handlungsroutinen zu beobachten, wie auch das Zugeständnis, blinde Flecken zu haben oder gar projektionsgefährdet zu sein und in Verstrickungen geraten zu können. Aus einer systemischen Perspektive ist der/die Professionelle immer Teil des Systems und ebenso wie alle Beteiligten Konstrukteur von Wirklichkeit.

In der konkreten Beziehungsarbeit ist insbesondere auch die Beobachtung zweiter Ordnung zu unterstützen, das heißt die Selbstbeobachtung der Akteure wie auch die Metakommunikation. Es ist die Wahrnehmung der Beteiligten zu schärfen, wie sie miteinander kommunizieren und was den Einzelnen jeweils wichtig ist. Dies gelingt insbesondere durch Fragen, Interpretationshilfen oder Deutungsangebote, Perspektivenwechsel und Reframing (vgl. Schlippe/Schweitzer 2008; Pfeifer-Schaupp 1995). Professionelle Deutungsangebote erfolgen nicht singulär abgehoben, sozusagen als Expertenwissen, sondern im kommunikativen Prozess und vor dem Hintergrund verschiedener Perspektiven. Gegenseitige Bezugnahmen sind wichtig und fließen in die professionelle Deutung ein. Deuten heißt, Bezug nehmen auf das eigene Wissen und Können und die eigene Haltung und dieses anschließen an das interpersonell Mitgeteilte. Das Gesagte ist zu bündeln sowie fachlich zu sortieren und zu interpretieren. Partizipation im professionellen Kontext setzt die Transparenz professioneller Deutungen voraus. Dies geschieht, indem die Deutungen der Kommunikation zugeführt werden, damit Betroffene darauf reagieren können.

Neben den aufgeführten Kompetenzen sind im Rahmen der Kernbestimmung folgende Handlungsprinzipien relevant:

Autonomie und Selbstorganisation respektieren
Autonomie zu respektieren ist ein ethisches Gebot im Rahmen des abendländischen, aufgeklärten Denkens. Es ist ebenso ein systemisches Gebot in dem Wissen, dass autopoietische Systeme, das heißt Persönlichkeitssysteme wie soziale Systeme zwar auf Umwelt bezogen sind, jedoch Umweltinformationen nach ihren je spezifischen inneren Modi verarbeiten. Eine wertschätzende Grundhaltung mit Respekt vor dem biografischen Gewordensein und dem kulturellen Bezugsrahmen, in dem sich Menschen bewegen, sowie Respekt vor den selbst gewählten Lebenskonzepten sind Voraussetzungen für eine tragfähige Hilfebeziehung. Respekt ist auch dort angesagt, wo suboptimale Lebensbedingungen herrschen, beispielsweise durch Obdachlosigkeit, und dieses Lebenskonzept, warum auch immer, von den Adressaten verteidigt wird. Dort, wo an belastenden Lebenskonzepten festgehalten wird, kommen niedrigschwellige Hilfen und Information in Betracht. Es gilt zu signalisieren, dass die Betroffenen gesellschaftlich wahrgenommen werden und dass für sie etwas getan wird, ohne Ausübung von Druck und Zwang. Freilich muss dort interveniert und stellvertretend gehandelt werden, wo Gefahr im Verzug ist, Selbst- und Fremdschädigung drohen oder gegeben sind, und wo im Rahmen rechtlicher Vorgaben und Fürsorgeaufgaben die Soziale Arbeit ihre Schutz- und Kontrollaufgaben wahrnimmt.

Die Begriffe Autonomie und Selbstorganisation sind anschlussfähig an die Begriffe Hilfe zur Selbsthilfe und Empowerment (vgl. Herriger 2010). Dabei geht es um die Stärkung der Betroffenen, um sich selbst und ihren Alltag besser regulieren zu können, so dass sie ihre Bedürfnisse, Rollen und Rollenanforderungen wahrnehmen und diese im Kontext von Beziehungen realisieren oder teilrealisieren können. Für die Soziale Arbeit bedeutet dies, keine überbordenden Hilfen anzubieten, nicht mehr zu geben als gebraucht und angenommen werden kann, aber auch darauf zu achten, dass keine Unterversorgung und Achtlosigkeit gegenüber dem notwendigen Unterstützungsbedarf besteht. Wichtig in diesem Zusammenhang ist der Respekt vor dem Entwicklungsstand der Adressaten, vor dem, was sie im Moment wollen, wissen und können, was sie über- oder unterfordert und was eine Zumutung wäre. Gemeint ist auch der Respekt vor dem Entwicklungstempo der Adressaten, das sich nicht in irgendwelche Effizienzkategorien fassen lässt. Das heißt nicht, dass nicht motiviert oder gegebenenfalls Druck ausgeübt werden soll, aber dass Handlungsweisen auf das individuell Gegebene und Mögliche abzustimmen sind. Vor diesem Hintergrund setzt auch der Empowermentanspruch Augenmaß voraus (Miller 2008).

Autonomie und Selbstorganisation respektieren heißt, sich an den Bedürfnissen, Stärken und Fähigkeiten der Adressaten zu orientieren und an den Ressourcen und Entwicklungspotenzialen von Beziehungssystemen. Es gilt im Unterstützungsprozess maximale Möglichkeiten der Teilhabe und Partizipation zu ermöglichen, ohne dass Probleme und Grenzen geleugnet werden.

Auf Grenzen achten

Der Begriff der Grenze taucht im systemtheoretischen Kontext auf. Systeme grenzen sich zu ihrer Umwelt ab, und nur durch Grenzziehung ist überhaupt Systembildung und die Herausbildung einer Systemidentität, gleich ob über Bewusstsein oder sozial, möglich. Im Kontext des Hilfesystems und der professionellen Hilfebeziehung braucht es Klarheit darüber, welche Hilfe wie und wann und von wem gewährt werden kann, was die Bedingungen dazu sind und welche Hilfsangebote gegebenenfalls von anderen Systemen herangezogen werden. Die Professionellen achten Grenzen ihrer Adressaten, Leistungsgrenzen, Entwicklungsgrenzen, Schamgrenzen etc. Sie schützen ihre eigenen Grenzen vor nicht adäquaten Ansprüchen und Erwartungen der Adressaten.

Reflexive Parteilichkeit

Professionelle Beziehungsarbeit, die zu einem wichtigen Teil Vermittlungsarbeit ist, setzt die Fähigkeit voraus, zwischen verschiedenen Perspektiven zu vermitteln wie auch zwischen Bedürfnisanforderungen und funktionalen Systemanforderungen. In der systemischen Literatur wird darauf bezogen von der Neutralität der Professionellen oder auch von der Allparteilichkeit gesprochen. Neutralität zielt darauf, Verstrickungen und Einseitigkeiten im Unterstützungsprozess zu vermeiden; Allparteilichkeit ist darauf gerichtet, die unterschiedlichen Konstruktionen ernst zu nehmen und Geben und Nehmen aufeinander abzustimmen. (Schlippe/Schweitzer 1996, 119 ff.; Pfeifer-Schaupp 1995, 202). So einfach ist der Umgang mit Neutralität und Allparteilichkeit jedoch nicht, vor allem nicht, wenn es sich im Kontext Sozialer Arbeit um Benachteiligung, Diskriminierung, Unterdrückung, Gewalt und Missbrauch handelt. Hier rückt die Frage der Parteilichkeit ins Zentrum, beispielsweise für schutzbedürftige Kinder und Jugendliche, für Opfer von Gewalt und für besonders hilfsbedürftige Menschen. Wie lässt sich dies mit Allparteilichkeit in Einklang bringen? Eine Antwort im Umgang mit Parteilichkeit habe ich bereits an anderer Stelle gegeben und zwar mit dem Begriff der reflexiven Parteilichkeit (Miller 2001, 194). Diese korrespondiert mit einer systemischen Sichtweise und setzt voraus, Interaktions- und Handlungszusammenhänge und damit einhergehend die verschiedenen Perspektiven, Bedarfe und Bedingungen in den Blick zu nehmen, ermöglicht jedoch ein Durchbrechen der Neutralität einer Allparteilichkeit.

Reflexive Parteilichkeit ist einerseits wertesensibel und andererseits darauf gerichtet, Beziehungskonstellationen und -dynamiken zu verstehen. Letzteres kann nicht zureichend gelingen, wenn die Wahrnehmung und Kommunikation von vorneherein parteilich wertend verlaufen im Sinne von Täter/Opfer, Mächtige/Ohnmächtige etc. Beziehungen, deren Strukturen, Dynamiken und Folgen müssen verstanden werden, um helfen zu können. Die Phase der Diagnose setzt Neutralität voraus, um Beziehungen zu erfassen, auch dort, wo Täter- und Opferrollen klar sind. Die Einordnung in Täter und Opfer nützt dort wenig, wo Beziehungsdynamiken und Muster nachvollzogen werden wollen, beispielsweise im Rahmen von sexuellen Übergriffen. Eine zentrale systemische Frage lautet in diesem Fall: Wie war es innerhalb des Beziehungssystems möglich, dass möglicherweise über Jahre eine Missbrauchssituation erfolgen konnte? Durch welche Selbstkonzepte, Machtquellen, Gefühlslagen und Ängste, Wahrnehmungsverzerrung oder Wahrnehmungsarmut, Muster, Strukturen und Umweltbedingungen war dies möglich? Somit geht es um das Verstehen des beziehungsmäßigen Zusammenspiels, denn erst wenn das Zusammenspiel vor allem für das Opfer deutlich wird, können eigene Anteile wahrgenommen werden. Diese eigenen Anteile sind keinesfalls Schuldanteile, darauf gilt es zu achten, sondern Interaktionsanteile aufgrund von Ängsten, Ohnmachtsgefühlen, Scham u. a. Erst wenn diese Aspekte ins Bewusstsein rücken, können sie reflexiv bearbeitet werden, und es kann Selbstverteidigungspotenzial aufgebaut werden. Gerade für Opfer von Gewalt ist es ein wichtiger Lernprozess, jene Aspekte ausfindig zu machen, die sie selbst verändern können, damit sich zukünftig die gemachten Erfahrungen nicht wiederholen, weil vieles unbewusst geblieben ist und sich Muster deshalb weiter tradieren.

Erkenntnisgewinnung erfolgt mehrperspektivisch und setzt von daher Neutralität voraus, in dem Wissen, dass Neutralität aufgrund subjektiver Wahrnehmungen der Professionellen immer nur bedingt erfolgen wird. Jedoch gehört sie zum Anspruch einer Beobachtung zweiter Ordnung. Situationsspezifisch gebietet eine wertesensible Vorgehensweise, diejenigen Personen vorrangig und mit aller Nachhaltigkeit zu unterstützen, die besonders benachteiligt, belastet oder bedroht sind und die einen besonderen Unterstützungsbedarf haben. Somit gibt es Wert- und Handlungsprioritäten, es gibt Opfer und Täter, Verantwortung und Schuld. Andernfalls entstünde ein zynischer systemischer Relativismus. Reflexive Parteilichkeit nimmt die Interaktionsbeziehungen und Systemstrukturen auf unterschiedlichen Ebenen in den Blick, die für das Problemzustandekommen relevant sind, und sie arbeitet wertesensibel und damit einhergehend in konkreten Situationen auch parteilich. Reflexive Parteilichkeit vollzieht sich vor dem Hintergrund einer professionellen Haltung, die sich durch eine unterstützende, entlastende und solidarische Hilfe kennzeichnet, die über ausreichend Distanz verfügt. Letztere ist Voraussetzung für selbstreflexive Prozesse der Professionellen, um mögliche Verstrickungen und Projektionen zu vermeiden.

Halten wir fest:

Professionelle Handlungsweisen zielen auf Wissen, Können und Haltung. Damit einher gehen Kompetenzen und Handlungsprinzipien. Im einzelnen: Wissenskompetenz, Verknüpfungskompetenz, Kommunikations- und Beziehungskompetenz sowie Beobachtungs- und Reflexionskompetenz. Zu den Handlungsprinzipien gehören: Autonomie und Selbstorganisation respektieren, auf Grenzen achten sowie reflexive Parteilichkeit.

8.2 Ausgewählte Handlungsweisen

Im nächsten Schritt werden ausgewählte Handlungsweisen dargelegt:

- Bewusstseinsbildung
- Beratung und Intervention
- Vermittlung – Vertretung – Betreuung
- Ressourcenerschließung
- Bildung und Kompetenzentwicklung
- Netzwerkarbeit
- Politisches Handeln
- Organisatorisches und organisationales Handeln

Wenngleich alle Handlungsweisen beschrieben werden, liegt der Schwerpunkt aus Gründen der thematischen Aktualität auf Bildung/Kompetenzen sowie auf Netzwerkarbeit.

8.2.1 Bewusstseinsbildung

Als Bewusstseinsbildung wird das explizite Anliegen der professionell Helfenden verstanden, Wahrnehmung, Wissen, Reflexion und Lernen bewusst in die Kommunikation und den Hilfeprozess zu integrieren. Bewusstseinsbildung zielt darauf, das Eigene und Fremde besser zu verstehen, die Beziehung der Adressaten zu sich selbst und zu anderen Menschen, Sachen und Symbolen zu reflektieren und Lern- und Entwicklungsaufgaben zu erkennen. Des weiteren zielt Bewusstseinsbildung darauf, Problemzusammenhänge und Beziehungskonstellationen, die eigenen und fremden Anteile daran zu erfassen und so Selbstwert, Selbstregulierung und Selbstwirksamkeit zu stärken. Bewusstseinsbildung zielt auf mehr Achtsamkeit sich selbst, Anderen und dem prozessualen Geschehen gegenüber. Die Orte für Bewusstseinsbildung sind vielfältig. Beratung kann ein geeigneter Ort sein wie auch Selbsthilfegruppen oder die Weitervermittlung in eine Therapie. Bewusstseinsbildung ist aber keine Einbahnstraße. Als Anspruch zielt sie nicht lediglich auf Adressaten, sondern Bewusstseinsbildung ist ebenso eine Aufgabe der Professionellen und ist Teil ihrer Professionalität.

8.2.2 Beratung und Intervention

Beratung vollzieht sich dialogisch mit den Ratsuchenden und es werden gemeinsam Wege und Lösungen gesucht. Die Professionellen unterstützen durch Fragen, stellen ihr Wissen zur Verfügung, achten auf Mehrperspektivität und machen Deutungsangebote vor dem Hintergrund des Gehörten, der fachlichen Kompetenzen, Erfahrungen und persönlichen Zugangsweisen.

Intervention geht weiter als Beratung und ist darauf gerichtet, einen Zustand zu begrenzen oder herbeizuführen und auf Denken und Handeln einzuwirken. Korrektive Intervention bezieht sich auf unterstützende Maßnahmen, die korrigierend wirken und darauf zielen, Entwicklung und Entfaltung der Persönlichkeit zu stärken und negative Einflüsse abzuwenden. Kompensatorische und rehabilitative Intervention zielt darauf, Problemverstetigungen zu verhindern, mit irreversiblen Problemen und Beeinträchtigungen zurecht zu kommen und trotzdem ein würdiges und erträgliches Leben zu führen. Intervention im Kontext Person-Umwelt zielt auf sozialstrukturelle Verbesserungen, beispielsweise durch Intervention in sozialen Institutionen (Familie, Heim, Bildungswesen, Gesundheitswesen), in Organisationssystemen, in Netzwerken, im sozialen Raum und auf der Gesellschaftsebene, beispielsweise durch Verhandeln, Öffentlichkeitsarbeit und politische Arbeit.

Königswieser/Exner (1998, 17 ff.) stützen sich auf Helmut Willke, wenn sie systemische Intervention als eine zielgerichtete Kommunikation zwischen psychischen und/oder sozialen Systemen beschreiben, die die Autonomie des intervenierten Systems respektiert. Damit einher geht das Wissen, dass in autopoietischen Systemen letztlich nicht eins zu eins interveniert werden kann, und dass Persönlichkeitssysteme und soziale Systeme die Intervention nach ihren inneren Logiken verarbeiten. Es geht somit nicht um den Versuch monokausale Wirkungen zu erzielen, sondern darum, das System zu erreichen. Dies wiederum setzt Beobachtung zweiter Ordnung und Systemverstehen voraus sowie kommunikative Kompetenz. Es sind die Voraussetzungen zu klären, unter denen interveniert wird, sowie mögliche Reichweiten der Intervention. Letztlich geht es darum, so Baecker, das Situationspotenzial herauszufinden, zu irritieren, um reflexive Prozesse anzustoßen und Sinnlogiken und Attraktivitäten anzubieten, damit sich Betroffenen auf die Intervention einlassen können (Baecker 2005, 275). Eine ethische wie auch pragmatische Perspektive setzt realitätsbezogene Überlegungen voraus, was Personen und Systemen zumutbar ist, wieviel Veränderung sie verkraften und was angemessen ist. Diese Fragen sind vor allem auch vor dem Hintergrund von Zwangssituationen wichtig, also dort, wo gegen den Willen von Adressaten interveniert wird, um beispielsweise auf Regeln zu insistieren, um Schutz zu gewähren oder spezifische Hilfsmaßnahmen einzuleiten, die Betroffene nicht für sich selbst einleiten können. Folge von Intervention kann beispielsweise Fremdunterbringung sein oder klinische Einweisung bei Selbstverletzung. *Krisenintervention* umfasst kurzfristige Einflussnahme in akuten Situationen. *Präventive Intervention* setzt im Vorfeld von Problemen ein und umfasst Maßnahmen, um Personen vor sozialen, psychischen und körperlichen Beeinträchtigungen zu schützen, beispielsweise allgemein in Schulen (z. B. Aidsprävention), selektiv bei Risikogruppen (z. B. Kinder suchtkranker Eltern) oder indiziert bei gefährdeten Zielgruppen (z. B. Jugendliche, die Drogen konsumieren, jedoch noch nicht die Kriterien für Suchterkrankung erfüllen).

Systemische Intervention in Beziehungen berücksichtigt Bedürfnisse und funktionale Anforderungen. Geißler/Hege (1988, 34) verweisen auf die Wichtigkeit, dass die intervenierende Person ihr Handeln transparent macht und es für sich professionell begründen kann. Dies gilt grundsätzlich für alle genannten Handlungsweisen. Die Beziehungsebene im Kontext von Hilfe und Kontrolle setzt seitens der professionellen Person Achtsamkeit, Wertschätzung und Verständnis, Klarheit und Angemessenheit voraus. Deutungen und darauf bezogene Handlungen sind im Prozess immer wieder zu überprüfen. Kommunikation und Handeln sind abzustimmen mit Kontextbedingungen, Stärken und Ressourcen, Belastbarkeiten, Entwicklungsstadien, Lern- und Einsichtsfähigkeiten und emotionalen Befindlichkeiten der Betroffenen. Intervention heißt nicht nur, auf Veränderung abzuzielen, sondern auch darauf zu achten, was bewahrt werden und so bleiben soll.

8.2.3 Vermittlung – Vertretung – Betreuung

Vermittlung bezieht sich insbesondere auf persönliche, soziale, rechtliche und finanzielle Fragen sowie auf Konflikte, die von den Beteiligten nicht bewältigt werden können. Professionelle vermitteln in den dazu relevanten Beziehungen, vor allem auch zwischen Personen und sozialen Systemen, beispielsweise Familie, Versicherungen, Gericht. Voraussetzung hierzu sind nicht nur Moderations- und Mediationsmethoden, sondern die Kompetenz, verschiedene Ansprüche und Sichtweisen zu verorten.

Vertretung zielt auf die Vertretung des Adressaten und zwar auf dessen Wunsch hin oder vor dem Hintergrund rechtlicher Bedingungen, indem Professionelle als Beistand tätig sind. Vertretung umfasst ein stellvertretendes Handeln für den Adressaten, um diesem zu seinen Rechten zu verhelfen und den Zugang zu Ressourcen zu ermöglichen, was ohne professionelle Hilfe schwer möglich wäre. Lüssi (1991, 431) spricht vom Verändern von Machtverhältnissen durch die „kompensatorische und protektive Funktion" der Sozialen Arbeit zugunsten des Adressaten.

Betreuung zielt auf eine beistehende und begleitende Aufgabe, beispielsweise im Rahmen erzieherischer Aufgaben und der Nachsorge. Betreuung im rechtlichen Sinne ist in der Regel umfassender und tritt ein im Kontext von Pflegebedürftigkeit, körperlicher oder geistiger Behinderung, psychischer Krankheit, Suchtkrankheit, Demenz u. a. Sie tritt dort auf, wo das Betreuungsrecht zur Anwendung kommt und wo der Betreuer/die Betreuerin als gesetzliche Vertretung fungiert. Hier überlappen sich dann Vertretung und Betreuung. Der Betreuer ist in einer Art fürsorgenden Funktion tätig (Lüssi 1991, 460), bei gleichzeitiger höchstmöglicher Wahrung des Selbstbestimmungsrechts des Adressaten. Der Betreuer handelt im Spagat vielschichtiger Bezüge im Kontext von Adressat, Familie/

Verwandtschaft, Recht, Wohnungsamt, Versicherungen, Behörden, Gesundheitssysteme u. a.

Alle genannten Handlungsweisen vollziehen sich in Beziehungen und auf den verschiedenen Ebenen. Die Professionellen haben eine intermediäre Position und stehen inmitten verschiedener Systemlogiken und Kommunikationsroutinen, operieren in einer reflexiven Parteilichkeit für ihre Adressaten, für die sie vermitteln, die sie vertreten und die sie betreuen. Im schwierigen Fall kämpft der Sozialarbeiter/die Sozialarbeiterin mit Borniertheiten autopoietisch geschlossener Systeme, sei es auf Adressatenseite oder auf der Organisationssystemseite. Oft hilft die Rechtslage, Türen zu öffnen und Unterstützung zu erwirken mit Blick auf Inklusion-Teilhabe-Lebensqualität.

8.2.4 Ressourcenerschließung

Ressourcen sind Voraussetzung für Inklusion, Teilhabe und Lebensqualität. Ressourcen braucht es zur Bedürfnisbefriedigung wie auch für die Funktionsfähigkeit von Beziehungen und Systemen. Ressourcen liegen in und außerhalb des Systems. Sie umfassen Fähigkeiten und Stärken, materielle und symbolische Ressourcen wie beispielsweise Geld und Sachmittel, Wohnraum, Nahrung, Kleidung, einen Arbeits- oder Ausbildungsplatz, einen Betreuungsplatz, Dienstleistungen, Strukturen, Wissen, Kontakte u.a.m (vgl. Lüssi 1991, 443; Staub-Bernasconi 1994a, 61 f.). Die Ressourcenerschließung erfolgt auf den verschiedenen Beziehungsebenen, auf der Personenebene, Familien- und Gruppenebene, auf der Netzwerk- und Sozialraumebene, auf der Organisationsebene und gesellschaftlichen Ebene. Es braucht dazu die Vermittlung der Professionellen, beispielsweise um an Spenden und Sachleistungen, Freiwillige und wichtige Kontaktpartner zu kommen wie Stiftungen u. a. Die Ressourcenerschließung kann zusammen mit den Adressaten erfolgen, beispielsweise im Rahmen von Empowermentprozessen, sie kann auch in Eigenleistung der Professionellen für die Adressaten und Systeme erfolgen, beispielsweise im Rahmen von Öffentlichkeitsarbeit und Sozialmarketing, ohne dass die Professionellen in direktem Kontakt mit den Adressaten stehen (vgl. Lüssi 1991, 444). Ressourcenerschließung auf der gesellschaftlichen Ebene setzt politisches Handeln voraus, indem Soziale Arbeit Sprachrohr für die Betroffenen wird, um beispielsweise gesetzliche Regelungen über Zuteilungen, infrastrukturelle Maßnahmen u. a. zu beeinflussen und zu erwirken. Ressourcenerschließung setzt Beziehungsarbeit voraus.

Ressourcenerschließung betrifft auch die Soziale Arbeit selbst und zwar im Erschließen eigener Ressourcen, um ihre Aufgaben bewältigen zu können, beispielsweise mit Hilfe gesetzlicher, finanzieller oder personeller Ressourcen.

8.2.5 Bildung und Kompetenzentwicklung

Der Bildungsanspruch, dies wurde an anderer Stelle aufgezeigt, gehört zur Wurzel der Sozialen Arbeit. Dass der Bildungsauftrag für die Soziale Arbeit aktuell eine zunehmende Relevanz erfährt, lässt sich insbesondere auf die Pisa-Studie zurückführen. Die Rede ist vom Bildungs- und Förderungsbedarf benachteiligter Gruppen. Benachteiligung soll kompensiert werden beispielsweise durch Frühförderung in den Kindertagesstätten, Migranten und Migrantinnen sollen sprachgefördert werden, bildungsferne Schichten sollen an Bildung und an der Wissensgesellschaft partizipieren können, so das öffentliche Credo. Vor diesem Hintergrund, erfährt der Kompetenzbegriff eine besondere Bedeutung (Wendt 2008, 381). Kompetenz gilt als Schlüsselbegriff für Alltagsbewältigung und für die Inklusion in das Arbeitssystem und damit einhergehend für die Möglichkeit, die eigene Existenz zu sichern. Bildungsberatung und die Hilfe bei Übergängen beispielsweise zwischen Kindergarten und Schule, Schule und Beruf gehören zum aktuellen Aufgabenrepertoire Sozialer Arbeit, das gesellschaftlich gefördert wird und wofür Ressourcen bereit gestellt werden. Die Bedeutung dieser Entwicklung ist nicht zu schmälern. Soziale Arbeit ist heute mehr denn je dort angekommen, wo sie seit ihren Wurzeln immer war, nämlich bei der Bildung. Die Frage stellt sich aber, ob Soziale Arbeit ein Bildungsverständnis favorisiert, das rein auf inklusionsstützende und exklusionsverhindernde Maßnahmen abgestimmt ist, somit auf eine Bildung und Kompetenzorientierung des „um – zu", oder ob Bildung in der Sozialen Arbeit umfassend in einer subjekt- und gesellschaftsorientierten und damit einhergehend beziehungsorientierten Ausrichtung verstanden wird. Die komplementäre Denkfigur soll auch hier weiterhelfen, um nicht in dichotomes Denken zu verfallen, im Sinne einer „guten" subjektorientierten Bildung einerseits und einer „schlechten" für den Markt instrumentalisierten Bildung andererseits. Komplementär bedeutet in einem „Dazwischen" zu argumentieren, einem Sowohl-als-Auch, um die Pole in Beziehung zu setzen.

Im Folgenden werden die Begriffe Bildung – Kompetenzen – Lernen dargelegt. Daran schließen Folgerungen für die Soziale Arbeit an.

Bildung

Was den Bildungsbegriff betrifft, so gibt es seit der Antike verschiedene Auffassungen von Bildung. Wortbildungen sind entstanden, beispielsweise Allgemeinbildung, ganzheitliche Bildung, Weiterbildung, Fortbildung, politische Bildung, ökologische Bildung, soziale Bildung, Bildungswissenschaften, Bildungsmanagement, Bildungspolitik, Bildungsfernsehen, Bildungsreisen. Auch wird der Bildungsbegriff häufig substituiert durch Begriffe wie Lernen, Kompetenzen, Schlüsselqualifikationen, Skills, Training, Schulung, Lebenslanges Lernen, Weiterbildung. Bildung erfolgt formal (Schule, Ausbildung, Hochschule) oder non-formal (außerschulische

Bildung), wie auch informal, also nebenbei, ohne dass sie didaktisch intendiert ist.[40]

Vor allem der Kompetenzbegriff überlagert immer mehr den Bildungsbegriff, der in seiner Bedeutung, so scheint es, immer nachrangiger wird.

Den neuzeitlichen und modernen Bildungsbegriff entscheidend mitgeprägt hat Wilhelm von Humboldt (1767–1835). Seinem Verständnis nach ist Bildung Selbstvergewisserung des Subjekts, bezogen auf sich, die Anderen und die Welt (vgl. Brenner 1990; Flitner/Giel 2010). Bildung steht nach diesem Verständnis in einem dreifachen Beziehungsgefüge. Bildung zielt auf die Beziehung zu sich selbst, die Beziehung zu anderen Menschen und die Beziehung zur Welt. Vor diesem Hintergrund bezieht sich Bildung auf die menschliche Gesamtpraxis im Sinne eines Selbst-, Fremd- und Weltverständnisses. Humboldt geht es darum, dass sich der Mensch nicht auf Einzelaspekte seines Tuns konzentriert, sondern sich den „Reichtum des anderen" zu eigen macht. Der Einzelne soll vielschichtig denken, fühlen, handeln, lernen. Der Humboldsche Bildungsbegriff hat die späteren Bildungsbegriffe nachhaltig bestimmt. So hat beispielsweise 1960 der *Deutsche Ausschuss für das Erziehungs- und Bildungswesen* eine konsensfähige Definition für die Erwachsenenbildung vorgeschlagen, die den Bildungsbegriff zu konturieren versucht (vgl. Koerrenz u. a. 2007, 365–378). Der Ausschuss verzichtet auf eine inhaltliche Definition von Bildung und setzt vier Akzente:

- Bildung ist grundsätzlich Selbstbildung, man kann nicht andere „bilden" und Bildung auch nicht organisieren;
- Bildung ist kein Ergebnis, sondern ein unabgeschlossener Prozess, auch ein Ideal, eine konkrete Utopie;
- Bildung ist weder nur eine egozentrische Kultivierung der Innerlichkeit noch nur Kommunikation oder nur Wissen, sondern Bildung beinhaltet den Zusammenhang von Ich, Gesellschaft und außersubjektiver Wirklichkeit (Transzendenz);
- Bildung ist nicht nur Kontemplation und Reflexion, sondern schließt die Verpflichtung zum aufgeklärten, verantwortlichen Handeln ein.

So verstanden umfasst Bildung alles, was den Menschen betrifft und bezieht sich auf die Person und ihre vielfältigen Beziehungen, d. h. auf ihr soziales, natürliches und transzendentales Eingebundensein, auf die Selbst- und die Fremdverantwortung.

Hartmut von Hentig (2009) orientiert seine bildungstheoretischen Überlegungen grundsätzlich an dieser Ausrichtung und macht mit Blick auf Humboldt deutlich, dass Bildung in erster Linie Selbstbildung ist, die von außen lediglich angeregt

---

[40] Vgl. Memorandum über Lebenslanges Lernen. www.bologna-berlin2003.de/pdf/MemorandumDe.pdf (Seite 9, Zugriff 8.8.2011). Siehe auch Widmaier 2011.

werden kann. Ohne den individuellen Willen und das eigene Tun läuft Bildung ins Leere. Bildung kann weder verordnet noch mit Zwang eingelöst werden und schon gar nicht kann Bildung mittels eines Kanons gemessen werden. Bildung findet dort statt, wo das Individuum offen dafür ist, gleich ob im täglichen Leben oder im Rahmen organisierter Bildung.

Die Aussagen zum Bildungsbegriff sind anschlussfähig an die herangezogenen theoretischen Denkfiguren, insbesondere an das Beziehungstheorem, an das Prozess- und Entwicklungstheorem, an das autopoietische und konstruktivistische Theorem und an die ethischen Leitlinien.

Wenn Bildung mehr Prozess ist als Ergebnis und bestenfalls Zwischenergebnis sein kann, ist zu fragen, was den gebildeten Menschen ausmacht? Woran lässt er sich erkennen? Hentig legt bezogen auf die oben genannten Beschreibungskriterien sechs Maßstäbe dar, woran sich Bildung bewährt (Hentig 2009, 71 ff.). Mit Bildung einher gehen

Abscheu und Abwehr bei Unmenschlichkeit	Der Fokus liegt auf einer humanen Gesellschaft und die Gewährleistung von Menschlichkeit und Menschenrechten.
Die Wahrnehmung von Glück	Glück drückt sich in Freude aus. Wo keine Freude, da auch keine Bildung.
Die Fähigkeit und der Wille, sich zu verständigen	Gemeint sind Dialogkultur und das Eingehen aufeinander.
Bewusstsein von der Geschichtlichkeit der eigenen Existenz	Gemeint ist Sensibilität für das eigene Gewordensein in der Herkunftskultur – auch als Voraussetzung für das Verstehen fremder Lebensgeschichten und Kulturen.
Wachheit für die letzten Fragen	Es geht um Fragen nach Gott, dem Universum und nach dem letzten Sinn.
Bereitschaft zu Selbstverantwortung und Verantwortung in der res publica	Bildung ist als individuelles Projekt wahrzunehmen und setzt auf Verantwortung für das soziale Zusammenleben.

Hentig umgeht mit den genannten Maßstäben das Dilemma, Bildung abzuspalten in die verschiedenen Bereiche, beispielsweise politische Bildung, ästhetische Bildung, ökologische Bildung u. a. Die genannten Maßstäbe lassen sich nicht nur auf die jeweils genannten Teilbereiche von Bildung transferieren, die sich im Bildungssystem ausdifferenziert haben, sondern die Maßstäbe sind auch offen für die unterschiedlichen didaktischen Zugänge, gleich ob sie mehr kognitiv, erlebnisorientiert, ästhetisch oder körperlich ausgerichtet sind.

Bildung in dem hier verstandenen Sinn umfasst selbstreflexive und selbstgestaltende Identitätsbildung einerseits sowie Solidarität und werteorientiertes Mitgestalten gesellschaftlichen Lebens andererseits. Bildung steht in der Verbindungslinie Person – Umwelt. Das Gesagte verweist insgesamt auf enge Schnittstellen zwischen Bildung und Sozialer Arbeit.

Insgesamt ist das Ideal hoch, das weiß auch von Hentig, und er benennt die Schwierigkeiten auf dem Weg der Realisierung, sowohl für die Einzelnen, die Umwelt wie auch für die Lehrenden. So geht es darum, mit inneren und äußeren Grenzen umzugehen, mit Ungeduld, Enttäuschung und hohen Erwartungen.

Bildung so verstanden, gehört zum Menschen, ist Teil von Lebensbewältigung, ist Voraussetzung, um Leben zu verstehen und sich zum Leben zu verhalten. Bildung ist Voraussetzung für Beziehungsgestaltung und bewegt sich zwischen informaler, das heißt offener, nicht organisierter Bildung einerseits, und organisierten Bildungsprozessen andererseits. Letztere helfen, Wissen zu strukturieren und in historische und systematische Zusammenhänge zu bringen, und sie sind geeignet, vertiefte Erkenntnisse zu vermitteln (Hentig 2009, 54 f.). Zur Bildung gehören Neugier, Freude und Reflexion, Entdecken, Ausprobieren und Erfahren sowie Etwas gelehrt und (auf)gezeigt bekommen.

Der Zuschnitt eines solchen umfassend angelegten Bildungsbegriff wird deutlich: Er ist werteorientiert, subjektbezogen, gesellschafts- und weltbezogen, emanzipatorisch, beziehungsorientiert, entwicklungsorientiert und prozessual. Der Bezug zur Welt macht den Begriff offen für Grundsatzfragen des Lebens, auch transzendentale, und ebenso für aktuelle Fragen und Herausforderungen, beispielsweise soziale, kulturelle, ökologische und wirtschaftliche. Bildung so verstanden erlaubt eine Vielfalt methodisch-didaktischer Zugänge und ist nicht verengt auf bloße Wissensvermittlung oder das Trainieren von Fähigkeiten oder erlebnisorientierte Aktionen oder auf Gruppenarbeit. Der Mensch wird in seiner körperlichen, kognitiven, sinnlichen, leiblichen, emotionalen und geistigen Verfasstheit wahrgenommen. Bildung ist ganzheitlich orientiert und umfasst den Menschen in seiner Personenwürde, in seinen Entfaltungsmöglichkeiten und Grenzen und sieht diese vor dem Hintergrund seines sozio-kulturellen, natürlichen und transzendentalen Eingebundenseins. Bildung zielt auf Wille, Intellekt, Psyche, Geist, Leib, Körper und Tun. Konkret geht es um Lebenssinn, Lernen, Identität und Authentizität, Selbst- und Fremdverstehen, Werteorientierung, Lebenskompetenzen, Weltverstehen, Welt mitgestalten, Teilhabe, Partizipation und Lebensqualität. Der Begriff ist anspruchsvoll und gleichsam soll er sich absetzen von idealisierten Vorstellungen eines überzogenen Bildungsideals hinsichtlich eines vernunftbegabten, selbstbestimmten und selbstwirksamen Menschen, was eher noch das Konzept von Immanuel Kant war. Bildung in dem hier verstandenen Sinne umschreibt ein lebenslanges Projekt, das einher geht mit Brüchen und Unfertigkeiten, Möglichkeiten und Grenzen, Chancen sowie suboptimalen Bedingungen beim Selbst wie auch im Beziehungsgefüge Person – Umwelt.

Der so konstruierte Bildungsbegriff lässt sich nicht für irgendetwas funktionalisieren, sondern Bildung ist ein Wert für sich. Dies ist ein wichtiger Punkt, wenn im Folgenden der Kompetenzbegriff erörtert wird.

Kompetenzen

Kompetenzen lassen sich als Fähigkeiten beschreiben, die gebraucht werden, um spezifische Aufgaben und Rollen in komplexen Alltags- und Berufssituationen zu bewältigen. Kompetenzen zielen auf die Handlungsfähigkeit des Individuums im Kontext Person – Umwelt. Trotz Bedingungen von Unsicherheit und Kontingenz können mit Hilfe von Kompetenzen Handlungsspielräume erkannt und genutzt werden (vgl. Heyse/Erpenbeck 1997, 49 ff). Christiane Hof (2002) verwendet den Kompetenzbegriff als relationalen Begriff. Sie setzt individuelle Kompetenzen hinsichtlich Wissen, Können (Fähigkeiten und Fertigkeiten) und Wollen (Motive und Interessen) zu Möglichkeiten, Erwartungen und Ressourcen der Umwelt in Bezug. Innerhalb dieses Bedingungsgefüges werden Kompetenzen realisiert. Hof (2002, 86) bezeichnet dieses Bedingungsgefüge als Performanz.

Die zunehmende komplexe Lebenswirklichkeit und deren Bewältigung sowie die zunehmenden Anforderungen an die Erwerbsarbeit rücken die Bedeutung von Kompetenzen in den Vordergrund. Gefragt sind fachliche und soziale Kompetenzen, reflexive, kreative, sich selbst beobachtende und steuernde, flexible und selbstverantwortliche Subjekte. Der Kompetenzbegriff hat sich neben den Begriffen Bildung und Lebenslanges Lernen zu einem Schlüsselbegriff in der bildungspolitischen, bildungspraktischen und wissenschaftlichen Diskussion entwickelt. Persönliche Entfaltung, Lebensbewältigung, gesellschaftliche Teilhabe, Berufseinmündung und das Bewältigen fachlicher Aufgaben setzen, so der Tenor, Kompetenzen voraus (vgl. Gnahs 2007). Typologisierungen von Kompetenzen[41] wurden verschiedentlich vorgenommen. Am bekanntesten sind die Kategorien Fach- und Methodenkompetenz sowie Sozial- und Selbstkompetenz. Der Kompetenzatlas, wie ihn Heyse (2003) vorgelegt hat, zeigt ein erweitertes Ordnungsschema[42]:

Sozial-kommunikative Kompetenz	Problemlösungsfähigkeit, Dialogfähigkeit, Kommunikationsfähigkeit, Beziehungsmanagement, Anpassungsfähigkeit
Personale Kompetenz	Selbstmanagement, Eigenverantwortung, Offenheit für Veränderungen, ganzheitliches Denken, Delegieren
Fach- und Methodenkompetenz	Analytische Fähigkeiten, Organisationsfähigkeiten, Systematisch-methodisches Vorgehen, Planungsverhalten, Fachübergreifende Kenntnisse
Aktivitäts- und Handlungskompetenz	Entscheidungsfähigkeit, Gestaltungswille, Belastbarkeit, Initiative, Optimismus, ergebnisorientiertes Handeln, zielorientiertes Führen, Beharrlichkeit, Konsequenz

---

[41] Siehe u. a. Heyse/Erpenbeck 1997.
[42] Siehe auch Hawelka 2007, S. 4.

Der Begriff des *Lebenslangen Lernens* zielt auf Kompetenzen, die es in den jeweiligen Lebensphasen weiter zu entwickeln gilt.[43] Beim Treffen der Staats- und Regierungschefs in Lissabon am 24.3.2000 wurden die Leitvorstellungen der EU mit Blick auf Lebenslanges Lernen benannt: Im Memorandum über lebenslanges Lernen (30.10.2000) ist von zwei Zielen die Rede: *Die Förderung der aktiven Staatsbürgerschaft* und *Förderung der Beschäftigungsfähigkeit*. Bei Ersterem geht es um Zugehörigkeit und Teilhabe am sozialen und wirtschaftlichen Leben. Letzteres, so die Argumentation, setzt Beschäftigungsfähigkeit voraus und diese wiederum sei Garant für Unabhängigkeit, Selbstachtung, Wohlergehen und allgemeine Lebensqualität.[44] Beschäftigungsfähigkeit und Kompetenzorientierung stehen in einem engen Zusammenhang, nicht nur was die Teilhabe betrifft, sondern auch, so die Argumentation der EU-Repräsentanten, was die Stärkung der Wettbewerbsfähigkeit Europas betrifft. So werden zur Sicherung der Innovationsfähigkeit der Unternehmen und zur Stärkung der Beschäftigungsfähigkeit der Menschen umfangreiche Programme aufgelegt.[45]

Dass Beschäftigungsfähigkeit eine zentrale Voraussetzung für Inklusion, Teilhabe und Lebensqualität darstellt, ist unbestritten. Die Frage ist aber, wie sich das Verhältnis zwischen Bildung und Kompetenzentwicklung darstellt. Wenn Bildung auf beschäftigungsorientierte Kompetenzbildung, Ausbildung und Qualifizierung verengt wird, besteht zwangsläufig die Gefahr ihrer Funktionalisierung, so dass Bildung in den Dienst gesellschaftlicher Leistungsvorgaben, Konkurrenz und Wettbewerb gestellt wird. Bei den öffentlichen Bildungsträgern, beispielsweise den Volkshochschulen, lässt sich bereits eine zunehmende Orientierung auf Weiterbildung und Qualifizierung beobachten, was nicht zuletzt auch mit damit einhergehenden Refinanzierungsmöglichkeiten zu tun hat. Angeboten werden Kurse zur Entwicklung von kommunikativer Kompetenz, von Fremdsprachenkenntnissen sowie Computer- und Medienkompetenz. Wie wichtig diese Kompetenzen für die Teilhabe an den Herausforderungen einer Wissens- und Technologiegesellschaft und globalen Welt auch sind, so ist zu befürchten, dass durch den Fokus auf „Employability" die kulturelle Bildung wie überhaupt die allgemeine Bildung vernachlässigt werden. Das Subjekt wird an Erwartungsvorgaben angepasst. Armin Bernhard (2010) spricht in diesem Zusammenhang kritisch von der Ressource Mensch, die im Rahmen von Lern- und Qualifikationsprozessen für

---

[43] Vgl. hierzu „Strategie für Lebenslanges Lernen in der Bundesrepublik" (BLK 2004) sowie Kommission der Europäischen Gemeinschaft 2001: Einen europäischen Raum des Lebenslangen Lernens schaffen. www.bologna-berlin2003.de/pdf/MitteilungDe.pdf (Zugriff 6.8.2012).

[44] Memorandum über Lebenslanges Lernen: www.bologna-berlin2003.de/pdf/MemorandumDe.pdf (Zugriff 8.8.2011)

[45] Vgl. BMBW-Pressemitteilung Nr. 065/2007 vom 30.3.2007. www.bmbf.de/press/2009.php (Zugriff 26.7.2012).

wirtschaftliche Verwertungsinteressen aufbereitet werden soll. Bildung unterliegt vor diesem Hintergrund einer Nutzenorientierung. Zertifikate und Abschlüsse stehen im Vordergrund, sozusagen als Türöffner für die Inklusion in den Arbeitsmarkt. Bildung, so Josef Schrader (2011), wird zunehmend mehr zum Instrument von Arbeitsmarkt-, Konjunktur- und Sozialpolitik. Ahlheim (2003) spricht damit einhergehend vom Messbarkeitswahn aufgrund umgreifender Evaluierung und Qualitätssicherungsverfahren. Der Arbeitsmarkt selektiert kompetenzorientiert. Um Kompetenzen nachweisen zu können werden sie dokumentiert und in Kompetenzpässen festgehalten. Im Memorandum der EU wurde die Verzahnung der formalen, non-formalen und informellen Bildung vorgedacht. In Deutschland wurde diese durch den „Deutschen Qualifikationsrahmen" umgesetzt. Kompetenzbilanzierungen erfolgen beispielsweise über den ProfilPass, TalentKompass u. a. (Ciupke 2012, 164). Als Bewertungsformen von Kompetenzen fungieren gegenwärtig die Zertifizierung, die Beurteilung, die Selbsteinschätzung und die Teilnahmebestätigung (Gnahs 2007, 51).

Mit diesen Hinweisen soll für einen reflektierten Umgang mit Bildung und Kompetenzen sensibilisiert werden. Es geht nicht um die Infragestellung der Bedeutung von Kompetenzen als Voraussetzung für die Alltagsbewältigung im privaten, beruflichen und zivilen Bereich, sondern um die Verknüpfung des Kompetenzbegriffs mit dem Bildungsbegriff. Gnahs (2007, 23 f.) stellt kritisch fest, dass zwar beide Begriffe eine ganzheitliche Ausrichtung kennzeichne, dass der Bildungsbegriff jedoch eine klare Ausrichtung auf Werte habe, hingegen der Kompetenzbegriff neutral sei. Durch seine Wertbezogenheit eignet sich der Bildungsbegriff nicht für einseitige Instrumentalisierungen, jedoch ist der Kompetenzbegriff dafür anfällig. Die Bedeutung des Bildungsbegriffs schärft sich vor diesem Hintergrund. Der Bildungsbegriff ist eine wichtige Voraussetzung gegen einseitige Vereinnahmungsprozesse unter dem Deckmantel von Begriffen wie Kompetenzen, Selbststeuerung, Eigenverantwortung und Individualität, Teilhabe und Chancen.

Wird Kompetenzorientierung dem Bildungsbegriff zugehörig betrachtet, so zielt sie im positiven Sinne darauf, Menschen darin zu unterstützen, diejenigen Fähigkeiten zu entwickeln, die sie brauchen, um bestimmte Aufgaben und Rollen im Alltag, im Beruf und in der Zivilgesellschaft zu bewältigen und selbstbestimmt darüber zu verfügen. So gesehen sind Kompetenzen nicht isoliert vom Bildungsanspruch zu sehen, sondern als Teil davon.

Lernen

Der Begriff des Lernens ist in der Psychologie, insbesondere in den Lern- und Verhaltenstheorien fest etabliert. Im Folgenden werde ich darauf nicht näher eingehen, sondern nehme Bezug auf den Begriff des Lernens, wie er in der modernen Gehirnforschung verwendet wird. Ziel ist eine Verknüpfung der Aussagen mit den theoretischen Denkfiguren.

Die Begriffe Bildung, Kompetenzen und Lernen verweisen aufeinander, deuten aber Unterschiedliches an. Bildung geht mit Lernen einher, jedoch das, was gelernt wird, hat nicht immer bildenden Charakter. Man kann lernen, einen Tresor zu knacken, oder lernen, sich mit kriminellen Methoden und darauf bezogenen Kompetenzen durchs Leben zu schlagen. Den qualitativen Maßstab in Bezug auf das, was gelernt wird, liefert der Bildungsbegriff.

Gregory Bateson (1992, 371 ff.) beschreibt drei verschiedene Lernformen:

- Lernen durch Gewöhnung, insbesondere durch Übung, Trainings, Wiederholungen, Verstärkung,
- Lernen über Sozialisation, was insbesondere die Persönlichkeit und den Charakter prägt,
- Lernen in Form von Selbstbildungsprozessen. Gemeint ist die selbsttätige Veränderung des eigenen Selbst, sozusagen die Selbstmodellierung.

Die Gehirnforschung beschreibt Lernen als einen Vorgang, mit dem Wahrnehmen, Beobachten, Reflektieren, Kombinieren, Unterscheiden einhergehen. Die Informationen, die Menschen aufnehmen, verschalten sich über Neuronen im Gehirn. Je dichter eine Verschaltung ist, desto nachhaltiger ist eine Information gespeichert (Spitzer 2003, 51 f.; 62 f.). Üben, Wiederholen, emotionale Einprägungen sind nachhaltige Lernvorgänge. Das, was wir über die Sozialisation aufnehmen, Rollenbilder, Lebensstile, Werte und Regeln, Habitus etc. prägt sich nachhaltig im Gehirn ein. Die Identität, die der einzelne Mensch im Kontext seiner Anlagen und Umwelteingebundenheit herausbildet, repräsentiert sich im Gehirn durch neuronale Musterbildungen (Hüther 2004a, 12). Diese steuern die Aufmerksamkeit, Haltungen und Urteile, Gefühle, Ausdrucksweisen, Denkweisen sowie Handeln und Verhalten. All das reproduziert sich über autopoietisches Operieren. Denkweisen, Gefühle, Verhaltens- und Handlungsweisen werden wiederholt, sprich: reproduziert. Das Gehirn funktioniert weitgehend autonom und auf sich selbst bezogen. Die innere Verarbeitungslogik bestimmt, was wir wie wahrnehmen und verarbeiten.

Dort, wo Lernen stattfindet, wird die Reproduktionsschleife durchbrochen. Über Lernen verändern sich Routinen, es bilden sich Emergenzen heraus, d. h. auf der Basis von alten Mustern werden neue Muster aufgebaut und damit einhergehend werden alte Muster überschrieben oder neu arrangiert. Über Lernen werden neue Verschaltungen im Gehirn aufgebaut und: Alles, was wir lernen, hängt von dem Gespeicherten wie auch von der Organisationsweise unseres Gehirn ab. In Bezug auf die Identitätsentwicklung bemerkt Spitzer (2003, 12): „Wer lernt, riskiert seine Identität (d. h. die Erfahrungen und Werte, die seine Person ausmachen)". Die Ergebnisse der Gehirnforschung bestätigen das Konzept des Lebenslangen Lernens. Das Gehirn und dessen Verschaltungen, so Hüther (2004a, 11), können sich bis ins hohe Alter verändern, wenngleich bei zunehmendem Alter die Prozesse langsamer verlaufen. Auch, so Spitzer (2003, 222), geht das Gelernte nicht verloren. Wird es nicht abgerufen, kann es zu einer „stillen Verbindung" werden, die, je nach Kontext, reaktiviert werden kann. Kultur- oder subkulturspezifisches Rollenverhalten beispielsweise kann über Lernen den neuen Kulturmodi angepasst werden; stille Verbindungen werden aber möglicherweise durch die Konfrontationen mit der Herkunftskultur wieder aktiviert. Die Bedeutung förderlicher Lernarrangements und Erfahrungswelten, wie sie im Rahmen Sozialer Arbeit mit Kindern und Jugendlichen erfolgt, wird durch die Gehirnforschung bestärkt. Dadurch bilden sich Verschaltungen und Muster heraus, an die später gegebenenfalls angeknüpft werden kann, auch wenn die aktuellen Lebensbedingungen der Betroffenen eine Übersetzung noch nicht zulassen. Tun, Handeln, Erleben, Erkunden, Entdecken, Ausprobieren stellen lernförderliche Zugänge dar. Je anschaulicher ein Sachverhalt ist, desto besser können sich Menschen auf das Lernen einlassen (Spitzer 2003, 76). Erleben mit allen Sinnen und die Orientierung an Modellen sind wichtige Voraussetzungen für das Lernen. Übertragen auf die Soziale Arbeit bedeutet dies, dass professionell begleitete Angebote im Bereich Spiel, Ästhetik, Erleben in Gruppen wichtige Zugänge für Lern- und Entwicklungsprozesse sind. Lustgewinn fördert die Lernbereitschaft, schüttet Dopamin aus und fördert die Neugier und das Explorationsverhalten.

Bildungs- und Kompetenzziele werden über den Prozess des Lernens realisiert. Gelernt wird informell und im Rahmen organisierter Lernprozesse. Hentig zeigt sich kritisch gegenüber informellen Lern- und Bildungsprozessen. Von *informeller **Bildung*** kann seiner Meinung nach nur dann die Rede sein, wenn etwas gelernt wird, was Bildungsqualität hat. Hingegen kann beim *informellen Lernen* alles Mögliche gelernt werden: Unbrauchbares, Destruktives, Menschenunwürdiges. Vor diesem Hintergrund wird die Forderung Hentigs nachvollziehbar, wenn er die Bedeutung organisierten Lernens betont. Sein Motto: „Die Menschen stärken *und* die Sachen klären" (Hentig 2009, 54f.) verweist darauf, die informelle Bildung in ihrem Bedeutungsgehalt nicht überzustrapazieren. Um neue Muster aufzubauen, braucht es Übung und Wiederholung, Freude und Reflexion, es braucht Gelegenheiten für bildungsorientiertes Lernen und geeignete Settings.

Folgerungen für die Soziale Arbeit

Soziale Arbeit verfügt über günstige Bildungsvoraussetzungen. Sie ist in der Regel nicht an Lehrpläne und Qualifikationen gebunden. Bildung in der Sozialen Arbeit vollzieht sich zu einem großen Teil im Kontext von Freiwilligkeit. Dort, wo Zwangssituationen gegeben sind, versucht sie über Beziehungsarbeit, Vertrauen und Partizipation brauchbare Bedingungen für Bildungs- und Entwicklungsprozesse und Lernen zu schaffen. Sozialarbeitsorientiere Bildungsarbeit ist beziehungsorientiert, erfahrungsbezogen, alltagsnah und bezogen auf das, was

Adressaten brauchen (vgl. Gorges 1996, 84). Der Sozialen Arbeit stehen eine Vielfalt verschiedener Lernzugänge zur Verfügung. In Anlehnung an Schilling (2008, 35) lassen sich diese zusammenfassen in: körperliches Lernen (Bewegung), emotionales Lernen, kognitives Lernen, psycho-aktionales Lernen (Training), soziales Lernen, sozio-kulturelles Lernen (Werte, Rollen, Sitten, Gebräuche), ästhetisches Lernen (durch Medien der Kunst: Theater, Musik, Film, Fotografie u. a.). In den verschiedenen Lernzugängen wiederum kommen unterschiedliche professionelle Zugänge zum Tragen, die häufig in einem Mix stattfinden: Arrangieren, Begleiten, Beraten, Fördern, Fordern, Informieren, Lehren, Motivieren, Trainieren, Üben etc.

Mit dem Ziel der Stärkung von Inklusion, Teilhabe und Lebensqualität kann sich Soziale Arbeit schwerlich vom Kompetenzdiskurs abkoppeln. So ist unter dem Generalnenner Bildung zu fragen, welche Kompetenzen Adressaten brauchen, um spezifische Lebenssituationen zu meistern. Dazu gehört auch Verantwortung übernehmen für sich und andere; auf Gesundheit achten; mit Ambivalenzen und Grenzen zurechtkommen u.a.m. Thomas Rauschenbach (2009) beispielsweise sensibilisiert im Rahmen Sozialer Arbeit für den Kompetenzaufbau über bürgerschaftliches Engagement bei Jugendlichen. Er plädiert für eine stärkere Verzahnung der unterschiedlichen Bildungsorte und Lernwelten zwischen Familie, Schule und Jugendhilfe und damit einhergehend für eine stärkere Beachtung der Alltagsbildung. In der Sozialen Arbeit sind Kompetenzpässe für jene Zielgruppen, die Brüche in ihrer Bildungsbiografie haben, eine interessante Möglichkeit, ihre Inklusionschancen zu erhöhen.

Soziale Arbeit, so der Ausgangspunkt, hat sich in ganz besonderer Weise reflexiv mit der Verzahnung von Bildung und Kompetenzen zu beschäftigen, um Bildung adressatengerecht und gemäß der ethischen Leitlinien Sozialer Arbeit zu begründen und zu praktizieren. Schnittstellen zwischen Sozialer Arbeit und Bildung gibt es etliche. Bildungstheoretische wie auch sozialarbeitstheoretische Prämissen gründen in einem humanistischen Menschenbild. Beide Zugänge verbinden die Subjekt- und Umweltorientierung, beide Zugänge haben eine emanzipatorische Ausrichtung und zielen auf Teilhabe und die Verbesserung von Lebensbedingungen und Lebensqualität. Beide Zugänge formulieren grundsätzlich das Zusammenspiel zwischen subjektiven Lebensbewältigungskompetenzen und sozialstrukturellen Ausgangsbedingungen (vgl. Miller 2003, 35 f.). Eine stabile Identitätsentwicklung, tragfähige Orientierungen, stabile Beziehungen, Wissen, Können, Fähigkeiten und Bewältigungsstrategien, Selbstwirksamkeit und Mitgestaltung von Welt kommen in beiden Zugängen zum Tragen. Die Frage ist: Gibt es Spezifika in Bezug auf Bildung und Soziale Arbeit? Im zwölften Kinder- und Jugendbericht (Bundesministerium für Familie etc. 2005) wird Bildung als eine zentrale Voraussetzung für die Lebensführungskompetenz benannt.

Unterschieden wird ein

- kultureller Weltbezug (Rückbindung an die eigene Kultur),
- ein materieller Weltbezug (Wissen und Kompetenzen),
- ein sozialer Weltbezug (Gesellschaft, Verstehen sozialer Zusammenhänge und Regeln, Kommunikation und Gestaltung des sozialen Umfeldes),
- ein subjektiver Weltbezug (Identität, Persönlichkeitsentwicklung).

Skizziert wird ein ganzheitliches Bildungsverständnis, das mit der angebotenen Kategorisierung an den klassischen Bildungsbegriff im Kontext von Subjekt, Gesellschaft und Welt anschlussfähig ist. Wissen und Kompetenzen sind in diesem Verständnis integriert.

Die Spezifika der Sozialen Arbeit sind ihre Zielgruppen und Felder. Zielgruppen sind nicht nur Betroffene, sondern deren Umfeld, darunter Problembeteiligte, Problemmitverursachende, Ressourcengeber, politisch Verantwortliche, Fachkräfte u. a. Die Besonderheit Sozialer Arbeit ist, dass sie in ihrem Bildungshandeln präventiv und lebensbegleitend vorgeht wie auch Zielgruppen fokussiert, die unter Bedingungen von Benachteiligung, des Mangels und besonderer Problembelastetheit, von sozialer Ungleichheit, Ausgrenzung und ungleichen Chancen leiden. Vor diesem Hintergrund werden Trainings, Seminare, Workshops, Informationsveranstaltungen, Biografieworkshops, Freizeitmaßnahmen, erlebnispädagogische, ökologische, politische und kultur-ästhetische Projekte, Begegnungsseminare, Selbsthilfegruppen, Elterntalks u.a.m. angeboten.[46] Soziale Arbeit wird darüber hinaus zu einem wichtigen Partner im Rahmen von Bildungsprogrammen, beispielsweise „Lernen vor Ort", wo sie Bildungsberatung, Hilfen bei Bildungsübergängen und Bildungsmanagement praktiziert und wo sie Schnittstellenpartnerin zu Bildungsträgern und Kommunen ist.[47] Bildung in der Sozialen Arbeit hat viele Orte, vor allem auch Orte für informelle Bildung vor dem Hintergrund von Beratung, Betreuung, Empowerment, Schulsozialarbeit etc. Gerade mit Blick auf informelle Bildung gilt es seitens der Professionellen zu überlegen, wie Bildungsprozesse en passant unterstützt werden können, beispielsweise durch geeignete Rahmungen, durch bewusste Formen des kommunikativen Miteinanders, durch Modelllernen u.a.m.

Wurde weiter oben die Funktionalisierung von Bildung kritisch reflektiert, so ist der Aspekt von Funktionalisierung in Bezug auf Soziale Arbeit nochmal in anderer Weise zu schärfen. Auch in der Sozialen Arbeit steht Bildung in Gefahr,

---

[46] Einen Überblick über sozialarbeitsorientierte Bildungsarbeit im Erwachsenenbereich siehe bei Miller 2003; Metzger 2011.

[47] „Lernen vor Ort" ist eine gemeinsame Initiative des Bundesministeriums für Bildung und Forschung zusammen mit deutschen Stiftungen, um kommunale Bildungslandschaften zu fördern. Broschüre schriftlich zu bestellen beim: Bundesministerium für Bildung und Forschung (BMBF), Postfach 300235, 53182 Bonn.

funktionalisiert zu werden. Adressatenbezogen werden häufig Kompetenzziele formuliert, darunter Aufbau personaler und sozialer Kompetenz, Kompetenz im Umgang mit Konflikten und im Umgang mit Aggression und Gewalt, das Lernen lernen, Alphabetisierung, Hilfe bei der Problembewältigung im Alltag und bei veränderten Lebensverhältnissen (Scheidung, Trennung, Alter, Krankheit etc.), Prävention und Aufklärung in Bezug auf Suchtmittel, Gesundheit und Bewältigung neuer Lebensphasen und Rollenanforderungen. Mit Blick auf Multiplikatoren geht es unter anderem um Sensibilisierung, Abbau von Vorurteilen, Aufbau von Urteils- und Handlungskompetenz und die Motivationen für Unterstützungsleistungen.

Die genannten Bildungsziele sind meist personenzentriert und fokussieren auf Wissen und Können und insbesondere auf soziale Kompetenzen und Lebensbewältigung. Bildung steht damit im Dienst Sozialer Arbeit, deren Selbstverständnis, Aufgabenprofil und gesellschaftlicher Funktion. Genau dies ist von einem humanistisch geprägten Bildungsbegriff her kritisch zu reflektieren. So plädiert beispielsweise Lahner am Beispiel Jugendarbeit für Dialog, Diskussion und kritische Reflexion von Sichtweisen und gesellschaftlichen Realitäten, um „in ein reflektiertes Verhältnis zu sich, zur Außenwelt und zu (alltäglichen) Erfahrungen zu treten" (Lahner 2011, 56). Er argumentiert aus dem Blickwinkel politischer Bildung, jedoch ist seine Position auf der Grundlage eines an der Aufklärung orientierten Bildungsbegriffs konsequent und nachvollziehbar. Diese strenge Auffassung hat aber auch ihre Schlagseiten. Es lassen sich mit diesem Zugang weder die ausdifferenzierte, arbeitsteilige Struktur von Bildung, noch deren jeweilige Intentionen erfassen. Gemeint sind: politische Bildung, Umweltbildung, Gesundheitsbildung, Familienbildung, kulturelle Bildung u. a. Ebenso wenig lässt sich der spezifische Bedarf von Zielgruppen erfassen, um ihre Chancen für Inklusion, Teilhabe und Lebensqualität zu stärken. Die Position Lahners macht aber gleichzeitig das sensible Spannungsfeld deutlich, in dem sich Bildung bewegt und insbesondere Bildung im Kontext Sozialer Arbeit. Bildung kann schnell Gefahr laufen, instrumentalisiert zu werden.

Eine besondere Relevanz erfährt dieser Diskurs im Rahmen kultureller Bildung. Die Zweckfreiheit kunstpädagogischer, theater- und tanzpädagogischer, medien- und musikpädagogischer Projekte wird besonders betont. Unabhängig davon hat die Bundesvereinigung Kulturelle Kinder- und Jugendbildung (BKJ) in Kooperation mit dem Bundesministerium für Bildung und Forschung mit dem Kompetenznachweis Kultur eine Art Bildungspass für Jugendliche entwickelt und damit ein Instrument, um „die künstlerischen, personalen, sozialen und methodischen Kompetenzen, die kulturelle Bildungsarbeit fördert und fordert, adäquat sichtbar zu machen und zu dokumentieren" (Timmerberg/Schorn 2009, Vorwort S. 7). Bezug genommen wird auf das EU-Memorandum und plädiert wird für die Anerkennung der erworbenen Kompetenzen im non-formalen Bereich, um die Teilhabechancen von Kindern und Jugendliche zu stärken. Dieser Wechsel von einer lang gehegten

Zweckfreiheit hin zur Kompetenzorientierung vollzog sich nicht gradlinig, sondern ging einher mit vielen kritischen Diskursen und Infragestellungen. So wurde die Gefahr benannt, dass über die Kompetenzorientierung die Individualisierung von Problemen gestärkt wird (vgl. Sting 2007). Dieser Gefahr bewusst, wurden in Verbindung mit Bildungs- und Arbeitsprinzipien der Freiwilligkeit, Partizipation, Stärkeorientierung und Subjektorientierung diskutable Vorschläge entwickelt, um Bildungs- und Kompetenzansprüche in Einklang zu bringen und zwar bei aller Sensibilität und Schwierigkeit, was Evaluationen und Kompetenzmessungen im kulturellen Bereich betrifft. Die Diskurse über Kompetenzen in der kulturellen Bildung, die für die Soziale Arbeit seit den letzten Jahrzehnten immer wichtiger geworden ist[48], eignen sich als Anschauungsbeispiel, wie vorsichtig mit Bildung und gesellschaftlichen Kompetenzerwartungen umzugehen ist, und dass Bildung mehr ist, als spezifische Kompetenzen aufzubauen. Die Kunst ist es, ideelle Ziele (ganzheitlicher Bildungsbegriff) und pragmatische Ziele (persönlicher und sozialer Bedarf) so zu relationieren, dass weder der Subjektbezug verloren geht noch die gesellschaftliche Ebene. Gesellschaft muss hier auch nicht ausnahmslos kritisch betrachtet werden. Die Gesellschaft braucht Human Ressources, d.h. Menschen, die sich in immer komplexeren Bezügen orientieren können und die ihre Kompetenzen in die Gesellschaft einbringen, und zwar im Rahmen der Zivil- und Arbeitsgesellschaft.

Bildung vor diesem Hintergrund setzt meines Erachtens eine komplementäre Perspektive voraus, die sich zwischen Subjektorientierung und Gesellschaftsorientierung bewegt. Aus der Gesellschaft heraus resultieren Forderungen mit Blick auf Stabilität, Wohlfahrt, Konkurrenzfähigkeit und Zukunftschancen. Die Gesellschaft hegt nicht nur Anforderungen an das Subjekt, sondern das gesellschaftliche Zusammenleben ist auch abhängig von der Gebildetheit der Subjekte. Komplementär gedacht vollzieht sich Bildung zwischen den Polen der Subjektorientierung einerseits und gesellschaftlicher Herausforderungen und Erwartungen andererseits. Erst die Verbindung und gegenseitige Verweisung wird dem Bildungsgedanken gerecht.

Die Bildungsarbeit in der Sozialen Arbeit vollzieht sich komplementär, das heißt je nach Kontext und Problemdichte, mehr zweckfrei oder mehr kompetenzorientiert. Es handelt sich um Bildungsprozesse, die freiwillig wahrgenommen werden wie auch solche, die verpflichtenden Charakter haben, beispielsweise im Rahmen richterlicher Auflagen in der Bewährungshilfe, von Schulklassen-Trainings, Umschulungen u.a. Der verpflichtende Charakter von Bildung einerseits, und der Problemdruck, der andererseits mittels Bildung gemildert werden soll, stellen besondere Herausforderungen an die Bildungsarbeit dar. Herausfordernd sind zudem bildungsungewohnte Zielgruppen und solche, die sehr belastete Erfahrungen mit

---

[48] Vgl. u.a. Jäger/Kuckhermann 2004; Koch u.a. 2004.

Bildung und Lernen mitbringen, wie auch Menschen, die auf wenig Sprach- und Reflexionsvermögen zurückgreifen können.

An dieser Stelle wird deutlich, dass die Soziale Arbeit ein eigenes Bildungsfeld darstellt, mit eigenen spezifischen Voraussetzungen und Herausforderungen. Aus einer mehr sozialpädagogischen Perspektive empfiehlt deshalb Sting (2010), von „sozialer Bildung" zu sprechen. Mein Vorschlag ist es, den Begriff „sozialarbeitsorientierte Bildung" zu verwenden (vgl. Miller 2003), um mehr die Schnittstelle zwischen Bildung und Sozialer Arbeit zu markieren und gleichzeitig das Spezifische anzudeuten. Soziale Arbeit hat darauf zu achten, dass ihre zielorientierten Bildungsangebote und Kompetenzentwicklungsziele anschlussfähig an den Bildungsbegriff bleiben. So gilt es, die Teilnehmer und Teilnehmerinnen in ihrem Personsein, ihrem biografischen Gewordensein, ihren Bedürfnissen und Interessen, ihrer psychischen, körperlichen und geistigen Befindlichkeiten, und ihrem sozialen Eingebundensein wahrzunehmen. Teilhabe im Kontext von Bildung setzt Partizipation voraus, das heißt Mitbestimmung und Mitgestaltung vor allem auch dort, wo Teilnehmer verpflichtet werden, bestimmte Bildungsangebote wahrzunehmen. So sind Räume für Selbstwirksamkeit und Lebensfreude zu gestalten und Räume, wo sich die Teilnehmer ausprobieren können, wo sie ihre Potenziale wahrnehmen[49], ihr Wissen und Können aufbauen können und wo Raum für Reflexion gegeben ist. Bildung im Kontext Sozialer Arbeit gilt es so zu gestalten, dass die Teilnehmer in Beziehung treten können mit den anderen Teilnehmern und der Seminar- oder Gruppenleitung sowie all den Aspekten, die sie betreffen. Wahrnehmung und Kommunikation gilt es zu stärken und das Wissen und Können, um sich auf verschiedenen Beziehungsebenen nicht nur kompetent bewegen zu können, sondern diese auch aktiv mitzugestalten.

Vor diesem Hintergrund hat Bildung in der Sozialen Arbeit nicht lediglich eine kompensatorische Funktion, wo im Sinne einer Defizitkompensation[50] vorhandenen Probleme bearbeitet werden. Gerade im Jugendhilfebereich und im Umschulungsbereich hat die Soziale Arbeit darauf zu achten, dass sie nicht in einer kompensatorischen Funktion festgeschrieben wird, um beispielsweise die Probleme, die Familie, Schule und Arbeitswelt mitverursachen können, subjektlastig zu bearbeiten. Bildung wird vor diesem Hintergrund zur bildungsstrategischen Frage, bei der Koproduktion durch Vernetzung und Sozialraumorientierung eine wichtige Rolle spielt. So gesehen geht es um die Kooperation mit Ämtern, Schulen, Wirtschaft, Kammern und Bildungsträgern, Gewerkschaft, Kirchen, Wohlfahrtsverbänden, Politik, Ausschüssen, Bewährungs- und Jugendgerichts-

---

[49] Wie dies beispielsweise im Rahmen von Zwangsbildungsmaßnahmen umgesetzt werden kann beschreibt Metzger 2011.
[50] Ansätze dazu siehe bei Schlutz 1983; Schiersmann/Thiel 1984; Schiersmann 1999; Schuchardt 1987.

hilfe u. a. Die Soziale Arbeit in der Praxis entwickelt Netzwerke für nachhaltige Bildung, vor allem im sozialen Raum. Mit Hilfe von Sozialplanung gilt es den Bildungsbedarf aus der Perspektive der Sozialen Arbeit zu ermitteln, und es geht um die Mobilisierung von Ressourcen und geeigneten Rahmenbedingungen.

Bildung als Arbeitsweise setzt Wissen, Können und Haltung voraus. Grundlegend ist ein reflektierter Bildungs- und Kompetenzbegriff, Wissen über Lernen und die didaktische Gestaltung von Bildungsprozessen sowie Netzwerk-Know-How. Vor allem die Sozialpädagogik und die Erwachsenenbildung können hier als Bezugswissenschaften qualifiziertes Wissen einbringen.

> Halten wir fest:
>
> Bildung lässt sich im Horizont eines humanistischen Menschenbildes konzipieren, das auf Subjekt, Gesellschaft, Welt und Transzendenz gerichtet ist. Bildung als Generalnenner umfasst den kulturellen Weltbezug, den materiellen Weltbezug (Wissen und Kompetenzen), den sozialen Weltbezug, den subjektiven Weltbezug (Identität und Persönlichkeitsentwicklung) und schließt den transzendentalen Weltbezug ein. Im Zentrum stehen Selbstbestimmung und Selbstwirksamkeit, die Entfaltung eigener Kräfte und Lebensqualität einerseits, und gesellschaftliche Bildungs- und Entwicklungsprozesse andererseits. Kompetenzorientierung, die auf Wissen und Können gerichtet ist, braucht die Ankopplung an den Bildungsbegriff, um nicht für alle möglichen Zwecke instrumentalisiert zu werden. Eine komplementäre Zugangsweise, die zwischen den Polen der Subjektorientierung und Gesellschaftsorientierung vermittelt, erlaubt zielgruppenspezifische und bedarfsorientierte Bildungszugänge und Angebote, ohne den Bildungsbegriff zu veräußern.
>
> Bildung in der Soziale Arbeit entfaltet sich insbesondere in nonformalen und informellen Kontexten. Gerade Letztere gilt es seitens der Professionellen reflektiert wahrzunehmen mit Blick auf die Gestaltung geeigneter Rahmenbedingungen für Potenzialentfaltung, Ausprobieren können, spielerisches Tun und Modelllernen. Neben konkreten Bildungsangeboten handelt Soziale Arbeit koproduktiv, indem sie mit wichtigen Partnern kooperiert und Bildungsnetzwerke zum Zwecke nachhaltiger Bildung mitgestaltet.
>
> Bildung als wichtige Handlungsweise in der Sozialen Arbeit setzt Wissen über Bildung und Lernen voraus, die Kompetenz, Bildungsprozesse im Rahmen organisierter und vernetzter Bildungsprozesse zu planen, durchzuführen und auszuwerten. Wichtig in der Bildungsarbeit im Kontext Sozialer Arbeit sind in diesem Zusammenhang auch Vorbilder und Modelle. Damit sind nicht nur die pädagogischen Fachkräfte gemeint, sondern auch Menschen, die durch ihren Werdegang möglicherweise viel näher an den Adressaten sind

und so Modellfähigkeit besitzen. Gemeint sind beispielsweise interkulturelle Brückenbauer, Menschen, die sich aus ihren Verstrickungen lösen konnten, beispielsweise ehemals Drogenabhängige oder Straffällige, und die Betroffene motivieren und glaubwürdig Einsichten vermitteln können. Diese modellfähigen Personen verweisen gleichsam auf einen anderen Aspekt des Bildungsbegriffs. So geht es nicht lediglich darum, als Einzelne/r Bildung zu erlangen, sondern auch andere an seinem Wissen und Können teilhaben zu lassen.

8.2.6 Netzwerkarbeit

Netzwerkarbeit ist eine zentrale Handlungsweise in der Sozialen Arbeit, die seit einigen Jahren immer wichtiger geworden ist. Im Rahmen der professionellen Hilfebeziehung werden Netzwerke um die Adressaten gebaut, beispielsweise mit Hilfe von Case Management und Empowerment. Institutionalisierte Netzwerke werden für die Versorgung der Adressaten mit sozialen Dienstleistungen im Stadtteil oder in der Region entwickelt. Soziale Arbeit vernetzt sich im Rahmen ihrer Lobbyarbeit und im Rahmen politischer Arbeit, sie vernetzt sich im eigenen Interesse, beispielsweise mit Blick auf Refinanzierung, Wissensmanagement, kollegialen Austausch und berufspolitische Belange. Auf der Organisationsebene werden über Netzwerkarbeit Binnenprobleme gelöst, indem sich interne Gruppen und Bereiche vernetzen, um Probleme zu bearbeiten, oder indem organisationsübergreifende Netzwerke gebildet werden.

Von der politischen, praktischen und methodischen Seite her werden hohe Erwartungen an die Netzwerkarbeit geknüpft. Insbesondere gelten Netzwerke als Ressourcenpools für Adressaten. Darüber hinaus sollen institutionalisierte Netzwerke Versorgungslücken schließen und Ressourcen bündeln. Das setzt voraus, dass Wohlfahrtsverbände und soziale Dienste miteinander kooperieren und sich abstimmen, um Regionen, Stadtteile und Sozialräume mit sozialen Dienstleistungen zu versorgen. Die vernetzten Angebote sollen bedarfsorientiert ausgerichtet sein und Über- und Unterversorgung vermeiden.[51] Insgesamt zielen Netzwerke in der Sozialen Arbeit auf Arrangements einer „gemischten Wohlfahrtsproduktion", an der verschiedene Akteure beteiligt sind (Evers/Olk 1996).

Dazu werden unterschiedliche Netzwerke aktiviert:

- Netzwerke rund um den einzelnen Adressaten, insbesondere im Rahmen von Familien-, Verwandtschafts-, Freundschafts- und Nachbarschaftsnetzwerken und im Rahmen von Case Management,
- Selbsthilfenetzwerke,

---

[51] Ein breites Argumentationsspektrum dazu siehe in Bauer/Otto 2005.

- institutionalisierte Netzwerke und Netzwerke im sozialen Raum, lokal und international,
- kollegiale Netzwerke für Beratung und Austausch,
- politische Netzwerke,
- organisationale Netzwerke.

Nach Bullinger/Nowak (1998, 102) ist soziale Unterstützung durch das Netzwerk ein Austauschprozess, in dem verschiedene Akteure auf verschiedenen Beziehungsebenen zusammenwirken. Gemeint sind primäre, sekundäre und tertiäre Netzwerke (Bullinger/Nowak 1998, 125 f.; Schubert 2008, 9). Die drei Netzwerkebenen unterscheiden sich in den Zielen, in der Struktur, in der Größenordnung und in der Koordination. Je größer ein Netzwerk ist, desto mehr Koordination und Steuerung braucht es.

Abbildung 6: Primäre, Sekundäre, Tertiäre Netzwerke

Primäre Netzwerke (interpersonelle Beziehungen)	Familien-, Verwandtschafts-, Freundesnetzwerke	nicht organisiert
Sekundäre Netzwerke (interpersonelle bis formelle Beziehungen)	Selbsthilfe-, Nachbarschafts-, Kollegennetzwerke Vereins- und Verbandsnetzwerke	gering bis stärker organisiert
Tertiäre Netzwerke (professionelle Beziehungen)	Nonprofitbereich: Netzwerke im sozialen, politischen, rechtlichen, kulturellen, wissenschaftlichen, ökologischen Bereich Profitbereich: Wirtschafts- und Industrienetzwerke, Zuliefernetzwerk etc.	stark organisiert

Die Professionellen in der Sozialen Arbeit bewegen sich in allen Netzwerktypen. Die institutionalisierten Netzwerke in der Sozialen Arbeit befinden sich auf der tertiären Ebene, auf der die Sozialen Dienste beispielsweise mit Behörden, Bildungseinrichtungen oder mit Unternehmen kooperieren. Über diese Kooperationen werden vor allem den primären und sekundären Netzwerken Ressourcen zugänglich gemacht. Oder es werden Betroffene unterstützt, um auf der primären und sekundären Ebene überhaupt Netzwerke knüpfen zu können und Zugänge zu finden.

Der Schwerpunkt der folgenden Ausführungen liegt bei adressatenorientierten und institutionalisierten Unterstützungsnetzwerken. Dazu werden grundsätzliche Überlegungen angestellt, ohne einen methodischen Werkzeugkasten zu entfalten.

Adressatennetzwerke

Im Rahmen von Einzelfall- und Familienhilfe sowie Case Management werden um die Adressaten herum Netzwerke aufgebaut. Der Rückhalt durch Netzwerke, so die Annahme, schafft Vertrauen in die eigene Person und erschließt neue Ressourcenpotenziale. Netzwerke bieten Chancen, Zugehörigkeiten frei zu wählen und zu gestalten. Vor diesem Hintergrund passen Netzwerke in das Konzept „pluraler Lebenswelten" (vgl. Keupp/Röhrle 1987; Röhrle/Stark 1985).

Netzwerkarbeit erfährt, ähnlich wie Empowerment, eine grundsätzlich positive Konnotation. Aus der Genderperspektive und Frauenforschung wird deshalb kritisch eingewandt, dass es vor allem die Frauen seien, die soziale Netzwerkarbeit praktizieren, weil sie sozusagen prädestiniert seien für Kommunikations- und Beziehungsarbeit. Damit sind es die Frauen, die Angehörige, Freunde und Nachbarn unterstützen und die Familien zusammenhalten, manchmal bis zur Selbstaufgabe. Kritisch ist deshalb zu diskutieren, ob sich über das Netzwerktheorem nicht erneut Formen der geschlechtsspezifischen Arbeitsteilung durch die Hintertür einschleichen. So ist es wichtig, die Genderperspektive einzublenden (vgl. Mayr-Kleffel 1991). Bei aller Ressourcenperspektive von Netzwerken sind ebenso die stressverursachenden Momente von Netzwerken mitzuberücksichtigen. In der Forschungsliteratur (vgl. Laireiter/Lettner 1993, 101 ff.) werden Grenzen und Stressfaktoren von Netzwerken genannt, beispielsweise Scham, den eigenen Hilfebedarf transparent zu machen, Angst vor Abhängigkeiten und Kontrollen durch die Umwelt oder das Gefühl, sich nicht revanchieren zu können. Darüber hinaus sind soziale Netzwerke aus einer systemischen Perspektive Orte von Kommunikations- und Austauschprozessen, die Hilfe und Entwicklung forcieren können, die aber auch suboptimale Muster im Denken, Fühlen, Urteilen und Handeln sowie Rollenmuster verfestigen können. Zum persönlichen Nahbereich gehören auch die virtuellen Netzwerke. Gerade für Jugendliche verschmelzen reale und virtuelle Welten oft stark. Spielprogramme und Kommunikationsplattformen ermöglichen Gemeinschaftsbildung und Zugehörigkeit und prägen ebenso Kommunikationsstile, die sich mehr oder weniger entwicklungsförderlich zeigen können.

Die Netzwerk-Literatur umfasst mittlerweile eine Vielfalt von Zielgruppen- und feldspezifischen Ansätzen, die sich für die konkrete Praxis nutzbar machen lassen (vgl. u. a. Otto/Bauer 2005; Bauer/Otto 2005). Insgesamt braucht es seitens der Professionellen einen sensiblen Umgang mit Netzwerken, um das eigentliche Ziel, nämlich über gelingende Austauschprozesse mit Hilfe von Netzwerken Ressourcen zu erwirken und Lebensqualität zu verbessern, nicht zu verfehlen. Die Anforderungen an Geben und Nehmen sowie mögliche Abhängigkeiten durch das Netz sind zu berücksichtigen, um Adressaten nicht zu überfordern und um keine Schieflagen entstehen zu lassen. Somit sind Netzwerke keine Allheilmittel, wenngleich sie durch ihre Möglichkeiten bestechen. Tragfähige und förderliche Beziehungen, Lebensweltnähe und die Beteiligung der Betroffenen stehen im Mittelpunkt der konkreten Netzwerkarbeit mit Adressaten (vgl. Otto/Bauer 2005; Wendt 1988; Pankoke 1985). Zu beachten ist der Reziprozitätsmechanismus von Netzwerken und damit einhergehend die Stimmigkeit von Geben und Nehmen aus der Sicht der Beteiligten.

Institutionalisierte Netzwerke

Bei den institutionalisierten Netzwerken in der Sozialen Arbeit handelt es sich um zweck- und zielgerichtete Kooperationsverbünde, in denen häufig unterschiedliche Akteure aus der Sozialen Arbeit, aus Politik, Verwaltung, Kultur und Wirtschaft aktiv sind. Die institutionalisierten Netzwerke lassen sich als Verhandlungssysteme zur Ressourcennutzung und -verteilung betrachten, die problemlösungsorientiert arbeiten, die über mehr oder weniger Entscheidungskompetenzen verfügen und deren Akteure (persönliche wie korporative) als gleichwertig betrachtet werden (vgl. Willke 1995, S. 109 ff.; Mayntz, 1992; Bauer 2005). Die konkrete Netzwerkarbeit vollzieht sich mehr oder weniger kontinuierlich, entweder an einem gemeinsamen Ort oder/und virtuell (Chat, E-Mail, Videokonferenzen). Häufig werden Mischformen praktiziert, das heißt örtliche Treffen werden durch virtuelle Arbeitsformen ergänzt. Die Netzwerke gelten als Orte für Synergien, für mehrperspektivisches Problemlösen und für nützliche Kontakte. Sie kennzeichnen sich durch eine flache Hierarchie, durch Kommunikation und Partizipation. Der Nutzen dieser Netzwerke zielt nicht nur auf die Adressaten und Anspruchsgruppen, sondern auch auf die Netzwerkakteure selbst, beispielsweise indem sich interessante Kontakte ergeben, Informationen, Tipps und Know-how ausgetauscht werden.

Institutionalisierte Netzwerke können freiwillig erfolgen oder werden über Sozialverwaltungen oder Kommunen verordnet, und zwar im Sinne einer Kooperationserwartung oder -pflicht. Institutionalisierte Netzwerke können innerhalb einer Organisation entstehen, beispielsweise innerhalb des Jugendamtes oder organisationsübergreifend auf der Stadtteil- und Sozialraumebene[52], national wie international. Gerade im Bildungs- und Sozialbereich haben sich vielfältige Netzwerkstrukturen herausgebildet, die kaum noch überschaubar sind. Stichworte dazu sind u. a.: Teilhabe und Partizipation, Verbesserung der sozialen Infrastruktur, soziale Stadt, Verbesserung von Lebenslagen und Lebensqualität, Sicherheit im öffentlichen Raum, Berufsförderung und Bildung im sozialen Brennpunkt, Inklusion und Integration.

Mit der institutionalisierten Vernetzung in der Sozialen Arbeit geht der Begriff der Koproduktion einher (Brocke 2005, 238 ff.). Öffentliche und private

---

[52] Vgl. dazu auch Programme im Rahmen „Die Soziale Stadt" und im Bereich Kinder- und Jugendhilfe (BMVBW): www.eundc.de (Zugriff 21.5.2012), s.a. Brocke 2005.

Träger, Ämter und Behörden, zivilgesellschaftliche Akteure, Bildungseinrichtungen, Politik, Wirtschaft und Betroffene sollen über eine Vernetzung koproduktive Leistungen erbringen. Voraussetzung dafür ist Netzwerksteuerung. Die Herausforderungen sind groß, denn unterschiedliche Systemlogiken sollen in Netzwerklogiken transformiert werden. Hierarchische Kommunikation gilt es in gleichwertige Kommunikation zu überführen. Partizipation, Information, Transparenz, Offenheit und Flexibilität, Perspektivenvielfalt sollen hierarchische Entscheidungsverfahren ersetzen (vgl. Miller 2012a).

Institutionalisierte Netzwerke werfen Fragen der Funktionsfähigkeit auf. Darauf bezogen gibt es theoretische Überlegungen und forschungspraktische Ergebnisse (vgl. Miller 2010a, 2005, 2002; Wohlfahrt 2006; Nuissl u. a. 2006). In der empirischen Studie „Lernende Regionen"[53] (Nuissl u. a. 2006) wurde unter anderem nach den förderlichen und hinderlichen Faktoren der Netzwerkarbeit gefragt. Befragt wurden 889 Netzwerkpartner, darunter 62 Unternehmen, die sich auf 35 Netzwerke verteilten (Nuissl u. a. 2006, 15).

Als förderliche Faktoren von Netzwerken wurden genannt (Nuissl u. a. 2006, 75):

- Bestehen eines Netzwerkmanagements (42,1 %)
- Räumliche Nähe des Aktionsbereichs (38,1 %)
- Vertrauen unter Netzwerkpartnern (32,4 %)
- Projektförderung (30,9 %)
- Netzwerkpartner waren im Vorfeld bekannt (29,6 %)
- Zuverlässigkeit der Netzwerkpartner (27,3 %)
- Guter Informationsfluss (23,5 %)[54]

Die Studie verdeutlicht die Bedeutung von Netzwerkmanagement und -organisation einerseits, sowie die Bedeutung von räumlicher Nähe und Vertrauen unter den Netzwerk-Mitgliedern andererseits. Damit werden „harte" und „weiche" Faktoren offensichtlich, das heißt Netzwerkmanagement einerseits und die Art und Weise, wie die Akteure miteinander umgehen und durch Kommunikation und Handeln Vertrauen aufbauen, andererseits. Beide Faktoren stehen in einem Wechselverhältnis. So ist Netzwerkmanagement als ein wichtiger Bedingungsfaktor für Kooperation, Engagement und Vertrauen der Akteure zu werten. Wenn ein geeigneter Rahmen für Kommunikation und Handeln gegeben ist, können Akteure in der Regel leichter ihre konstruktiven Potenziale entfalten. In der Studie wird betont: „Netzwerkmanagement sieht sich als Vermittler zwischen den Partnern und als Motor der Maßnahmensetzung" (Nuissl u. a. 2006, 11). Zudem

---

[53] Die Studie wurde durch das BMBF-Programm „Lernende Regionen" gefördert. In Kooperation mit dem Deutschen Institut für Erwachsenenbildung hat ein interdisziplinäres Forscherteam drei Jahre lang alle geförderten Netzwerke wissenschaftlich begleitet.
[54] Zu den weitere Faktoren siehe Nuissl u. a. 2006, 75.

gilt Netzwerkmanagement als Voraussetzung für organisatorische Nachhaltigkeit. Je größer das Netzwerk, desto relevanter sind Fragen der Steuerung durch Netzwerkmanagement (vgl. Endres 2001; Willke 1995). Die empirischen Ergebnisse über förderliche Netzwerkfaktoren stützen systemtheoretische Reflexionen mit Blick auf die Funktionsvoraussetzungen von institutionalisierten Netzwerken (vgl. Miller 2010b, 2005). Was die Strukturierung eines Netzwerkes betrifft, so ist ein Spagat zwischen Über- und Unterstrukturierung, sowie Über- und Unterregulierung zu meistern. Ein Zuviel an Struktur hemmt die Innovationskraft, die Kreativität und das flexible Agieren im Netzwerk; bei Unterstrukturierung läuft das Netzwerk Gefahr, ineffektiv zu werden. Im Netzwerk braucht es Flexibilität einerseits und Klarheit in den Informations- und Handlungsabläufen sowie Zuständigkeiten andererseits. Je größer das Netzwerk ist, desto sinnvoller ist es, eine Architektur zu wählen, die ein arbeitsfähiges Kernnetzwerk und ein erweitertes Netzwerk vorsieht, das nach Bedarf aktiviert wird. Wer allerdings im Kern sitzt, verfügt über alle relevanten Informationen in Bezug auf das Netzwerk. Kern und Peripherie verweisen somit auf Fragen des Einflusses und der Macht. Aus der Akteursperspektive ist zu überlegen, welche Platzierung, Kern oder Peripherie, mehr Sinn macht? Die Antwort hängt von der Bedeutung und dem Nutzen des Netzwerkes ab.

Neben Netzwerksteuerung brauchen Netzwerke ein *Ressourcenmanagement*, um interne und externe Ressourcen für die Zielerreichung und für das Funktionieren des Netzwerkes zu mobilisieren. Damit einher geht *Wissensmanagement*, d.h. die Erschließung von Wissen, Informationen, Daten und Know-how. Es braucht *Informationsmanagement in Bezug auf die Mitglieder des Netzwerkes* wie auch in Bezug auf die Öffentlichkeit. Schließlich braucht es geeignete Formen der *Evaluation*, um die Weiterentwicklung des Netzwerkes zu unterstützen.

Auf der Grundlage dieser funktionalen Bedingungen ist dann zusammen mit den Beteiligten auf der Beziehungsebene eine tragfähige Netzwerkkultur aufzubauen, die durch Vertrauen, Verbindlichkeit, Partizipation, Fairness, gegenseitige Unterstützung, Integration und Motivation sowie durch offene Kommunikation und klare Kommunikationsregeln gekennzeichnet ist. Hierzu braucht es wiederum *Kontraktmanagement, Beziehungsmanagement und Konfliktmanagement*. Im positiven Fall ermöglicht die Verbindung von Netzwerkmanagement und vertrauensvoller Kooperation der Beteiligten ein tragfähiges Netzwerk zum Nutzen aller. Die Steuerung und das Netzwerkmanagement sind anspruchsvoll. Reicht in kleineren Netzwerken noch Moderation und Koordination, um sie am Laufen zu halten, braucht es in größeren Netzwerken ein flexibles Netzwerkmanagement und Steuerung.[55] Im Mittelpunkt steht Kommunikation. In der Regel entschei-

---

[55] Wissen zum Netzwerkmanagement aus den Wirtschaftswissenschaften siehe auch bei Sydow & Windeler 2001.

den die Netzwerkmitglieder über Ziele und Vorgehensweisen, über die innere Arbeitsstruktur und die Arbeitsteilung, den Einsatz von Ressourcen und Kontakten, und sie entwickeln ihre jeweils spezifische Arbeitsweise und Kultur. Damit dies gelingt, ist im Rahmen von professionellem Netzwerkmanagement genau zu sondieren, wozu und in welchem Umfang welche Inputs und Begleitmaßnahmen angeboten werden und wann eher Zurückhaltung angesagt ist, damit die Netzwerkmitglieder selbstaktiv werden und bleiben. Das Motto in Bezug auf Management und Steuerung lautet: So wenig wie möglich und soviel wie nötig! Netzwerke basieren auf einem hohen Maß an Selbststeuerung.

Akteursebene

Bei den institutionalisierten Netzwerken kommen die Akteure in der Regel aus unterschiedlichen Arbeitssystemen und Bereichen. Durch ihren jeweiligen Systemkontext bringen sie spezifische Problemsichtweisen, Kommunikationsweisen, Handlungsroutinen und Interessen ein, deren Vielschichtigkeit im Netzwerk Kommunikationsprobleme und Konkurrenzsituationen verursachen kann. Erschwerend kommt hinzu, dass Marktkonkurrenten oder Vertreter unterschiedlicher hierarchischer Ebenen miteinander kooperieren sollen. Was für die einen wichtig und möglicherweise existenziell ist, ist für die anderen gegebenenfalls randständig. Kommuniziert wird vor dem Hintergrund unterschiedlicher Interessen, Rollen, Fachsprachen und Denklogiken: die rationale Logik eines Unternehmens, einer Bildungseinrichtung, einer Hochschule, einer Verwaltung, einer Hilfeeinrichtung, einer Partei, einer Führungskraft, von freiwilligen Helfern etc. Hinzu kommt der gegenseitige Sympathiefaktor, der sich in heterarchischen und kommunikationsorientierten Netzwerken, die im Vergleich zu Organisationen mehr personenzentriert sind, förderlich oder blockierend auswirken kann. Auf der Akteursebene haben Netzwerke ein mehr oder weniger hohes Maß an Differenz und Komplexität zu verarbeiten, was einerseits einen Ressourcenpool darstellt, andererseits aber zu Kommunikationsproblemen, Beziehungsproblemen und Konflikten führen kann. Somit braucht es Zeit für Verständigungsprozesse.

Die Akteure handeln in institutionellen Netzwerken insgesamt in einem Rollenmix. Sie sind personelle Akteure mit individuellen Interessen, sie fungieren teils als korporative Akteure, d.h. sie vertreten Organisation mit ihren spezifischen Interessen, und sie sind Mitglied des Netzwerkes. Vor diesem Hintergrund ist es durchaus herausfordernd, eine Netzwerkkultur zu gestalten, in der gegenseitiges Vertrauen entwickelt wird, als Voraussetzung für faire und kompromissbereite Aushandlungsprozesse.

Akteurskompetenz in den Netzwerken ist eine wichtige Voraussetzung, damit Netzwerke funktionieren. Sie setzt Beobachtung zweiter Ordnung voraus, das heißt Selbstreflexion und kommunikative Reflexion der Netzwerkprozesse. Es braucht Akteure, die sich auf die vielschichtigen Sichtweisen und Belange im Netzwerk einlassen können und die nicht lediglich als Nutzer auftreten. Erfolgreiche Netzwerke sind nicht nur Tankstellen für Informationen und Kontakte, sondern sie sind soziale Konfigurationen, die eine gelebte Kultur des Vertrauens, der Kommunikation und des Engagements voraussetzen, damit sie funktionieren können.

> Halten wir fest:
>
> Netzwerkarbeit ist eine zentralen Handlungsweise in der Sozialen Arbeit. Netzwerke sind reziprok, das heißt sie leben von Kommunikation und Austauschbeziehungen im Sinne des Gebens und Nehmens. Netzwerke in der Sozialen Arbeit werden einerseits adressatenzentriert aufgebaut und andererseits entstehen durch institutionalisierte Netzwerke Kooperationsverbünde zum Nutzen der Adressaten, der Netzwerkmitglieder, der sozialen Einrichtungen und Dienste. Auf der institutionalisierten Ebene ermöglichen Netzwerke Formen der Koproduktion zwischen verschiedenen Akteuren im Sozialraum, lokal und international. Netzwerkarbeit ist anspruchsvoll. Bei großen Netzwerken braucht es Netzwerkmanagement und -steuerung wie auch netzwerkkompetente Akteure. Eine besondere Herausforderung ist der Rollenmix der beteiligten Akteure wie auch die Tatsache, dass Akteure aus formal organisierten Systemen ihre Logik und ihren Habitus auf einen offenen und heterarchischen Kommunikationsmodus im Netzwerk anpassen müssen, damit Netzwerkarbeit gelingt. Professionelle in der Sozialen Arbeit sind in unterschiedlichen Rollen im Netzwerk vertreten: als Mitglieder, Moderierende und Koordinierende, in Netzwerk-Management- und Steuerungsfunktion. Voraussetzung für die jeweiligen Rollen ist entsprechendes Netzwerk-Knowhow, Kommunikations- und Reflexionskompetenz. Die Netzwerkpraxis ist herausfordernd, einmal durch die Vielschichtigkeit der Akteure, zum anderen aber auch durch die Umweltbedingungen, die belastend sein können, beispielsweise aufgrund mangelnder Ressourcenzufuhr für die Netzwerkarbeit also solche. Die Erfahrung zeigt auch, dass Netzwerkakteure, die ihre Organisationen im Netzwerk vertreten, teils wenig Unterstützung durch ihre Organisation bei Kompromissfindungen im Netzwerk erfahren oder über wenig Zeitressourcen für die Netzwerkarbeit verfügen.
>
> Trotz aller Erschwernisse bleibt festzuhalten: Dort wo Netzwerkarbeit funktioniert, lässt sich nicht nur eine hohe Zufriedenheit und Motivation unter den Netzwerkmitgliedern beobachten, sondern die inhaltliche Arbeit kann durch eine Multiperspektive und durch die Bündelung von Kompetenzen an Qualität gewinnen. Tragfähige Netzwerke sind Netzwerke auf der Basis guter Beziehungen und Vertrauen. Sie sind soziales Kapital. Tragfähige Beziehungen ermöglichen weitere Kontakte und Beziehungsknüpfungen, woraus sich neue Potenziale und Ressourcen ergeben.

8.2.7 Politisches Handeln

Die Realisierung professioneller Hilfe und deren Wirkmöglichkeiten sind eng an die gesellschaftlichen Bedingungen geknüpft. Von dort erfolgen Definitionen über den Hilfebedarf, Aufträge an die Soziale Arbeit wie auch darauf bezogene Strukturierungs- und Ressourcenvorgaben für die Erbringung professioneller Hilfeleistungen. Gesellschaft ist der Rahmen, in dem sich Inklusion, Teilhabe und Lebensqualität konkretisieren, und Gesellschaft ist ebenso Mitproduzentin sozialer Probleme und Nöte, ist der Kommunikationsraum und strukturell-prozessuale Raum, in dem sich Teilhabeprobleme, Ausgrenzung und Not herausbilden und verstärken. Vor diesem Hintergrund gehört politisches Handeln zu den zentralen Handlungsweisen Sozialer Arbeit.

Der Begriff des politischen Handelns, wie ich ihn hier verwende, umfasst

- politisches Handeln von Politikern und Politikerinnen in politischen Systemen,
- politisches Handeln von Akteuren im Umfeld politischer Systeme, beispielsweise um auf die Kommunalpolitik Einfluss zu nehmen,
- politisches Handeln außerhalb des politischen Systems, um zusammen mit anderen Interessen durchzusetzen, beispielsweise im Dienstleistungssystem oder für die Berufsgruppe,
- politisches Handeln im Rahmen von Lobbyarbeit, um stellvertretend Interessen zu vertreten.

Politisches Handeln basiert auf Interessen und Meinungen, auf ein hohes Maß an Kommunikation und Öffentlichkeitsarbeit, Versammlungen und Zusammenkünften, Gruppenorientierung und strategische Vorgehensweisen in Verbindung mit Fragen der Macht und Durchsetzung. So verstanden findet politisches Handeln auf den unterschiedlichen Beziehungsebenen statt.

Im Kontext Sozialer Arbeit ist politisches Handeln insbesondere mit Blick auf die Adressaten, auf die Sozialen Dienste und auf die Professionellen bedeutsam.

Konkret geht es um

- Lobbyarbeit
- Politisches Empowerment
- Ressourcensicherung
- Berufspolitik

Lobbyarbeit
Im Rahmen ihrer Vertretungsarbeit hat Soziale Arbeit eine Stellvertreterfunktion für ihre Adressaten. Auf der politischen Ebene drückt sich diese in Form von Lobbyarbeit, beispielsweise in politischen Gremien, Ausschüssen und Ar-

beitskreisen, Netzwerken und durch Kampagnen in der Öffentlichkeit aus. Soziale Arbeit hat in dieser Funktion aufklärende, informierende, initiierende, skandalisierende und brückenbauende Funktion. Sie bringt sich ein als Dialogpartner, Experte und als Definitor von sozialen Bedarfen und Problemlagen.

Politisches Empowerment
Auf der politischen Empowerment-Ebene motivieren, unterstützen und begleiten Professionelle die Adressaten in der Regel auf der Community-Ebene, um ihre Belange öffentlich zu machen. Konkret geht es um „die Veränderung der Sozialstruktur im Hinblick auf Neuverteilung der Macht" (Herriger 1997, 169). Es geht um die Durchsetzung adressatenspezifischer Anliegen und Bedürfnisse, für die sie selbst mit Hilfe professioneller Begleitung aktiv werden.

Ressourcensicherung
Politisches Handeln mit dem Ziel der Ressourcensicherung bezieht sich auf die Ebene der sozialen Dienste. Gemeint sind Träger, Verbände und Projekte, die im gesellschaftlichen Auftrag tätig werden und die, um professionelle Hilfeleistungen anbieten zu können, entsprechende Ressourcen (u. a. Geld, Personalstellen, Räumlichkeiten) benötigen und sich für eine adäquate Refinanzierung stark machen.

Organisationsintern meint politisches Handeln das Aktivwerden von Personen und Subsystemen, um vom eigenen Träger Ressourcen und Handlungsspielräume für die zu leistende Arbeit zu erwirken oder um beispielsweise neue Konzepte zu implementieren.

Berufs- und Professionspolitik
Auf der berufspolitischen Ebene dreht sich die politische Arbeit um fachspezifische, sozial- und berufspolitische, tarif-, besoldungs- und arbeitsrechtliche Belange der Mitglieder, um die Weiterentwicklung der Profession und um deren gesellschaftliche Verankerung. Des Weiteren geht es um sozial- und gesellschaftspolitische Positionierungen. Die Akteure auf dieser Ebene sind in der Regel Mitglieder und Funktionsträger des Berufsverbandes und gewerkschaftlich Organisierte, die formell wie informell die Anliegen aufgreifen, thematisieren und bearbeiten. Typische Arbeitsformen sind Gremienarbeit, Arbeitsgruppen und Netzwerkarbeit.

8.2.8 Organisatorisches und organisationales Handeln

Organisatorisches Handeln bezieht sich auf die Selbstorganisation der Professionellen wie auch auf das Organisieren von Hilfeprozessen. Organisationales Handeln meint das Handeln der Organisation.

Selbstorganisation der Professionellen
Professionelle müssen sich selbst organisieren (vgl. Gödicke 2011, 184 f.), um ihren täglichen Aufgabenbereich zu bewältigen. Selbstorganisation setzt unter anderem

voraus, das quantitative Aufgabenspektrum nach Dringlichkeit zu sortieren, in Raum- und Zeitstrukturen zu fassen und die für die eigene Aufgabenbearbeitung notwendigen Ressourcen zu erwirken. Somit benötigen Professionelle Strategien und Techniken, um das anstehende Aufgabenprofil organisatorisch zu meistern. Selbstorganisation bezieht sich auf individuelle Logiken der Professionellen, gepaart mit Wissen, Neigungen, Erfahrung, Routinen und Können. Selbstorganisation setzt die Kopplung an die Selbstorganisation von Kollegen und Kolleginnen sowie an Verwaltungsabläufe voraus, um brauchbare Synergien zu erwirken. Es braucht Abstimmungsprozesse und geeignete Formen der Arbeitsteilung, Delegation, des Timings, der Protokollführung, Wissensorganisation, Datenbearbeitung und Dokumentation sowie der Gestaltung des Arbeitsplatzes.

Organisieren von Hilfe
Von Professionellen wird erwartet, Hilfeprozesse zu organisieren, d. h. Hilfepläne aufzustellen, Ressourcen zu mobilisieren, Antragsverfahren einzuleiten, zu dokumentieren, zu evaluieren u.a.m. Im Rahmen von Case Management beispielsweise sind nicht nur verschiedene Hilfeangebote zu koordinieren, sondern aus der Vielfalt von Angeboten sind bedarfsgerechte Hilfen auszuwählen und aufeinander abzustimmen. Wichtig in diesem Zusammenhang sind Kooperation, Koordination und Vernetzung.

Organisationales Handeln
Organisation als Begriff zielt hier auf das formal organisierte Dienstleistungssystem. Es ist Voraussetzung, dass professionelle Hilfe erfolgen kann. Nach Evers/Heinze/Olk (2011, Einleitung S. 10) spielen Soziale Dienste

> „eine zentrale Rolle bei der übergreifenden Frage nach der Sicherung von Teilhabe und Integration in einer pluralistischen Gesellschaft, ganz zu schweigen von Debatten um neue Formen der Partizipation oder der netzwerkartigen Kooperation von Akteursgruppen (Netzwerk-Governance) etc."

Die sozialen Dienste sind arbeitsteilig ausdifferenziert und unterhalten spezifische Angebote (Spezialisierung) beziehungsweise einen Angebotsmix. Ihre finanzielle Basis sichern soziale Dienste in der Regel durch einen Finanzierungsmix (Refinanzierung, Spenden, Eigenmittel). Das Hilfeangebot fußt auf der Grundlage organisationalen Handelns. Dazu gehören insbesondere Ziele, Aufbau- und Ablaufstrukturen, Führung und Management, Kriterien der Effektivität und Effizienz, Qualitätssicherung und Qualitätsentwicklung, Personalentwicklung, Leitbild, Wirtschaftsplan. Im Begriff des sozialen Managements bündeln sich organisatorische, betriebliche und mitarbeiterbezogene Aufgaben.

Seit den letzten Jahrzehnten hat sich der Ökonomisierungsdruck auf die sozialen Dienste verstärkt. Er drückt sich aus durch zunehmende Marktkonkurrenz und Marketinganforderungen, Probleme der Refinanzierung, Ansprüche an das Rechnungswesen und Controlling (Gödicke 2011, 191). Von politischer

Seite wird darüber hinaus eine zunehmende Vernetzung der sozialen Dienste erwartet, um eine adäquate Versorgung von Stadtteilen und Regionen mit sozialen Dienstleistungen zu erwirken. Erwartet werden Synergieeffekte und Kosteneinsparung.

Anders als bei Profitunternehmen geht es bei sozialen Diensten in der Regel nicht darum, Gewinne zu erwirtschaften, sondern auf der Basis wirtschaftlichen Handelns einen Hilfebedarf zu decken. Um dies zu erwirken werden Leistungen über Kennzahlen, Personalschlüssel und andere Kriterien durch Kosten- und Leistungsträger refinanziert. Die sozialen Dienste stehen damit in gesellschaftlichen Abhängigkeiten und müssen diese über Verhandlungen wie über Prozesse des Wirtschaftens austarieren. In einer systemtheoretischen Terminologie gefasst heißt das, sie müssen ihre Zwecksetzung, nämlich Hilfe, über das Medium Geld realisieren, ohne dabei über Bewegungsspielräume zu verfügen, wie sie beispielsweise freie Unternehmen haben oder Angehörige etablierter Professionen. Refinanzierungslücken müssen über Prozesse der Selbstorganisation bearbeitet werden. Das führt teils zu prekären Finanzlagen, verbunden mit herben Einsparungen bei Personalkosten und Leistungen, Rationalisierung und Umstrukturierungen. All dies verstärkt die Fokussierung auf refinanzierbare Hilfeangebote. Der eigentliche Hilfeauftrag wird ökonomischen Logiken untergeordnet, was die Authentizität und die auf Hilfe bezogene Handlungsfähigkeit der sozialen Dienste erheblich einschränkt (vgl. Hermsen/Gnewekow 1998). Verantwortliches und sachgemäßes Wirtschaften ist ein wichtiges funktionales Kriterium sozialer Organisationen. Die adäquate Verwendung öffentlicher Gelder ist Teil der Legitimation sozialer Organisationen. Probleme erzeugen hingegen die gesellschaftlich verordneten Bedingungen, unter denen Hilfe organisiert werden soll. Daran schließt sich die Frage an, welche Hilfen angeboten werden (können) und welche nicht und in welcher Güte die Angebote erfolgen können, beispielsweise mit Blick auf Fallzahlen.

Sozialmanagement vollzieht sich vor diesem Hintergrund in einem schwierigen Balanceakt der Relationierung von Hilfe und Geld. Die jeweilige Relationierung hat Auswirkungen auf die konzeptionelle Soziale Arbeit und die Hilfebeziehung zwischen Professionellen und Adressaten, denn die Organisation macht Vorgaben, in welchem Umfang Hilfe geleistet werden kann und welche Ressourcen dafür zur Verfügung stehen. Die Relationierung von Hilfe und Geld hat auch Auswirkung auf die Möglichkeit der Weiterqualifizierung der Fachkräfte und die Möglichkeit von Supervision, wie überhaupt auf Personalführung, Personal- und Organisationsentwicklung.

Durch die oft schwierige Relationierung von Hilfe und Geld werden die Beziehungen zwischen sozialer Organisation und Mitarbeiterschaft problemanfällig, und es kommt zu Störungen hinsichtlich Loyalität, Identifikation und gegenseitigem Verstehen. Der Hilfebezug der Mitarbeiterschaft und Freiwilligen und die funktionalen Sichtweisen von Führungskräften sind teils schwer aufeinander abzustimmen. Die Frage, die sich hier stellt, ist, wie es gelingen kann, dass die Professionellen sich nicht als Gegenpol zur Organisation verstehen, und umgekehrt, dass das Management durch den je spezifischen Blickwinkel und die jeweiligen Herausforderungen den Kontakt zur Basis und zur Kernaufgabe der Organisation nicht verliert. Wichtig ist es vor diesem Hintergrund, dass die verschiedenen Rollenträger die jeweiligen Perspektiven und Handlungslogiken nicht nur nachvollziehen können, sondern dass sie sich kommunikations- und handlungsfähig in Bezug auf Verständigungsprozesse erweisen. Nur auf dieser Grundlage können tragfähige Beziehungen entstehen und zwar im Sinne eines betrieblichen Governance. Letzteres zielt auf die Berücksichtigung unterschiedlicher Perspektiven, auf deren Grundlage sich Wahrnehmungs- und Entscheidungsprozesse vollziehen. Dies setzt bei allen nicht nur ein flexibles Denken in Bezug auf Hilfe- und Marktlogiken voraus, sondern auch kommunikative Verständigungsprozesse bezogen auf weitere Anforderungen wie Gendermainstreaming und Nachhaltigkeit. All das gestaltet sich mehr oder weniger herausfordernd, denn soziale Organisationen bestehen aus Teilsystemen mit je eigenen Aufgaben, Codes, Programmen und darauf abgestimmten Kommunikationen. Gemeint sind Hilfesysteme, Verwaltung, Finanzwesen, Marketing u. a.

Soziale Dienste verarbeiten das Steuerungsmedium Hilfe. Dies hat zur Folge, dass in der öffentlichen Wahrnehmung wie auch in der Binnenwahrnehmung werteorientierte Erwartungen an sie herangetragen werden. Soziale Dienste sind in besonderer Weise gefordert, werteorientiert und wertesensibel zu handeln. Hilfe vor diesem Hintergrund zielt dann nicht lediglich auf die Adressaten, sondern wird auch zur Erwartungshaltung der Mitarbeiterschaft. Rosmarie Reinspach (2011, 738) spricht deshalb von der Fürsorge für die Mitarbeiterschaft. Dazu gehört die Unterstützung bei der Potenzialentfaltung, die Sicherung der Menschenwürde im Unternehmen, Anstand und Fairness, ein respektvoller Umgang sowie Anerkennung von Leistungen und angemessene Entlohnung.

Soziale Dienste befinden sich in einem besonderen Aufgaben- und Erwartungsspagat. Auf der einen Seite geht es um die glaubwürdige Verarbeitung von Bedürfnissen und Bedarfen von Adressaten wie auch denen der Mitarbeiterschaft, und auf der anderen Seite geht es um strategisches, auf die Funktionalität gerichtetes Management, das auf den Selbsterhalt der Organisation gerichtet ist. Reinspach (2011, 237) verweist vor diesem Hintergrund auf die gleichwertige Bedeutsamkeit der Werte- und Sinnorientierung der sozialen Organisationen einerseits und die systemorientierte strukturelle und prozessuale Gestaltung sozialer Organisationen andererseits. Interaktionsbeziehungen und damit einhergehende Sinnstrukturen sind mit unternehmenspolitischen Prozessen abzustimmen. All das setzt eine komplementäre Perspektive voraus. Zwischen den Polen Hilfe und Geld gestaltet sich der Raum für Aushandlungsprozesse. Es ist ein Raum, der eine Fülle von Herausforderungen und Konflikten sowie Gestaltungsmöglichkeiten auf unterschiedlichen Ebenen birgt.

Unternehmenssysteme, gleich ob Profit- oder Nonprofitunternehmen, sind aufgrund der ökologischen und damit einhergehend sozialen Risiken gefordert, wirtschaftlich, sozial und ökologisch nachhaltig zu handeln. Dies wurde an anderer Stelle begründet. Die Werteorientierung Sozialer Arbeit und die ethischen Leitlinien sensibilisieren die sozialen Dienste in besonderem Maße für ökologische Verantwortung. Darauf bezogene Handlungsanforderungen sind in Leitbilder und Prozessabläufe zu integrieren, und ebenso braucht es unternehmerische Selbstverpflichtungen im Sinne gesellschaftlicher Mitverantwortung. Dazu gehören beispielsweise ethikbezogenes Investment, gezielter Einkauf von Gütern und Materialien, die Nachhaltigkeitskriterien gerecht werden, Personalpflege mit Blick auf soziale Nachhaltigkeit u.a.m. Ökologie und Nachhaltigkeit erweitern die Kriterien einer werteorientierten Unternehmensführung.[56] All dies setzt ein hohes Maß an Bewusstsein und Engagement von Personen und Rollenträgern, insbesondere auch der Führungskräfte im Organisationssystem voraus.

Der gesellschaftliche und politische Druck und auch der Binnendruck auf die sozialen Organisationen sind groß. Somit braucht es unternehmens-, verbands- und professionspolitische Anstrengungen, um verbesserte Umweltbedingungen für das Funktionieren der Sozialen Dienste hinsichtlich ihrer Kernaufgabe zu erwirken. Unternehmenspolitische Handlungsweisen wie Vernetzung, Öffentlichkeitsarbeit und politische Gremienarbeit sind dazu wichtige Instrumente.

> Halten wir fest:
>
> Professionelle sind gefordert, sich selbst und Hilfeprozesse zu organisieren. Als Mitglieder von Organisationen sind sie in Subsysteme, Rollen und vielschichtige Beziehungen in und außerhalb der Organisation eingebunden. Professionelle bewegen sich in vielfältigen Interessenskontexten, Erwartungshaltungen und Anforderungen. Es sind vor allem die Personen und Rollenträger, die kompetent mit dieser Vielschichtigkeit zurecht kommen müssen, um gelingende Kommunikationen, Prozesse und Strukturieren zu entwickeln und weiter zu entwickeln.
>
> Soziale Organisationen müssen sich messen lassen an
> - ihrer Angebotsqualität und Marktpräsenz,
> - ihrer internen Management-, Ablauf- und Prozessqualität,
> - ihrer Führungs-, Personal- und Organisationsentwicklungsqualität,
> - an ihrer Organisationskultur (Menschenbild und Werte, Nachhaltigkeit, Führungsverständnis, Geschlechtersensibilität, Kommunikation, Information, Teilhabe),

---

[56] Impulsgebende Beiträge hierzu siehe u. a. in Klasvogt/Fisch 2010.

- ihrer Ressourcenbeschaffungsqualität,
- ihrer Kooperations- und Vernetzungsqualität,
- ihrer Kompetenz, soziale, ökonomische und ökologische Anforderungen im Rahmen ihrer Kernaufgabe zu integrieren,
- dem effektiven Einsatz öffentlicher Mittel.

Insgesamt sind Soziale Dienste in besonderer Weise gefordert, werteorientiert und wertesensibel zu handeln und diese Anforderungen mit funktionalen Anforderungen in Verbindung zu bringen. Im Spannungsverhältnis stehen Hilfe und Geld.

Im nun folgenden Kapitel werden exemplarisch Anwendungsmöglichkeiten der in dieser Schrift dargelegten Kernbestimmung Sozialer Arbeit aufgezeigt.

9 Transfer

In diesem Kapitel stelle ich exemplarisch drei Beispiele vor, um die praktische Anwendung der Kernbestimmung Sozialer Arbeit zu veranschaulichen. Es handelt sich um ein Beispiel aus der Familienhilfe, ein Beispiel aus der Erwachsenenbildung und ein Beispiel aus der Netzwerkarbeit im sozialen Raum. Ziel ist es, grundsätzliche Herangehensweisen an die Praxis aufzuzeigen. Die Beispiele sind unterschiedlich gewichtet. Am Ausführlichsten wird Beispiel 1 dargelegt, das sich eignet, um anhand eines konkreten Falles die Verwendungsweise des Ansatzes detaillierter zu verdeutlichen und zentrale Aspekte herauszuarbeiten. Allgemeiner sind die Beispiele zwei und drei. Hier geht es um hinführende Überlegungen.

9.1 Beispiel 1: Familienhilfe

Situation
Frau Jellner, alleinerziehende Mutter von drei minderjährigen Kindern, ruft bei einer Beratungsstelle für Erziehungs- und Familienfragen an. Besorgt erzählt sie der dortigen Sozialarbeiterin, dass sich ihre jüngste Tochter, Martha, seit einigen Monaten sehr auffällig benimmt. Wiederholt, so Frau Jellner, ist Martha früher schon aus dem Kindergarten fortgelaufen und weigert sich nun, zur Schule zu gehen. Frau Jellner fühlt sich ratlos und überfordert und erbittet Hilfe.

Die Sozialarbeiterin sieht die Beratungsstelle als zuständig für die Hilfeanfrage und vereinbart mit Frau Jellner einen Termin. Beim ersten Treffen stellt sich die Sozialarbeiterin vor, macht ihre Arbeitsweise transparent und ebenso die Hilfemöglichkeiten der Beratungsstelle. Sie weist darauf hin, dass es darum geht, gemeinsam Lösungen zu finden, und dass sie nicht dazu da ist zu sagen, was Frau Jellner zu tun hat. Die Sozialarbeiterin möchte im Gespräch die Lebenssituation und Sichtweise von Frau Jellner verstehen. Insgesamt achtet die Sozialarbeiterin auf Schlüsselaussagen von Frau Jellner und zwar *Schlüsselaussagen* über die vorhandenen Beziehungen, Muster und Symptome, Bedürfnisse, die Problemschwere, über vorhandene wie auch fehlende Ressourcen, den Entwicklungsbedarf und über Lösungsvorstellungen. Dazu gibt die Sozialarbeiterin Frau Jellner Zeit und Raum, um ihre Sichtweise darzustellen und unterstützt sie mit Fragen, die alltagssprachlich formuliert werden.

Der Fragehorizont ist folgender:

- Worum geht es konkret? Was ist die Situation, das Ausgangsproblem? Wer sind die Betroffenen?
- Was soll sich verbessern, verändern?
  Wo liegt der Entwicklungsbedarf in Bezug auf Inklusion, Teilhabe, Lebensqualität?
  Aus welcher Perspektive?
- Welche Beziehungen sind relevant? Wie zeigen sich aus der Perspektive der Betroffenen die Beziehungsqualitäten?
- Wie wird miteinander kommuniziert?
- Welche Ressourcen und Potenziale sind vorhanden?
  Wo gibt es Abhängigkeiten, Machtprobleme, Belastungen?
- Wer will eine Veränderung, hätte einen Vorteil/Nachteil davon?
  Wer würde Veränderungen eher blockieren?
  Wer würde für den Entwicklungsprozess etwas tun?
- Was wird konkret gebraucht? Was wird gewünscht?
- Was hat warum Priorität?
- Welche Muster im Fühlen, Denken, Handeln, Kommunizieren und in der Selbstregulation der Beziehungen, Personen und sozialen Systeme gibt es?
- Wo gibt es konkrete Ansatzpunkte für Entwicklung?
- Was können die Betroffenen alleine bewältigen?
  Wo brauchen sie Unterstützung und insbesondere professionelle Unterstützung?
- Welche Prozessdynamiken könnten entstehen?
  Worauf sollten sich die Beteiligten gegebenenfalls einstellen?
- Welche Aufgaben übernimmt die Sozialarbeiterin im konkreten Fall? Was sind ihre fallspezifischen Deutungen und Angebote?

Der Fragehorizont ist ein grober Ausschnitt systemischer Fragen und wird im Hilfeprozess immer wieder neu aufgerollt, fokussiert und aktualisiert. Im vorliegenden Fall geht es um das Erstgespräch mit Frau Jellner, um deren Sichtweise und Einschätzung ihres Problems und das ihrer Familie. In diesem Gespräch ergibt sich folgendes Bild:

Frau Jellner ist 34 Jahre alt und Reinigungsfrau in einer Putzkolonne. Sie lebt seit einem Jahr von ihrem Mann, mit dem sie drei Kinder hat, getrennt. Mit ihren drei Kindern lebt sie in der ursprünglichen Drei-Zimmer-Wohnung, in einem Stadtteil mit Entwicklungsbedarf.

Zu sich und ihrer Familie macht Frau Jellner folgende Angaben:

Timo ist 11 Jahre alt und besucht die 5. Klasse Hauptschule;

Elsa ist 8 Jahre alt und besucht die 2. Klasse Grundschule;

Martha ist 7 Jahre alt und besucht die 1. Klasse Grundschule.

Herr Jellner ist 38 Jahre alt und als ungelernter Arbeiter auf dem Bau tätig. Er lebt seit der Trennung von der Familie mit seiner Freundin zusammen. Nur unregelmäßig kümmert er sich laut Frau Jellner um seine Kinder und ebenso unregelmäßig zahlt er Unterhalt.

Frau Jellner fühlt sich, wie sie sagt, mit ihrer Berufstätigkeit und der Versorgung der Kinder sehr überlastet. Morgens verlässt sie um 5.30 Uhr das Haus, kommt um 12.30 Uhr wieder nach Hause zurück und verlässt um 16.00 Uhr erneut das Haus, um die Spätnachmittagsschicht anzutreten. Gegen 19.00 Uhr hat sie dann Feierabend. Während ihrer Abwesenheit sieht hin und wieder eine Nachbarin nach den Kindern. Vor allem ist Frau Jellner sehr froh darüber, dass ihr Sohn sehr zuverlässig ist. Timo, so sagt sie, kümmert sich um seine beiden kleineren Schwestern, geht Einkaufen und ist für Frau Jellner ein wichtiger Gesprächspartner für sämtliche Alltagsdinge. Wörtlich sagt sie: „Er sorgt für alles, wie ein richtiger Vater." Elsa wird von Frau Jellner als ein braves, ruhiges und eher unauffälliges Kind geschildert. Sie sei aber diejenige, die am meisten den Vater vermisse und gerne bei ihm leben möchte.

Große Probleme hat Frau Jellner schon seit längerem mit Martha. Sie ist, laut Frau Jellner, schon früher vom Kindergarten fortgelaufen und weigert sich nun, zur Schule zu gehen. Sie sei unkonzentriert im Unterricht, bewältigte den Unterrichtsstoff nicht und zeige gegenüber anderen Mitschülern ein aggressives Verhalten. Ihre Lehrerin hat bereits mit Frau Jellner gesprochen und ihr empfohlen, Martha in eine Sonderschule für verhaltensauffällige Kinder zu überweisen. Frau Jellner möchte dies auf keinen Fall, jedoch weiß sie nicht mehr, was sie tun soll. „So vieles habe ich schon probiert", sagt sie, „gutes Zureden, Verbote oder Schläge. Nichts hat geholfen, sondern alles nur noch verschlimmert."

Schwierigkeiten hat Frau Jellner auch mit dem sporadischen Kontakt der Kinder mit deren Vater. Nach den Besuchen seien sie stets sehr aggressiv gegen sie und in Konfliktsituationen äußern die Mädchen dann den Wunsch, lieber beim

Vater leben zu wollen. Frau Jellner hat darüber bereits mit ihrem Mann gesprochen, doch dieser lehnt es ab, die Mädchen zu sich zu nehmen. Er könne sich, wie er Frau Jellner gesagt hat, nicht um sie kümmern. „Mit Männern habe ich kein Glück", sagt Frau Jellner, „mein Vater hat getrunken und meine Mutter und uns Kinder geschlagen, und mein Mann hat es mit uns auch nicht anders gemacht!" Eigentlich ist sie froh, dass er nun eine andere Frau hat.

Frau Jellner beklagt sich auch über ihre finanzielle Situation. Ihr Mann zahle nur sporadisch Unterhalt, den sie immer wieder anmahnen müsse. Das verfügbare Geld genüge kaum für den täglichen Bedarf. Bezüglich Kleidung und Schulsachen müssten sich die Kinder selbst an den Vater wenden, was ihnen oft sehr unangenehm sei. Frau Jellner hat, wie sie sagt, auch kaum Kontakte nach außen. Gute Freunde habe sie ebenfalls nicht. Wenn sie einmal etwas mehr Zeit hat, verkrieche sie sich ins Bett, da sie häufig sehr erschöpft sei.

Problemverstehen, Schlüsselaussagen, Beziehungen, Konstrukte

Die Sozialarbeiterin formuliert aus dem Gehörten Schlüsselaussagen und erste Konstrukte (Hypothesen) in Bezug auf die Problemsituation und die Beziehungen und zwar in dem Wissen, dass es sich um ihre fachliche Sichtweise, also um eine fachliche Konstruktion handelt. Sie macht im Hilfeprozesse ihre Konstrukte transparent und prüft sie auf Stimmigkeit hin, indem sie die Sichtweisen der Betroffenen einholt und abgleicht. Zur kritischen, fachlichen Selbstreflexion gehört auch die Erweiterung der fachlichen Sichtweise beispielsweise im Rahmen kollegialer Beratung.

Aus der Fülle des Gesagten und Erfragten fasst die Sozialarbeiterin in einem ersten Schritt Schlüsselaussagen zusammen, die ihr bei Frau Jellner aufgefallen sind, beispielsweise:

- Ich bin überlastet mit Familie und Beruf. Ich bin überfordert mit Martha und habe alle möglichen Erziehungsmittel ausprobiert, einschließlich Gewalt. Martha ist schwierig und sie soll auf keinen Fall in eine Sonderschule kommen.
- Mein Sohn Timo ist mir eine unersetzbare Hilfe. Er handelt wie ein Vater und ist mein Ansprechpartner.
- Elsa ist unauffällig und würde gerne beim Vater leben.
- Der Vater will sich nicht um die Kinder kümmern. Er zahlt nur sporadisch Unterhalt. Er ist unzuverlässig, auch gewalttätig.
- Das verfügbare Geld reicht nicht zum Leben.
- Ich habe kein Glück mit Männern.
- Ich habe keine Freunde, keine sozialen Kontakte.

Diese Schlüsselaussagen macht die Sozialarbeiterin gegenüber Frau Jellner transparent, um zu spiegeln, was sie aufgenommen und verstanden hat. Frau Jellner erfährt so Transparenz im Dialog und hat die Möglichkeit, die Fremdkonstrukte zurecht zu rücken oder zu ergänzen. Ebenso wird Frau Jellner bestärkt, sich aktiv an der Problemanalyse und -lösung zu beteiligen und die Sozialarbeiterin nicht als Rat gebende Expertin zu verstehen.

Die Schlüsselaussagen werden anhand der theoretischen Denkfiguren erschlossen.

Theoretische Denkfiguren:
Disziplinäre, inter- und transdisziplinäre Denkfigur
Komplementäre Denkfigur
Systemisch-vernetzte und konstruktivistische Denkfigur
Entwicklungsorientierte Denkfigur

Die *disziplinäre, inter- und transdisziplinäre Denkfigur* ist Voraussetzung für ein vertieftes theoriegestütztes Verstehen. Aus der disziplinären Perspektive, hier: die Kernbestimmung, erfolgt der grundsätzliche Blickwinkel, aus dem der Fall wahrgenommen und bearbeitet wird, nämlich der Blick auf Inklusion, Teilhabe, Lebensqualität und auf damit einhergehende relevante Beziehungen, des weiteren auf die ethischen Leitlinien und die Handlungsweisen. Darüber hinaus braucht es interdisziplinäres Wissen, insbesondere pädagogisches Wissen, psychologisches Wissen, Wissen über Rollen, familiensoziologisches Wissen, gesellschaftliches Wissen, Genderwissen (Rollen, Macht, Verantwortung) und rechtliches Wissen, um die besonderen Ausgangslagen des Falls zu erfassen. Dieses Wissen verknüpft die Sozialarbeiterin mit ihren beruflichen Erfahrungen und dem Wissen und den Erfahrungen der Betroffenen. Die Zusammenführung der verschiedenen Wissens- und Erfahrungsebenen kennzeichnet den transdisziplinären Zugang.

Durch die *komplementäre Denkfigur* werden die Eltern nicht lediglich als Pole wahrgenommen: eine funktionierende, sorgende, überforderte Mutter hier und ein sich aus der Verantwortung ziehender Vater dort. Das Familienleben spielt sich zwischen diesen Polen ab. Aus einer systemischen Perspektive geht es um die Frage, wie die Familie dieses „Dazwischen" konkret bewältigt, welche Muster sich eingespielt haben und welche Folgen diese in Bezug auf Inklusion, Teilhabe und Lebensqualität nach sich ziehen. Es geht also weniger darum, in Kategorien von Täter-Opfer, verantwortungslos-verantwortungsvoll zu operieren, sondern systemisch zu reflektieren, was es mit den Austauschbeziehungen auf sich hat. Es geht um einen verstehensorientierten Zugang. Verstehen bezieht sich auf den individuellen Sinn von Konstrukten der Betroffenen, damit einhergehend ihre Erfahrungen, ihre Erlebnis- und Gefühlswelt und ihre Denk- und Handlungsweisen. Verstehen bezieht sich ebenso darauf, Beziehungsdynamiken und Musterbildungen wie auch das Symptom zu verstehen, die sich vor dem Hintergrund individueller Dispositionen, gegenseitiger Wahrnehmungen und Erwartungen und Umweltanforderungen ergeben. Selbstverständlich schließt ein solcher Zugang mit ein, wahrzunehmen, wer seiner Verantwortung nicht nachkommt und seinen Teil nicht beibringt und wer sich gegebenenfalls schuldig macht. Leitend ist aber nicht eine moralische Vorgehensweise, sondern eine verstehende in Bezug auf die Qualität der Beziehungen, die gelebt werden.

Ein solcher verstehender Zugang ist beobachtend, fragend und reflektierend angelegt. Die Leitwerte Sozialer Arbeit zielen nicht auf ein vorschnelles Urteilen, sondern darauf, zusammen mit den Betroffenen zu überlegen, was sich mit Blick auf Inklusion Teilhabe und Lebensqualität verbessern soll, wer welche Unterstützung braucht, auf welchen Beziehungsebenen zu arbeiten ist, welche Ressourcen und Potenziale vorhanden sind etc. Insgesamt geht es darum, die Personen, Beziehungen und den Kontext zu beleuchten, um zwischen verschiedenen Bedürfnissen, Interessen, Systemanforderungen und Sachzwängen vermitteln zu können und gleichzeitig wahrzunehmen, wer besondere Unterstützung oder besonderen Schutz braucht (reflexive Parteilichkeit).

Die *systemisch-vernetzte und konstruktivistische Denkfigur* kennzeichnet insgesamt die Art und Weise der Problemanalyse, das Denken in Beziehungen, Mustern und Wechselwirkungen sowie Perspektivenvielfalt. Personen und Systeme, Bedürfnisse und Systemanforderungen werden aufeinander bezogen, beispielsweise die Bedürfnisse von Frau Jellner und Martha sowie die Anforderungen des Systems Schule.

Die *prozessual-entwicklungsorientierte Denkfigur* verweist auf Entwicklungsprozesse, die in der Regel nicht linear verlaufen, sondern Fort- und Rückschritte beinhalten. Angestrebt sind subjektive Entwicklungen und Systementwicklungen, beispielsweise Entwicklungsprozesse bei den Kindern, in der Beziehung zwischen Frau und Herrn Jellner, im System Familie, zwischen Martha und Schule.

Bezogen auf die Familie Jellner erfährt die Sozialarbeiterin im ersten Präsenzgespräch lediglich die Perspektive von Frau Jellner. Ihre ersten fachlichen Konstrukte/Hypothesen kann sie somit nur auf dieser Grundlage formulieren. Aus einer systemischen Perspektive wird sie deshalb versuchen, mit den Kindern und deren Vater zu sprechen, um sich ein genaueres Bild zu machen.[57] Fragen stellen sich viele:

---

[57] Sollte nicht die Möglichkeit vorhanden sein, mit den verschiedenen Betroffenen zu sprechen, wird die systemische Denkfigur und Vorgehensweise über das zirkuläre Fragen realisiert. Ziel ist es, über die Fragetechniken andere Perspektiven zu erfassen. Fragen an Frau Jellner könnten lauten: Was würde Ihre Tochter dazu sagen? Wenn Timo die freie Wahl hätte, welche Aufgaben würde er Ihrer Meinung nach als erstes abgeben? Die Antworten blieben zwar immer noch Konstrukte von Frau Jellner, jedoch aus einem anderen Blickwinkel heraus.

- Was veranlasst beispielsweise Herrn Jellner, seine elterliche Verantwortung nicht verlässlich zu übernehmen? Warum übernimmt er nicht seine Elternaufgaben?
- Welche Bedürfnisse haben die Kinder? Anzunehmen ist, dass Timo im Geschwistersystem eine herausragende Rolle spielt, die viel von ihm abverlangt, die ihn aber auch privilegiert. Die Frage ist, wie er selbst seine Rolle und Situation sieht und wie die Schwestern Timo sehen und er seine Schwestern sieht.

Die Sozialarbeiterin bietet an, in die Familie von Frau Jellner zu kommen, um ein Gespräch mit den Kindern zu führen und bittet auch Herrn Jellner um ein Einzelgespräch.

An dieser Stelle werde ich den Fall verkürzen und im Zeitraffer arbeiten. Die Gespräche finden statt. Die Sozialarbeiterin vertieft ihr Fallverstehen vor dem Hintergrund der verschiedenen Lebenssituationen, Konstrukte, Anliegen und Bedürfnisse der Familienmitglieder. Sie kann vor dem Hintergrund ihrer Gespräche das Symptom (verhaltensauffällige Martha) in seiner Funktion besser einordnen. Ebenso versteht sie die Funktion von spezifischen Rollen in der Familie, beispielsweise die familienstabilisierende Rolle von Timo als Kümmerer. Frau Jellner konstruiert aus der Sichtweise der Sozialarbeiterin eine Opfer-Täter-Beziehung, was ihren Mann betrifft. Dieses Konstrukt vermittelt sie möglicherweise auch den Kindern und ebenso ist anzunehmen, dass sich dieses Konstrukt bereits in ihrer Ursprungsfamilie gefestigt hat. Elsas Wunsch, beim Vater leben zu wollen, lässt sich aus einer systemischen Perspektive hypothetisch auch als eine Ausbalancierung des Täter-Opfer-Konstruktes interpretieren. So gesehen bliebe der Vater als sorgender Part in der Familie zumindest über Kommunikation integriert.

Das Gespräch mit Herrn Jellner ergab, dass er sich aufgrund der immer wiederkehrenden Sticheleien und Schuldzuweisungen von Frau Jellner in ihrer Gegenwart unwohl fühlt. „Sie erwartet immer soviel und klagt soviel", sagt er. Er will auch den Mädchen keine Hoffnungen machen, zu ihm ziehen zu können. Das gehe nicht, weil er jetzt eine neue Partnerschaft aufbauen möchte. Auch weiß er nicht, wie er sagt, wie er mit Elsa umgehen soll, die so anhänglich ist. Er will ihr keine Hoffnungen machen und geht lieber auf Abstand. Angesprochen auf die Unterhaltszahlungen reagiert er eher beschämt. „Ja, Unregelmäßigkeiten kamen schon vor", sagt er, aber er habe eben auch finanzielle Durststrecken zu bewältigen gehabt. Hier, so die professionelle Annahme, könnten Klarheit und ein Kontrakt möglicherweise ein Weg sein, um den Unterhalt und den Umgang und die Beziehung mit den Kindern und zwischen den Eltern zu regeln und zu verbessern.

Der Fokus der Sozialarbeiterin ist in ihrer weiteren Arbeit auf die Qualität der Beziehungen gerichtet und zwar konkret auf Inklusion, Teilhabe und Lebensqualität. Dabei wird im Rahmen der Fallbearbeitung deutlich, dass die Bedürfnisse der Betroffenen durchaus kollidieren können und dass Lebensqualität nicht heißt, diese auf Kosten von anderen zu stärken. Das Bedürfnis von Herrn Jellner, eine neue Partnerschaft aufbauen zu wollen, kollidiert mit Bedürfnissen seiner Kinder, eine Beziehung mit dem Vater leben zu wollen. Wenn beispielsweise Timo in seinen altersgerechten Bedürfnissen unterstützt und von der Rolle als Kümmerer entlastet wird, so geht dies zunächst auf Kosten der Lebensqualität der Mutter und möglicherweise auf Kosten der Stabilität eines routinierten Familienzusammenspiels, und zwar so lange, bis die ins Auge gefassten Alternativen greifen. Die entwicklungsorientierte Arbeit an den bestehenden Systembeziehungen bedeutet nicht selten eine Destabilisierung des Systems, die sich, je nach Situation, schwächer oder stärker zeigen kann. Durch den Hilfeprozess werden Gewohnheiten und Routinen durchbrochen, was zu Verunsicherung und Verlustgefühlen bei den Betroffenen führen kann. Mit der Stärkung von Inklusion, Teilhabe und Lebensqualität können phasenweise Krisen einhergehen, die besonderer Unterstützung seitens der Professionellen bedürfen.

Zurück zur Lebensqualität: Die Verwendung des Begriffs der Lebensqualität erschöpft sich nicht in subjektiven Vorstellungen dahingehend, was sich Einzelne wünschen. Vielmehr braucht es ethisch gestützte Kriterien in Bezug auf Bedürfnisse, Fairness, rechtliche Ansprüche, Verantwortung, Schutz und Zumutbarkeit, um auf dieser Basis miteinander zu erarbeiten, was Lebensqualität im Kontext der gelebten Beziehungen konkret bedeuten kann. Dass beispielsweise Timo altersgemäße Bedürfnisse leben kann, ohne aufgrund der familialen Lebensumstände zu stark in eine Erwachsenenrolle gedrängt zu werden, ist ein wichtiger Faktor und hat Vorrang vor dem Wunsch der Mutter, durch ihren Sohn entlastet zu werden. Hingegen ist Entlastung als solche ein wichtiger Aspekt der Lebensqualität der Mutter. Die Einlösung hat aber mehr durch die Erwachsenen zu erfolgen, indem Elternaufgaben wahrgenommen werden und gegebenenfalls Unterstützung über Dritte, beispielsweise eine Haushaltshilfe, erfolgt.

Professionelle Hilfebeziehung

Die professionelle Hilfebeziehung zielt zunächst auf die Inklusion der Familie Jellner (Eltern und Kinder) in das Hilfesystem. Zu klären wäre im vorliegenden Fall auch die Rolle der Partnerin von Herrn Jellner, wie sie zur Familie Jellner steht und welche Rolle sie im Rahmen des Hilfeprozess einnehmen will und wie die Anderen dazu stehen. Dieser Punkt ist wichtig, wenngleich er hier aus Komplexitätsgründen nicht weiter verfolgt werden kann.

Die Inklusion der Familie Jellner in das professionelle Hilfesystem erfolgt auf zwei Ebenen, zum einen auf der *interpersonellen Ebene* (Sozialarbeiterin-Betroffene) und zum anderen auf der *formalen Systemebene* (Beratungsstelle-Klient). In der direkten Hilfebeziehung sind die Betroffenen mit ihrer Person inkludiert, d. h. sie können das, was sie betrifft und bewegt, einbringen. In der Beratungsstelle als formal organisiertes Hilfesystem wird die Familie Jellner als Fall geführt mit bestimmten sozialen Ausgangslagen und Merkmalen. Durch diese wird das Hilfesystem tätig und kann den Fall verwaltungsmäßig bearbeiten. In diesen Schnittmengen bewegt sich auch die Kommunikation, die zwischen interpersonell und formal changiert. Die Sozialarbeiterin braucht, um sich in den verschiedenen Bezügen zurechtzufinden, ein klares Rollenverständnis und eine stimmige Ausbalancierung von Nähe und Distanz. In der Rolle als Helfende ist die Sozialarbeiterin nicht komplett mir ihrer Persönlichkeit inkludiert. Sie handelt vor dem Hintergrund ihrer Aufgabenstellung, den vorhandenen Ressourcen, ihrer gesellschaftlichen Legitimität als Angehörige einer Profession und vor dem Hintergrund ihrer Kompetenzen und ihres professionellen Selbstverständnisses. Von zentraler Bedeutung ist ihre Persönlichkeit und damit einhergehend wie offen, kommunikativ, empathisch und flexibel sie sich zeigt, wie sie die Betroffenen partizipativ einbindet und wieviel Distanz sie zu dem Fall hat oder inwieweit sie sich durch ihre eigene Lebensgeschichte möglicherweise in den Fall verstricken lässt. Je nachdem, wie sie den Fall, die Aussagen der Betroffenen und die jeweiligen Beziehungen konstruiert, wird sie den Hilfeprozess, die Vorgehensweisen, die Kommunikation und die Maßnahmen entscheidend mitgestalten. Insgesamt ist ihre Persönlichkeit für die Betroffenen ein wichtiger Gradmesser, um ihre Kompetenz und Vertrauenswürdigkeit einzuschätzen. Nähe und Distanz zu den Betroffenen hat die Sozialarbeiterin immer wieder auszutarieren. Ihre Möglichkeiten, mit der Familie zu arbeiten, bestimmen sich nach den internen Systemvorgaben des formal organisierten Hilfesystems, darunter die Aufgabenbeschreibung, die Summe der zu bearbeitenden Fälle, die Art wie im System kommuniziert wird, das Konzept, nach dem gearbeitet wird. All das nimmt Einfluss auf die konkrete Hilfebeziehung. Diesen Einfluss gilt es nicht nur reflexiv wahrzunehmen, sondern es braucht gegebenenfalls Intervention in das formal organisierte Hilfesystem, um adäquate Hilfeangebote zu erwirken.

Die Sozialarbeiterin macht sich durch weitere Gespräche mit den Familienmitgliedern und aufgrund der verschiedenen Perspektiven ein Bild von der Situation, den Wünschen, Bedürfnissen und Ängsten der Betroffenen, von den relevanten Beziehungen, vorhandenen Ressourcen und Potenzialen und vom Entwicklungsbedarf. Ihre früheren Konstrukte und Hypothesen aktualisiert und reformuliert sie im Prozess. Zusammen mit den Betroffenen werden auf den relevanten Beziehungsebenen der Entwicklungs- und Ressourcenbedarf und die in Frage kommenden Maßnahmen erarbeitet. Damit einher geht es um das Ausloten vorhandener Potenziale und Ressourcen und um die Fragen, wer was tut, worauf zu achten ist und welche Aufgaben die Soziale Arbeit übernimmt.

Damit die Hilfekommunikation gelingt, setzt es von professioneller Seite neben Kommunikationskompetenz Bewusstheit, Offenheit, Transparenz und Rollenklarheit voraus. Die Handlungsprinzipien der Sozialarbeiterin auf der professionellen Hilfeebene lauten:

- Eine wertschätzende Grundhaltung zeigen, Partizipation der Betroffenen bei der Problemanalyse und bei der Lösungsfindung ermöglichen; auf Absprachen und Transparenz im Umgang mit den Betroffenen achten.
- Autonomie und Selbstorganisation respektieren. Was die Betroffenen selber leisten können, soll bei ihnen belassen werden.
- Auf klare Grenzen achten, insbesondere klare Auftragsklärung und Klarheit darüber, welche professionelle Hilfe konkret angeboten werden kann und was gegebenenfalls an andere Dienste zu delegieren ist.
- Reflexive Parteilichkeit praktizieren. Die Bedürfnisse der Betroffenen stehen im Zentrum; Perspektivenvielfalt wird angestrebt und Kontextbedingungen bei der Problembearbeitung berücksichtigt; die Bedürfnisse, Interessen und Belange der Akteure zum Zwecke gelingender Beziehungen werden verarbeitet. Es werden jene Personen besonders unterstützt, die einen besonderen Hilfebedarf haben.

Analyse der Beziehungsebenen

Im Folgenden werden diejenigen Beziehungsstränge beschrieben, die sich für die Entwicklungsarbeit im Fall Jellner als dringlich herausstellen. Dazu stelle ich ein Arbeitsschema vor, mit dessen Hilfe die Beziehungen und der Entwicklungsbedarf erfasst werden können.

Abbildung 7: Schema zur Beziehungsanalyse

	Werte – Denkfiguren – Handlungsweisen				
Beziehung	Inklusion	Teilhabe	Lebensqualität	Maßnahmen	Aufgabe der Sozialen Arbeit
Vorhandene Ressourcen und Potenziale					
Verschränkung mit anderen Beziehungen					
Mögliche Schwierigkeiten					

Das Schema spiegelt den Kern Sozialer Arbeit und damit einhergehend die theoretischen Denkfiguren, mit deren Hilfe der Fall bearbeitet wird. Die Spalte „Verschränkung mit anderen Beziehungen" soll verdeutlichen, dass die verschiedenen Beziehungen nicht isoliert nebeneinander stehen, sondern vernetzt sind, sich gegenseitig bedingen und sich wechselseitig verstärken können, – im Positiven wie im Negativen. Die antizipierbaren Schwierigkeiten im Hilfeprozess werden miteinander ausgelotet und kommuniziert, beispielsweise das Problem routinierter, suboptimaler Muster, Unlust, Ängste, destruktive Gefühle, Überforderung, Blockaden, Borniertheit, Verweigerung u.a.m. Das Schema lässt sich für jede Beziehungsebene heranziehen, entweder als gedankliche Stütze und Leitfaden oder als Schema, das konkret ausgefüllt wird.

Im weiteren Vorgehen wird das Schema am Beispiel der Beziehung Martha-Schule einmalig ausformuliert, um seine Verwendungsmöglichkeit aufzuzeigen. In der weiteren Fallbearbeitung wird es aus Platzgründen nicht weiter herangezogen, jedoch dient es als Hintergrundfolie.

Beziehung Martha – Schule

Die Inklusion Marthas in die Grundschule ist aufgrund von Marthas auffälligem Verhalten und ihrer Lernprobleme gefährdet; es droht Exklusion aus der Schule und Inklusion in eine Sonderschule. Weder die Eltern noch Martha wollen das. Die Sozialarbeiterin regt ein Gespräch beider Eltern mit der Lehrerin an und bietet an, daran ebenfalls teilzunehmen. Das Gespräch findet statt und die Beteiligten einigen sich darauf, Martha in einen anderen Klassenverband mit Ganztagsbetreuung zu versetzen. Ebenso wird kindertherapeutische Unterstützung vereinbart. Ziel ist es, für Martha das Lernniveau zu halten und zu verbessern, perspektivisch ihre zukünftigen persönlichen und beruflichen Entwicklungschancen zu stärken, ihre Würde zu achten und ihren Selbstwert zu stärken durch die Beibehaltung der vertrauten Schule und des Schulniveaus. Im Gespräch wird deutlich: Zu Marthas Potenzialen zählen ihre Kraft und Lebendigkeit, ihre kognitive Entwicklung ist altersgemäß und entspricht durchaus den Anforderungen der Schule. Entwicklung braucht es in Bezug auf ihre Verhaltensauffälligkeit und in Bezug auf ein kontinuierliches Lernen. Die Entwicklung Marthas könnte durch schulische und therapeutische Förderung wie auch durch die Gesamtstabilisierung der Familie vorangebracht werden. Probleme könnten in Übergangsphasen auftreten. Martha könnte beispielsweise durch die neue Situation (Klassenwechsel, veränderter Tagesrhythmus) überreagieren, so dass alte destruktive Muster sich womöglich verstärken. Hier bräuchte es Zuspruch und Geduld seitens der Beteiligten, um Martha in dieser möglicherweise labilen Übergangsphase (Verdichtungs- und Wendephase) zu stabilisieren. Auch die Familie könnte möglicherweise in der Übergangsphase überfordert sein und immer wieder auf alte Muster zurückgreifen, so dass anfangs Marthas Situation von dort aus wenig stabilisiert werden kann.

Die Sozialarbeiterin hat bei diesem Gespräch eine vermittelnde und Perspektiven erweiternde Aufgabe. Die Kommunikation ist hybrid. Die Beteiligten sind Rollenträger und begegnen sich interpersonell vor dem Hintergrund des formal organisierten Systems Schule, dessen Rahmbedingungen und rationalen Logiken, und vor dem Hintergrund der Logiken des Hilfesystems wie auch des Familiensystems. Verschiede Aspekte sind zu verknüpfen: die Logiken der Schule, die Sichtweise der Lehrerin, die der Sozialarbeiterin, die von Marthas Eltern und die von

Martha. Die Sozialarbeiterin hat die Aufgabe, Marthas Bedürfnisse stellvertretend einzubringen, soweit dies nicht durch die Eltern oder die Lehrerin geschieht.

Übertragen auf das Schema sieht dies folgendermaßen aus:

Abbildung 8: Analyseschema der Beziehung Martha-Schule

Beziehung	Werte – Theoretische Denkfiguren – Handlungsweisen				Aufgabe der Sozialen Arbeit
	Inklusion	Teilhabe	Lebensqualität	Maßnahmen	
Marta und Schule	Verbleib in der Schule	am Lernniveau	Würde, Selbstwert, Zugehörigkeit, Perspektiven	Elterngespräch mit der Lehrkraft	Teilnahme am Elterngespräch mit der Lehrkraft
	Neue Klasse	an spezieller Förderung	Erfolgserlebnisse, Gefühl der Unterstützung	Wechsel in einen Klassenverband mit Ganztagsbetreuung und Förderung	Vermittelnd Impulsgebend Perspektiven aufzeigend
	Kindertherapie	an professioneller Hilfe	Besserer Umgang mit eigener Aggression und mehr Selbstkontrolle	Kindertherapeutische Unterstützung	

Vorhandene Ressourcen und Potenziale:
Schule: Ganztagsförderklassen, kognitive Fähigkeiten, Kooperationsbereitschaft der Lehrerin
Martha: Lebendigkeit, kognitive Fähigkeiten, Wille in der Schule bleiben zu wollen
Eltern: Interesse an Marthas Weiterentwicklung, Fähigkeit der Mutter Hilfe zu suchen und anzunehmen

Verschränkung mit anderen Beziehungen:
Die Verbesserung der Beziehung zwischen Martha und Schule wird flankiert durch die Verbesserung der familialen Beziehung.

Mögliche Schwierigkeiten:
Übergangsschwierigkeiten von Martha, Rückfall in alte Muster, ggf. verstärkt durch Übergangsschwierigkeiten der Familie im Aufbau neuer Muster des Zusammenlebens.

Geschwisterbeziehung

Aus den Gesprächen der Sozialarbeiterin mit den Kindern hat sich ergeben, dass sich Martha und Lisa viel mehr Zeit mit der Mutter wünschen, und dass sie mehr mit ihnen unternehmen solle. Lisa und Timo äußern zudem den Wunsch, insgesamt außerhalb der Schule häufiger mit anderen Kindern spielen zu wollen. Die beiden Schwestern fühlen sich von Timo gegängelt, was sie immer wieder ärgert. Timo kümmert sich, wie er sagt, ungern um seine Schwestern.

In einer von der Sozialarbeiterin moderierten Familienkonferenz werden diese Punkte angesprochen, Ideen geschmiedet und Neues vereinbart. Überlegt wird mit Hilfe der Sozialarbeiterin, wie beispielsweise Ferien- und Freizeitmaßnahmen durch Dritte finanziert werden können (z. B. Angebote der Stadt, Programme u. a.). Es wird vereinbart, dass Timo nicht mehr so viele Aufgaben für die Familie übernimmt. Er wird von bestimmten Aufgaben entlastet (z. B. Einkaufen), damit mehr Zeit für altersgemäße Freizeitaktivitäten bleibt.

Die neuen Vereinbarungen setzen voraus, dass sich die Beziehung Mutter – Kinder, insbesondere die Beziehung Mutter – Timo sowie Mutterr – Töchter und das Familiensystem insgesamt daraufhin verändern, dass die Mutter ihren Sohn nicht in der alten Rolle festhält, dass sie mehr Aufmerksamkeit den Töchtern widmet und mit ihnen etwas unternimmt. All das setzt weitere Inklusionen und Teilhabe an Ressourcen voraus. Beispielsweise könnte eine Familienhelfern entlastend wirken.

Die Sozialarbeiterin vermittelt, moderiert, gibt Impulse, sie zeigt Perspektiven auf und kommuniziert mögliche Hürden und Erschwernisse in Bezug auf die Entwicklungsprozesse.

Beziehung der Eltern

In einem Gespräch zwischen Frau und Herrn Jellner, das die Sozialarbeiterin moderiert, werden Schwierigkeiten, Gefühle, Vorwürfe und Befürchtungen der jeweiligen Seite transparent. Herr Jellner wird von der Sozialarbeiterin auf seine Versorgungspflichten als Vater hingewiesen und auf seinen Teil der familialen Verantwortungsübernahme. Mit Hilfe eines Kontrakts werden auf rechtlicher Basis regelmäßige Unterhaltszahlungen durch Herrn Jellner vereinbart. Die noch ausstehenden Summen werden in kleineren Raten nachbezahlt. Besuchsregelungen der Kinder beim Vater werden vereinbart, ebenso wird klar kommuniziert, dass die Kinder bei der Mutter bleiben. Die Sozialarbeiterin vermittelt mit Hilfe mediatorischer Gesprächsführung und achtet auf eine verbindliche Kontraktbildung. Die Kommunikation ist interpersonell orientiert und wird gerahmt durch das Rechtssystem (Unterhaltsansprüche) und das Hilfesystem. Die Betroffenen kommunizieren emotional und rational, entlang ihrer Elternrollen und ihrer miteinander gemachten Erfahrungen; es spiegeln sich im Gespräch verschiedene Verantwortungsauffassungen, gegenseitige Verletzungen und damit einhergehende Gefühle sowie gegenseitige Erwartungen.

Das Gelingen der Vereinbarung setzt voraus, dass diese nicht nur von den Eltern gelebt, sondern ebenso von den Kindern wie auch von der Partnerin von Herrn Jellner respektiert und mitgetragen werden.

Familienbeziehung

Der Familienalltag von Frau Jellner und ihren Kindern strukturiert sich entlang der Arbeitszeiten von Frau Jellner. Es wird überlegt, dass eine Familienhelferin die Familie zweimal in der Woche im Haushalt unterstützt. Sie ist Voraussetzung dafür, dass Frau Jellner mehr Zeit für ihre Kinder hat und Timo entlastet wird, und auch, dass die Nachbarin, die weiterhin gelegentlich nach dem Rechten sieht, nicht über Gebühr belastet wird.

Aufgabe der Sozialarbeiterin ist es, zusammen mit den Familienangehörigen brauchbare Lösungen zu finden. Die Sozialarbeiterin vermittelt und eröffnet Unterstützungsmöglichkeiten von außen. Die Kommunikation birgt funktionale und emotionale Anteile. Funktional, weil es um Fragen eines funktionierenden Familienalltags geht, und emotional, weil sich an den bisherigen Routinen Grundlegendes verändert und eine neue Person hinzukommt. Das erzeugt möglicherweise Unsicherheit und Befremden. Pragmatische Überlegungen, sowie Hoffnungen und Befürchtungen kennzeichnen die Kommunikation.

Alle Familienmitglieder sind gefordert, sich auf Neues einzulassen, ihre Beziehungen zu verändern und neue Muster zu integrieren. Frau Jellner ist diejenige, die die Umstrukturierung am stärksten mitzutragen und mitzugestalten hat. Von ihr wird bewusstes und reflektiertes Umgehen mit der neuen Situation gefordert, vor allem dann, wenn sich alte Muster wieder einschleichen, beispielsweise in ihrer Beziehung zu Timo. So hat die Sozialarbeiterin gegenüber Frau Jellner auch die Aufgabe der Bewusstseinsarbeit.

Beziehung von Frau Jellner zu sich selbst

Das Selbstbild Frau Jellners als Frau, Mutter und Alleinerziehende stellt sich eher brüchig dar. In Verbindung mit ihrer Erschöpfung und Überforderung ist daraus eine gewisse soziale Isolation entstanden, mit der Folge, dass sie kaum mit Gleichgesinnten über ihre Situation sprechen kann. Letzteres empfindet Frau Jellner als Manko. Auf die Überlegung der Sozialarbeiterin, eine Selbsthilfegruppe für Alleinerziehende zu suchen, reagiert Frau Jellner positiv. Die Sozialarbeiterin vermittelt Frau Jellner in eine Gruppe. Auch werden weitere begleitende Beratungsgespräche mit der Sozialarbeiterin vereinbart, um Frau Jellner im familiären und persönlichen Entwicklungsprozess zu stärken. Motivation, Reflexion und Bewusstseinsbildung sind hierbei Aufgabe der Sozialarbeiterin.

Dass Frau Jellner weitere Beziehungen aufbaut, um sich Anderen mitzuteilen und um teil zu haben an den Erfahrungen und Ideen Anderer ist wichtig für ihre eigene persönliche Entwicklung wie auch für die Beziehung zu ihren Kindern, um deren kindgerechte Bedürfnisse zu unterstützen und insbesondere Timo von seiner Erwachsenenrolle zu entlasten. Bewusstseinsbildung ist wichtig in Bezug auf das eigene weibliche Rollenbild und die Frage, welches Frauenbild sie ihren Töchtern vermitteln will.

Die Kommunikation ist subjektbezogen, setzt Einfühlsamkeit seitens der Sozialarbeiterin voraus und den Respekt vor dem biografischen Gewordensein von Frau Jellner. Es geht weder um Kolonialisierungsprozesse in Bezug auf ein neues Selbstbild von Frau Jellner, noch um therapeutische Arbeit, sondern um Angebote in Bezug auf neue Sichtweisen, das Überprüfen ihres Selbstkonzeptes und ihrer Beziehung zu den Kindern wie auch zu ihrer sozialen Umwelt.

Schluss

Abschließend ist zu sagen, dass alle Familienmitglieder durch die schwierige Situation belastet sind. Sichtbare Wut und Aggression wird allein durch Martha ausgedrückt. Durch das Symptom kommt der ganze Prozess ins Rollen. Es ist nicht anzunehmen, dass der durch professionelle Hilfe begleitete Entwicklungsprozess gradlinig verläuft. Alte Muster können sich wieder einschleichen oder in Stresssituationen besonders hervortreten. Bestimmte Maßnahmen greifen möglicherweise nicht in der gewünschten Form, so dass es neue Überlegungen braucht.

Wichtig im Hilfeprozess sind Geduld, prozessual-flexible Anpassungsleistungen der Betroffenen, der Schule wie auch der Sozialarbeiterin, das bewusste Wahrnehmen dessen, was bereits bewältigt werden konnte, wo es Hürden gibt und woran noch zu arbeiten ist. Es ist anzuerkennen, was gegebenenfalls im Moment nicht bewältigt werden kann und womit man sich arrangieren muss.

Im vorliegenden Fall ist die Sozialarbeiterin tätig, um Inklusionsbedingungen zu verbessern und um neue Inklusionen mit Blick auf Teilhabe und Lebensqualität zu ermöglichen. Die Sozialarbeiterin arbeitet auf den relevanten Beziehungsebenen und ist kommunikative Vermittlerin. Sie bringt fachliche Überlegungen, Ideen und Perspektiven ein und macht Angebote. Sie stellt Hypothesen im Hilfeprozess auf und überprüft diese immer wieder entlang der Wahrnehmungen und Bedürfnisse der Betroffenen und des prozessualen Geschehens und ist selbstkritisch, was ihre eigenen Konstrukte betrifft.

Deutlich wird am Beispiel des Falles Jellner, dass die Kommunikation dort hybrid verläuft, wo sich in interpersonellen Kommunikationssituationen Persönliches und Rollenspezifisches mischt und wo sich systemfunktionale Fragen, interpersonelle Beziehungsfragen und subjektive Bedürfnisse überlappen. Somit braucht es kommunikative Kompetenz seitens der Professionellen, um sich in dieser Gemengelage reflektiv und kommunikativ zurechtzufinden. Überhaupt wird anhand des Falles deutlich, wie hoch die Anforderungen an die Professionelle sind und welches Beziehungswissen vorausgesetzt wird. Nicht nur das: Die Sozialarbeiterin braucht Beziehungskompetenz, um konstruktiv an den verschiedenen Beziehungen arbeiten zu können. Sie braucht die Fähigkeit, sich immer wieder vom Fall und den Betroffenen distanzieren zu können, ohne dabei ihre kommunikative Nähe zu verlieren. Sie braucht Geduld und Prozessoffenheit, ohne ständig in Ziel-Mittel-Kategorien zu denken und auf schnelle Ergebnisse zu hoffen. Dies widerspricht geradezu den Tendenzen in der Praxis, wo es immer mehr darum geht, effektiv, effizient und ergebnisorientiert zu arbeiten und noch dazu in kurzen Zeitphasen. Somit stehen die Professionellen im Spagat zwischen Entwicklungsprozessen, die Zeit erfordern, und Umwelterwartungen. Der erste Schritt, diesen Spagat zu meistern, ist, ihn reflexiv zu bewältigen, das heißt sich der Situation bewusst zu sein. Der zweite Schritt ist, sich kommunikativ und handelnd einzubringen und Möglichkeitsräume auf den relevanten Beziehungsebenen auszuloten.

An diesem Punkt schließe ich die exemplarische Darstellung. Freilich ist die Fallarbeit nicht zu Ende. Die Evaluation des Hilfeprozesses stünde noch an, was jedoch in diesem Rahmen nicht weiter ausgeführt werden soll.

9.2 Beispiel 2: Bildungsarbeit

Situation

Aufgrund von Arbeitsverdichtung, steigendem Druck und fachlichen Anforderungen wächst im Krankenhaussektor die Burnoutgefährdung der Mitarbeiterschaft. Die Abteilung Personalentwicklung eines großen Krankenhauses greift die Problematik auf. Ein Sozialarbeiter, der in der Abteilung für den Bereich psychosoziale Krisen zuständig ist, wird beauftragt, ein Bildungskonzept gegen Burnout zu entwickeln.

Der Sozialarbeiter geht das Problem mit Hilfe der hier dargelegten Kernbestimmung Sozialer Arbeit an. Burnout, so sein fachlicher Ansatz, resultiert aus dem Zusammenwirken verschiedener Belastungsfaktoren: intrapsychische Belastungen, interpersonelle Belastungen (z. B. Team, private Beziehungen), organisationale Belastungen (Druck, Überforderung, Arbeitsbelastung) und Belastungen durch die Gesellschaft (Leistungsanforderungen). Burnout, so sein Ausgangspunkt, kann durch tragfähige Beziehungen verhindert, kann aber auch durch belastende Beziehungen verstärkt werden.

In seinem Konzept nennt er die für Burnout besonders relevanten Beziehungen und Belastungsfaktoren:

- *Die Beziehung zum eigenen Selbst:* Insbesondere überzogene Selbstanforderungen und Auffassungen, was nach außen zu erbringen ist; mangelnde Fähigkeit, Überforderungen und eigene Leistungsgrenzen zu erkennen und zu spüren und sich selbst Grenzen zu setzen, um für einen Ausgleich zu sorgen, beispielsweise durch Entspannung, Stress- und Zeitmanagement.
- *Die Beziehung zum Team:* Insbesondere, wenn über Burnout nicht gesprochen wird, wenn es weder Strategien gibt, noch auf Burnout bezogene

gegenseitige Wahrnehmung und Unterstützung, wenn durch gegenseitige Unachtsamkeit und Konkurrenz der Leistungsstress erhöht wird.
- *Die Beziehung zur Organisation:* Insbesondere, wenn durch das Krankenhaussystem und die Führungskräfte Leistungsdruck aufgebaut wird, wenn wenig auf die Bedürfnisse der Mitarbeiterschaft Rücksicht genommen wird, wenn entsprechende betriebliche Gesundheitsmaßnahmen fehlen.
- *Die Beziehungen im Nahbereich: Partnerschaft, Familie, Freunde:* Wenn der berufliche Stress privaten Stress erzeugt. Wenn über die beruflichen Anforderungen im privaten Kreis nicht gesprochen wird und wenn keine Strategien der Stressreduktion überlegt werden.
- *Die Beziehung im Rahmen von Freizeit:* Wenn mangels Freizeit eine Entlastungsfunktion fehlt oder wenn anfordernde Freizeitaktivitäten eher belastend sind.
- *Die Beziehung zur Gesellschaft:* Wenn Leistungsanforderungen und Rationalisierungsanforderungen als Normalität kommuniziert werden.

Der Sozialarbeiter entwickelt das Konzept im Spannungsfeld Person-Umwelt. Das Konzept zielt auf Bewusstseinsarbeit und Kompetenzstärkung im persönlichen Umgang mit Burnout. Dazu gehört auch die kritische Reflexion gesellschaftlicher Anforderungen. Es zielt auf die Stärkung interpersoneller Beziehungen und der Beziehungen auf der Organisationssystemebene. Das Konzept ist reflexiv, bildungs- und kompetenzorientiert wie auch organisationsstrukturell angelegt.

Didaktisch-methodisch stellt sich die Frage, welches Setting konkret angeboten wird. Eine sensible Frage ist, wie das Thema Burnout in Verbindung gebracht werden kann mit den privaten Beziehungen der Mitarbeiter und Mitarbeiterinnen, ohne dass hier seitens der Personalabteilung und des Konzepts Grenzen überschritten werden. Der Aspekt sollte zunächst nur reflexiv angesprochen werden. Die Bearbeitung der privaten Beziehungsebene kann lediglich eine Option sein, ein freiwilliges Angebot für Interessierte. Für das Konzept bedeutet dies beispielsweise, Unterstützung durch Familiencoaching oder Partnerschaftscoaching vorzusehen, neutrale Coaches zu vermitteln und darauf zu achten, dass die Bearbeitung des Privaten, wenn es von einzelnen Teilnehmern gewollt wird, in der Privatsphäre verbleibt und nicht Teil von Personalakten wird. Darauf ist ganz besonders hinzuweisen. Beratungs- und Coachingangebote sind im Bedarfsfall so zu organisieren, dass die Personalabteilung zwar vermittelt, dass sie im Rahmen des Konzepts Ressourcen zur Verfügung stellt, dass aber keine Daten und Auswertungen verlangt werden. Hier gilt Vertrauensschutz und Schutz der privaten Sphäre bei gleichzeitiger Unterstützung des Arbeitgebers durch die Bereitstellung von Ressourcen.

Konzeptionell wählt der Sozialarbeiter für das Bildungsvorhaben die Modulform. Das Konzept enthält ein subjektbezogenes Modul, um die Selbstreflexivität der Adressaten zu stärken, Kompetenzen im Umgang mit Burnout aufzubauen und für die belastenden Faktoren im Kontext Person-Umwelt zu sensibilisieren.

Ein weiteres Modul zielt auf die Stärkung der Teams im Umgang mit Burnout. Es zielt auf Wahrnehmung und gegenseitige Unterstützung wie auch auf die Bearbeitung von Problemen und Mustern, die Burnout forcieren.

Ein weiteres Modul zielt auf die verantwortlichen Führungsebenen in der Organisation. Insbesondere geht es um Führungsverhalten, Arbeitsplatzbedingungen und gesundheitsförderliche Strukturen.

Die gesellschaftliche Ebene gilt es reflexiv in den Modulen zu bearbeiten, um Teilnehmer gegenüber gesellschaftlichen Beeinflussungen und Leistungsanforderungen zu sensibilisieren und Strategien und Haltungen zu entwickeln, wie damit umgegangen werden kann.

Ein optionales Modul beinhaltet Angebote, um bei Bedarf belastende Beziehungen im privaten Bereich zu unterstützen.

Der konzeptionelle Zuschnitt ist reflexiv, bildungs- und kompetenzorientiert wie auch orientiert am Begriff der lernenden Organisation, die sich strukturell weiter entwickelt. Ziel ist es, Synergien zu schaffen, um die sich verstärkenden multiplen Ursachen von Burnout zu entkräften. Das Problem wird nicht individualisiert und es werden nicht lediglich Trainings für die individuelle Burnout-Prophylaxe angeboten. Die allgemeine Zielorientierung des Konzeptes ist darauf gerichtet, die Inklusion der Beschäftigten zu erhalten, zu verbessern und zu stabilisieren. Dies stärkt die Funktionsfähigkeit des Krankenhauses wie auch die Lebensqualität und Funktionsfähigkeit der Mitarbeiter und Mitarbeiterinnen.

Die Verbesserung von Inklusion erfolgt über die Teilhabe der Adressaten an Bildungsangeboten und damit Teilhabe an Wissen, Problemverstehen, Teilhabe an eigenen Kompetenzen und Mitwirkungsmöglichkeiten. Die Verbesserung von Inklusion erfolgt ebenso durch die Teilhabe an der Problembewältigung durch die Organisation (Führung, Strukturen, Ressourcen). Insgesamt geht es darum, Kompetenzen und Arbeitsbedingungen im Umgang mit Burnout so aufeinander abzustimmen und zu verbessern, dass Mitarbeiter und Mitarbeiterinnen Lebensqualität am Arbeitsplatz verspüren, dass sie Selbstwirksamkeit erfahren, Unterstützung und Wertschätzung im Team, dass sie zumutbare Anforderungen vorfinden, dass sie von den Führungskräften unterstützt werden, dass sie Einfluss nehmen können auf die Gestaltung ihres Arbeitsplatzes und ihrer Arbeitsbedingungen und dass sie Freude und Sinn in Bezug auf ihr Tun empfinden. Der Nutzen der Organisation ist damit einhergehend die Funktionssteigerung durch gesunde und motivierte Mitarbeiter und Mitarbeiterinnen.

Die Realisierung einer solchen theoretisch-konzeptionellen Ausrichtung in der Praxis wird mehr oder weniger Grenzen haben: Grenzen bei den Personen, Systemen und Professionellen. Aber darum geht es hier nicht. Vielmehr geht es um einen fachlich-begründeten Ansatz für die konzeptionelle Bildungsarbeit und eine professionelle Haltung und Vorgehensweise aus der Perspektive Sozialer Arbeit. Wichtig ist die Richtung, in die gearbeitet wird. Das Bildungskonzept kann ein wichtiger Meilenstein sein kann, um Entwicklungsprozesse voranzubringen.

9.3 Beispiel 3: Vernetzung im sozialen Raum

Aufgrund der zunehmenden sozialen Probleme in Stadtteilen mit Entwicklungsbedarf und aufgrund der belasteten kommunalen Haushalte entschließen sich immer mehr Städte und Kommunen, in Verbindung mit Programmen der „Sozialen Stadt" (BMFSFJ)[58] ihre Jugend- und Familienhilfe umzustellen. Ziel ist eine Kooperation der öffentlichen und freien Träger der Sozialen Arbeit und eine Vernetzung relevanter Akteure in den sozial belasteten Stadtteilen. Vor allem die Betroffenen sollen in das Hilfekonzept aktiv und partizipativ eingebunden werden. Es geht um die Aktivierung und Partizipation der Beteiligten, um adäquate Einzelfallhilfen, die Entwicklung von Stadtteilen und um Ressourcenorientierung.

Vor dem Hintergrund des in diesem Buch vorgelegten Konzeptes zielen Vernetzung und Kooperation im sozialen Raum auf Inklusion, Teilhabe und Lebensqualität der Betroffenen. Der Schlüssel ist die Gestaltung von Beziehungen im sozialen Raum und auf unterschiedlichen Ebenen. Stichworte dazu sind:

- Zugänge schaffen zu Bildung, Arbeitsplätzen und Lehrstellen,
- Verbesserung des Wohnumfeldes (materiell, infrastrukturell, ästhetisch, ökologisch),
- Verbesserung der Freizeitmöglichkeiten und der Aktivitäten im sozialen, kulturellen, ökologischen und sportlichen Bereich,
- Stärkung der Solidarität und Toleranz,
- Partizipation, Eigeninitiative und Mitverantwortung,
- Kooperation und Vernetzung,
- Dialog, Information, Transparenz,
- mehr soziale Sicherheit,
- verbesserte Hilfestrukturen im Stadtteil,
- alltagsnahes, flexibles Angebot und integrierte Hilfen (präventiv, niederschwellig, ambulant, teilstationär, stationär)
- Effektivität und Wirtschaftlichkeit

Die Beziehungen in den Familien sollen gestärkt werden, ebenso im nachbarschaftlichen Umfeld und zwischen verschiedenen kulturellen Milieus. Des weiteren sind die Beziehungen zu Politik, Wirtschaft, Kultur, Ökologie und sozialer Hilfe über Kooperation und Vernetzung zu verbessern.

Die dazu notwendigen Strukturreformen und Umstrukturierungsmaßnahmen vor allem in der Sozialverwaltung sind grundlegend und können hier nur angedeutet werden. Beispielsweise gibt es die Möglichkeit der Gründung eines Trägerverbundes, in dem öffentliche Träger (ASD, Jugendamt) und freie

---

[58] Deutsches Bundesministerium für Familie, Senioren, Frauen und Jugend. Siehe www.bmfsfj.de wie auch www.eundc.de (Zugriff 31.7.2012).

Träger (Wohlfahrtsverbände) der Sozialen Arbeit, sowie Bildungsträger, Träger der Gesundheitshilfe, Familien- und Nachbarschaftszentren kooperieren. Der Trägerverbund bildet sozusagen ein Kernnetzwerk mit einer Steuerungsgruppe, beispielsweise vertreten durch Repräsentanten des Stadtjugendamtes und der Wohlfahrtsverbände. Das Kernnetzwerk umfasst ein erweitertes Netzwerk, in dem Politik, Bau- und Wohnungsamt, Unternehmen, Wirtschaftsverbände, Kulturszene, Umweltverbände, zivilgesellschaftliche Vereine und Verbände sowie Bewohner aus den Stadtteilen vertreten sind.

Damit solche Umstrukturierungen gelingen braucht es beispielsweise Vernetzungsberatung wie auch Fachberatung für einzelne Handlungsfelder. Sinnvoll ist darüber hinaus eine wissenschaftliche Begleitforschung, beispielsweise durch eine Fachhochschule für Soziale Arbeit, um den Entwicklungsprozess qualitativ voranzubringen. Der Trägerverbund als Steuerungszentrum findet sein Pendant in den einzelnen Stadtteilen, die ebenfalls entsprechende Kernnetzwerke und Steuerungszentren und spezifisch erweiterte Netzwerke haben. Die Steuerungszentren in den Stadtteilen initiieren Projekte, Arbeitskreise, Runde Tische, Stadtteilversammlungen und geeignete Foren für Bürgerbeteiligungen (Kinder, Jugendliche, Erwachsene), beispielsweise mit Blick auf Planungsvorhaben hinsichtlich Wohnen, Spielen und Infrastrukturmaßnahmen.

Über Kooperation und Vernetzung entwickelt sich eine neue Beziehungsqualität zwischen den verschiedenen Akteuren im sozialen Raum[59]. Traditionelles Verwaltungshandeln öffentlicher Träger, wie auch Ansätze der „Kundenorientierung" werden abgelöst durch Vorstellungen von Beteiligung und Governance im sozialen Raum. Die Betroffenen werden als Ko-Produzenten von Lebensqualität und sozialer Wohlfahrt wahrgenommen.

Es ist hier nicht der Ort, um Fragen der Möglichkeiten und Grenzen von Netzwerken und Netzwerksteuerung im Rahmen von Stadtentwicklungsprozessen zu diskutieren. Die Vernetzungsprozesse sind weder frei von Konfliktlinien und Interessensgegensätzen, noch ist Vernetzung und Kooperation eine Gewähr für konsensorientierte Entscheidungen. Jedoch wird Dissens kommunikativ, mit Hilfe professioneller Moderation und mit Hilfe der konzeptionellen Leitlinien bearbeitet. Ziel ist es, dass die Betroffenen und die professionellen politischen, wirtschaftlichen, kulturellen, ökologischen und zivilgesellschaftlichen Akteure durch den Modus der Kooperation ihre Ressourcen und Potenziale einbringen, aushandeln und abgleichen.

---

[59] Sozialer Raum ist hier nicht lediglich geografisch im Sinne eines räumlichen Stadtteils gedacht, sondern als Raum lebensweltlicher Beziehungen, die sich bis über den globalen Raum erstrecken können, beispielsweise bei Migrantenfamilien. Zum Begriff des sozialen Raums siehe auch <Projekt „Netzwerke im Stadtteil"> 2005 sowie Früchtel u. a. 2010.

Professionelle in der Sozialen Arbeit sind in den sozialräumlichen Vernetzungsprozessen an unterschiedlichen Stellen tätig. Mit entsprechender Masterkompetenz können sie Umstrukturierungsprozesse beratend und steuernd unterstützen, wie auch Sozialraumanalysen und vernetzte Planungen durchführen und begleiten. Darüber hinaus eignen sich Master-Absolventen der Sozialen Arbeit für Aufgaben der Netzwerksteuerung.

Sozialarbeiter und Sozialarbeiterinnen initiieren und moderieren Projekte und Arbeitskreise. Aufgrund ihrer generalistischen Ausrichtung und ihrer kommunikativen Kompetenz fungieren sie als Brückenbauer zwischen verschiedenen Interessen und Sichtweisen. Sie handeln nah an den Betroffenen und arrangieren mit ihnen zusammen adäquate Hilfeprozesse im Kontext vorhandener Angebotsstrukturen. Sie gestalten strukturelle Rahmenbedingungen mit und werden dazu auf den unterschiedlichen Beziehungsebenen tätig. In ihrer *reflexiven Parteilichkeit* für Personen und Gruppen mit besonderem Unterstützungsbedarf leisten sie Übersetzungsarbeit im doppelten Sinne: sie vertreten die Interessen der Betroffenen einerseits, vor allem dort, wo diese nicht selbst für sich sprechen können, und sie vermitteln die Interessen und Belange verschiedener Akteure sowie funktionale Notwendigkeiten an die Betroffenen andererseits. Sie kreieren Verständigungsakte vor dem Hintergrund ihres professionellen Selbstverständnisses und damit einhergehend ihrer ethischen Leitlinien. Die Professionellen stehen im Spagat zwischen professionellem Selbstverständnis, subjektiven Bedürfnissen der Betroffenen, Partizipations- und Kooperationszielen einerseits, und Machbarkeitsgrenzen, Machtstrukturen, kollidierenden Interessen und Systemlogiken andererseits. Aus einer komplementären Denkfigur heraus entfaltet sich Netzwerkarbeit im sozialen Raum zwischen Selbst- und Fremdbestimmung der beteiligten Akteure. Ziel ist es, den Raum der Selbstbestimmung der Betroffenen zu erweitern.

Die *systemisch-vernetzte und konstruktivistische Denkfigur* hilft, die verschiedenen Beziehungsebenen und Systemtypen zu unterscheiden und zwischen verschiedenen Interessen und Logiken nicht nur zu navigieren, sondern adäquate Kommunikationen aufzubauen. Die Logiken von Verwaltungen und Behörden sind andere als die von Freiwilligenagenturen. Die Systemlogiken, gleich ob Familiensystem, Jugendgruppensystem, formal organisiertes System wie Jugendamt oder Unternehmen, beeinflussen nicht nur den Kommunikationsstil und Habitus der Akteure, sondern verweisen zudem auf unterschiedliche Quellen der Macht. Dass es dennoch zu Verständigungsakten kommen kann, setzt ein Bewusstsein, eine Haltung und einen Willen der Akteure voraus, wie auch kommunikative und reflexive Fähigkeiten der Professionellen.

Die *entwicklungsorientierte Denkfigur* verweist auf Entwicklungsprozesse mit höherer Komplexität und eines höheren qualitativen Niveaus. Weder wird von linearen Prozessen ausgegangen, noch davon, dass alles planbar ist. Die entwicklungsorientierte Denkfigur unterstützt das prozessuale Know-how und schützt vor überzogenen Ansprüchen und kausalen Machbarkeitsvorstellungen.

10 Schluss

Im Mittelpunkt des Buches steht die Kernbestimmung Sozialer Arbeit. Sie gibt eine Richtung vor, die nicht Probleme in den Mittelpunkt stellt, die es zu bearbeiten gilt. Vielmehr ist der Ansatz positiv konnotiert. Er verweist auf das, was zu erwirken ist: Inklusion, Teilhabe und Lebensqualität wie auch systemische Funktionalität auf der Basis tragfähiger Beziehungen. Das Dargelegte ist ein Angebot, Soziale Arbeit in ihrem Kern, d. h. in ihren ethischen Leitlinien, in ihrer Gegenstandsbestimmung, in zentralen theoretischen Denkfiguren und in ihren grundlegenden Handlungsweisen, zu bestimmen.

Die Kernbestimmung Sozialer Arbeit zielt auf Wissen, Können und Haltung. Damit einher gehen kognitive, fachlich-methodische, soziale und personale Kompetenzanforderungen an die Professionellen.

Kognitive Kompetenzen: Gemeint sind insbesondere Relationierungskompetenz, damit einhergehend analytische Kompetenzen und die Fähigkeit Bezüge zwischen verschiedenen Aspekten, Faktoren wie auch theoretischen Konzepten herzustellen. Es geht um das Denken in komplexen, vernetzten Problemzusammenhängen, um die Relationierung von Theorie und Praxis, um Abstraktionsfähigkeit, d. h. die Fähigkeit, Phänomene in wissenschaftliche Konzepte und Begriffe einzuordnen und vor diesem Hintergrund zu beschreiben. Kleve spricht in diesem Zusammenhang von der Koordination und Moderation von Wissen. Studierende der Sozialen Arbeit, so Kleve, sind gefordert, interdisziplinäres Wissen nicht nur zu erarbeiten, sondern in einem sozialarbeitswissenschaftlichen Reflexionshorizont zu verwerten. Dabei müssen sie zwischen verschiedenen Perspektiven „kreuzen" und „switchen" (Kleve 2000a, 157). Wissensrelationierung erfolgt nicht auf neutralem Boden, sondern ist subjektgebunden, d. h. theoretisch-konzeptionelle Vorlieben, gemachte Erfahrungen und das eigene Selbstkonzept, kognitive Kompetenz, damit einhergehend Reflexions- und Abstraktionsvermögen und metakognitive Kompetenz (die Fähigkeit über eigene kognitive Strategien zu reflektieren) beeinflussen die Wissensrelationierung. Der subjektive Zugang ist nicht das Problem. Wenn aber der eigene Zugang wenig reflektiert und gleichzeitig mit einem objektiven Anspruch daherkommt, entsteht ein professionelles Problem.

Können umfasst fachliches und methodisches Wissen und die Kompetenz, situations- und problemadäquat zu handeln und zwar unter Bedingungen von Komplexität und Kontingenz. Es kommt darauf an, Handlungsspielräume zu erkennen und zu nutzen (vgl. Heyse/Erpenbeck 1997, 49 ff). Christiane Hof (2002) spricht in diesem Zusammenhang von *Performanz*. Diese drückt sich aus durch das individuelle Wissen, das Können (Fähigkeiten und Fertigkeiten) und das Wollen (Motive, Interessen) im Kontext der Möglichkeiten, Erwartungen und Ressourcen der Umwelt. Zum Können gehören *soziale Kompetenzen*, insbesondere

Kommunikations-, Kooperations- und Konfliktfähigkeit, Empathie, Ausbalancieren von Nähe und Distanz, Ausbalancieren von Macht, Gestaltung partizipativer Prozesse, Vermittlungs-, Verhandlungs- und Kompromissfähigkeit, Aufrichtigkeit, Klarheit, Transparenz, Prozessualität und Strukturierungsfähigkeit, die Fähigkeit, Grenzen zu setzen, Feedback-Kompetenz, reflexive Parteilichkeit, Loyalität, Toleranz, Verantwortungsbereitschaft, Motivationsfähigkeit, Geduld und Engagement – und schließlich: die professionelle Anwendung von Praxismethoden.

Haltung ist Teil der personalen Kompetenz. Gemeint sind insbesondere Werte und ethische Prinzipien und damit einhergehend eine Haltung der Achtsamkeit. Wichtig sind darüber hinaus Vertrauenswürdigkeit, Beziehungsfähigkeit, Authentizität, Kreativität, Lern- und Entwicklungsfähigkeit, Belastbarkeit, Kontaktfähigkeit und Distanzfähigkeit, Selbstorganisation, Beobachtungsfähigkeit und Selbstreflexivität. Haltung zielt auf den professionellen Anspruch und ebenso auf die Haltung der Profession gegenüber.

Die hier formulierten Anforderungen sind hoch, jedoch darf sich eine Profession, die den Anspruch hat, Menschen in ihren komplexen Lebensbezügen zu unterstützen, nicht mit ein paar Leitlinien und methodischen Vorgehensweise begnügen. Es geht nicht darum, dass Professionelle allen genannten Anforderungen gerecht werden. Es wird hier keinem Perfektionismus gehuldigt. Wichtig ist, über einen Maßstab zu verfügen in Bezug auf Professionalität, das eigene Handeln und die eigene Weiterentwicklung. Über das Bachelor-Studium werden Grundlagen aufgebaut, die im Beruf durch Erfahrung, Supervision und kollegiale Beratung, durch Fort- und Weiterbildung vertieft werden. Professionelles Handeln ist Ziel, Weg und Zwischenergebnis. Professionalität ist ein Entwicklungsprozess.

Wie eingangs bereits gesagt: Das hier Dargelegte ist ein Angebot, Soziale Arbeit zu denken. Von der Kernbestimmung aus sind Verknüpfungen zu weiteren Konzepten der Sozialen Arbeit und zu bezugswissenschaftlichen Konzepten möglich und sinnvoll, um Spezifisches schärfen zu können. Gegenstand sozialer Arbeit, so der Ansatz, sind tragfähige Beziehungen, um Inklusion, Teilhabe und Lebensqualität zu stärken.

Die Beziehungen wurden ausdifferenziert und beschrieben:

- Beziehung auf der intrapersonalen Ebene (Beziehung zu sich selbst)
- Beziehung auf der interpersonellen Ebene
- Beziehung auf der kulturellen Ebene
- Beziehung auf der formal organisierten Systemebene
- Beziehung auf der Netzwerkebene
- Beziehung auf der Gesellschafts- und Funktionssystemebene
- Beziehung auf der ökologischen Ebene
- Beziehung auf der virtuellen Ebene
- Beziehung auf der professionellen Hilfeebene

Wo tragfähige Beziehungen fehlen und nicht synergetisch zusammenwirken, entstehen Isolation, Not und Verarmung, Entwürdigung, Ausgrenzung, Ungerechtigkeit und Benachteiligung, Gewalt und soziale Ungleichheit. Die Person-Umwelt-Perspektive kennzeichnet die basale Perspektive Sozialer Arbeit. Diese impliziert eine komplexe Gemengelage von Beziehungen, lokal bis global, in denen sich Sozialarbeiterinnen und Sozialarbeiter bewegen, die sie reflektieren, relationieren und gestalten. Dazu braucht es Wissen, Können und Haltung.

Der Beziehungsbegriff wurde in dieser Schrift in umfassender Weise herangezogen. Er dimensioniert nicht nur den traditionellen Reflexions- und Handlungshorizont Sozialer Arbeit (Person – soziale Umwelt), sondern sensibilisiert ebenso für die Herausforderungen und Probleme des 21. Jahrhunderts. Mehr denn je steht die Gestaltung von Beziehungen im Zentrum, um menschliches Überleben und ein würdiges Leben zu gewährleisten. Regionen, Staaten, Funktionssysteme, insbesondere Wirtschaft, Politik und Soziales, die Zivilgesellschaft und vor allem der einzelne Mensch sind in nie dagewesener Weise gefordert, förderliche Beziehungen auf den unterschiedlichen Ebenen zu gestalten. Es braucht integrale Perspektiven und Verarbeitungsprozesse in den Systemen und es braucht kompetente Menschen, die diese Integration leisten. Die Kernbestimmung Sozialer Arbeit erfolgt vor dem Hintergrund dieser Herausforderungen und thematisiert gesellschaftliche Entwicklungsanforderungen. Insbesondere die Begriffe Inklusion, Teilhabe, Lebensqualität, Netzwerke, Bildung, Globalisierung, Zivilgesellschaft und Governance, Ökologie und Nachhaltigkeit nehmen darauf Bezug.

Ziel der Kernbestimmung ist es darüber hinaus, Soziale Arbeit als Disziplin und Profession zu stärken, sowie auch die professionelle Identitätsbildung und Kompetenzentwicklung der Sozialarbeiterinnen und Sozialarbeiter. Auch die Generalistik des Studiums Sozialer Arbeit wird in ihrer Bedeutung geschärft. Soziale Arbeit braucht in ihrer disziplinären, inter- und transdisziplinären Ausrichtung einen eigenen Standort, von dem aus sie Fragen aufwirft und bearbeitet, und sie braucht bezugswissenschaftliches Wissen, um Detailfragen zu schärfen. Erst wenn die Professionellen ihren disziplinären Standort gefunden haben, können sie mit anderen Professionen auf Augenhöhe kommunizieren.

Das Vorgelegte ist ein Zwischenstand, der reflexive Auseinandersetzungen braucht, um für die Theorie und Praxis Sozialer Arbeit weiterentwickelt zu werden. Darüber hinaus setzt die Kernbestimmung Aneignungsprozesse durch die Studierenden und Professionellen voraus, um angewandt und für Theorie und Praxis nutzbar gemacht zu werden. Bei all dem darf nicht vergessen werden, dass Inklusion, Teilhabe und Lebensqualität unteilbar sind. Sie gelten auch für die Professionellen und für die angehenden Professionellen. Die Sorge für sich selbst ist eine wichtige Voraussetzung, um anderen Menschen helfen zu können.

Literatur

Aderhold, Jens 2009: Selektivitäten des Netzwerkes im Kontext hybrider Strukturen und systemischer Effekte – illustriert am (sic.) Beispielen regionaler Kooperation. In: Häußling, Roger (Hrsg.): Grenzen von Netzwerken. Wiesbaden, S. 183–208.
Adloff, Frank 2005: Zivilgesellschaft. Theorie und politische Praxis. Frankfurt/M.
Ahlheim, Klaus 2003: Vermessene Bildung? Wirkungsforschung in der politischen Erwachsenenbildung. Schwalbach.
Albert, Mathias/Stichweh, Rudolf (Hrsg.) 2007: Weltstaat und Weltstaatlichkeit: Beobachtungen globaler politischer Strukturbildung. Wiesbaden.
Albrecht, Steffen 2008: Netzwerke und Kommunikation. Zum Verhältnis zweier sozialwissenschaftlicher Paradigmen. In: Stegbauer, Christian (Hrsg.): Netzwerkanalyse und Netzwerktheorie. Ein neues Paradigma in den Sozialwissenschaften. Wiesbaden, S. 165–178.
Alderfer, Clayton P. 1972: Existence, relatedness, and growth. Human needs in organizational settings. New York.
Amrhein, Volker/Schüler, Bernd 2005: Dialog der Generationen. In: Aus Politik und Zeitgeschichte, 8, 21.Febr., S. 9–17.
Antonovsky, Aaron 1987: Unraveling thy mystery of health. How people manage stress an stay well. San Francisco.
Arnold, Rolf/Siebert, Horst ^{5}2006: Konstruktivistische Erwachsenenbildung. Von der Deutung zur Konstruktion von Wirklichkeit. Grundlagen der Berufs- und Erwachsenenbildung Bd.4. Hohengehren.
Ayaß, Ruth 2007: Sprache und Geschlecht. Stuttgart.
Baecker, Dirk 1994: Soziale Hilfe als Funktionssystem der Gesellschaft. In: Zeitschrift für Soziologie, 23 Jg., Heft 2, S. 93–110.
Baecker, Dirk 2005: Form und Formen der Kommunikation. Frankfurt/M.
Baecker, Dirk 2007: Studien zur nächsten Gesellschaft. Frankfurt/M.
Baer, Susanne 2005: Geschlechterstudien/Gender Studies: Transdisziplinäre Kompetenz als Schlüsselqualifikation. In: Kahlert, Heike/Thiessen, Barbara/Weller, Ines (Hrsg.): Quer denken – Strukturen verändern. Gender Studies zwischen den Disziplinen. Wiesbaden, S. 143–162.
Bäumer, Gertrud 1929: Die historischen und sozialen Voraussetzungen der Sozialpädagogik. In: Nohl, Hermann/Pallat, Ludwig (Hrsg.): Sozialpädagogik. 5. Band des Handbuches der Pädagogik. Langensalza.
Balsiger, Philipp W. 2005: Transdisziplinarität. Paderborn.
Bang, Ruth 1964: Die helfende Beziehung als Grundlage der persönlichen Hilfe. München, Basel.
Bango, Jenö 2008: Studien zur transmodernen und transdisziplinären Sozialarbeit. Berlin.
Bateson, Gregory ^{4}1992: Ökologie des Geistes. Frankfurt/M.
Bauer, Petra/Otto, Ulrich (Hrsg.) 2005: Mit Netzwerken professionell zusammenarbeiten. Band II: Institutionelle Netzwerke in Steuerungs- und Kooperationsperspektive. Tübingen.

Bauer, Petra 2005: Institutionelle Netzwerke steuern und managen. Einführende Überlegungen. In: Bauer, Petra/Otto, Ulrich (Hrsg.): Mit Netzwerken professionell zusammenarbeiten. Band II: Institutionelle Netzwerke in Steuerungs- und Kooperationsperspektive. Tübingen, S.11–52.
Baumgartner, Alois/Korff, Wilhelm 1998: Sozialprinzipien. In: Lexikon der Bioethik. Bd. 3. Gütersloh, S. 405–411.
Beck, Ulrich 1986: Risikogesellschaft. Auf dem Weg in eine andere Moderne. Frankfurt/M.
Becker-Schmidt, Regina/Knapp, Gudrun-Axeli [3]2003: Feministische Theorien. Hamburg.
Behnke, Cornelia 1997: Frauen sind wie andere Planeten. Das Geschlechterverhältnis aus männlicher Sicht. Frankfurt/M., New York.
Belenky, Mary Field u. a. [2]1991: Das andere Denken. Persönlichkeit, Moral und Intellekt der Frau. Frankfurt/M., New York.
Berger, Peter L./Luckmann, Thomas [20]2004: Die gesellschaftliche Konstruktion der Wirklichkeit. Frankfurt/M.
Bergmann, Matthias u. a. 2005: Qualitätskriterien transdisziplinärer Forschung. Ein Leitfaden für die formative Evaluation von Forschungsprojekten. ISOE-Studientexte Nr. 13. Frankfurt/M.
Bernhard, Armin 2010: Biopiraterie in der Bildung: Einsprüche gegen die vorherrschende Bildungspolitik. Hannover.
Birgmeier, Bernd/Mührel, Eric (Hrsg.) 2009: Die Sozialarbeitswissenschaft und ihre Theorie(n). Wiesbaden.
BLK (Bund-Länder-Kommission) 2004: Strategie für Lebenslanges Lernen in der Bundesrepublik Deutschland. Materialien zur Bildungsplanung und zur Forschungsförderung, H. 115. www.blk-bonn.de/papers/heft115.pdf (Zugriff 7.8.2012).
Böhnisch, Lothar 2004: Männliche Sozialisation. Eine Einführung. München.
Böhnisch, Lothar [4]2005: Sozialpädagogik der Lebensalter. Überarb. Aufl. Weinheim, München.
Bolte, Karl Martin 1983: Zur Entwicklung einer subjektorientierten Soziologie. In: Bolte, Karl Martin (Hrsg.): Subjektorientierte Arbeits- und Berufssoziologie. Frankfurt/M., New York, S. 12–37.
Bommes, Michael/Scherr, Albert 1996: Soziale Arbeit als Exklusionsvermeidung, Inklusionsvermittlung und/oder Exklusionsverwaltung. In: Merten, Roland/Sommerfeld, Peter/Koditek, Thomas (Hrsg.): Sozialarbeitswissenschaft – Kontroversen und Perspektiven. Neuwied u. a., S. 93–119.
Bommes, Michael/Scherr, Albert 2000: Soziologie der Sozialen Arbeit. Eine Einführung in Formen und Funktionen organisierter Hilfe. Weinheim, München.
Bommes, Michael/Tacke, Veronika 2011a (Hrsg.): Netzwerke in der funktional differenzierten Gesellschaft. Wiesbaden.
Bommes, Michael/Tacke, Veronika 2011b: Einleitung. In: Dieselben (Hrsg.): Netzwerke in der funktional differenzierten Gesellschaft. Wiesbaden, S. 7–22.
Bommes, Michael/Tacke, Veronika 2011c: Das Allgemeine und das Besondere des Netzwerkes. In: Dieselben (Hrsg.): Netzwerke in der funktional differenzierten Gesellschaft. Wiesbaden, S. 25–50.

Bourdieu, Pierre 1982: Die feinen Unterschiede. Kritik der gesellschaftlichen Urteilskraft. Frankfurt/M.
Bourdieu, Pierre 1983: Ökonomisches Kapital, kulturelles Kapital, soziales Kapital. In: Kreckel, Reinhard (Hrsg.): Soziale Ungleichheiten, Soziale Welt. Sonderband 2. Göttingen, S. 183–198.
Bourdieu, Pierre 1997: Die verborgenen Mechanismen der Macht. Nachdruck der Erstauflage von 1992. Hamburg.
Bowlby, John ²2010: Bindung als sichere Basis. Grundlagen und Anwendung der Bindungstheorie. München.
Brenner, Dietrich 1990: Wilhelm von Humboldts Bildungstheorie. Weinheim, München.
Brisch, Karl Heinz ³2000: Bindungsstörungen. Stuttgart.
Brocke, Hartmut 2005: Soziale Arbeit als Koproduktion. In: Projekt „Netzwerke im Stadtteil" (Hrsg.): Grenzen des Sozialraums. Kritik eines Konzepts – Perspektiven für Soziale Arbeit. Wiesbaden, S. 235–259.
Bronfenbrenner, Urie 1981: Die Ökologie der menschlichen Entwicklung. Stuttgart.
Buber, Martin ¹⁰1979: Ich und Du. Heidelberg.
Bude, Heinz/Willisch, Andreas (Hrsg.) 2008: Exklusion. Frankfurt/M.
Bullinger, Hermann/Nowak, Jürgen 1998: Soziale Netzwerkarbeit. Eine Einführung. Freiburg/Br.
Bundesministerium für Familie, Senioren, Frauen und Jugend (Hrsg.) 2005: Zwölfter Kinder- und Jugendbericht. Bonn, Berlin.
Butler, Judith 1995: Körper von Gewicht. Die diskursiven Grenzen des Geschlechts. Berlin.
Butler, Judith 2001: Psyche der Macht. Das Subjekt der Unterwerfung. Frankfurt/M.
Callon, Michel/Latour, Bruno 2006: Die Demontage des großen Leviathans: Wie Akteure die Makrostruktur der Realität bestimmen und Soziologen ihnen dabei helfen. In: Belliger A./Krieger, D. J. (Hrsg.): Anthology. Ein einführendes Handbuch zur Akteur-Netzwerk-Theorie. Bielefeld, S. 75–101.
Castells, Manuel 2001: Der Aufstieg der Netzwerkgesellschaft. Teil I der Trilogie Das Informationszeitalter. Opladen.
Ciupke, Paul 2012: Außerschulische politische Bildung vor dem Systemwechsel. Kompetenznachweise und Beteiligung am Deutschen Qualifikationsrahmen. In: Ahlheim, Klaus/Schillo Johannes (Hrsg.): Politische Bildung zwischen Formierung und Aufklärung. Hannover, S. 156–186.
Coleman, James S. 1988: Social capital in creation of human capital, in: American Journal of Sociology, Jg. 94 (Supplement), S. 95–120.
Connell, Robert W. 1999: Der gemachte Mann. Konstruktion und Krise von Männlichkeit. Opladen.
Cranach, Mario von 1990: Eigenaktivität, Geschichtlichkeit und Mehrstufigkeit. Eigenschaften sozialer Systeme als Ergebnis der Evolution der Welt. In: Witte, Erich H. (Hrsg.): Sozialpsychologie und Systemtheorie. Beiträge des 4. Hamburger Symposions zur Methodologie der Sozialpsychologie. Braunschweig, S. 13–49.
Dallinger, Ursula 2005: Generationengerechtigkeit – Wahrnehmung in der Bevölkerung. In: Aus Politik und Zeitgeschichte, 8, 21. Febr., S. 29–37.

Danner, Helmut ⁵2006: Methoden geisteswissenschaftlicher Pädagogik. Einführung in Hermeneutik, Phänomenologie und Dialektik. Überarbeitete und erweiterte Auflage. München, Basel.
Derichs-Kunstmann u. a. 1999: Von der Inszenierung des Geschlechterverhältnisses zur geschlechtsgerechten Didaktik. Konstitution und Reproduktion des Geschlechterverhältnisses in der Erwachsenenbildung. Bielefeld.
Diezinger, Angelika / Mayr-Kleffel, Verena ²2009: Soziale Ungleichheit. Eine Einführung für soziale Berufe. Überarb. u. erw. Aufl. Freiburg/Br.
Dinter, Stefan 2001: Netzwerke. Eine Organisationsform moderner Gesellschaften? Marburg.
Döring, Nicola 2003: Sozialpsychologie des Internet. Die Bedeutung des Internet für Kommunikationsprozesse, Identitäten, soziale Beziehungen und Gruppen. Göttingen.
Ehlert, Gudrun / Funk, Heide / Stecklina, Gerd (Hrsg.) 2011: Wörterbuch Soziale Arbeit und Geschlecht. Weinheim, München.
Endres, Egon 2001: Erfolgsfaktoren des Managements von Netzwerken. In: Howaldt, Jürgen / Kopp, Ralf / Flocken, Peter (Hrsg.): Kooperationsverbünde und regionale Modernisierung. Wiesbaden, S. 103–120.
Endres, Egon 2008: Die Evaluation und Steuerung von Netzwerken durch Nutzwertanalyse. In: Clases, Ch. / Schulze, H. (Hrsg.): Kooperation konkret! 14. Fachtagung der Gesellschaft für Angewandte Wirtschaftspsychologie. Lengerich. S. 85–96.
Engelke, Ernst / Borrmann, Ernst / Spatscheck, Christian ⁵2009: Theorien der Sozialen Arbeit. Freiburg/Br.
Engelke, Ernst 1992 und 2000 (Neuauflage): Soziale Arbeit als Wissenschaft. Freiburg/Br.
Engelke, Ernst ²2004: Die Wissenschaft Soziale Arbeit. Werdegang und Grundlagen. Freiburg/Br.
Erath, Peter 2006: Sozialarbeitswissenschaft. Eine Einführung. Stuttgart.
Evers, Adalbert / Heinze, Rolf G. / Olk, Thomas (Hrsg.) 2011: Handbuch Soziale Dienste. Wiesbaden.
Evers, Adalbert / Olk, Thomas (Hrsg.) 1996: Wohlfahrtspluralismus. Vom Wohlfahrtsstaat zur Wohlfahrtsgesellschaft. Opladen.
Farrelly, F. / Brandsma, J. M. 1986: Provokative Therapie. Berlin u. a.
Faulstich, Peter 2002: Attraktive Wissensnetze. In: Faulstich, Peter / Wilbers, Karl (Hrsg.): Wissensnetzwerke. Bielefeld, S. 21–40.
Feustel, Adriane 2011: Das Konzept des Sozialen im Werk Alice Salomons. Berlin.
Fischer-Lescano / Viellechner, Lars 2010: Globaler Rechtspluralismus. In: Aus Politik und Zeitgeschichte 34–35, S. 20–33.
Fischer, Jörg / Kosellek, Tobias (Hrsg.) 2012: Netzwerke und Soziale Arbeit. Theorien, Methoden, Anwendungen. Weinheim. Geplanter Erscheinungstermin im Herbst.
Flitner, Andreas / Giel, Klaus (Hrsg.) 2010: Wilhelm von Humboldt, Werke in 5 Bd. Unveränd. Aufl. Sonderausgabe. Darmstadt.
Foucault, Michel 1973: Die Archäologie des Wissens. Frankfurt/M.
Foucault, Michel 1978: Dispositive der Macht. Über Sexualität, Wissen und Wahrheit. Berlin.

Fröschl, Monika 2000: Gesund-Sein. Integrative Gesund-Seins-Förderung als Ansatz für Pflege, Soziale Arbeit und Medizin. Stuttgart.

Fröschl, Monika 2011: Soziale Arbeit und der Weg zum Gesund-Sein. In: Schumacher, Thomas (Hrsg.): Soziale Arbeit und ihre Bezugswissenschaften. Stuttgart, S. 107–124.

Früchtel, Frank / Cyprian, Gudrun / Budde, Wolfgang [2]2010: Sozialer Raum und soziale Arbeit. Wiesbaden.

Fuchs, Peter / Schneider Dietrich 1995: Das Hauptmann-von-Köpenick-Syndrom. Überlegungen zur Zukunft funktionaler Differenzierung. In: Soziale Systeme, 1. Jg. S. 203–224.

Fuchs, Peter 1997: Adressabilität als Grundbegriff der soziologischen Systemtheorie. In: Soziale Systeme. Heft 3, S. 57–79.

Fuhse, Jan 2009a: Lässt sich die Netzwerkforschung besser mit der Feldtheorie oder der Systemtheorie verknüpfen? In: Häußling, Roger (Hrsg.): Grenzen von Netzwerken. Wiesbaden, S. 55–80.

Fuhse, Jan 2009b: Die kommunikative Konstruktion von Akteuren in Netzwerken. In: Soziale Systeme, Heft 2, S. 288–316.

Fuhse, Jan A. 2011: Welche kulturellen Formationen entstehen in mediatisierten Kommunikationsnetzwerken? In: Fuhse, Jan / Stegbauer, Christian (Hrsg.): Kultur und mediale Kommunikation in sozialen Netzwerken. Wiesbaden, S. 31–54.

Gadamer, Hans-Georg [2]1965: Wahrheit und Methode. Grundzüge einer philosophischen Hermeneutik. Tübingen.

Galuske, Michael [9]2011: Methoden der Sozialen Arbeit. Eine Einführung. Erg. Aufl. Weinheim, München.

Geiser, Kaspar [4]2009: Problem- und Ressourcenanalyse in der Sozialen Arbeit. Überarb. Auflage. Luzern.

Geißler, Karlheinz A. / Hege, Marianne [4]1988 und [11]2007: Konzepte Sozialpädagogischen Handelns. Ein Leitfaden für soziale Berufe. Weinheim, München.

Gerdelmann, Hermann 2006: Motivationsbehandlung für alkoholauffällige/-kranke Straftäter in der JVA. In: Petzold, Hilarion / Schay, Peter / Scheiblich, Wolfgang (Hrsg.): Integrative Suchtarbeit. Wiesbaden, S. 421–450.

Germain, Carel B. / Gitterman, Alex [2]1988 und [3]1999: Praktische Sozialarbeit. Das „Life Model" der Sozialen Arbeit. Fortschritte in Theorie und Praxis. Völlig neu bearbeitete 3. Auflage 1999. Stuttgart.

Gieseke, Wiltrud 2001: Gender Mainstreaming: Folgen für die Männer- und Frauenbildung. In: Erwachsenenbildung, 47.Jg., Heft 3, S. 108–111.

Gilligan, Carol 1984: Die andere Stimme. Lebenskonflikte und Moral der Frau. München.

Glasersfeld, Ernst von 1992: Konstruktion und Wirklichkeit und des Begriffs der Objektivität. In: Gumin Heinz / Meier, Heinrich (Hrsg.): Einführung in den Konstruktivismus. München, S. 9–39.

Glasersfeld, Ernst von 2005: Radikaler Konstruktivismus. Nachdruck. Frankfurt/M.

Gnahs, Dieter 2007: Kompetenzen – Erwerb, Erfassung, Instrumente. Bielefeld.

Gödicke, Paul 2011: Wirtschaftliches Denken in der Sozialen Arbeit. Eine unternehmerische Dimension der Sozialen Arbeit? In: Schumacher, Thomas (Hrsg.): Die Soziale Arbeit und ihre Bezugswissenschaften. Stuttgart, S. 183–207.

Goffman, Ervin ¹⁰2003: Wir alle spielen Theater: Die Selbstdarstellung im Alltag. München.
Gomez, Peter/Probst, Gilbert 1995: Die Praxis des ganzheitlichen Problemlösens. Bern u. a.
Gorges, Roland 1996: Didaktik. Eine Einführung für soziale Berufe. Freiburg/Br.
Gruber, Hans-Günter 2000: Die Würde des Menschen ist unantastbar – auch in der Pflege? In: Pflegeimpuls, Heft 2, S. 28–33.
Gruber, Hans-Günter 2005: Ethisch denken und handeln. Grundzüge einer Ethik der Sozialen Arbeit. Stuttgart.
Grunwald, Klaus/Thiersch, Hans ²2001: Lebensweltorientierung. In: Otto, Hans-Uwe/Thiersch, Hans (Hrsg.): Handbuch der Sozialarbeit/Sozialpädagogik. Neuwied und Kriftel, S. 1136–1148.
Habermas, Jürgen 1988: Theorie des kommunikativen Handelns. 2 Bd., Frankfurt/M.
Habermas, Jürgen ³1993: Faktizität und Geltung. Beiträge zur Diskurstheorie des Rechts und des demokratischen Rechtsstaats. Frankfurt/M.
Häußermann, Hartmut/Siebel, Walter 1995: Dienstleistungsgesellschaften. Frankfurt/M.
Häußling, Roger (Hrsg.) 2009: Grenzen von Netzwerken. Wiesbaden.
Hafen, Martin 2001: Inklusion und soziale Ungleichheit. In: Journal der dgssa, Heft 2, Nov., S. 75–92.
Hammerschmidt, Peter/Sagebiel, Juliane (Hrsg.) 2010: Professionalisierung im Widerstreit. Zur Professionalisierungsdiskussion in der Sozialen Arbeit. Versuch einer Bilanz. Neu-Ulm.
Hanschitz, Rudof 2008: Transdisziplinarität – ein Modell nachhaltiger Wissenschaft? In: supervision 2, S. 31–39.
Hanschitz, Rudolf-Christian/Schmidt, Esther/Schwarz, Guido 2009: Transdisziplinarität in Forschung und Praxis. Chancen und Risiken partizipativer Prozesse. Wiesbaden.
Hark, Sabine 2003: Material Conditions. Begrenzte Möglichkeiten transdiziplinärer Frauen- und Geschlechterforschung. In: Zeitschrift für Frauenforschung und Geschlechterstudien 21/2+3, S. 76–89.
Hauff, Volker (Hrsg.) 1987: Unsere gemeinsame Zukunft. Der Brundtland-Bericht der Weltkommission für Umwelt und Entwicklung. Greven.
Hauser, Albert 1998: Wohlfahrtsverbände und Subsidiarität: Überlegungen zur Selbstanwendung. In: Caritasverband der Erzdiözese München und Freising e.V./Institut für Bildung und Entwicklung (Hrsg.): Subsidiaritätsprinzip. Neue Zugänge im Spiegel sozialpolitischer Herausforderungen, S. 59–66.
Hawelka, Birgit 2007: Förderung von Kompetenzen in der Hochschullehre. Kröning.
Heckhausen, Heinz 1987: „Interdisziplinäre Forschung" zwischen Intra-, Multi und Chimären-Disziplinarität. In: Kocka, Jürgen (Hrsg.): Interdisziplinarität, Praxis – Herausforderungen – Ideologie. Frankfurt/M., S. 129–145.
Heidbrink, Horst/Lück, Helmut E./Schmidtmann, Heide 2009: Psychologie sozialer Beziehungen. Stuttgart.
Heiner, Maja 2007: Soziale Arbeit als Beruf. Fälle – Felder – Fähigkeiten. München.
Heiner, Maja u. a. 1994: Methodisches Handeln in der Sozialen Arbeit. Freiburg/Br.

Heintel, Peter 2007a: Philosophie der Nachhaltigkeit. Anmerkungen zur Kultur nachhaltiger Entscheidungen. In: Krainer, Larissa/Trattnigg, Rita (Hrsg.): Kulturelle Nachhaltigkeit. Konzepte, Perspektiven, Positionen. München, S. 29–36.
Heintel, Peter 2007b: Über Nachhaltigkeit. Geschichtsphilosophische Reflexionen. In: Krainer, Larissa/Trattnigg, Rita (Hrsg.): Kulturelle Nachhaltigkeit. Konzepte, Perspektiven, Positionen. München, S. 37–64.
Heintel, Peter 2007c: Kulturelle Nachhaltigkeit. Eine Annäherung. In: Krainer, Larissa/Trattnigg, Rita (Hrsg.): Kulturelle Nachhaltigkeit. Konzepte, Perspektiven, Positionen. München, S. 65–167.
Hentig, Hartmut von [8]2009: Bildung. Ein Essay. Weinheim, Basel.
Hermsen, Thomas/Gnewekow, Dirk 1998: Soziale Hilfe im Wandel: Wohlfahrtsverbände im Reorganisationsprozess. In: Willke, Helmut: Systemisches Wissensmanagement. Stuttgart, S. 261–304.
Herriger, Norbert 1997 und [4]2010: Empowerment in der Sozialen Arbeit. Eine Einführung. 4. erw. u. aktualis. Aufl. Stuttgart u. a.
Herzberg, Frederick/Mausner, Bernhard 1993: The motivation to work. New York.
Heyse, Volker 2003: KODE®Kompetenz-Explorer. In: Erpenbeck, John/Rosenstiel, Lutz von (Hrsg.): Handbuch Kompetenzmessung. Erkennen, verstehen und bewerten von Kompetenzen in der betrieblichen, pädagogischen und psychologischen Praxis. Stuttgart, S. 376–385.
Heyse, Volker/Erpenbeck, John 1997: Der Sprung über die Kompetenzbarriere. Kommunikation, selbstorganisiertes Lernen und Kompetenzentwicklung von und in Unternehmen. Bielefeld.
Hillebrandt, Frank 2004: Soziale Ungleichheit oder Exklusion? Zur funktionalistischen Verkennung eines soziologischen Grundproblems. In: Merten, Roland/Scherr, Albert (Hrsg.): Inklusion und Exklusion in der Sozialen Arbeit. Wiesbaden, S. 119–142.
Hilpert, Konrad 1997: Caritas und Sozialethik. Elemente einer theologischen Ethik des Helfens. Paderborn u. a.
Hitzler, Roland/Honer, Anne (Hrsg.) 1997: Sozialwissenschaftliche Hermeneutik. Opladen.
Hof, Christiane 2002: Von der Wissensvermittlung zur Kompetenzorientierung in der Erwachsenenbildung? Anmerkungen zur scheinbaren Alternative zwischen Kompetenz und Wissen. In: Nuissl, Ekkehard/Schiersmann, Christiane/Siebert, Horst (Hrsg.): Literatur- und Forschungsreport Weiterbildung. Heft 49, S. 80–89.
Hoff, Walburga 2009: Hundert Jahre Ausbildung für Soziale Arbeit. In: Sandherr, Susanne/Schmid, Franz/Sollfrank, Hermann: Einhundert Jahre Ausbildung für soziale Berufe mit christlichem Profil. München, S. 28–41.
Hofstede, Geert 1993: Interkulturelle Zusammenarbeit: Kultur – Organisation – Management. Wiesbaden.
Hollstein-Brinkmann, Heino/Staub-Bernasconi, Silvia (Hrsg.) 2005: Systemtheorien im Vergleich. Was leisten Systemtheorien für die Soziale Arbeit? Wiesbaden.
Hollstein-Brinkmann, Heino 1993: Soziale Arbeit und Systemtheorien. Freiburg/Br.
Hollstein, Bettina 2006: Qualitative Methoden und Netzwerkanalyse – ein Widerspruch. In: Hollstein, Bettina/Straus, Florian (Hrsg.): Qualitative Netzwerkanalyse. Konzepte, Methoden, Anwendungen. Wiesbaden, S. 11–35.

Holzer, Boris / Schmidt, Johannes F. K. 2009: Theorie der Netzwerke oder Netzwerk-Theorie? In: Soziale Systeme, Heft 2, S. 227–242.
Holzer, Boris 2006: Netzwerke. Bielefeld.
Holzer, Boris 2008: Netzwerke und Systeme. Zum Verhältnis von Vernetzung und Differenzierung. In: Stegbauer, Christian (Hrsg.): Netzwerkanalyse und Netzwerktheorie. Ein neues Paradigma in den Sozialwissenschaften. Wiesbaden, S. 155–164.
Holzer, Boris 2011: Die Differenzierung von Netzwerk, Interaktion und Gesellschaft. In: Bommes, Michael / Tacke, Veronika (Hrsg.): Netzwerke in der funktional differenzierten Gesellschaft. Wiesbaden, S. 51–66.
Holzkamp, Klaus 1985: Grundlegung der Psychologie. Frankfurt/M., New York.
Hondrich, Karl Otto 1973: Systemtheorie als Instrument der Gesellschaftsanalyse. Forschungsbezogene Kritik eines Theorieansatzes. In: Maciejewski, Franz (Hrsg.): Theorie der Gesellschaft oder Sozialtechnologie. Frankfurt/M., S. 88–114.
Hosemann, Wilfried (Hrsg.) 2006: Potenziale und Grenzen systemischer Sozialarbeit.
Hosemann, Wilfried 2005: Einführung in die systemische Soziale Arbeit. Freiburg/Br.
Hünersdorf, Bettina 2010: Hilfe und Kontrolle in der Sozialen Arbeit. In: Schröer, Wolfgang / Schweppe, Cornelia: Enzyklopädie Erziehungswissenschaft Online. Fachgebiet: Soziale Arbeit, Grundbegriffe. Weinheim, München.
Hüther, Gerald 2004a: Bedienungsanleitung für ein menschliches Gehirn. Göttingen.
Hüther, Gerald 2004b: Die Macht der inneren Bilder. Göttingen.
Jäger, Jutta / Kuckhermann, Ralf (Hrsg.) 2004: Ästhetische Praxis in der Sozialen Arbeit. Weinheim, München.
Jansen, Dorothea [2]2003: Einführung in die Netzwerkanalyse. Grundlagen, Methoden, Anwendungen. Opladen.
Japp, Klaus P. 2011: Vertrauensnetzwerke und Ausdifferenzierung politischer Kommunikation. In: Bommes, Michael / Tacke, Veronika (Hrsg.): Netzwerke in der funktional differenzierten Gesellschaft. Wiesbaden, S. 261–286.
Jensen, Stefan 2000: Erkenntnis – Konstruktivismus – Systemtheorie. Einführung in die Philosophie der Konstruktivistischen Wissenschaft. Nachdruck. Opladen, Wiesbaden.
Journal der dgssa 2012: Heft 2/3.
Jung, Matthias [4]2012: Hermeneutik zur Einführung. Vollständig überarbeitete Auflage. Hamburg.
Karafillidis, Athanasios 2009: Entkopplung und Kopplung – Wie die Netzwerktheorie zur Bestimmung sozialer Grenzen beitragen kann. In: Häußling, Roger (Hrsg.): Grenzen von Netzwerken. Wiesbaden, 105–131.
Kegan, Robert [3]1994: Die Entwicklungsstufen des Selbst. Fortschritte und Krisen menschlichen Lebens. München.
Kenis, Peter / Schneider, Volker (Hrsg.) 1996: Organisation und Netzwerk: Institutionelle Steuerung in Wirtschaft und Politik. Frankfurt/M., New York.
Kerber, Walter 1998: Sozialethik. Stuttgart u. a.
Keupp, Heiner / Bilden, Helga (Hrsg.) 1989: Verunsicherungen. Das Subjekt im gesellschaftlichen Wandel. Göttingen.
Keupp, Heiner / Röhrle, Bernd (Hrsg.) 1987: Soziale Netzwerke. Frankfurt/M.
Kirchner, Andreas 2009: Reproduktion: Der Mensch als Horizont. In: Soziale Arbeit, 58. Jg., 1, S. 24–31.

Klasvogt, Peter / Fisch, Andreas (Hrsg.) 2010: Was trägt, wenn die Welt aus den Fugen gerät? Christliche Weltverantwortung im Horizont der Globalisierung. Paderborn.
Kleve, Heiko 2000: Integration/Desintegration und Inklusion/Exklusion. Eine Verhältnisbestimmung aus sozialarbeitswissenschaftlicher Sicht. In: Sozialmagazin, 25. Jg., Heft 12, S. 39–46.
Kleve, Heiko 2003: Sozialarbeitswissenschaft, Systemtheorie und Postmoderne. Freiburg/Br.
Kleve, Heiko 2004: Die intime Grenze funktionaler Partizipation. Ein Revisionsvorschlag zum systemtheoretischen Inklusion/Exklusion-Konzept. In: Merten, Roland / Scherr, Albert (Hrsg.): Inklusion und Exklusion in der Sozialen Arbeit. Wiesbaden, S. 163–187.
Kleve, Heiko ²2007: Postmoderne Sozialarbeit. Wiesbaden.
Kleve, Heiko ³2009: Konstruktivismus und Soziale Arbeit. Einführung in Grundlagen der systemisch-konstruktivistischen Theorie und Praxis. Überarb. und erw. Aufl. Wiesbaden.
Koch, Gerd u. a. (Hrsg.) 2004: Theaterarbeit in sozialen Feldern. Theatre Work in Social-Fields. Ein einführendes Handbuch. Frankfurt/M.
Königswieser, Roswita / Exner, Alexander 1998: Systemische Intervention. Stuttgart.
Koerrenz, Ralf / Meilhammer, Elisabeth / Schneider, Käthe (Hrsg.) 2007: Wegweisende Werke zur Erwachsenenbildung. Jena.
Konrad, Franz-Michael / Sollfrank, Hermann 2000: Zur Geschichte von Sozialarbeit und Sozialpädagogik. Biografien – Diskurse – Institutionen. In: Soziale Arbeit, Heft 3, S. 96–100.
Krainer, Larissa / Trattnigg, Rita (Hrsg.) 2007a: Kulturelle Nachhaltigkeit. Konzepte, Perspektiven, Positionen. München.
Krainer, Larissa / Trattnigg, Rita 2007b: Nachhaltigkeit ist eine Frage der Kultur. In: Dieselben: Kulturelle Nachhaltigkeit. Konzepte, Perspektiven, Positionen. München, S. 9–25.
Krieger, David J. 1996: Einführung in die allgemeine Systemtheorie. München.
Krieger, Wolfgang 2011: Das Allgemeine akademischer Sozialer Arbeit. Rückblick und Ausblick auf die Gegenstandsdebatte zur Wissenschaft der Sozialen Arbeit. In: Kraus, Björn u. a.: Soziale Arbeit zwischen Generalisierung und Spezialisierung. Das Ganze und seine Teile. Opladen u. a., S. 143–164.
Kronauer, Martin 2010: Inklusion – Exklusion. Eine historische und begriffliche Annäherung an die soziale Frage der Gegenwart. In: Derselbe (Hrsg.): Inklusion und Weiterbildung. Reflexionen zur gesellschaftlichen Teilhabe in der Gegenwart. Bielefeld, S. 24–58.
Kronauer, Martin ²2010a: Exklusion. Die Gefährdungen des Sozialen im hochentwickelten Kapitalismus. Aktualisierte u. erw. Aufl. Frankfurt/M., New York.
Kruse, Elke 2011: Das Allgemeine besonders lehren und studieren. Zum Verhältnis von Generalisierung und Spezialisierung im Studium der Sozialen Arbeit. In Kraus, Björn u. a. (Hrsg.): Soziale Arbeit zwischen Generalisierung und Spezialisierung. Opladen u. a., S. 195–206.
Kubesch, Sabine 2007: Das bewegte Gehirn. Schorndorf.
Küppers, Günter (Hrsg.) 1997: Chaos und Ordnung. Formen der Selbstorganisation in Natur und Gesellschaft. Stuttgart.

Kuhlmann, Carola 2007: Alice Salomon und der Beginn sozialer Berufsausbildung. Eine Biografie. Hannover.
Lahner, Alexander 2011: Über die Notwendigkeit von Aufklärung in der politischen Jugendbildung. In: Journal für Politische Bildung, Heft 3, S. 46–56.
Laireiter, Anton / Lettner, Karin 1993: Belastende Aspekte Sozialer Netzwerke und Sozialer Unterstützung. Ein Überblick über den Phänomenbereich und die Methodik. In: Laireiter, Anton (Hrsg.): Soziale Netzwerke und soziale Unterstützung. Konzepte, Methoden und Befunde. Bern u. a., S. 101–111.
Laireiter, Anton-Rupert 2009: Soziales Netzwerk und soziale Unterstützung. In: Lenz, Karl / Nestmann, Frank (Hrsg.): Handbuch Persönliche Beziehungen. Weinheim, München, S. 75–99.
Lambers, Helmut 2010: Systemtheoretische Grundlagen Sozialer Arbeit. Opladen.
Lambers, Helmut 2010a: Wie aus Helfen Soziale Arbeit wurde. Bad Heilbrunn.
Landesanstalt für Medien Nordrhein-Westfalen (LfM): www.lfm-nrw.de und lfm_devianzstudie.pdf (Zugriff 3.8.2012)
Landwehr, Rolf 1981: Alice Salomon und ihre Bedeutung für die soziale Arbeit. Berlin.
Lanfranchi, Andrea 1996: Unterwegs zur multikulturellen Gesellschaft. In: Zeitschrift für Migration und Soziale Arbeit, 3–4, S. 30–37.
Laszlo, Erwin 2011: Weltwende. München.
Latour, Bruno 2000: Die Hoffnung der Pandora. Frankfurt/M.
Leggewie, Claus / Welzer, Harald 2009: Das Ende der Welt, wie wir sie kannten. Klima, Zukunft und die Chance der Demokratie. Frankfurt/M.
Losche, Helga 1995: Interkulturelle Kommunikation. Alling.
Lowy, Louis 1983: Sozialarbeit/Sozialpädagogik als Wissenschaft im angloamerikanischen und deutschsprachigen Raum. Freiburg/Br.
Lüssi, Peter 1991: Systemische Sozialarbeit. Praktisches Lehrbuch der Sozialberatung. Bern, Stuttgart.
Luhmann, Niklas 1980: Gesellschaftsstruktur und Semantik. Studien zur Wissenssoziologie der modernen Gesellschaft. Bd. 1. Frankfurt/M.
Luhmann, Niklas 1984: Soziale Systeme. Frankfurt/M.
Luhmann, Niklas 1990: Die Wissenschaft der Gesellschaft. Frankfurt/M.
Luhmann, Niklas ^{6}1991a: Soziologische Aufklärung 1. Aufsätze zur Theorie sozialer Systeme. Opladen.
Luhmann, Niklas ^{4}1991b: Soziologische Aufklärung 2. Aufsätze zur Theorie der Gesellschaft. Opladen.
Luhmann, Niklas ^{2}1991c: Soziologische Aufklärung 3. Soziales System, Gesellschaft, Organisation. Opladen.
Luhmann, Niklas ^{2}1993a: Soziologische Aufklärung 5. Konstruktivistische Perspektiven. Opladen.
Luhmann, Niklas ^{3}1993b: Theoretische und praktische Probleme der anwendungsbezogenen Wissenschaften. In: Ders.: Soziologische Aufklärung 3. Soziales System, Gesellschaft, Organisation. Opladen, S. 321–334.
Luhmann, Niklas 1995: Inklusion und Exklusion. In: Derselbe: Soziologische Aufklärung 6. Die Soziologie und der Mensch. Opladen, S. 237–264.
Luhmann, Niklas 1995a: Funktionen und Folgen formaler Organisation. Berlin.

Luhmann, Niklas 1997: Die Gesellschaft der Gesellschaft. 2 Bände. Frankfurt/M.
Luhmann, Niklas 2001: Aufsätze und Reden. Stuttgart.
Luhmann, Niklas 2002: Das Erziehungssystem der Gesellschaft. Hrsg. von Dieter Lenzen. Frankfurt/M.
Luhmann, Niklas ²2004: Einführung in die Systemtheorie. Heidelberg.
Luhmann, Niklas ⁵2008: Ökologische Kommunikation. Heidelberg.
Lutterer, Wolfram ²2009: Gregory Bateson – Eine Einführung in sein Denken. Erw. Aufl. Heidelberg.
Lyotard, Jean-François ²1989: Der Widerstreit. Korr. Aufl. Paderborn.
Lyotard, Jean-François ⁴1999: Das postmoderne Wissen. Ein Bericht. Wien.
Maasen, Sabine 2010: Transdisziplinarität revisted – Dekonstruktion eines Programms zur Demokratisierung der Wissenschaft. In: Bogner, Alexander/Kastenhofer, Karen/Torgersen, Helge 2010: Inter- und Transdisziplinarität im Wandel? Baden-Baden, S. 247–267.
Maaser, Wolfgang 2010: Lehrbuch Ethik. Grundlagen, Problemfelder und Perspektiven. Weinheim, München.
Malik, Fredmund ¹⁰2008: Strategie des Managements komplexer Systeme. Neuausgabe. Bern u. a.
Maslow, Abraham H. ⁹2002: Motivation und Persönlichkeit. Reinbek bei Hamburg.
Maturana, Humberto R./Pörksen, Bernhard 2002: Vom Sein zum Tun. Die Ursprünge der Biologie des Erkennens. Heidelberg.
Maturana, Humberto R. 1991: Wissenschaft und Alltag: Die Ontologie wissenschaftlicher Erklärungen. In: Watzlawick, Paul/Krieg, Peter (Hrsg.) 1991: Das Auge des Beobachters. Beiträge zum Konstruktivismus. München, S. 167–208.
Maturana, Humberto R., Varela, Francisco J. 2009: Der Baum der Erkenntnis. Frankfurt/M.
Mayntz, Renate 1992: Modernisierung und die Logik von interorganisatorischen Netzwerken. Journal für Sozialforschung, 32, 19–32.
Mayr-Kleffel, Verena 1991: Frauen und ihre sozialen Netzwerke. Opladen.
Meinhold, Marianne 1994: Ein Rahmenmodell zum methodischen Handeln. In: Heiner, Maja u. a.: Methodisches Handeln in der Sozialen Arbeit. Freiburg/Br., S. 184–287.
Merten, Roland (Hrsg.) 2000: Systemtheorie Sozialer Arbeit. Neue Ansätze und veränderte Perspektiven. Opladen.
Merten, Roland/Scherr, Albert (Hrsg.) 2004: Inklusion und Exklusion in der Sozialen Arbeit. Wiesbaden
Merten, Roland/Sommerfeld, Peter/Koditek, Thomas (Hrsg.). 1996: Sozialarbeitswissenschaft – Kontroversen und Perspektiven. Neuwied u. a.
Merten, Roland 2004: Inklusion/Exklusion und Soziale Arbeit. Überlegungen zur aktuellen Theoriedebatte zwischen Bestimmung und Destruktion. In: Merten, Roland/Scherr, Albert (Hrsg.): Inklusion und Exklusion in der Sozialen Arbeit. Wiesbaden, S. 99–118.
Metzger, Marius 2011: Erwachsenenbildung in der Sozialen Arbeit. Wiesbaden.
Meyer-Abich, Klaus Michael 1990: Aufstand für die Natur: Von der Umwelt zur Mitwelt. München.

Michel-Schwartze, Brigitta 2002: Handlungswissen der Sozialen Arbeit. Deutungsmuster und Fallarbeit. Opladen.
Michel-Schwartze, Brigitta (Hrsg.) ²2009: Methodenbuch der Sozialen Arbeit. Basiswissen für die Praxis. Überarb. u. erw. Aufl. Wiesbaden.
Milch, Wolfgang 2001: Lehrbuch der Selbstpsychologie. Stuttgart u. a.
Mill, John, Stuart 2009: Über die Freiheit. Stuttgart.
Miller, Tilly 2000: Kompetenzen – Fähigkeiten – Ressourcen. In: Miller, Tilly/Pankofer, Sabine (Hrsg.) 2000: Empowerment konkret. Handlungsentwürfe und Reflexionen aus der psychosozialen Praxis. Stuttgart. S. 23–32.
Miller Tilly ²2001: Systemtheorie und Soziale Arbeit. Entwurf einer Handlungstheorie. Überarb. und erweiterte Aufl. Stuttgart.
Miller, Tilly 2002: Netzwerkprobleme und ihre Steuerungsmöglichkeiten aus systemtheoretischer Sicht. In: Faulstich, Peter/Wilbers, Karl (Hrsg.): Wissensnetzwerke. Netzwerke als Impuls der Weiterbildung der Aus- und Weiterbildung in der Region. Bielefeld, S. 103–119.
Miller, Tilly 2003: Sozialarbeitsorientierte Erwachsenenbildung. Theoretische Begründung und Praxis. Neuwied.
Miller, Tilly 2005: Die Störanfälligkeit organisierter Netzwerke und die Frage nach Netzwerkmanagement und Netzwerk-Steuerung. In: Otto, Ulrich/Bauer, Petra (Hrsg.): Mit Netzwerken professionell zusammenarbeiten. Band II: Institutionelle Netzwerke in Steuerungs- und Kooperationsperspektive. Tübingen, S. 105–125.
Miller, Tilly 2006: Dramaturgie von Entwicklungsprozessen. München.
Miller, Tilly 2008: Empowerment im Spagat menschlicher Entwicklungsprozesse. In: Forum Sozial. Heft 1, Januar-März, S. 15–19.
Miller, Tilly 2009: Soziale Arbeit als Wissenschaft von Entwicklungsprozessen. In: Birgmeier, Bernd/Mührel, Eric (Hrsg.): Die Sozialarbeitswissenschaft und ihre Theorie(n). Positionen, Kontroversen, Perspektiven. Wiesbaden, S. 147–156.
Miller, Tilly 2010a: Netzwerkgesellschaft und Systemtheorie. In: Journal der dgssa. Heft 1, S. 41–58.
Miller, Tilly 2010b: Vertrauen, Kompetenz, Management. Schlüssel für gelingende Netzwerkarbeit. In: Zeitschrift Erwachsenenbildung, 56. Jg., Heft 4, S. 214–216.
Miller, Tilly 2011: Soziale Arbeit zwischen Disziplinarität und Transdisziplinarität. In: Schumacher, Thomas (Hrsg.): Die Soziale Arbeit und ihre Bezugswissenschaften. Stuttgart, S. 241–255.
Miller, Tilly 2012a: Das Pendeln zwischen Systemen und Netzwerken: Eine Herausforderung für die Akteure. In: Fischer, Jörg/Kosellek, Tobias (Hrsg.): Netzwerke und Soziale Arbeit. Theorien, Methoden, Anwendungen. Weinheim (geplanter Erscheinungstermin im Herbst).
Miller, Tilly 2012b: Die Vielschichtigkeit Sozialer Arbeit und ihre Modellierung. In: Birgmeier, Bernd/Mührel, Eric (Hrsg.) 2012: Handlung in Theorie und Wissenschaft Sozialer Arbeit. Wiesbaden (geplanter Erscheinungstermin im Herbst).
Miller, Tilly/Pankofer, Sabine (Hrsg.) 2000: Empowerment konkret. Handlungsentwürfe und Reflexionen aus der psychosozialen Praxis. Stuttgart. (Neue Auflage geplant).

Mittelstraß, Jürgen 1993: Interdisziplinarität oder Transdisziplinarität. In: Hieber, Lutz (Hrsg.): Utopie Wissenschaft. Ein Symposium an der Universität Hannover über die Chancen des Wissenschaftsbetriebs der Zukunft (21./22. Nov. 1991), München, Wien, S. 17–31.
Mittelstraß, Jürgen 1996: Transdisziplinarität. In: Ders. (Hrsg.): Enzyklopädie Philosophie und Wissenschaftstheorie, Vol. 4, Sp-Z. Stuttgart, Weimar, S. 329.
Mittelstraß, Jürgen 2003: Transdisziplinarität – wissenschaftliche Zukunft und institutionelle Wirklichkeit. Konstanz.
Mittelstraß, Jürgen 2005: Methodische Transdisziplinarität. In: Technikfolgenabschätzung Theorie und Praxis, Nr. 2, 14. Jg., Juni, S. 18–23. Siehe auch www.itas.fzk.de/tatup/052/mitt05a.htm (Zugriff 28.9.2009).
Mollenhauer, Klaus 1968: Erziehung und Emanzipation. München.
Mühlum, Albert 2004: Sozialarbeitswissenschaft. Wissenschaft der Sozialen Arbeit. Freiburg/Br.
Mührel, Eric/Birgmeier, Bernd (Hrsg.) 2009: Theorien der Sozialpädagogik – ein Theorie-Dilemma? Wiesbaden.
Müller, Burkhard [6]2009: Sozialpädagogisches Können. Freiburg/Br.
Müller, Klaus 1996: Allgemeine Systemtheorie – Geschichte, Methodologie und sozialwissenschaftliche Heuristik eines Wissenschaftsprogramms. Opladen.
Münch, Richard 2004: Soziologische Theorie. Band 3: Gesellschaftstheorie. Frankfurt/M.
Münch, Richard [2]2007: Soziologische Theorie. Band 2: Handlungstheorie. Korrigierte Aufl. Frankfurt/M.
Münch, Richard 2010: Das Regime des Pluralismus. Zivilgesellschaft im Kontext der Globalisierung. Frankfurt/M.
Nassehi, Armin 2008: Exklusion als soziologischer und sozialpolitischer Begriff. In: Bude, Heinz/Willisch, Andreas (Hrsg.): Exklusion. Frankfurt/M., S. 121–130.
Nell-Breuning S.J., Oswald [2]1962: Einzelmensch und Gesellschaft. Heidelberg.
Nestmann, Frank 2009: Netzwerkintervention und soziale Unterstützungsförderung. In: Lenz, Karl/Nestmann, Frank (Hrsg.): Handbuch Persönliche Beziehungen. Weinheim, München, S. 955–977.
Niemeyer, Christian/Schröer, Wolfgang/Böhnisch, Lothar (Hrsg.) 1997: Grundlinien Historischer Sozialpädagogik. Traditionsbezüge, Reflexionen und übergangene Sozialdiskurse. Weinheim, München.
Niemeyer, Christian 2003: Sozialpädagogik als Wissenschaft und Profession. Grundlagen, Kontroversen, Perspektiven. Weinheim, München.
Nuissl, Ekkehard/Dobischat, Rolf/Hagen, Kornelia/Tippelt, Rudolf (Hrsg.) (2006): Regionale Bildungsnetze. Bielefeld.
Nussbaum, Martha C. 2002: Konstruktion der Liebe, des Begehrens und der Fürsorge. Stuttgart.
Nussbaum, Martha C. (Hrsg.) 2010: Gerechtigkeit oder das gute Leben. Nachdruck. Frankfurt/M.
Obrecht, Werner 1996: Sozialarbeitswissenschaft als integrative Handlungswissenschaft. Ein metawissenschaftlicher Bezugsrahmen für die Wissenschaft Sozialer Arbeit. In:

Merten, Roland / Sommerfeld, Peter / Koditek, Thomas Hrsg.: Sozialarbeitswissenschaft – Kontroversen und Perspektiven. Neuwied u. a., S. 121–160.
Oevermann, Ulrich 2002: Professionalisierungsbedürftigkeit und Professionalisiertheit pädagogischen Handelns. In: Kraul, Margret u. a. (Hrsg.): Biografie und Profession. Bad Heilbrunn, S. 19–63.
Osterloh, Margit / Weibel Antoinette 2001: Ressourcensteuerung in Netzwerken: eine Tragödie der Allmende? In: Sydow, Jörg / Windeler, Arnold (Hrsg.): Steuerung von Netzwerken. Durchgesehener Nachdruck der 1. Aufl. Wiesbaden. S. 88–106.
Otto, Hans-Uwe / Sünker, Heinz (Hrsg.) 1989: Soziale Arbeit und Faschismus. Frankfurt/M.
Otto, Ulrich / Bauer, Petra (Hrsg.) 2005: Mit Netzwerken professionell zusammenarbeiten. Band I: Soziale Netzwerke in Lebenslauf- und Lebenslagenperspektive. Tübingen.
Pankoke, Eckart 1985: Entwicklung selbstaktiver Felder – gesellschaftlicher Wandel und neue soziale Bewegung. In: Selbsthilfe. Frankfurt/M.
Penz, Otto 2010: Schönheit als Praxis. Über klassen- und geschlechtsspezifische Körperlichkeit. Frankfurt/M., New York.
Pfaffenberger, Hans 2004: Entwicklung der Sozialarbeit/Sozialpädagogik zur Profession und zur wissenschaftlichen und hochschulischen Disziplin. In: Mühlum, Albert (Hrsg.): Sozialarbeitswissenschaft. Wissenschaft der Sozialen Arbeit. Freiburg/Br., S. 73–90.
Pfeifer-Schaupp, Hans-Ulrich 1995: Jenseits der Familientherapie. Systemische Konzepte in der Sozialen Arbeit. Freiburg/Br.
Piaget, Jean 2003: Meine Theorie der geistigen Entwicklung. Hrsg. von Reinhard Fatke. Weinheim u. a.
Pinhard, Inga 2009: Jane Addams: Pragmatismus und Sozialreform. Opladen, Farmington Hills.
Pippert, Richard (Hrsg.) [7]1974: Paul Natorp, Sozialpädagogik. Theorie der Willensbildung auf der Grundlage der Gemeinschaft. Paderborn.
Pörksen, Bernhard (Hrsg.) 2011: Schlüsselwerke des Konstruktivismus. Wiesbaden.
Pörksen, Bernhard 2008: Die Gewissheit der Ungewissheit. Gespräche zum Konstruktivismus. Heidelberg.
Pongs, Armin (1999/Bd. 1; 2000/Bd. 2): In welcher Gesellschaft leben wir eigentlich? Zwei Bände. München.
Popitz, Heinrich 1999: Phänomene der Macht. Nachdruck der stark erweiterten 2. Auflage 1992. Tübingen.
Powell, Walter W. 1996: Weder Markt noch Hierarchie: Netzwerkartige Organisationsformen. In: Kenis, Patrick / Schneider, Volker (Hrsg.): Organisation und Netzwerk. Institutionelle Steuerung in Wirtschaft und Politik. Frankfurt/M., New York, S. 213–272.
Prengel, Annedore [3]2006: Pädagogik der Vielfalt. Wiesbaden.
Prigogine, Ilya [4]1985: Vom Sein zum Werden. Überarb. u. erw. Aufl. München.
Probst, Gilbert J.B. 1987: Selbst-Organisation. Ordnungsprozesse in sozialen Systemen aus ganzheitlicher Sicht. Berlin, Hamburg.
Projekt „Netzwerke im Stadtteil" (Hrsg.) 2005: Grenzen des Sozialraums. Wiesbaden.

Promberger, Markus 2008: Arbeit, Arbeitslosigkeit und soziale Integration. In: Aus Politik und Zeitgeschichte, 40–41, S. 7–15.
Puhl, Ria (Hrsg.) 1996: Sozialarbeitswissenschaft. Neue Chancen für theoriegeleitete Soziale Arbeit. Weinheim, München.
Puhl, Ria/Burmeister, Jürgen/Löcherbach, Peter 1996: Keine Profession ohne Gegenstand. Was ist der Kern Sozialer Arbeit? In: Puhl, Ria (Hrsg.): Sozialarbeitswissenschaft. Neue Chancen für theoriegeleitete Soziale Arbeit. Weinheim, München, S. 167–204.
Putnam, Robert (Hrsg.) 2001: Gesellschaft und Gemeinsinn: Sozialkapital im internationalen Vergleich. Gütersloh.
Rahner, Karl 1966: Grundentwurf einer theologischen Anthropologie. In: Arnold, Franz-Xaver u. a. (Hrsg.): Handbuch der Pastoraltheologie. Bd. II/I, Freiburg u. a., S. 20–38.
Rauschenbach, Thomas/Züchner, Ivo ^{2}2005: Theorie der Sozialen Arbeit. In: Thole, Werner (Hrsg.): Grundriss Soziale Arbeit. Überarb. und aktualisierte Aufl. Wiesbaden, S. 139–160.
Rauschenbach, Thomas 2009: Zukunftschance Bildung. Familie, Jugendhilfe und Schule in neuer Allianz. Weinheim.
Reich, Kersten ^{3}2006: Konstruktivistische Didaktik. Lehr- und Studienbuch mit Methodenpool. Völlig neu bearbeitete Auflage. Weinheim, Basel.
Reinspach, Rosmarie ^{2}2011: Strategisches Management von Gesundheitsbetrieben. Grundlagen und Instrumente einer entwicklungsorientierten Unternehmensführung. Neu bearb. u. erw. Aufl.. Stuttgart.
Reutlinger, Christian 2005: Gespaltene Stadt und die Gefahr der Verdinglichung des Sozialraums – eine sozialgeographische Betrachtung. In: Projekt „Netzwerke im Stadtteil" (Hrsg.): Grenzen des Sozialraums. Kritik eines Konzepts – Perspektiven für Soziale Arbeit. Wiesbaden, S. 87–106.
Röhrle, Bernd/Stark, Wolfgang (Hrsg.) 1985: Soziale Netzwerke und Stützsysteme – Perspektiven für die klinisch-psychologische und gemeindepsychologische Praxis. Tübingen.
Rogers, Carl R. 1959: A theory of therapy, personality, and interpersonal relationsship, as developed in the client-centered framework. In: Koch, S. (Hrsg.): Psychology: A study of a science. Vol. III: Formulations oft the person and the social context. New York, 84–256.
Rogers, Carl R. 1985: Therapeut und Klient. Frankfurt/M.
Rogers, Carl R. 1986: Die klientenzentrierte Gesprächspsychotherapie. Frankfurt/M.
Rogers, Carl R. 2009: Eine Theorie der Psychotherapie, der Persönlichkeit und der zwischenmenschlichen Beziehungen. München.
Rosenberg, Marshall B. ^{9}2007: Gewaltfreie Kommunikation. Paderborn.
Roth, Gerhard 2001: Das Gehirn und seine Wirklichkeit. Frankfurt/M.
Roth, Gerhard 2003: Fühlen, Denken, Handeln. Frankfurt/M.
Ruesch, Jürgen/Bateson, Gregory 1995: Kommunikation. Heidelberg.
Ruppert, Franz 2010: Symbiose und Autonomie. Symbiosetrauma und Liebe jenseits von Verstrickungen. Stuttgart.

Sachße, Christoph ⁸1992: Geschichte der Armenfürsorge in Deutschland. Bd. 3, Der Wohlfahrtsstaat im Nationalsozialismus. Stuttgart.

Sachße, Christoph 1998: Geschichte der Armenfürsorge in Deutschland. Bd. 1, Vom Spätmittelalter bis zum 1. Weltkrieg. Stuttgart.

Sachße, Christoph 2003: Mütterlichkeit als Beruf. Weinheim.

Sagebiel, Juliane 2010: Alice Salomon – Pionierin der Sozialen Arbeit in Disziplin, Profession und Ausbildung. In: Engelfried, Constance / Voigt-Kehlenbeck, Corinna (Hrsg.): Gendered Profession. Soziale Arbeit vor neuen Herausforderungen in der zweiten Moderne. Wiesbaden, S. 43–60.

Sahle, Rita 2004: Paradigmen der Sozialen Arbeit – Ein Vergleich. In: Mühlum, Albert (Hrsg.): Sozialarbeitswissenschaft. Wissenschaft der Sozialen Arbeit. Freiburg/Br., S. 295–332.

Salomon, Alice 1913: Zwanzig Jahre soziale Hilfsarbeit. Karlsruhe.

Salomon, Alice 1927: Die Ausbildung zum sozialen Beruf. Berlin.

Salomon, Alice ³1928: Leitfaden der Wohlfahrtspflege. Leipzig, Berlin.

Salomon, Alice 1983: Charakter ist Schicksal. Lebenserinnerungen. Hrsg. von Rüdeger Baron und Rolf Landwehr. Weinheim, Basel.

Sandherr, Susanne / Schmid, Franz / Sollfrank, Hermann (Hrsg.) 2009: Einhundert Jahre Ausbildung für soziale Berufe mit christlichem Profil. München.

Schaffer, Hanne 2002: Empirische Sozialforschung für die Soziale Arbeit. Eine Einführung. Freiburg/Br.

Scherr, Albert 2004: Exklusionsindividualität, Lebensführung, Soziale Arbeit. In: Merten, Roland / Scherr, Albert (Hrsg.): Inklusion und Exklusion in der Sozialen Arbeit. Wiesbaden, S. 55–74.

Schiersmann, Christiane / Thiel, Heinz-Ulrich 1984: Bildungsarbeit mit Zielgruppen. Bad Heilbrunn.

Schiersmann, Christiane ²1999: Zielgruppenforschung. In: Tippelt, Rudolf (Hrsg.): Handbuch Erwachsenenbildung/Weiterbildung. Überarb. und aktualisierte Aufl. Opladen, S. 557–565.

Schilling, Johannes 1997: Soziale Arbeit. Entwicklungslinien der Sozialpädagogik/Sozialarbeit. Neuwied u. a.

Schilling, Johannes ⁵2008: Didaktik/Methodik Sozialer Arbeit. Grundlagen und Konzepte. Durchgesehene Aufl. München, Basel.

Schlippe, Arist von / Schweitzer Jochen 1996 und 2012: Lehrbuch der systemischen Therapie und Beratung. Das Grundlagenwissen, Bd. 1. Göttingen, Zürich.

Schluchter, Wolfgang 2000: Individualismus, Verantwortungsethik und Vielfalt. Göttingen.

Schlüter, Wolfgang ³1995: Sozialphilosophie für helfende Berufe. Aktualisierte Aufl. München, Basel.

Schlutz, Erhard (Hrsg.) 1983: Erwachsenenbildung zwischen Schule und sozialer Arbeit. Bad Heilbrunn.

Schrader, Josef 2011: Struktur und Wandel der Weiterbildung. Bielefeld.

Schröder Gerhard / Blair, Tony 1999: Der Weg nach vorne für Europas Sozialdemokraten. Ein Vorschlag von Gerhard Schröder und Tony Blair vom 8. Juni 1999. In: Blätter für deutsche und internationale Politik, 7, Bonn, S. 887–896.

Schrödter, Mark 2007: Soziale Arbeit als Gerechtigkeitsprofession. Zur Gewährleistung von Verwirklichungschancen. In: Neue Praxis, Heft 1, S. 3–28.
Schubert, Herbert (Hrsg.) 2008a: Netzwerkmanagement. Koordination von professionellen Vernetzungen Grundlagen und Beispiele. Wiesbaden.
Schubert, Herbert 2008: Interinstitutionelle Kooperation und Vernetzung in der sozialen Arbeit. Eckpunkt und Rahmenbedingungen. In: Archiv für Wissenschaft und Praxis der sozialen Arbeit: Kooperation und Vernetzung in der Jugendhilfe. 39. Jg., Heft 3, S. 4–20.
Schuchardt, Erika (Hrsg.) 1987: Schritte aufeinander zu. Soziale Integration Behinderter durch Weiterbildung. Zur Situation in der Bundesrepublik Deutschland. Bad Heilbrunn.
Schulz von Thun, Friedemann 2010: Miteinander reden. 3. Bd. (Bd. 1: 48. Aufl.; Bd. 2: 31. Aufl.; Bd. 3: 19. Aufl.). Reinbek bei Hamburg.
Schumacher, Thomas 2007: Soziale Arbeit als ethische Wissenschaft. Stuttgart.
Schumacher, Thomas (Hrsg.) 2011: Die Soziale Arbeit und ihre Bezugswissenschaften. Stuttgart.
Schwarz, Andreas 2009: Inklusion und Integration. In Zeitschrift Erwachsenenbildung, 55. Jg., Heft 4, S. 183–185.
Sen, Amartya ^{3}2007: Die Identitätsfalle. Warum es keinen Krieg der Kulturen gibt. München.
Sen Amartya ^{4}2007a: Ökonomie für den Menschen. Wege zu Gerechtigkeit und Solidarität in der Marktwirtschaft. München.
Sennet, Richard 2006: Der flexible Mensch. München.
Seubold, Günter ^{2}2009: Destruktionen der Kultur. Philosophischer Versuch über Kulturheuchler, Kulturflüchter und Kulturfolger. Bonn.
Spielmann, Yvonne 2010: Hybridkultur. Berlin.
Spitzer, Manfred 2003: Lernen. Gehirnforschung und die Schule des Lebens. Korrigierter Nachdruck. Heidelberg, Berlin.
Starck, Willy ^{5}1976: Kindes- und Jugendpsychologie. Überarbeitete Aufl. Hamburg.
Staub-Bernasconi, Silvia 1983: Soziale Probleme – Dimensionen ihrer Artikulation. Diessenhofen.
Staub-Bernasconi, Silvia 1986: Soziale Arbeit als eine besondere Art des Umgangs mit Menschen, Dingen und Ideen. In: Sozialarbeit, 10, 18. Jg., S. 2–71.
Staub-Bernasconi 1994: Soziale Arbeit als Gegenstand von Theorie und Wissenschaft. In: Wendt, Wolf Rainer (Hrsg.): Sozial und wissenschaftlich arbeiten. Status und Positionen der Sozialarbeitswissenschaft. Freiburg/Br., S. 75–104.
Staub-Bernasconi 1994a: Soziale Probleme – Soziale Berufe – Soziale Praxis. In: Heiner, Maja u. a.: Methodisches Handeln in der Sozialen Arbeit. Freiburg/Br., S. 11–101.
Staub-Bernasconi, Silvia 1995: Systemtheorie, soziale Probleme und Soziale Arbeit: lokal, national, international oder: vom Ende der Bescheidenheit. Bern u. a.
Staub-Bernasconi, Silvia 2003: Soziale Arbeit als (eine) Menschenrechtsprofession. In: Sorg, Richard: Soziale Arbeit zwischen Politik und Wissenschaft. Münster, S. 17–54.
Staub-Bernasconi, Silvia 2004: Wissen und Können – Handlungstheorien und Handlungskompetenz in der Sozialen Arbeit. In: Mühlum, Albert (Hrsg.): Sozialarbeitswissenschaft. Wissenschaft der Sozialen Arbeit. Freiburg/Br., S. 27–62.

Staub-Bernasconi, Silvia 2007: Vom beruflichen Doppel- zum professionellen Tripelmandat. Wissenschaft und Menschenrechte als Begründungsbasis der Profession Soziale Arbeit. In: AvenirSocial. Abrufbar unter: www.avenirsocial.ch/de/p42006222.html (Zugriff 1.4.2012).

Staub-Bernasconi, Silvia o.J.: Das fachliche Selbstverständnis Sozialer Arbeit – Wege aus der Bescheidenheit. Soziale Arbeit als Human Rights Profession. www.sw.fh-koeln.de/akjm/iks/dl/ssb.pdf (Zugriff 23.8.2011).

Stegbauer, Christian (Hrsg.) 2008: Netzwerkanalyse und Netzwerktheorie. Ein neues Paradigma in den Sozialwissenschaften. Wiesbaden.

Stichweh, Rudolf/Windolf, Paul (Hrsg.) 2009: Inklusion und Exklusion: Analysen zur Sozialstruktur und sozialen Ungleichheit. Wiesbaden.

Stichweh, Rudolf 1994: Wissenschaft, Universität, Professionen. Soziologische Analysen, Frankfurt/M.

Stichweh, Rudolf 1997: Inklusion/Exklusion, funktionale Differenzierung und die Theorie der Weltgesellschaft. In: Soziale Systeme, 1, 123–136. Erweiterte Fassung siehe auch unter www.unilu.ch/deu/prof._dr._rudolf_stichwehpublikationen_ 38043.html (Zugriff 16.3.2011)

Stichweh, Rudolf 2000: Adresse und Lokalisierung in einem globalen Kommunikationssystem. In: Derselbe (Hrsg.): Die Weltgesellschaft. Soziologische Analysen. Frankfurt/M., S. 220–244.

Stimmer, Franz ^{2}2006: Grundlagen des Methodischen Handelns in der Sozialen Arbeit. Überarb. u. erw. Aufl. Stuttgart.

Sting, Stephan 2007: „Bildungsgerechtigkeit" als sozialpädagogische Aufgabe? Soziale Bildung im Kontext schulischer Ausgrenzungsverfahren. In: Knapp, Gerald/Lauermann, Karin (Hrsg.): Schule und Soziale Arbeit. Klagenfurt u. a., S. 204–220.

Sting, Stephan 2010: Soziale Bildung. In: Enzyklopädie Erziehungswissenschaft online. Fachgebiet: Soziale Arbeit, Grundbegriffe. Hrsg. von Schroer, Wolfgang/Schweppe, Cornelia. Weinheim, München.

Stokman, Frans N. 1995: Entscheidungsansätze in politischen Netzwerken. In: Jansen, Dorothea/Schubert, Klaus (Hrsg.): Netzwerke und Politikproduktion. Konzepte, Methoden, Perspektiven. Marburg, S. 160–184.

Straus, Florian 2005: Soziale Netzwerke und Sozialraumorientierung – Gemeindepsychologische Anmerkungen zur Sozialraumdebatte. In: Projekt „Netzwerke im Stadtteil" (Hrsg.): Grenzen des Sozialraums. Kritik eines Konzepts – Perspektiven für Soziale Arbeit. Wiesbaden, S. 73–85.

Stuber, Michael ^{2}2009: Diversity. Das Potenzial-Prinzip. Ressourcen aktivieren – Zusammenarbeit gestalten. Köln.

Stumpf, Hildegard 2007: Die wichtigsten Pädagogen. Wiesbaden.

Sydow, Jörg (Hrsg.) ^{5}2010: Management von Netzwerkorganisationen. Aktualis. Aufl. Wiesbaden.

Sydow, Jörg/Windeler, Arnold (Hrsg.) 2001: Steuerung von Netzwerken. Durchgesehener Nachdruck der 1. Aufl. Wiesbaden.

Tacke, Veronika 2000: Netzwerk und Adresse. In: Soziale Systeme, 6, Heft 2, S. 291–320.

Tacke, Veronika 2011: Soziale Netzwerkbildungen in Funktionssystemen der Gesellschaft. In: Bommes, Michael/Tacke, Veronika (Hrsg.): Netzwerke in der funktional differenzierten Gesellschaft. Wiesbaden, S. 89–117.
Tacke, Veronika 2011a: Systeme und Netzwerke – oder: Was man an sozialen Netzwerken zu sehen bekommt, wenn man sie systemtheoretisch beschreibt. In: Journal der dgssa, 2. Jg., Nov., Heft 2+3, S. 6–24.
Theunissen, Georg 2011: Inklusion als gesellschaftliche Zugehörigkeit – Zum neuen Leitprinzip der Behindertenhilfe. In: Neue Praxis, Heft 2, S. 156–168.
Thiersch, Hans [5]2003: Lebensweltorientierte Soziale Arbeit. Aufgaben der Praxis im sozialen Wandel. Weinheim, München.
Thole, Werner/Galuske, Michael/Gängler, Hans (Hrsg.) 1998: KlassikerInnen der Sozialen Arbeit. Sozialpädagogische Texte aus zwei Jahrhunderten – ein Lesebuch. Neuwied, Kriftel.
Timmerberg, Vera/Schorn, Brigitte (Hrsg.) 2009: Neue Wege der Anerkennung von Kompetenzen in der Kulturellen Bildung. Der Kompetenznachweis Kultur in Theorie und Praxis. München.
Tremmel, Jörg 2005: Generationengerechtigkeit in der Verfassung. In: Aus Politik und Zeitgeschichte, 8, 21. Febr., S. 18–28.
Trömel-Plötz, Senta (Hrsg.) 2004: Gewalt durch Sprache. Die Vergewaltigung von Frauen in Gesprächen. Wien.
Varela, Francisco J. [6]1994: Autonomie und Autopoiese. In: Schmidt, Siegried J. (Hrsg.): Der Diskurs des Radikalen Konstruktivismus. Frankfurt/M., S. 119–132.
Vester, Frederic [2]1991: Leitmotiv vernetztes Denken. München.
Vester, Frederic [8]2011: Die Kunst vernetzt zu denken. Ideen und Werkzeuge für einen neuen Umgang mit Komplexität. München.
Vester, Michael u. a. 2001: Soziale Milieus im gesellschaftlichen Strukturwandel. Frankfurt/M.
Vogt, Annette o. J.: Das <Cum laude> gelang erst im zweiten Anlauf. www.alice-salomon-berufskolleg.de/index.php?option=com_content&view=category&layout=blog&id=24&Itemid=43 (Zugriff 7.8.2012)
Vogt, Markus 1996: Retinität: Vernetzung als ethisches Leitprinzip für das Handeln in komplexen Systemzusammenhängen. In: Forum für interdisziplinäre Forschung, 15, S. 159–197.
Vogt, Markus 2000: Elemente einer christlichen Wirtschaftsethik. In: unw-nachrichten: Wege zur Nachhaltigkeit – unternehmerische und christliche Ethik, S. 11–20. Ulm. Siehe auch www.steig.de/diskussn/sub/inh-dis5b.html (Zugriff 25.7.2012)
Watzlawick, Paul (Hrsg.) 2006: Die erfundene Wirklichkeit. Wie wissen wir, was wir zu wissen glauben? Beiträge zum Konstruktivismus. München.
Watzlawick, Paul/Beavin, Janet H./Jackson, Don D. [12]2011: Menschliche Kommunikation. Bern.
Weber, Max [5]1980: Wirtschaft und Gesellschaft. Rev. Aufl. Studienausgabe. Tübingen.
Wehrspaun, Michael 1994: Kommunikation und (soziale) Wirklichkeit. Weber, Elias, Goffman. In: Rusch, Gebhard/Schmidt, Siegfried J.: Konstruktivismus und Sozialtheorie. Frankfurt/M., S. 11–46.

Weizsäcker, Ernst U. von / Hargroves, Karlson / Smith, Michael 2010: Faktor Fünf. München.
Welsch, Wolfgang ⁵1997: Unsere postmoderne Moderne. Berlin.
Wendt, Wolf Rainer 1988: Case Management – Netzwerken im Einzelfall. Unterstützungsmanagement als Aufgabe sozialer Arbeit. Blätter der Wohlfahrtspflege, 135. Jg., 11, S. 267–269.
Wendt, Wolf Rainer (Hrsg.) 1994: Sozial und wissenschaftlich arbeiten. Status und Positionen der Sozialarbeitswissenschaft. Freiburg/Br.
Wendt, Wolf Rainer ⁵2008: Geschichte der Sozialen Arbeit. Völlig neu bearb. Aufl. in zwei Bänden. Stuttgart.
Wendt, Wolf Rainer o.J.: Transdisziplinarität und ihre Bedeutung für die Wissenschaft der Sozialen Arbeit. www.dgsinfo.de/mit65.shtml/mit6.shtml (Zugriff: 12.1.2009).
Weyer, Johannes (Hrsg.) 2000: Soziale Netzwerke. Konzepte und Methoden der sozialwissenschaftlichen Netzwerkforschung. München.
Weyer, Johannes 2000a: Einleitung. Zum Stand der Netzwerkforschung in den Sozialwissenschaften. In: Derselbe (Hrsg.): Soziale Netzwerke. Konzepte und Methoden der sozialwissenschaftlichen Netzwerkforschung. München.
Weyer, Johannes 2000b: Soziale Netzwerke als Mikro-Makro-Scharnier. Fragen an die soziologische Theorie. In: Derselbe (Hrsg.): Soziale Netzwerke. Konzepte und Methoden der sozialwissenschaftlichen Netzwerkforschung. München, S. 237–254.
White, Harrison C. 2008: Identity and Control. How social formations emerge. Second Edition. Princeton.
Widmaier, Benedikt 2011: Formal, non-formal, informell. Eine Begriffsannäherung. In: Journal für Politische Bildung. Heft 3, S. 8–9.
Willke, Helmut 1995: Systemtheorie III: Steuerungstheorie. Stuttgart, Jena.
Willke, Helmut 2005: Symbolische Systeme. Grundriss einer soziologischen Theorie. Weilerswist.
Windeler, Arnold 2007: Interorganisationale Netzwerke: Soziologische Perspektiven und Theorieansätze. In: Altmeppen, K.-D. / Hanitzsch, T. / Schlüter, C. (Hrsg.): Journalismustheorie: Next Generation. Wiesbaden., S. 347–369.
Winkler, Michael 1988: Eine Theorie der Sozialpädagogik. Stuttgart.
Winter, Rainer 2010: Widerstand im Netz. Zur Herausbildung einer transnationalen Öffentlichkeit durch netzbasierte Kommunikation. Bielefeld.
Wohlfahrt, Ursula 2006: Netzwerkarbeit erfolgreich gestalten. Orientierungsrahmen und Impulse. Bielefeld.
Zeller, Susanne 1990: Alice Salomon, die Gründerin der sozialen Frauenschule. In: Brehmer, Ilse (Hrsg.): Mütterlichkeit als Profession? Pfaffenweiler, S. 223–227.
Ziegler, Rolf 1984: Norm, Sanktion, Rolle. In: Köner Zeitschrift für Soziologie und Sozialpsychologie, H. 3, S. 433–463.
Zink, Dionys 1988: Aufforderung zur Konstitution von Sozialarbeitswissenschaft an Fachhochschulen. In: Ulke, Karl-Dieter (Hrsg.): Ist Sozialarbeit lehrbar? Stuttgart, S. 40–54.
Zink, Dionysos 1994: Personalität und Solidarität: Grundlagen einer sozialpädagogischen Berufsethik. In: SOZIAL, 2, 39.Jg., S. 3–8.

Zsolnay-Wildgruber Helga 1999: Alzheimer-Kranke und ihr primäres Bezugssystem. Freiburg/Br.

Internetquellen

BMBW-Pressemitteilung Nr. 065/2007. Enge Verzahnung von Arbeiten und Lernen als Schlüssel für Innovation: www.bmbf.de/press/2009.php (Zugriff 26.7.2012).
DBSH: www.dbsh.de/html/berufsbild.html. (Zugriff 28.9.2011).
Deutscher Knigge-Rat: www.knigge-rat.de/themen.html (Zugriff 20.11.2011).
Einen europäischen Raum des Lebenslangen Lernens schaffen: www.bologna-berlin2003.de/pdf/MitteilungDe.pdf (Zugriff 6.8.2012)
International Federation of Social Workers (IFSW): www.ifsw.org/p38000409.html und www.dbsh.de/internationale.pdf (Zugriff 6.8.2012)
Internet-Devianz: www.lfm-nrw.de und lfm_devianzstudie.pdf. (Zugriff 6.8.2012)
Landesanstalt für Medien Nordrhein-Westfalen (LfM): www.lfm-nrw.de und lfm_devianzstudie.pdf (Zugriff 3.8.2012)
Memorandum über Lebenslanges Lernen: www.bologna-berlin2003.de/pdf/MemorandumDe.pdf (Seite 9, Zugriff 8.8.2011)
Programm „Die Soziale Stadt" (BMVBW): www.eundc.de (Zugriff 31.7.2012).
Salamanca-Deklaration von 1994: www.unesco.de (Zugriff 6.8.2012)
Weltgesundheitsorganisation (WHO): International Classification of Functioning, Disability and Health (ICF) von 2001. www.dimdi.de/static/de/klassi/icf/index.htm (Zugriff 21.4.2011).
Weltklimarat. Intergovernmental Panel on Climate Change (IPCC): www.ipcc.ch (Zugriff 16.6.2011).
Wohlfahrtssurvey 1998:www.gesis.org/unser-angebot/daten-analysieren/soziale-indikatoren/ wohlfahrtssurvey/ (Zugriff 28.5.2012).

Dimensionen Sozialer Arbeit und der Pflege
Herausgegeben von der Katholischen Stiftungsfachhochschule München

Band 8: Ethisch denken und handeln
Von Hans-Günter Gruber

2., aktual. u. verb. A.

2009. IV/237 S., kt. € 24,90. ISBN 978-3-8282-0448-5

In der Praxis der Sozialen Arbeit greifen Menschen handelnd in das Leben anderer Menschen ein. Dabei kommt es immer wieder auch zu Situationen, die keine vorgefertigten Lösungen zulassen, sondern eine ganz persönliche Stellungnahme und Abwägung der unterschiedlichen Ansprüche und Interessen erfordern. Wie in solchen ethischen Konfliktsituationen zu entscheiden ist, hat letztlich die zum Handeln aufgerufene Person zu bestimmen und zu verantworten. Das vorliegende Buch entwirft eine handlungsorientierte Ethik der Sozialen Arbeit, aufgrund derer jede Sozialarbeiterin und jeder Sozialarbeiter das eigene professionelle Handeln auf seine ethische Stimmigkeit und Legitimität hin überprüfen kann.

Band 9: Arbeit an Bildern der Erinnerung
Ästhetische Praxis, außerschulische Jugendbildung und Gedenkstättenpädagogik

Herausgegeben von Birgit Dorner und Kerstin Engelhardt

2006. VIII/244 S., kt. € 24,90. ISBN 978-3-8282-0350-1

Die Geschichte des Nationalsozialismus rückt in immer weitere Ferne. Will Bildungsarbeit Jugendlichen Zugänge zur Geschichte, zur Kultur der Erinnerung schaffen, muss sie die ästhetischen Bedürfnisse und die Bild-Lebenswelt der Jugendlichen berücksichtigen. Diese Zugangswege zur Geschichte bleiben bisher ungenutzt und viele Bevölkerungsgruppen ausgegrenzt. Eine Alternative können hier ästhetische Herangehensweisen bieten.

Band 10: Dramaturgie von Entwicklungsprozessen
Ein Phasenmodell für professionelle Hilfe im psychosozialen Bereich

Von Tilly Miller

2006. VI/134 S., kt. € 22,-. ISBN 978-3-8282-0366-2

Professionelle Hilfe im sozialen Bereich geht in der Regel mit der Erwartung einher, Menschen in ihren Entwicklungsprozessen zu unterstützen, um verbesserte Lebenssituationen zu erwirken. Vorliegendes Buch bietet ein Phasenmodell, das Entwicklungsprozesse in ihren typischen Verlaufsdynamiken zu beschreiben vermag. Darauf bezogen folgen Überlegungen für das professionelle Handeln.

 Stuttgart

Dimensionen Sozialer Arbeit und der Pflege

Herausgegeben von der Katholischen Stiftungsfachhochschule München

Band 11: Soziale Arbeit als ethische Wissenschaft
Topologie einer Profession
Von Thomas Schumacher

2007. X/309 S., kt. € 32,-. ISBN 978-3-8282-0421-8

Die Diskussion um die Soziale Arbeit als Profession und Wissenschaft wird seit vielen Jahren facettenreich geführt. Die Untersuchung legt offen, dass der Sozialarbeitsberuf von Grund auf sowohl wissenschaftlich als auch ethisch orientiert ist und seine Bedeutung als Wissenschaft und Profession über ein ernstzunehmendes, ethisches Profil auszuweisen vermag. Ethik Sozialer Arbeit zeigt sich dabei nicht nur als Mitte und Mittlerin im Theorie-Praxis-Zusammenhang, sondern auch als der zentrale Bezugspunkt in der wissenschaftlichen Perspektive. In seiner Ethik findet der Beruf zu einer grundlegenden wissenschaftlichen Betrachtungsweise und entwickelt ein Wirkungsverständnis als Profession.

Band 12: Die Soziale Arbeit und ihre Bezugswissenschaften
Herausgegeben von Thomas Schumacher

2011. X/264 S., kt. € 29,50. ISBN 978-3-8282-0545-1

Der große Gewinn für die Soziale Arbeit liegt darin, dass Bezugswissenschaften ihr zuarbeiten. In dem Maß, wie Soziale Arbeit ihr eigenes wissenschaftliches Profil schärft, vermag sie auch das bezugswissenschaftliche Konzert zu dirigieren. Der Effekt ist, dass sie selbst in Ihrer Kompetenz, die mannigfach zugedachten gesellschaftlichen Aufgaben wahrzunehmen, weiter wächst.

Der vorliegende Band zeigt auf, wie vor dem Horizont des Studiums der Sozialen Arbeit an einer Hochschule sozialarbeiterische Fragestellungen und Anliegen bezugswissenschaftlich entfaltet und eingebracht werden. Er steht so für den Versuch, die Dimension des gesellschaftlichen – und dabei immer auch am Menschen orientierten – Wirkens Sozialer Arbeit über deren Schnittstellen zu anderen Wissenschaften systematisch zu erfassen.

Vorschau Band 14: Aktuelle Pflegethemen lehren
Wissenschaftliche Praxis in der Pflegeausbildung
Charlotte Uzarewicz/ Elisabeth Linseisen (Hrsg.)

mit Beiträgen von Michael Bossle, Astrid Elsbernd, Monika Fröschl, Constanze Giese, Peter Hammerschmid, Elisabeth Huber, Helen Kohlen, Elisabeth Linseisen, Annemarie Luger, Charlotte Uzarewicz

2012. ca. 180 S., kt. ca. € 22,90 . ISBN 978-3-8282-0575-8

 Stuttgart

Der Leib und die Grenzen der Gesellschaft
Eine neophänomenologische Soziologie des Transhumanen
von Michael Uzarewicz

2011. XXII/396 S., kt. € 58,-. ISBN 978-3-8282-0537-6

Die Soziologie ist eine Wissenschaft, die Soziales durch Soziales erklärt. Ihre Gegenstände sind im Wesentlichen wechselseitig aufeinander bezogenes, d. h. „soziales" Handeln, Vergesellschaftungsformen, soziale Prozesse und Strukturen. Dabei konzentriert sie sich auf den subjektiven Sinn, den die einzelnen Menschen mit ihrem Handeln verbinden, und wie die von ihnen produzierten sozialen Tatsachen auf die miteinander handelnden Akteure zurück wirken. Da aber der subjektive Sinn selbst ein Produkt von Vergesellschaftung ist, hat das „objektiv" Soziale immer Priorität gegenüber dem menschlichen Subjekt. Weil die Hauptströmungen der Soziologie das Gegenstandsgebiet der subjektiven Tatsachen, dessen Quelle der Leib ist, ignorieren, werden hier Wege aufgezeigt, wie man die Soziologie auf ein leibliches Fundament stellen kann.

Inhaltsübersicht:

I. Metaphysik des Sozialen
1. Die Problematik soziologischen Denkens
2. Der lange Schatten Platons
3. Das cartesianisches Subjekt und die verkannte Subjektivität
4. Der Skandal des Solipsismus: Der Zweifel am Anderen

II. Klassische Soziologie und die Begrenzung des Sozialen
1. Soziologie als Physik organischer Körper
2. Soziologie als Sinnverstehende Wissenschaft
3. Soziologie als Handlungs- und Erfahrungswissenschaft
4. Sozialkonstruktivismus: Diskurs und soziale Wirklichkeit
5. Soziologie als Wissenschaft vom Primat des Sozialen
6. Soziologie als Wissenschaft von den Wechselwirkungen der Seelen
7. Soziologie als Wissenschaft der Einheit von Individuation und Sozialisation
8. Soziologie als Wissenschaft vom Urphänomen „Intersubjektivität"
9. Soziologie als Wissenschaft von den interdependenten Figurationen
10. Soziologie als Humanwissenschaft: Die Grenzen des Sozialen

III. Transklassische Soziologie und die Erweiterung der Grenzen des Sozialen
1. Soziologie, die Dinge und die Sachen
2. Cartesianische Irrfahrten der alten (Sozial-) Phänomenologie
3. Soziologie, der Leib und der Körper

IV. Neophänomenologische Soziologie und die Entgrenzung des Sozialen
1. Was will die transhumane neophänomenologische Soziologie?
2. Die Evidenz des spürbaren Leibes
3. Alphabet und Topographie der Leiblichkeit
4. Leibliche Kommunikation
5. Situationen in Sozial- und Gesellschaftstheorie
6. Grundgestimmtheiten: Die Macht der leiblichen Disposition, Gefühle und Atmosphären
7. Die Dinge und die Sachen in der neophänomenologischen Soziologie
8. Die Tiere: Die Unbekannten soziologischen Objekte (Usos)

V. Nachwort
VI. Literatur
VII. Register

 Stuttgart

www.ingramcontent.com/pod-product-compliance
Lightning Source LLC
Chambersburg PA
CBHW071203240426
43668CB00032B/2010